语言学经典文丛

近代汉语读本

(修订本)

刘 坚 编著

上海教育出版社

出 版 说 明

上海教育出版社成立六十年来,出版了许多语言学专著,受到学界的欢迎。为满足读者的需要,我们从历年出版的著作中精选了一批,辑为"语言学经典文丛"。此次出版,我们按照学术著作出版规范的国家标准,对编入文丛的著作进行了体例等方面的调整,还对个别差错予以改正。其他均保持原貌。

上海教育出版社
2018年8月

序

吕叔湘

近代汉语从什么年代起头？到什么年代了结？换句话说，近代汉语跟古代汉语，近代汉语跟现代汉语的界限在哪儿？这是个还没有经过认真讨论的问题。

能不能仿照中国历史的分期，把近代汉语的期限定得跟中国近代史一致，也就是始于1840年终于1919年呢？显然不能，因为在汉语发展史上这两个年代没有重大意义，虽然不是毫无意义。

能不能跟中国文学史的分期取得一致，即只分别古典文学和现代文学，把汉语史也只分别古代汉语和现代汉语呢？的确，在很多高等学校的中文系的课程表上只有古代汉语和现代汉语这两门课，在形式上与古典文学和现代文学相配合，然而这不能代表汉语史上的分期。实际上很多学校里边的古代汉语课的选文里包括一部分用近代汉语写成的文学作品，例如元人的散曲和元明人的剧本，虽然还没有收进去《红楼梦》和《儒林外史》。

我们认为汉语史的分期应该从汉语本身的发展经过着眼。语言的发展只有通过书面记录才得以观察，而书面语的发展则必然要受到用以记录语言的文字的影响。一般说来，拼音文字多少忠实地反映语言的实际，虽然书面上也可能出现那个时代或任何时代人们嘴里从来不说的字眼。形意文字可就做不到这一点，因而无意之中给语文分歧提供了有利的条件。汉语所用的文字基本上是形意文字。虽然发展到形声字阶段之后在一定程度上反映字音，但是这不等于反映真实的口语，因为有很多字尽管在口语里已经消失，却在书面上保存了下来，又有很多字在字典里是一个音,在人们嘴里却是另外一个音。这样,汉语的言文分歧就维持了很长一个时期,直到五四运动之后才重新统一起来。(为了不使问题过分复杂,姑且不把方言问题引进来。)所以,把五四时期定为现代汉语开始的时期是合理的。但是如果仿照文学史的分期,把五四时期以前的语言,也就是从《书经》《诗经》的语言到《红楼梦》《儿女英雄传》的语言,统统称为古代汉语,显然是不合适的,应该分成古代汉语和近代汉语两个时期。可是这两个时期的分界需要进一步研究。

如果我们能知道,什么时候人们的说话从接近书面语变成跟书面语大不相同,我们就能把这个定为古代汉语和近代汉语的分界线。但是我们没有材料能够证明有过这样一种突变。事实是,语言总是渐变的,言文分歧是逐渐形成的,此其一。另一方面,言文开始分歧之后,书面语也不是铁板一块,在不同时期,用于不同场合,有完全用古代汉语的,有不同程度地搀和进去当时的口语的。用哪一路文字做标准,用哪一种百分比做界限,这是问题的关键。我们发现,尽管从汉魏到隋唐都有夹杂一些口语成分的文字,但是用当时口语做基础,而或多或少地搀杂些文言成分的作品是直到晚唐五代才开始出现的(如禅宗语录和敦煌俗文学作品),因此我们建议把近代汉语的开始定在晚唐五代即第九世纪。

有同样重要的一点也必须闹清楚的是,尽管我们说古代汉语、近代汉语、现代汉语,我们却不认为把汉语史这样平分为三段是适当的。我们的看法是,现代汉语只是近代汉语的一个阶段,它的语法是近代汉语的语法,它的常用词汇是近代汉语的常用词汇,只是在这个基础上加以发展而已。

近代汉语词汇和语法两个方面,比较早受到注意的是词汇,唐宋以来相当数量的笔记文字中,有一部分重在考据辨证,考据的对象有名物,也有语词,其中也包括一些近代汉语词汇。不过这些材料是很零碎的,还不能算是系统的词汇研究。清代文字、音韵、训诂之学很有发展,有的学者也以治训诂的精神来研究近代汉语词汇而取得成绩,如翟灏的《通俗编》、钱大昕的《恒言录》,等等。但是他们的著作多半偏重于从古籍中寻找近代词汇的出处,而对这些词语本身的意义则研究不够。近半个世纪以来,研究近代汉语词汇的专著数量有了很大的增加,成就也远远超出了前人,张相的《诗词曲语辞汇释》和蒋礼鸿的《敦煌变文字义通释》是这方面的代表著作。我们还高兴地看到,近年来研究近代汉语词汇的论著有不断增多的趋势。

比较而言,近代汉语语法研究开展得不如词汇研究那样广泛。我自己在四十年代写过些近代汉语语法的专题研究论文,收在《汉语语法论文集》里。当时从事这方面研究的人还很少。高名凯曾经拿禅宗语录作材料来研究近代语法。近年来比较重要的著作是王力《汉语史稿》的中册(语法史),其中涉及近代汉语语法的不少。此外,刊物上也时有论述近代汉语语法的论文发表。在国外,太田辰夫、志村良治、梅祖麟诸家都对近代汉语语法作过许多研究,成果值得我们借鉴。

进一步开展近代汉语词汇语法的研究,我以为有几件事要做。第一,做好资料工作。需要编写近代汉语文献的解题目录。从晚唐五代到清末,近代汉语文献数量很多。有的文献资料通篇白话,有的文白夹杂,有的只是偶见白话词语。我们应该有详细的目录,分门别类著录各种文献资料,说明它们反映实际语言的程度,作为近代汉语研究资料的价值,以及版本情况,等等。

还应该辑印重要的文献资料,包括单独刊行的和汇编性质的。比如敦煌俗文学作品是研究晚唐五代词汇和语法的重要资料,一部经过精细校勘的敦煌俗文学作品集实在是非常需要的。这是单刊的例子。也需要有按时代先后辑印的资料汇编,比如宋代白话文献集、元代白话文献集,等等。资料工作做好了,近代汉语的研究就有了扎实的基础。

第二,总结研究成果。就目前情况看,近代汉语语法研究还不到做总结的时候,写一部比较全面的近代汉语语法,条件还不成熟。近代词汇研究也还没有达到足以编纂近代汉语词典的程度,但是,总结研究成果,在现有的基础上编辑一部近代汉语词汇例释一类的书,应该是办得到的。

第三,编辑读本。要吸引比现在更多的人来从事近代汉语研究,就必须在高等学校中文系开设近代汉语课程。开课要有教材,有读本。读本主要是向学生介绍用近代汉语写的各类作品,让学生知道,除了古代汉语和现代汉语之外,还有近代汉语需要注意,值得研究。其他从事语文工作的同志,包括中学语文教师,也可以通过这样的读本取得对近代汉语的初步了解。刘坚同志这本《近代汉语读本》就是为了这个目的而编写的。

这本《近代汉语读本》主要选注晚唐五代至明代的作品;也选了9世纪以前的几段文字如《世说新语》《百喻经》《奏弹刘整》,这几段都夹杂着口语成分,跟后面所选对比,可以看出语言渐变的一些情况。编者在每一种作品前面作了简要说明,性质接近上文所说的解题目录,可以帮助读者了解这些作品作为近代汉语研究资料的价值。各篇的注释主要是词汇方面的,也涉及一些语法问题。

编选这样的读本,是一个尝试。我希望这是一个有益的开端,在最近的将来会有更多有关近代汉语的论著出版,使我们的汉语史研究更加完备。

1983 年 9 月 14 日

目　录

世说新语 ··· 1
　庾法畅造庾太尉 ·· 2
　褚公 ··· 2
　王夷甫 ··· 3

百喻经 ··· 4
　愚人食盐喻 ·· 4
　妇诈称死喻 ·· 5
　人说王纵暴喻 ·· 6
　为妇贸鼻喻 ·· 6
　偷犛牛喻 ·· 7

奏弹刘整 ··· 8
王梵志诗 ··· 14
　借物莫交索 ·· 15
　借物索不得 ·· 15
　邻并须来往 ·· 15
　得他一束绢 ·· 16
　贷人五斗米 ·· 16
　城外土馒头 ·· 16
　夫妇生五男 ·· 16
　世间慵懒人 ·· 17

寒山、拾得诗 ·· 19
- 寒山诗 ·· 19
- 拾得诗 ·· 21

敦煌曲子词 ·· 23
- 菩萨蛮 ·· 23
- 浪涛沙 ·· 24
- 抛毬乐 ·· 24
- 定风波 ·· 24
- 又 ·· 25
- 又 ·· 25
- 鹊踏枝 ·· 26
- 捣练子 ·· 26
- 又 ·· 26

敦煌变文及其他 ·· 28
- 燕子赋 ·· 29
- 大目乾连冥间救母变文 ·· 38
- 庐山远公话 ·· 43
- 丑女缘起 ·· 51

六祖坛经 ·· 59
- 惠能从弘忍受衣法 ·· 60

祖堂集 ·· 65
- 卷第二　第三十三祖惠能和尚 ·· 65
- 卷第三　慧忠国师 ·· 67
- 卷第四　药山和尚 ·· 69
- 卷第十四　石巩和尚 ·· 73

宋儒语录 …… 75
　河南程氏遗书 …… 75
　朱子语类 …… 77
　象山语录 …… 79

乙卯入国奏请 …… 82
三朝北盟会编 …… 90
　燕云奉使录（一） …… 91
　燕云奉使录（二） …… 95
　茅斋自叙 …… 96
　靖康城下奉使录 …… 97
　山西军前和议录 …… 100

王俊首岳侯状 …… 104
大唐三藏取经诗话 …… 109
　过狮子林及树人国第五 …… 109
　入鬼子母国处第九 …… 111
　入王母池之处第十一 …… 112

碾玉观音 …… 114
　（上） …… 114
　（下） …… 122

简帖和尚 …… 129
宋四公大闹禁魂张 …… 143
史弘肇龙虎君臣会 …… 167
新编五代史平话 …… 195
　周史平话 …… 195

大宋宣和遗事 ………………………………………… 199
    徽宗私幸李师师 ………………………………… 199

快嘴李翠莲记 ……………………………………… 207
刘知远诸宫调 ……………………………………… 226
    知远别三娘太原投事第二（节选） …………… 226

西厢记诸宫调 ……………………………………… 233
    卷六（节录） …………………………………… 233

西厢记杂剧 ………………………………………… 237
    第四本　草桥店梦莺莺 ………………………… 237
        第三折 ……………………………………… 237
        第四折 ……………………………………… 242

诈妮子调风月 ……………………………………… 246
    第一折 …………………………………………… 247
    第二折 …………………………………………… 252
    第三折 …………………………………………… 256
    第四折 …………………………………………… 260

西游记杂剧 ………………………………………… 263
    第二本 …………………………………………… 263
        第五出　诏饯西行 ………………………… 263
        第六出　村姑演说 ………………………… 268
        第七出　木叉售马 ………………………… 269
        第八出　华光署保 ………………………… 273

元人散曲 ·· 275
  庄家不识构阑 ·· 275
  不伏老 ·· 277
  借马 ·· 279
  高祖还乡 ·· 281

孝经直解 ·· 284
元代白话碑 ·· 287
  一二六八年周至重阳万寿宫圣旨碑 ························ 287
  一二七七年交城玄中寺圣旨碑 ···························· 289

元典章 ·· 290
  杂例·碾死人移尸 ·· 290
  侵盗·侵盗官钱·配役 ···································· 291

元朝秘史 ·· 293
  卷二（节录）·· 293

老乞大 ·· 298
朴通事 ·· 306
中书鬼案 ·· 310
李善长狱词 ·· 313
刘仲璟遇恩录 ·· 319
正统临戎录 ·· 325
古本《西游记》残文 ·· 337
  魏徵梦斩泾河龙 ·· 337

三遂平妖传 ·· 340
  第二回　胡永儿大雪买炊饼　圣姑姑传授玄女法 ············ 341

灯花婆婆 ································· 345

水浒传 ····································· 347
　　插翅虎枷打白秀英 ····················· 347

西游记 ····································· 353
　　第四十六回　外道弄强欺正法　心猿显圣灭诸邪 ············ 353

词语索引 ································· 365
编后记 ····································· 401
修订本后记 ······························· 404
再版后记 ································· 405

世 说 新 语

《世说新语》,今本三卷。南朝宋临川王刘义庆撰,梁刘孝标注。刘义庆生于东晋安帝元兴二年(403年),卒于刘宋文帝元嘉二十一年(444年),彭城(今江苏徐州)人,刘宋宗室。史书说他"爱好文义",在他身边聚集了一批文学之士。《世说新语》记述后汉至东晋间遗闻佚事和名士言行,而于晋室渡江以后事尤详。全书包括"德行""言语"等三十六门,记事记言,历历传神,反映出一个时代的思想和风貌。刘孝标的注也素称渊博,所引古书现在已经大部亡佚,片言只语,因刘注而得存。

本书对后世文学影响很大。笔记小说始于魏晋,而《世说新语》则是记述人情物态的笔记体文字的先驱,并且成为后世小品文的典范。唐宋以后仿效它的作品不少,但是几乎没有能与本书相提并论的。唐宋诗词里有许多典故出自本书,书中还有一些故事成为后世戏曲小说的题材。

本书的语言,与六朝众多作品相比,很有它的特色。史书说刘义庆"为性简素"。他的语言也简约隽永,不事藻饰而朴素自然,耐人寻味。一般说来,《世说新语》的语言是比较接近当时的实际语言的。虽然还不是语体文章,但是用了不少口语语汇,也有一些不同于文言的句法。因此,本书不仅为研究历史和文学的人所重视,而且也常为语言研究者所征引。

本书旧称《世说》,唐代改称《世说新书》以区别于汉刘向的同名著作(今佚),宋代改称《世说新语》。传世善本有明嘉靖袁氏刻本,四部丛刊即据以影印。日本藏有宋绍兴董氏刻本,中华书局1962年据日本影印本复印。这里选录的几段据四部丛刊本,参校影印宋绍兴本。

《世说新语》今人校注本有:余嘉锡《世说新语笺疏》,中华书局

1983年;徐震堮《世说新语校笺》,同上1984年。

庾法畅造庾太尉

庾法畅造庾太尉[1],握麈尾[2]至佳。公曰:"此至佳,那得在[3]?"法畅曰:"廉者不求,贪者不与,故得在耳!"(言语第二)

[注释]

[1] 庾法畅造庾太尉:庾法畅,刘孝标的注说:"法畅氏族所出未详。法畅著《人物论》,自叙其美云:'悟锐有神,才辞通辩。'"据慧皎《高僧传》,庾法畅应为康法畅,此处涉下文庾太尉而误。魏晋出家修行者往往依师为姓,康是外国姓。造,造访、拜访。庾太尉,庾亮,字元规,晋鄢陵人。
[2] 麈尾:麈,音 zhǔ,驼鹿。麈尾形制如扇,谈论时用以指授。
[3] 那得在:那,疑问指代词,现代多写作"哪"。得,能够。在,存在。在这里是"留存至今"的意思。

褚　　公

褚公于章安令迁太尉记室参军[1],名字已显而位微,人多未识。公东出,乘估客船[2],送故[3]吏数人,投钱唐亭住[4]。尔时吴兴沈充[5]为县令,当[6]送客过浙江。客出,亭吏驱公移牛屋[7]下。潮水至,沈令起彷徨,问:"牛屋下是何物人[8]?"吏云:"昨有一伧父[9]来寄亭中,有尊贵客,权移之。"令有酒色[10],因遥问:"伧父欲食饼不[11]?姓何等[12]?可共语[13]。"褚因举手答曰:"河南褚季野。"远近久承[14]公名,令于是大遽[15]。不敢移公,便于牛屋下修刺[16]诣公,更宰杀为馔具。于公前鞭挞亭吏,欲以谢惭。公与之酌宴,言色无异状,如不觉。令送公至界。(雅量第六)

[注释]

[1] "褚公"句:褚公,褚裒(póu),字季野。他的女儿后来嫁给晋康帝做皇后。章安,地名,在今浙江省临海市。太尉,即庾亮。记室参军,汉置记室史,晋宋以后有记室参军。记室,仿佛现在的科室名称。参军,参谋一类的小官吏。

[2] 估客船:商贾搭乘的船。"估"同"贾"。
[3] 送故:长官去职,部属远送,自汉代以迄魏晋都称为送故。
[4] 投钱唐亭住:投,同现代所说"投奔"的"投"。钱唐,县名,今杭州市。据说该县因为近海常被潮水所淹,富豪敛钱雇人作塘,因以为名。亭,驿亭,供行旅寄宿之处。
[5] 沈充:"充"字宋绍兴本无,此据四部丛刊本。沈充后来跟着王敦叛乱。
[6] 当:值,在……时候。
[7] 牛屋:牛棚。当时多以牛驾车,故牛棚所在多有。
[8] 何物人:何物,什么,疑问指代词。何物人,什么人。
[9] 伧父:当时吴人呼中州人为"伧",中州人呼吴人为"楚",都有轻蔑鄙薄意味。伧父,犹言"伧老儿"。
[10] 有酒色:有醉意。
[11] 不(=否):疑问助词。古代多用"否",魏晋以后逐渐变为"无""磨""摩""麽"等,直到现代汉语的"吗"。
[12] 何等:什么。
[13] 可共语:可以来一块儿说说话。沈令的傲慢于此具见。
[14] 承:知悉。"承闻"的缩略说法。
[15] 遽:音 jù,发窘,惊慌。
[16] 修刺:写具名片。

王 夷 甫

王夷甫雅尚玄远[1],常嫉[2]其妇贪浊,口未尝言"钱"字。妇欲试之,令婢以钱绕床,不得行。夷甫晨起,见钱阂行[3],呼婢曰:"举却阿堵[4]物!"(规箴第十)

[注释]

[1] 王夷甫雅尚玄远:王衍,字夷甫,晋临沂人。王祥之孙。善清谈。官至司徒,为石勒所杀。雅尚玄远,非常崇尚清高。
[2] 嫉:恨。
[3] 阂行:阂,音 hé。阂行,挡住了路。
[4] 阿堵:这个,指代词。后来渐变为"阿的""兀底""兀的"等。王衍以"阿堵物"指称钱,成为后世习用的一个典故。

百 喻 经

《百喻经》是一部佛经,南朝萧齐时天竺(古印度)僧人求那毗地译。共四卷,包括许多寓言式的小故事,用各种譬喻来说明佛教的一些教义。

佛教创始于印度,约东汉初传入我国。随着佛教的传入,佛教经典也经由中亚传来并译成汉文。东汉桓帝、灵帝时,安息僧安世高、大月氏僧支谶等相继来中国,在洛阳翻译佛经。后来又有汉人参与译经。魏晋南北朝时期,佛教在门阀士族的大力扶持下,得到广泛传播,佛经的翻译更有显著增加。现在我们看到的佛教经典,有相当大一部分就是这个时期的译作。

翻译佛经与白话的兴起有密切的关系。佛教要以一般群众为宣传对象,自然不能纯用脱离群众口语的文言来译述佛经。六朝的译经,文章比较通俗,其中包含不少口语成分,原因即在于此。更由于译经文章的语法可能受梵文或巴利文的影响,因此与其他典籍的文体也有所不同。我们大概可以说,古代白话文正是从译经文字以及同时期比较接近实际语言的作品(如《世说新语》等)一步步发展起来的。

《百喻经》有大藏经本、金陵刻经处 1914 年刻印本等。这里参校各本,选录五则。

愚 人 食 盐 喻

昔有愚人,至于他家[1]。主人与食,嫌淡无味。主人闻已[2],更为益盐。既得盐美,便自念言:"所以美者,缘有盐故。少有尚尔[3],况复多也?"愚人无智,便空[4]食盐。食已口爽[5],返为其患。譬彼外道[6],闻节饮食可以得道,即便断食,或经七日,或十五日,徒自困饿,无益于

道。如彼愚人,以盐美故而空食之,致令口爽,此亦复尔!(卷一)

[注释]

[1] 他家:别人家。"他"在六朝指"他人、别人",与隋唐以后第三人称代词"他"不同。以下所选几篇《百喻经》的文字,其中的"他"字也都当"别人、别的"讲。
[2] 闻已:听了。六朝时表示完成貌多在动词后加"已"。
[3] 尚尔:尚且如此。
[4] 空:空口。
[5] 爽:伤,败。
[6] 外道:佛教徒指佛教以外的教派及其信徒。

妇诈称死喻

昔有愚人,其妇端正,情爱甚重。妇无贞信,后于中间,共他交往,邪淫心盛,欲逐傍夫[1],舍离己婿。于是密语一老母言:"我去之后,汝可赍一死妇女尸安著屋中[2],语我夫言,云我已死。"老母于后伺其夫主不在之时,以一死尸置其家中。及其夫还,老母语言:"汝妇已死。"夫即往视,信是己妇,哀哭懊恼。大积薪油,烧取其骨,以囊盛之,昼夜怀挟。妇于后时,心厌傍夫,便还归家,语其夫言:"我是汝妻。"夫答之言:"我妇久死,汝是阿谁[3]?妄言我妇!"乃至二三,犹故不信。如彼外道,闻他邪说,心生惑著,谓为真实,永不可改;虽闻正教,不信受持[4]。(卷一)

[注释]

[1] 欲逐傍夫:逐,追逐、追随。傍夫,姘夫。
[2] 汝可赍……安著屋中:赍,音jī,本义是交付。这里是"弄来"的意思。著,在这里表"附着"义。六朝时期,"著"字还没有虚化为表示持续貌的助词。
[3] 阿谁:谁。阿,词头。六朝时人名和代词前常加词头"阿"。
[4] 受持:佛家语。领受在心叫作"受",忆而不忘叫作"持"。

人说王纵暴喻

昔有一人,说王过罪,而作是言:"王甚暴虐,治政无理。"王闻是语,即大瞋恚[1]。竟不究悉谁作此语,信傍佞人[2],捉一贤臣,仰[3]使剥脊,取百两肉。有人证明,此无是语,王心便悔,索千两肉,用为补脊。夜中呻唤,甚大苦恼。王闻其声,问言:"何以苦恼?取汝百两,十倍与汝,意不足耶?何故苦恼?"傍人答言:"大王,如截子头,虽得千头,不免子死,虽十倍得肉,不免苦痛。"愚人亦尔。不畏后世,贪渴现乐,苦切众生[4],调发[5]百姓,多得财物,望得灭罪而得福报。譬如彼王,剥人之脊,取人之肉,以余肉补,望使不痛,无有是处。(卷一)

[注释]

[1] 瞋恚:音 chēn huì,发怒怨恨。
[2] 佞人:佞,音 nìng。惯于用花言巧语谄媚人的人。
[3] 仰:在这里表示上对下的命令语气。
[4] 众生:佛家指有生命的东西。
[5] 调发:征调役使。

为妇贸鼻喻

昔有一人,其妇端正,唯其鼻丑。其人出外,见他妇女,面貌端正,其鼻甚好。便作念言:"我今宁可截取其鼻,著我妇面上,不亦好乎?"即截他妇鼻,持来归家,急唤其妇:"汝速出来,与汝好鼻!"其妇出来,即割其鼻,寻[1]以他鼻著妇面上,既不相著,复失其鼻。唐[2]使其妇受大苦痛。世间愚人,亦复如是。(下略)(卷二)

[注释]

[1] 寻:马上,立刻。
[2] 唐:空。

偷犛牛喻

譬如一村,共偷犛[1]牛而共食之。其失牛者逐迹至村,唤此村人,问其由状,而语之言:"在尔此村不?"偷者对曰:"我实无村。"又问:"尔村中有池,在此池边共食牛不?"答言:"无池。"又问:"池傍有树不?"对言:"无树。"又问:"偷牛之时,在尔村东不?"对曰:"无东。"又问:"当尔偷牛,非日中时耶?"对曰:"无中。"又问:"纵可无村及以无树,何有天下无东无时?知尔妄语,都不可信。尔偷牛食不?"对言:"实食。"破戒之人,亦复如是。覆藏[2]罪过,不肯发露,死入地狱。诸天[3]善神,以天眼观,不得覆藏,如彼食牛,不得欺拒。(卷三)

[注释]

[1] 犛:音lí,牦牛。
[2] 覆藏:掩盖。
[3] 诸天:佛家把欲界、色界、无色界等分成若干"天",各"天"有各种神,总称诸天。

奏弹刘整

《奏弹刘整》是南朝梁御史中丞任昉弹劾刘整的一篇奏疏。这是六朝时流行的"骈文"体文章,但其中引述刘寅妻范氏指控刘整的诉状、刘整亡父的家奴海蛤和范氏的家奴苟奴的证词,以及刘整的婢女采音的供词,却是语体文字,保存了当时许多民间俗语。古书里记载的诉状供词常常比较接近实际语言,怎么说就怎么记。因为诉讼之事关系重大,记载下来的时候不能有什么修改润饰,只能保留它本来的面貌。这也就是这篇奏疏的中间部分与前后两部分形成鲜明对照的原因。语言学家之所以重视这篇文章,把它看作研究南北朝口语的重要材料,原因也即在此。但是文中有些词语今天已很难读懂,著名语言学家黄侃遗著《〈文选·奏弹刘整〉平点》(载《训诂研究》第一辑,1981年,北京),吴世昌的《罗音室读书笔记》(载《学林漫录》第五集,1982年,北京),都对这些难解词语作了研究。这里主要参考黄、吴两家的意见,参以编者个人的看法,对这篇文章略作注释。两家意见不一致处则择善而从。

《奏弹刘整》收在《文选》卷四十。《文选》今本六十卷,梁昭明太子萧统编,后世又称《昭明文选》。这是我国现存编选最早的一部诗文选集,共收录周秦至六朝七八百年间的七百余篇作品。萧统选文,主张文与质并重。他认为文学作品应该是"事出于沉思,义归乎翰藻",这也可以看成他选文的标准。据说原本《文选》删去了《奏弹刘整》中的诉状供词,只选了任昉的弹文,大概就是出于这样的选择标准。现在我们看到的这些诉状供词,是唐初李善注《文选》时才详引的。

《文选》有李善注本,最称详赡。唐开元间又有吕延济等五臣注《文选》。南宋时集李善注与五臣注为《六臣注文选》,今有四部丛刊影印本。这里即据四部丛刊本钞录,参校清严可均辑《全上古三代秦汉三国六朝文·全梁文》。

御史中丞臣任昉稽首言：臣闻马援[1]奉嫂，不冠不入；汜毓[2]字孤，家无常子。是以义士节夫，闻之有立[3]。千载美谈，斯为称首。臣昉顿首顿首，死罪死罪。谨案，齐故西阳内史刘寅妻范，诣台[4]诉，列[5]称：

"出适刘氏[6]，二十许年。刘氏丧亡，抚养孤弱。叔郎[7]整常欲伤害，侵夺分前奴[8]教子、当伯，并已入众[9]。又以钱婢姊妹弟温[10]，仍留奴自使[11]。伯又夺寅息逡婢绿草[12]，私货[13]得钱，并不分逡。寅第二庶息师利[14]去岁十月往整田上，经十二日，整便责[15]范米六斗哺食。米未展送[16]，忽至户前，隔箔攘拳大骂[17]。突进房中，屏风上取车帷准[18]米去。"

"二月九日夜，婢采音偷车栏、夹杖[19]、龙牵[20]。范问失物之意，整便打息逡。整及母并奴婢等六人来至范屋中，高声大骂，婢采音举手查[21]范臂。——求摄检[22]如诉状。"

辄[23]摄整亡父旧使奴海蛤到台辩问，列称："整亡父兴道，先为零陵郡，得奴婢四人。分财，以奴教子乞[24]大息寅。寅亡后[25]，第二弟整仍夺教子，云：'应人众。'整便留自使。婢姊及弟各准钱五千文，不分逡。其奴当伯，先是众奴。整兄弟未分财之前，整兄寅以当伯贴[26]钱七千，共众作田。寅罢西阳郡还，虽未别火食[27]，寅以私钱七千赎当伯，仍使上广州去。后寅丧亡，整兄弟后分奴婢，唯余婢绿草入众。整复云：'寅未分财赎当伯，又应属众。'整意贪得当伯，推绿草与逡。整规[28]当伯行还，拟欲自取。当伯遂经七年不返，整疑已死亡不回，更夺取婢绿草，货得钱七千。整兄弟及姊共分此钱，又不分逡。"

寅妻范云："当伯是亡夫私赎，应属息逡。当伯天监[29]二年六月从广州还，至，整复夺取，云：'应充众[30]，准雇借上广州四年夫直[31]。'今在整处使。"

进责[32]整婢采音："刘整兄寅第二息师利，去年十月十二日忽往整墅停住十二日。整就兄妻范求米六斗哺食。范未得还，整怒，仍自进范所住，屏风上取车帷为质。范送米六斗，整即纳受。范今年二月九日夜失车栏子、夹杖、龙牵等，范及息逡道是[33]采音所偷。整闻声仍[34]打逷。范唤问:'何意打我儿?'整母子尔时便同出中庭,隔箔与范相骂。婢采音及奴教子、楚玉、法志等四人于时在整母子左右。整语采音:'其[35]道汝偷车校具,汝何不进里骂之?'既进,争口,举手误查范臂。车栏、夹杖、龙牵实非采音所偷。"

进责寅妻范奴苟奴,列:"孃去二月九日夜[36],失车栏、夹杖、龙牵,疑是整婢采音所偷。苟奴与郎[37]逷往津阳门籴米,遇见采音在津阳门卖车栏、龙牵。苟奴登时欲捉取,逷语苟奴:'已尔[38]!不须复取。'苟奴隐僻少时,伺视人买龙牵,售五千钱。苟奴仍随逷归宅,不见度[39]钱。"

并如采音、苟奴等列状,粗与范诉相应。重覈[40]当伯、教子列:"孃被夺,今在整处使。"悉与海蛤列不异。以事诉法,令史潘僧尚议:"整若辄略[41]兄子逷分前婢货卖,及奴教子等私使,若无官令,辄收付近狱测治。诸所连逮纴[42],应洗之源[43],委之狱官,悉以法制从事。"如法所称。整即主[44]。

臣谨案:新除中军参军臣刘整,闾阎阘茸[45],名教所绝[46]。直以前代外戚[47],仕因纨袴[48];恶积衅稔[49],亲旧侧目。理绝通问[50],而妄肆丑辞;终夕不寐,而谬加大杖。薛包[51]分财,取其老弱;高凤[52]自秽,争讼寡嫂。未见孟尝之深心,唯效文通之伪迹。昔人睦亲,衣无常主[53];整之抚侄,食有故人[54]。何其不能折契钟庚而襜帷交质[55]?人之无情,一何至此!实教义所不容,绅冕所共弃。臣等参议:请以见事[56]免整所除官,辄勒[57]外收付廷尉[58]法狱治罪。诸所连逮,应洗之源,委之狱官,悉以法制从事。婢采音不款偷车栏、龙牵[59],请付狱测实。其宗长及地界职司,初无纠举,及诸连逮,请不足申尽。臣昉诚惶诚恐,顿首顿首,死罪死罪,稽首以闻。

[注释]

[1] 马援:东汉初人,曾为伏波将军,封新息侯。《后汉书》本传说他"敬事寡嫂,不冠不入庐"。

[2] 氾毓:西晋初人。他安于贫困,武帝召他为官,辞不就。《晋书·儒林传》说他"敦睦九族","时人号其家儿无常父,衣无常主"。

[3] 有立:有志。

[4] 台：魏晋与南朝习称中央政府为台。
[5] 列：当时法律用语。作名词用，是诉状、供词的意思；作动词用，是控诉、供述的意思。
[6] 出适刘氏：出适，出嫁。刘氏，指刘寅。
[7] 叔郎：叔父。
[8] 分前奴：分，分财产。分前奴，指分产之前的家奴。当时奴婢也是一种私产。
[9] 入众：归家族公用。
[10] 又以钱婢姊妹弟温：本句有脱误。大意说以钱若干买婢女之弟名温者为奴。
[11] 仍留奴自使：仍，继而。使，犹现代所说"使唤"。
[12] 伯又夺寅息逡婢绿草："伯"字疑衍，或为"整"字之误。息，儿子。
[13] 货：卖。
[14] 庶息师利：庶息，妾所生的儿子。师利，这个儿子的名字。六朝盛行佛教，士大夫阶层喜欢用佛教的名字作子弟的小名，师利在梵文中是"吉祥"的意思。
[15] 责：索取。
[16] 米未展送：展，来得及。米未展送，米还没来得及送出去。
[17] 隔箔攘拳大骂：箔，簾箔。攘，音 rǎng。攘拳，捋起袖子、伸出拳头。
[18] 准：抵当，抵偿，折合。这里是说折合米价。
[19] 夹杖：车具，用以引车前行。
[20] 龙牵：疑亦为车具，或络衔之类，与下面所选《快嘴李翠莲记》中"牵笼"为同一物。
[21] 查：即"揸"，音 zhā，抓。
[22] 摄检：提捕讯问。
[23] 辄：即。
[24] 乞：音 qì，给。
[25] 寅亡后：李善注本作"亡寅后"，此据六臣注本。
[26] 贴：典卖。
[27] 未别火食：指兄弟们没有分开做饭，即没有分家。
[28] 规：打算，合计。
[29] 天监：梁武帝年号。天监二年为公元 503 年。
[30] 充众：充作大家所有。
[31] 夫直：工价。

[32] 责：这里当"责问"讲。
[33] 道是：以为是。
[34] 仍：便。
[35] 其：疑此处音与"渠"同。单数第三人称代词。
[36] "孃去二月九日夜"句：孃，母亲，此为奴婢对主妇的称呼。去，表示过去时间的介词，犹现代的"在"。
[37] 郎：奴婢对主人的称呼。
[38] 已尔：犹现代所说"算了罢！"
[39] 度：递给。
[40] 覈：音 hé，查核。
[41] 略：掠夺。
[42] 挂：音 guà，牵连。
[43] 应洗之源：洗，洗刷清楚。源，原由。
[44] 主：主首，主犯。"某即主"是当时奏疏列举罪状以后的通常结语。
[45] 间阎阘茸：间阎，里巷。阘茸，音 tà róng，小人。
[46] 绝：抛弃。
[47] 前代外戚：刘整是萧齐后妃的亲戚。
[48] 纨袴：奢华的服饰。此借指出身。
[49] 衅稔：衅，仇隙。稔，音 rěn，积累已久。
[50] 理绝通问：按照道理，应该不相通问。《礼记·曲礼上》："嫂叔不通问。"
[51] 薛包：《后汉书》上说薛包"好学笃行"，"弟子求分财异居，包不能止，乃中分其财。奴婢引其老者，曰：'与我共事久，若不能使也。'田庐取其荒顿者，曰：'吾少时所理，意所恋也。'器物取朽败者，曰：'吾素所服食，身口所安也。'"薛包字孟尝，下文"未见孟尝之深心"即指其分财事。
[52] 高凤：《后汉书》本传说高凤"名声著闻，太守连召请。恐不得免，自言本巫家，不应为吏。又诈与寡嫂讼田，遂不仕"。高凤字文通，下文"唯效文通之伪迹"即指他与寡嫂诈讼事。
[53] "昔人睦亲"二句：指氾毓。见注[2]。
[54] 食有故人：李善注引《西京杂记》："公孙弘起家，徒步为丞相。故人齐高贺从之，弘食以脱粟饭，覆以布被。贺怨曰：'何用故人富贵为！脱粟、布被，我自有之。'弘大惭。贺乃告人曰：'公孙弘内厨五鼎，外膳一肴，岂可以临天下乎？'于是朝右疑其矫焉。弘叹曰：'宁逢恶宾，不逢故人。'"
[55] "何其不能"句：折契。《汉书·高帝纪》说刘邦少时"好酒及色。常从王媪、武负贳酒，时饮醉卧，……岁竟，此两家常折券弃责（＝债）"。钟庾，古计量

单位,六斛四斗为钟,十六斗为庾。襜帷,即前文所说车帷。这句意思说,刘整的寡嫂即使亏负刘整很多,也应该毁掉借契不计较,可是现在竟为了六斗米而拿了寡嫂的车帷来作抵押。

[56] 见事:现今这件事。
[57] 勒:命令。
[58] 廷尉:司法机关。
[59] 不款偷车栏、龙牵:款,招承。车栏,"栏"字原脱,今臆补。

王 梵 志 诗

王梵志的生平不详。唐代冯翊《桂苑丛谈》里记有一段关于他的传说：

> 王梵志，卫州黎阳人也。黎阳城东十五里有王德祖者。当隋之时，家有林檎树，生瘿大如斗。经三年，其瘿朽烂。德祖见之，乃撤其皮，遂见一孩儿抱胎而出，因收养之。至七岁，能语，问曰："谁人育我？复何姓名？"德祖具以实告，因曰："林木而生，曰梵天。"后改曰梵志："我家长育，可姓王也。"作诗讽人，甚有义旨，盖菩萨示化也。

宋初成书的《太平广记》里也有类似的记述，仅文字略有歧异。这个传说迹近神话，但从中可以大略知道王梵志的时代和乡贯。这里说的卫州黎阳，即今河南浚县。根据张锡厚《敦煌文学》一书（上海古籍出版社，1980年）的考订，王梵志生年的上限应是隋末唐初，他的写诗活动主要在初唐，最迟不晚于盛唐。

王梵志是以白话作诗的诗人，他的白话诗在唐代有相当的影响，尤其是和尚诗人寒山、拾得、丰干都深受他的影响。他的作品失传已久，敦煌石室藏书发现后，人们才能够从敦煌写卷里看到这些诗作。刘复《敦煌掇琐》和郑振铎《世界文库》先后辑录了这些作品，这里据《敦煌掇琐》选录几首。"城外土馒头"一首，据宋释惠洪《冷斋夜话》卷十，丛书集成本。"夫妇生五男"和"世间慵懒人"两篇，《敦煌掇琐》放在"白话五言诗"题目之下的一组诗篇内。据研究者的考订，这些白话五言诗也是王梵志所作。（赵和平、邓文宽：《王梵志诗校注》，见《北京大学学报》哲学社会科学版，1980年第5期、第6期。张锡厚：《关于敦煌写本〈王梵志诗〉整理的若干问题》，《文史》第十五辑，1982年。）这两篇也据《敦煌掇琐》选录，同时参考了赵、邓校注本。

借物莫交索

借物莫交索[1],用了送还他。损失酬高价[2],求嗔得也磨[3]?

[注释]

[1] 借物莫交索:交,现代通常写作"教"或"叫"。本句的意思是:借了人家的东西,别等着让人家来讨还。
[2] 损失酬高价:酬,在这里是赔偿的意思。本句的意思是:如果损坏丢失了人家的东西,就以高价来赔偿。
[3] 求嗔得也磨:求,一本作"我"。得也磨,"行吗?可以吗?"之意。"磨","麽"字的别写,为语气助词。全句意谓:照前面所说的做了之后,对方想找气生还行吗?(想生气也生不了。)

借物索不得

借物索不得,贷钱不肯还。频来论即斗[1],过在阿谁边[2]?

[注释]

[1] 频来论即斗:频,频繁、经常。论,争论。这里指索偿。
[2] 过在阿谁边:过,过错。边,处。

邻并须来往

邻并[1]须来往,借取共交通[2]。急缓相凭仗[3],人生莫不从[4]。

[注释]

[1] 邻并:邻居。
[2] 交通:互通有无的意思。
[3] 急缓相凭仗:急缓,同缓急,指急难之事。凭仗,依靠、依赖。
[4] 人生莫不从:从,遵从、依从。本句的意思是:上面说的三点,人生在世都要遵从。

得他一束绢

得他一束绢,还他一束罗。计时应大重,直为岁年多。

贷人五䂶米

贷人五䂶[1]米,送还一硕[2]粟。算时应有余,剩者充臼直[3]。

[注释]
[1] 䂶:同"斗"。
[2] 一硕:即"一石"。
[3] 臼直:直,同"值"。臼直,指舂米时损耗的部分。

城外土馒头

城外土馒头[1],馅草在城里。一人吃一个,莫嫌没滋味。

[注释]
[1] 土馒头:坟。

夫妇生五男

夫妇生五男,并有一双女[1]。儿大须取[2]妻,女大须家处[3]。户役差科[4]来,弃抛我夫妇。
妻即无裙被[5],夫体无裈[6]袴。父母俱八十,儿年五十五。
当头[7]忧妻儿,不勤养父母。浑家[8]少粮食,寻常[9]空饿肚。
男女[10]一处生,却[11]似饿狼虎。粗饭众厨餐,美味当房佉[12]。
努眼[13]看尊亲,只觅乳食处。少年平生又[14],老头自受苦。

[注释]

[1] "夫妇生五男"二句：古时传统观念以生五男二女为吉利,见《通俗编》卷十。又,司空图《障车文》："二女则牙牙学语,五男则雁雁成行。"可见唐人已有这一观念。

[2] 取：即"娶"。

[3] 家处：《诗经·周南·桃夭》："之子于归,宜其家人。"孔疏："桓十八年《左传》曰：'女有家,男有室。'室家,谓夫妇也。"《孟子·滕文公上》："丈夫生而愿为之有室,女子生而愿为之有家。"家处的意思也就是结婚出嫁。

[4] 差科：官差徭役。

[5] 袯：音fú,裙。

[6] 裈：音kūn,袴。

[7] 当头：第一件事。

[8] 浑家：这里作"全家"讲,与宋元时作"妻子"讲不同。

[9] 寻常：常常,经常。

[10] 男女：儿女。

[11] 却：一本作"恰"。

[12] "粗饭众厨餐"二句：第二句末字一本作"弃",非。"佉"应作"弄"或"去"。《三国志·魏志·方技传》裴注："古语以藏为去。"二句意谓：粗粝的饭食放在厨房给大家吃,美味却藏在内室。

[13] 努眼：瞪眼。

[14] 少年平生又：此句不可解。或谓当作"少年生夜叉",因另卷"平"字作"夜"字,"又"字为"叉"字形讹。

世间慵懒人

世间慵懒人,五分向有二[1]。例[2]著一草衫,两膊成"山"字[3]。出语嘴头高,诈作达官子[4]。草舍元[5]无床,无毡复无被。他家人定卧,日西展脚睡[6]。诸人五更走,日高未肯起[7]。朝庭[8]数十[9]人,平章共博戏[10]。菜粥吃一杌[11],街头阔立地[12]。逢人若共语,荒说[13]天下事。唤女作家生[14],将儿作奴使。妻即赤体行,寻常饥欲死。一群病赖[15]贼,却搦父母耻[16]。日月甚宽恩,不照五逆[17]鬼。

[注释]

[1] 五分向有二：将近五分之二。向,将近。

[2] 例:向例,一向,统统。
[3] 两膊成"山"字:双肩高耸,瘦骨伶仃的样子。
[4] "出语嘴头高"二句:说得天花乱坠,装作达官贵人的儿子。
[5] 元:本来。
[6] "他家人定卧"二句:人定,深夜。日西,太阳在西边,意谓天还没有黑,时间还很早。展脚,伸脚。二句意谓:别人到深夜才睡,而这人早早地就伸着脚睡下了。
[7] "诸人五更走"二句:别人早晨起床,而这人太阳老高还不肯起来。
[8] 朝庭:也写作"朝廷"或"朝定",朋友。《说郛》卷二十一引杨伯嵒《臆乘》:"契丹主闻唐庄宗为乱兵所害,哭曰:'我朝定死也!'房言'朝定',犹华言'朋友'也。"
[9] 十:一本作"千"。
[10] 平章共博戏:平章,商量事情。博戏,赌博嬉戏。
[11] 棳:字书未见。一本作"盆",疑即现代所说的"盆子",是一种像瓦盆而略深的容器。
[12] 立地:站着。
[13] 荒说:胡言乱语。
[14] 家生:古时称家奴所生子女。他们仍然只能作主人家的奴婢,叫作家生儿或家生厮。这种奴仆没有卖身契。
[15] 病癞:赖,即癞,指麻风病。佛家以病癞为作恶的报应。下30页"只如你疗疮病癞"同此。
[16] 却搦父母耻:反而以父母为耻。搦,捉,这里相当于"把""以"。
[17] 五逆:佛教以害父、害母、害阿罗汉、破僧、出佛身血为五逆。敦煌变文中也有以"五逆"专指不孝父母者。此"五逆"疑即"忤逆","五"与"忤"同音。参上句"却搦父母耻",此"五逆"当是专指不孝父母而言。

寒山、拾得诗

寒山,相传是唐代贞观年间的高僧(一说唐大历时人),又名寒山子。生平不详,隐居在天台唐兴县的寒岩。国外一般研究者认为有两个寒山。其一是隋朝人,生于7世纪,《寒山子诗集》中的大部分是他的作品;另一是唐朝人,生于9世纪。拾得,国清寺和尚,与寒山交游。他们吟诗作偈,在一般人看来,有如贫子狂士。他们作诗受王梵志影响,以白话入诗。有《寒山子诗集》,附录《拾得诗》,今据四部丛刊本转录。

寒 山 诗

天生百尺树,翦作长条木。可惜栋梁材,抛之在幽谷。年多心尚劲,日久皮渐秃。识者取将来,犹堪柱马屋。

东家一老婆,富来三五年。昔日贫于我,今笑我无钱。渠[1]笑我在后,我笑渠在前。相笑傥不止,东边复西边[2]。

低眼邹公妻,邯郸杜生母。二人同老少,一种好面首[3]。昨日会客场,恶衣[4]排在后。只为著破裙,吃他残䭽䴾[5]。

猪吃死人肉,人吃死猪肠。猪不嫌人臭,人返道猪香。猪死抛水内,人死掘土藏。彼此莫相噉[6],莲花[7]生沸汤。

我今有一襦[8],非罗复非绮。借问作何色?不红亦不紫。夏天将作衫,冬天将作被。冬夏递互用,长年只这是。

有人把椿树,唤作白栴檀。学道多沙数[9],几个得泥丸[10]?弃金却担草,谩他亦自谩[11]。似聚砂一处,成团也大难。

个是何措大[12],时来省[13]南院。年可三十余,曾经四五选[14]。囊里无青蚨[15],箧中有黄绢。行到食店前,不敢暂回面。

大有好笑事,略陈三五个。张公富奢华,孟子贫辗轲[16]。只取侏儒饱,不怜方朔饿[17]。巴歌唱者多,白雪无人和[18]。

可惜百年屋,左倒右复倾。墙壁分散尽,木植[19]乱差横。砖瓦片片落,朽烂不堪停。狂风吹蕠榻[20],再竖卒难成。

我见瞒[21]人汉,如篮盛水走。一气将归家,篮里何曾有?我见被人瞒,一似园中韭。日日被刀伤,天生还自有。

时人见寒山,各谓是风颠。貌不起人目,身唯布裘缠。我语他不会,他语我不言。为报往来者,可来向寒山。

忆得二十年,徐步国清[22]归。国清寺中人,尽道寒山痴。痴人何用疑,疑不解寻思。我尚自不识,是伊争[23]得知?低头不用问,问得复何为?有人来骂我,分明了了知。虽然不应对,却是得便宜。

有个王秀才,笑我诗多失。云不识"蜂腰",仍不会"鹤膝"[24]。平侧不解压[25],凡言取次出[26]。我笑你作诗,如盲徒咏日。

我住在村乡,无爷亦无娘。无名无姓第[27],人唤作张王。并无人教我,贫贱也寻常。自怜心的实,坚固等金刚[28]。

[注释]

[1] 渠:他。
[2] "相笑"二句:假如不停地互相讥笑,那就又要从东边转到西边了(又该我讥笑老妇了)。
[3] 一种好面首:一种,一样,同样。面首,面貌。
[4] 恶衣:破蔽的衣服。这里指穿破衣服的人。
[5] 餢飳:音 bù lǒu,面饼。
[6] 噉:同啖,音 dàn,吃。
[7] 莲花:佛教认为往生阿弥陀佛极乐世界者皆生于莲花之中。
[8] 襦:音 rú,短衣。
[9] 沙数:即"恒河沙数"之意,甚言其多。
[10] 泥丸:道家称两眉之间为上丹田,心下为中丹田,脐下为下丹田,上丹田又名泥丸。"得泥丸"意谓修炼成功。
[11] 谩他亦自谩:自欺欺人之意。他,指他人。
[12] 个是何措大:个,指代词,即"这个"。措大,又作"醋大",称读书人,有诙谐意味。

- [13] 省：音 xǐng，看望。
- [14] 选：考试。
- [15] 青蚨：钱。
- [16] 轗轲：音 kǎn kě，同"坎坷"。
- [17] 方朔饿：《汉书·东方朔传》说东方朔骗朱儒说，武帝要杀掉他们，后来武帝问东方朔是怎么回事，朔说："朱儒长三尺余，奉一囊粟，钱二百四十。臣朔长九尺余，亦奉一囊粟，钱二百四十。朱儒饱欲死，臣朔饥欲死。臣言可用，幸异其礼；不可用，罢之，无令但索长安米。"
- [18] "巴歌"二句：《文选·宋玉〈对楚王问〉》："客有歌于郢中者，其始曰'下里巴人'，国中属而和者数千人。……其为'阳春白雪'，国中属而和者不过数十人。"巴歌，指通俗歌曲。白雪，指高雅的歌曲。
- [19] 木植：木料。此指梁柱等。
- [20] 榻：即"塌"，坍塌。
- [21] 瞒：欺骗。
- [22] 国清：国清寺，在浙江天台山，隋文帝开皇十八年建。原名天台山寺，大业元年更名为国清寺，是我国著名寺庙。
- [23] 争：哪。
- [24] "云不识"二句：蜂腰，鹤膝，沈约认为作诗有八种毛病，蜂腰、鹤膝是第三、第四种。蜂腰是说第二字与第五字同声，两头大，中间细，有如蜂腰。鹤膝是说第五字与第十五字同声，两头细，中间粗，有如鹤膝。
- [25] 平侧不解压：侧，今写作"仄"。解，会。压，今写作"押"。
- [26] 凡言取次出：凡言，普普通通的话。取次，随随便便。
- [27] 姓第：唐代的人常以姓连行第相称，如李白称"李十二"。
- [28] 金刚：梵语 Vajrapāni 的意译，佛家称佛的侍从力士，因手执金刚杵，守于伽蓝之门，故名金刚。

拾 得 诗

我诗也是诗，有人唤作偈[1]。诗偈总一般[2]，读时须子细。缓缓细披寻[3]，不得生容易[4]。依此学修行，大有可笑[5]事。

世上一种人，出性[6]常多事。终日傍街衢，不离诸酒肆。为他作保见[7]，替他说道理。一朝有乖张，过咎全归你。

银星钉称衡，绿丝作称纽。买人推向前，卖人推向后。不顾他心怨,唯言我好手[8]。死去见阎王,背后插扫帚。

[注释]

[1] 偈:音 jì。梵语 Gāthā 的略译,全译为"偈陀""伽他"等,意译为"颂""讽颂"等。佛经的体裁之一,由固定字数的四句组成。种类不一,主要有:一、通偈,限定由梵文三十二音节构成,亦称首卢伽陀;二、别偈,共四句,每句四言至七言不等。
[2] 一般:一样。
[3] 披寻:披览探求诗义。
[4] 不得生容易:不能把它看得太容易了。
[5] 可笑:在这里是"可喜"的意思。
[6] 出性:本性。
[7] 保见:保人和证人。
[8] 好手:好手段。

敦煌曲子词

曲子词是从古乐府"杂曲歌辞""近代曲辞"等演变而来的一种民间词曲作品,现今所看到的多出自敦煌石室,因此通称敦煌曲子词。从文学史的角度来说,它是文人学士词作的先河;从语言研究的角度来说,因为它多出自乐工伶人之手,所以相当接近口语,是我们研究唐五代口语的有用材料。

敦煌曲子词各家校录的本子很多,这里主要依据王重民、任二北两种校录本选录,同时也参考了其他各家的校订意见。王校本题《敦煌曲子词集》,商务印书馆,1950年。任校本题《敦煌曲校录》,上海文艺联合出版社,1955年。

菩 萨 蛮

枕前发尽千般愿,要休直待青山烂。水面上秤锤[1]浮,直待黄河彻底枯。　　白日参辰[2]现,北斗[3]回南面。休即未能休,且待三更见日头[4]。

[注释]

[1] 秤锤:"锤"字原作"塠"。
[2] 参辰:即参星。参星不可能在白天出现。
[3] 北斗:北斗星在北方,不可能转向南方。
[4] 三更见日头:"日头"原作"月头",误。旧时把一夜分成五更,每更约两小时,三更正值半夜,不可能见到太阳。这首词列举青山烂掉、水上浮秤锤、黄河水枯、白天出现参星、北斗转到南方、半夜见到太阳等不可能实现的事,用来比喻爱情的坚贞不可改变。

浪涛沙

五量[1]竿头风欲平。长风举棹[2]觉船行。柔橹[3]不施停却棹,是船行。

满眼风波多闪灼,看山恰似走来迎。子细看山山不动,是船行。

[注释]

[1] 五量:"量"原作"里",误。五量,又作五两,船上候风器具。
[2] 棹:船桨。
[3] 柔橹:船橹。"橹"原作"房",或校作"艣"。

抛毬乐

珠泪纷纷湿绮罗。少年公子负恩多。当初姊妹[1]分明道:"莫把真心过与[2]他。"子细思量着,淡薄知闻解好磨[3]。

[注释]

[1] 姊妹:原作"姊姊"。
[2] 过与:交给。
[3] 淡薄知闻解好磨:知闻,交谊、朋友。淡薄知闻,泛泛之交。磨,语气助词,同现代的"吗"。

定风波

阴毒[1]伤寒脉又微,四肢厥冷恢难医[2]。更遇盲医[3]与宣泻。休也,头面大汗永分离。　时当五六日,头如针刺汗微微。吐逆粘滑全沈细[4]。腊脉塂[5],斯须[6]儿女独孤恓。

[注释]

[1] 阴毒:《脉经》:"阴毒为病,身重背强,腹中绞痛,咽喉不利。毒气攻心,心下坚强。短气,不得息。呕逆,唇面黑,四肢厥冷。其脉沈细紧数,身如被打。

　　　　　　　　　五六日可治,至七日,不可治也。"
［2］　四肢厥冷恹难医:恹,病态。"医"字原作"依",误。
［3］　盲医:庸医。
［4］　吐逆粘滑全沈细:吐逆粘滑,气逆而呕吐粘涎。全沈细,指脉象而言。
［5］　䐁脉㙇:此三字费解。"䐁脉"疑应作"胃脉",《脉经》有"胃脉"。"㙇"字疑应作"填",即弦而有力之意,实际上是虚弦。
［6］　斯须:"斯"字原作"思"。斯须,谓命在须臾。

又

　　夹食伤寒脉沈迟[1],时时寒热破[2]微微。只为脏中有结物,虚汗出。心脾连䐁睡不得[3]。　　时当八九日,上气喘粗人不识。身颤舌焦容颜黑[4]。明医识,垛[5]积千金医不得。

［注释］

［1］　夹食伤寒脉沈迟:"夹"字原作"颊"。夹食,食物郁积。脉沈迟,中医辨脉认为脉沈乃是"荣气微也",又认为"迟即生寒"。
［2］　破:此字疑误。
［3］　心脾连䐁睡不得:"心"字原作"公",误。"䐁"疑应为"胃"字。
［4］　身颤舌焦容颜黑:"身"字原作"自"。"颜"字原缺,今臆补。
［5］　垛:堆垛。

又

　　风湿伤寒脉紧沈,遍身虚汗似汤淋。此是三伤[1]谁识别?情怯[2]。有风有气有食结。　　时当五六日,言语惺惺[3]精神出。勾当[4]如同强健日。名医识,喘粗如睡遭沈溺。

［注释］

［1］　三伤:即下文所说"有风有气有食结"。风属风湿,气属阴毒,食属夹食。也有人认为三伤专指风湿伤寒,与前两种阴毒伤寒和夹食伤寒有别。
［2］　怯:原作"劝"误。

[3] 惺惺：清醒。
[4] 勾当：做事情。

鹊　踏　枝

叵耐灵鹊多瞒语[1]，送喜[2]何曾有凭据？几度飞来活提取，锁上金笼休共语。　比拟[3]好心来送喜，谁知锁我在金笼里！欲他征夫早归来，腾身却[4]放我向青云里。

[注释]

[1] 叵耐灵鹊多瞒语：叵耐，可恶，可恨。瞒，同谩。瞒语，也就是谎话。
[2] 送喜：报喜。
[3] 比拟：本打算。
[4] 却：再。

捣　练　子

孟姜女[1]，杞梁妻。一去燕山[2]更不归。造得寒衣无人送，不免自家送征衣。　长城路，实难行。乳酪山下雪霏霏。吃酒则为隔饭病，愿身强健早还归。

[注释]

[1] 孟姜女：相传秦始皇时，范杞梁被征去筑长城。他的妻子孟姜女把冬衣送到服劳役的地方，杞梁已经死去。孟姜女哭于长城之下，城为之崩塌而看到杞梁的骸骨。
[2] 燕山："燕"字原作"烟"。

又

堂前立，拜辞娘。不觉眼中泪干行。劝你耶娘少[1]怅望，为吃他官家重衣粮。　辞父娘了入妻房。"莫将生分[2]向耶娘"。"君去前程但努力[3]，不敢放慢[4]向公婆"。

[注释]

［1］ 尐：原作"小"，"尐、小"通用。

［2］ 生分：这里是"冷淡"的意思。

［3］ 努力：这里是"珍重、保重"的意思。

［4］ 放慢：怠慢、侮慢。

敦煌变文及其他

敦煌在甘肃西部,为古代西北边陲要地。宋景祐二年(1035年),敦煌莫高窟寺庙里的僧众为躲避西夏的进犯而远走他乡,逃难之前把一批经卷、文书封藏在一个洞室里。后来这些僧众没有再回敦煌,这批藏书也就保存了下来。1900年初夏,这个洞室偶然被发现,所藏经籍大约两万多卷渐为世人所知,这就是著名的"敦煌石室藏书"。

对这批藏书,最早下手掠夺的是英、法两国,他们掠去的分藏在伦敦不列颠博物院和巴黎国家图书馆。我国虽然也入藏一部分,但数量和质量都不如英、法。此外还有流失在别国的。

两万多卷藏书大都是写本,年代大约自4世纪末至10世纪末。除了佛教经典、经史子集四部书籍等以外,很值得注意的是变文和曲子词等俗文学作品。

唐代寺院和民间都流行一种"俗讲",以说唱的形式向听众讲唱佛经故事、民间传说或历史故事。俗讲的底本或记录下来的本子就是"变文"。变文的具体年代难定。俗讲僧演述变文大约盛行于唐元和以后,已经是中唐时期。它出现比较晚,流行时间也不长。到了唐末,已经有女艺人讲唱王昭君变文的,说明俗讲发展到这时候已将与民间说唱伎艺合流。现存变文一类的作品,有的卷末署有年号,多数是五代的年号,个别是北宋初年的。据此把变文看作晚唐五代时的作品,大致是可以的。

这里节录的《大目乾连冥间救母变文》是一篇演唱佛教故事的变文。

还节录了一篇《丑女缘起》,也是变文一类的作品。

《庐山远公话》属另一种性质,它有说无唱,与后来宋元时代的话本性质相同。从标题也可看出,这是一种话本。

《燕子赋》是一种民间歌赋。

这些作品都用口语或接近口语的文体写成,是研究唐五代语言的宝贵材料。

据以转录的本子是王重民等编校的《敦煌变文集》,人民文学出版社,1957年。(只有《燕子赋》的校注主要是根据江蓝生校注本,见《关陇文学论丛》2,1983年)转录时,也有按照别本文字纠正《敦煌变文集》所据底本之处,因《敦煌变文集》的校记已经把各本异文详细记出,所以转录时就不再一一注明;如有出于转录者臆改的,则加以说明。

燕 子 赋

仲春二月,双燕翱翔。欲造宅舍,夫妻平章[1]。东西步度,南北占相[2]。但避将军太岁[3],自然得福无殃。取高头之居[4],垒泥作窟;上攀梁窠[5],藉草[6]为床。安不虑危,巢于翠幕[7];卜胜[8]而处,遂托虹梁[9]。铺置才了,暂住坻塘。

乃有黄雀,头脑峻削。倚街傍巷,为强凌弱。睹燕不在,入来傲掠[10]。见他宅舍鲜净,便即穴白[11]占着。妇儿男女,共为欢乐。自夸喽啰[12]:"得伊造作[13],耕田人打兔,著履人吃臛[14]。古语分明,果然不错。"硬努拳头,偏脱[15]胳膊。"燕若入来,把棒撩脚。伊且单身独手,娄我阿莽蘖斫[16]!更被唇口嗫嚅,与你到头尿却[17]!"

言语未定,燕子即回。踏地[18]叫唤。雀儿出来。不问好恶,拔拳即摵[19]。左推右攒[20],挽耳捆腮。儿捻脚拽,妇下口䠡[21]。燕子被打,可笑尸骸[22]:头不能举,眼不能开。夫妻相对,气咽声哀:"不曾触犯豹尾[23],缘没[24]横罹鸟灾?"遂往凤凰边下牒分析[25]。

"燕子单贫,造得一宅。乃被雀儿强夺,仍自更著恐吓。云:'明敕括客,标入正格[26]。阿你遁逃落籍[27],不曾见你应王役。终遣官人棒脊,流向儋、崖、象、白[28]。'云:'野鹊是我表丈人[29],鹁鸠[30]是我家伯。州县长官,瓜萝亲戚。是你下牒言我,恐你到头无益。火急离我门前,少时终须吃掴。'燕子不分[31],以理从索。遂被搦头[32]拖拽,捉衣撦擘[33];撩乱尊拳[34],交横突踢[35];父子数人,共相敲击。燕子被打,伤毛坠翮。起止不能,命垂朝夕。伏乞检验,见有青赤。不胜冤屈,请王科责[36]。"凤凰云:"燕子下牒,词理恳切;雀儿豪横,不可称说。终须两家,对面分雪[37],但知臧否[38],然[39]可断决。"专差鹁鹆往捉。

鹁鹆奉命,不敢久停。半走半骤[40],疾如奔星[41]。行至门外,良久立听。正闻雀儿,窟里语声。雀儿云:"昨夜梦恶,今朝眼瞤[42],若不私斗,却[43]被官嗔。比来[44]徭役,恶征应频。多是燕子,下牒申论。"约束男女:"必莫开门。有人觅我,道向东村。"鹁鹆隔门遥唤:"阿你莫漫[45]辄藏!向来[46]闻你所说,急出共我平章!何为夺他宅舍,仍更打他损伤?凤凰令遣追捉,身作还自抵当。入孔亦不得脱,任你百种思量。"雀儿怕怖,悚惧恐惶。家中大小,亦总惊忙。遂出跪拜鹁鹆,唤作大郎二郎[47]:"使人远来冲热[48],且向窟里逐凉。卒客无卒主人[49],暂坐撩治家常[50]。"鹁鹆曰:"者[51]汉大痴,好不自知!恰见宽纵,苟图过时。饭食浪道[52],我亦不饥。火急须去,恐王怪迟。"雀儿已愁,贵在淹留。迁延不去,望得脱头[53]。干言强语,千祈万求:"通融放到明日,还有些些束脩[54]。"鹁鹆恶发,把腰即挡[55]。雀儿烦恼,两眉不皱[56]。窃言[57]擒去,须臾到州。

凤凰遥见,问是阿谁。便即低头跪拜,口称:"百姓雀儿[58],被燕谤[59]夺宅。昨日奉王帖追,匍匐奔走,不敢来迟。燕子文牒,并是虚辞。睐目上下[60],请王对推。"凤凰云:"这贼无赖,眼脑妒害[61],何由可奈!捉我支配[62],捋出脊背。拔却左腿,揭却脑盖!"雀儿被吓胆碎,口中唯称:"死罪!"唤取燕子来对。

燕子忽律[63]出头,曲躬分疏[64]:"雀儿夺宅,今见[65]安居。所被伤损,亦不加诸[66]。目验取实,何得称虚?"雀儿自隐欺负[67],面孔终是攒沉[68]。请乞设誓,口舌多端:"若实夺燕子宅舍,即愿一代贫寒。朝逢鹰夺,暮逢鸥算。行即着网,坐即被弹。经营不进,居处不安。日埋一口,浑家不残[69]。"咒虽百种作了,凤凰要自难谩[70]。燕子曰:"人急烧香,狗急蓦[71]墙。只如你疗疮病癞,埋却尸丧[72],总是转关[73]作咒,徒拟诳惑大王。"凤凰大嗔,状后即判:"雀儿之罪,不可称算。推问根由,仍生拒捍。责情[74]且决五下,枷项禁身推断。"

燕子畅[75]快,喜慰不已:"夺我宅舍,捉我巴毁[76]。将作[77]你吉达到头,何期天还报你。如今及阿莽次第[78],五下乃是调[79]子。"

于是鹊鸽在旁,乃是雀儿昆季。颇有急难之情,不离左右看侍[80]。

既见燕子畅快,便即向前填置[81]:"家兄触忤明公,下走[82]实增厚愧。窃闻狐死兔悲,恶伤其类;四海尽为兄弟,何况更同臭味[83]。今日自能论竞[84],任他官府撩治[85]。死雀不就上弹[86],何须逐后骂詈?"

妇闻雀儿被打,不觉精神沮丧。但知搥胸拍臆,拔头忆想阿莽[87]。两步并作一步,走向狱中看去。正见雀儿卧地,面孔恰似垒土[88]。脊上耽个襆子[89],仿佛欲[90]高尺五。既见雀儿困顿,眼中泪下如雨。口里便灌小便,疮上还粘故纸[91]。"当时骾骾[92]劝谏,拗戾不相容语[93]。无事破锣啾唧,果然论官理府[94]。更被枷禁不休,于身有甚好处?乃是自招祸祟,不得怨他作诅[95]。雀儿打硬,犹自诉谎漫语[96]:"男儿丈夫,事有错误,脊被揎破,更何怕惧!生不[97]一回,死不两度。俗语云:'宁值十狼九虎,莫逢痴儿一怒。'如今会遭者莽赤椎[98],总是那黑厮儿作诅。吾今在狱,宁死不辱。汝可早起,唤取鹡鸰。他家尖头[99],凭伊觅曲[100]。咬啮[101]势要,教向凤凰边遮嘱[102]。但知[103]免更吃杖,与他邪磨[104]一束。"

雀儿被禁数日,求祈狱子脱枷。狱子再三不肯,雀儿羙咀哦[105]:"官不容针,私可容车。叩头与脱,幸到晚衙[106]。不须苦死相邀勒[107],送饭人来定有钗[108]。"狱子曰:"汝今未得清雪,所以流在黄沙[109]。我且忝为主吏,岂受资贿相遮[110]!万一入王耳目,碎即恰似油麻[111]。乍可[112]从君懊恼,不得遣我脱枷。"雀儿叹曰:"古者三公厄于狱卒[113],吾乃今朝自见。唯须口中念佛,心中发愿:若得官事解散,验写《多心经》一卷[114]。"遂乃呕喻本典[115]:"徒少问辩[116]。曹司[117]上下,说公白健[118]。今日之下,乞与些些方便。还有纸笔当直[119],莫言空手冷面。"本典曰:"你欲放钝,为当退钝[120]?夺他宅舍,不解卑逊[121];却被[122]凶粗,打他见困。你是王法罪人,凤凰令遣责问。明朝早起过案,必是更著一顿。杖十已上关天[123],去死不过半寸。但知脊背祗承[124],何用密呧相骾[125]!"

雀儿被吓,更害气咽,把得问头[126],特地更闷。问:"燕子造舍,拟自存活。何得粗豪,辄敢强夺?仰答[127]!"

"但雀儿明明脑子,交被老乌趁急[128]。走不择险,逢孔即入。暂投燕舍,免被敲击。实缘避难,事有急疾,亦非强夺,愿王体悉。"

又问:"既称避难,何得恐吓?仍更踶打[129],使令坠翻?国有常刑,合笞决一百。有何别理,已自明白。仰答!"

"但雀儿只缘脑子避难,暂时留连燕舍。既见空闲,暂歇解卸[130]。燕子到来,即欲向前辞谢[131]。不悉事由,望风恶骂。父子团头,牵及上下[132]。忿不思难,便即相打。燕子既称坠翻,雀儿今亦跛胯。两家彼此,伤损相亚[133]。若欲礶[134]论坐舍,请乞酬其宅价。今欲据法科懲[135],实即不敢诉讶[136]。见有上柱国勋[137],请与收赎罪价。"

又问:"夺宅恐吓,罪不可容。既有高勋,先于何处立功?仰答!"

"但雀儿去贞观十九年,大将军[138]征讨辽东。雀儿投募充儤[139],当时配入先锋。身不跨马,手不弯弓。口衔艾火[140],送着上风。高丽遂灭,因此立功。一例蒙上柱国,见有勋告数通。必其欲得磨勘[141],检取《山海经》中。"

凤凰判云:"雀儿踢突[142],强夺燕屋。推问根由,元无承伏。既有上柱国勋收赎,不可久留在狱。宜即释放,勿烦案牍。"

雀儿得出,喜不自胜。遂唤燕子:"且饮二升。比来触忤,请公哀矜。从今以后,别解祗承。人前隈地[143],更莫仍仍[144]。"

燕雀既和,行至邻并。乃有一多事鸿鹄[145],借问二子:"比来争竞,雀儿不能退静[146]。开眼尿床[147],违他格令。赖值凤凰恩泽,放你一生草命[148]。可中鹞子搦得,百年当时了竟[149]。"遂骂燕子:"你甚顽愚,些小事,何得纷纭[150]!直欲危他性命,作得如许不仁。两个都无所识,宜吾不以[151]同群。"

燕雀同词而对曰:"何其凤凰不嗔,乃被鸿鹄责数[152]。你亦[153]未能断事,到头没多词句。必其倚有高才,请乞立题诗赋。"

鸿鹄好心,却被讥刺。乃兴一诗,以呈二子:

  鸿鹄宿心有远志,燕雀由来故不知。
  一朝自到青云上[154],三岁飞鸣当此时。

燕雀同词而对曰:

  大鹏信图南,鹪鹩巢一枝。
  逍遥各自得,何在二虫知[155]?

癸未年十二月廿日永安寺学士郎杜友遂书记之耳[156]。

[注释]
[1] 平章：商量事情。
[2] "东西步度"二句：步度，度，音 duó。步度，以走步来量度。占相，察看地势以断吉凶。此二句言营造宅舍前之准备。
[3] 将军太岁：将军，指五盗将军，传说中的盗神，入宅不祥。太岁，星名。术数家认为太岁所在为凶方，忌破土建筑。
[4] 取高头之居：取，往、向。居，原作"规"。居、规二字在唐代西北方音中音近。此句意谓以上边为居处。
[5] 梁窒：窒，音 shì。原作"使"。梁窒，梁上巢穴。
[6] 藉草：垫草。
[7] 巢于翠幕：燕子筑巢于帷幕之上，比喻所处形势危殆。《左传·襄公二十九年》："夫子之在此也，犹燕之巢于幕上。""巢"字上原衍"不"字。
[8] 卜胜：指上文卜居之事。胜，谓佳胜之处。
[9] 虹梁：虹，原作"弘"。虹梁，此指房梁。
[10] 儌掠：儌，音 jiǎo。原作"恔"。儌掠，抄掠、劫夺。
[11] 穴白：钻空子，乘机。
[12] 喽啰：聪明能干。
[13] 造作：指燕子所建巢穴。
[14] "耕田人打兔"二句：著，原作"臁"。《景德传灯录》卷十三："赤脚人趁兔，著靴人吃肉。"此据改，臛，肉羹。此二句意谓不劳而获，占了便宜。
[15] 偏脱：脱去一只衣袖，以利动作。
[16] "娄我阿莽蘖斫"句：娄，未详。阿莽，什么。蘖斫，砍伐、斫杀、敲击。
[17] "更被"二句：更被，再加。嗫嚅，多言。到头，到底、最终。此二句意谓：再要多嘴多舌，我就一泡尿尿了你的巢。
[18] 踏地：跺脚。
[19] 捶：音 chuāi。原作"差"。用拳头打。
[20] 㩳：音 sǒng。原作"耸"。推。
[21] 齩：音 chāi。用牙咬。
[22] 尸骸：在这里当丑模样讲。
[23] 豹尾：阴阳家语。破土营建时不能触犯豹尾，否则要招致灾殃。
[24] 缘没：因为什么。没，音 mò。

[25] "遂往"句:边,处。分析,分说事理。
[26] "明敕括客"二句:唐开元九年实行检括逃亡户口和籍外隐田者的措施。此二句言:皇帝明令搜检逃亡户,这一套已标列在正式法令条文之中。
[27] 逋逃落籍:逃亡而在户籍之外。
[28] "流向儋、崖、象、白"句:流,流放。唐有笞、杖、徒、流、死五刑。儋(音Dān)、崖、象、白,均州名,唐代边地,犯罪者多流放于此。儋州,今海南省儋县,在海南岛西北部。崖州,今海南崖县,在海南岛南端。象州,今广西象州,在今柳州东南。白州,今广西合浦。
[29] 表丈人:指中表亲戚里的男姓长辈。
[30] 鹙鸠:音 qiú jiū。鹙,鹡鸰。鸠,斑鸠。
[31] 不分:不忿,不服气。
[32] 撮头:揪头发。
[33] 撦擘:音 chě bāi。今通常写作"扯"与"掰"。撕裂。
[34] 撩乱尊拳:撩,原作"辽",今正。撩乱,纷乱。尊拳,拳头。
[35] 宊踢:原作"秃剔"。用脚踢。
[36] 科责:依法判处。
[37] 分雪:分辨清楚,洗刷责任。
[38] 臧否:否,音 pǐ。臧否,善恶、是非。
[39] 然:乃。
[40] 骤:马匹快跑。
[41] 奔星:流星。
[42] 眼瞤:眼跳。古代以眼跳为有事的征兆。
[43] 却:在这里是"即"的意思。
[44] 比来:近来。
[45] 漫:空,徒劳。
[46] 向来:方才。
[47] "唤作大郎二郎"句:郎,本是儿对父的称呼,以及奴仆对主人的称呼,进而成为表示恭敬或谄媚的称呼。这里的大郎二郎就是后面一种意思。
[48] 远来冲热:从远处冒热前来。"来"字下原衍"大"字。
[49] 卒客无卒主人:唐代俗语。意谓只有仓促登门的客人,没有仓促无准备的主人。
[50] 撩治家常:料理家常便饭。
[51] 者:这。唐五代多用"者"。
[52] 浪道:空说,白说。
[53] 脱头:脱身。

[54] 束脩：在这里泛指礼物。
[55] "鹒鹝恶发"二句：恶发，发怒。把腰即挡，抓住雀儿的腰。挡，音 chōu，抓住。
[56] 不皱：即"皱"。"不"字无义。
[57] 窃言：疑应为"切言"，"急切地说"之意。
[58] 雀儿："儿"字原脱，今臆补。
[59] 谤：诬告。
[60] 眯目上下：眯目，蒙蔽。上下，对凤凰的敬称。
[61] 眼脑妒害：眼脑，眼睛。妒害，嫉妒。
[62] 捉我支配："捉"在这里作"把"字讲。此处凤凰说雀儿要左右我的行动。别卷在"捉"字前有"肯是"或"骨是"二字，今删。
[63] 忽律：象声词。表示出场之快。"律"原作"硉"。
[64] 曲躬：鞠躬。分疏：解释，分辩。
[65] 今见：见，同"现"，本篇均如此。今见，现今。
[66] 加诸：乱说。
[67] 自隐欺负：自隐，自己思量。欺负，在这里是"欺骗"意。全句说雀儿自知欺骗了凤凰。
[68] 攒沉：刁钻奸滑。
[69] 残：剩，留。
[70] 要自难谩：要自，却，却是。谩，欺瞒，欺骗。
[71] 蓦：跨越。
[72] "只如你"二句：只如，即使，就是。尸丧，尸体。
[73] 转关：用机巧。耍手段。
[74] 责情：依照实情。
[75] 畅：原作"唱"。
[76] 巴毁：以手击伤。
[77] 将作：本来还以为。
[78] 次第：状况，情景。
[79] 调：调伏，调训。
[80] "于是鹡鸰在旁"四句：语本《诗经·小雅·常棣》："脊令在原，兄弟急难。"
[81] 填置：埋怨，责问。
[82] 下走：自称谦词。
[83] 臭味：臭，音 xiù。臭味，气味。
[84] 论竞：言语相争。

[85] 撩治：撩，原作"廖"，今正。撩治，此作"处理"讲。

[86] 死雀不就上弹：为当时俗语，意谓鸟雀已死，不必再以弹丸射击。有"不为已甚"意。

[87] 拔头忆想阿莽：拔，原作"发"，发、拔音近可通。拔头，披散头发。阿莽，什么。此句意谓披散头发想着什么。

[88] 坌土：坌，音 bèn，尘埃。此句言面如土色。

[89] 耽个襆子：耽，担。襆，音 fú。原作"襟"，今正。襆子，包袱。

[90] 欲：原作"亦"，今正。变文中多有"亦、欲"音近互讹例。

[91] "口里"二句：灌小便、黏故纸，均民间治伤止血方法。

[92] 骾骾：字书无"骾"字。据蒋礼鸿《敦煌变文字义通释》，为强力谏诤貌。

[93] "拗戾"句：你执拗不容我分说。

[94] 论官理府：论理，指争讼。到官衙打官司。

[95] 作诅：诅，音 zǔ。原作"祖"，今正。作诅，诅咒。下文"作诅"是欺凌意。

[96] 雀儿打硬，犹自诛谎漫语：打硬，嘴硬、犟嘴。诛谎，音 luò huǎng。狂言。

[97] 不：在这里是"不过"的意思。

[98] 会遭者莽赤椎：会遭，遭逢、碰到。者莽，这么。赤，深、狠。椎，打。全句意谓遭到这样的毒打。

[99] 尖头：善钻营奉承。

[100] 觅曲：寻找门路。

[101] 咬啮：求恳。啮，"嚙"的俗字。

[102] 遮嘱：遮，掩盖、遮掩。嘱，嘱托、求情。

[103] 但知：只要，只管。

[104] 邪磨：什么。此处指行贿的礼物。

[105] 咀啾：未详。

[106] "叩头与脱"二句：言雀儿向狱子叩头求情，请求除去项枷，到晚衙见官时再戴上。

[107] 邀勒：也写作"要勒"。遮拦、阻挡之意。

[108] 钗：指行贿的财物。

[109] 黄沙：晋武帝时置黄沙狱，此以黄沙指监狱。

[110] 遮：以贿赂去请托。

[111] 碎即恰似油麻：以芝麻榨油比喻粉身碎骨。

[112] 乍可：宁可。

[113] 三公厄于狱卒：虽位居三公之尊，一旦失势，也要受制于狱卒。《史记·绛侯世家》说周勃被捕，"吏稍侵辱之，勃以千金与狱吏。……既出，曰：'吾

尝将百万军,然安知狱吏之贵乎?'"

[114] 验写《多心经》一卷:验,校验、核对。验写,谓正确无误地抄写。《多心经》,全名《般若波罗蜜多心经》。佛家谓念佛、抄写经卷可以禳灾。

[115] 喁喁本典:喁喁,口中说使人厌烦的话语。本典,主事狱吏。谓向主管本案官员喋喋不休地纠缠。

[116] 徒少问辩:只稍微打听一点事情。

[117] 曹司:官府接受词讼的地方。

[118] 白健:精明强干。

[119] 纸笔当直:纸笔,字据。此字据的内容当是允诺出狱后给以钱财酬报。当直,抵当所值。

[120] "你欲放钝"二句:放钝,撒赖、装糊涂。为当,同"为复",用于选择问的连词,有如现代的"是……,还是……?"退颀,未详。其意义当与"放钝"相对。

[121] 卑逊:逊,原作"喺",今正。卑逊,和顺。

[122] 被:加,加之以。

[123] 杖十已上关天:关天,由天。本句意谓:被打十几杖以后,是死是活只好听从老天而由不得自己。

[124] 祗承:恭恭敬敬地承受。

[125] 密呎相骰:呎,原作"箪"。此句言絮聒多言以强求。

[126] 问头:即问题,审讯时把问题写在纸上交给犯人。

[127] 仰答:"仰"用在上对下的公文中表示命令。仰答,命令对方回答。

[128] "但雀儿"二句:但,发语词,多用于自称之前表示谦恭。脑子,此"脑"字为"眼脑"之脑,指眼睛。此二句言雀儿被乌鸦追赶很急,乌鸦要啄食其眼睛。下文"但雀儿只缘脑子避难"亦指此。

[129] 蹄打:又踢又打。

[130] 解卸:解脱衣帽,休息之意。

[131] 辞谢:告罪。

[132] "不悉事由"四句:望风,平白无故。团头,头领。此四句系雀儿指斥燕子不明原委,破口大骂,不但骂了雀儿父子和头领,而且还牵连到凤凰。

[133] 相亚:相当。

[134] 碻:同"确"。

[135] 懲:原作"徵",古"徵"、"懲"二字通。

[136] 诈讶:原作"咋呀",今正。音 zhā yá。不合,违拗。

[137] 上柱国勋:上柱国,唐代勋级中之最高者,授给有战功者。《唐会要》卷八十一:"旧制,勋官上柱国已下,至武骑尉为十二等,有战功者,各随高下以

授。……至贞观十九年四月九日,太宗欲重征辽之赏,因下制度,授以勋级。"

[138] 大将军:指薛仁贵,贞观十九年随太宗征辽东。
[139] 充傔:充任侍从。
[140] 艾火:艾,原作"芟",今正。古时攻城,有以鸟雀系燃着的艾飞入城中,以引起对方城中失火的。见《敦煌变文字义通释》。
[141] 磨勘:检验证实。
[142] 踢突:此处引申作"强悍、豪横"讲。
[143] 隈地:隈,原作"煨",今正。隈地,背后。
[144] 仍仍:频频,说个不停。
[145] 鹄:原作"鹳",今正。
[146] 退静:退让。
[147] 开眼尿床:犹言故意捣乱。
[148] 一生草命:生,量词。一生草命,犹言一条性命。
[149] "可中鹞子搦得"二句:可中,假如。百年,一生。
[150] 纷纭:吵闹。
[151] 以:通"与"。变文中多如此。
[152] 责数:数,原作"所",今正。责数,责备数说。
[153] 亦:在这里当"深、绝"讲。
[154] 一朝自到青云上:《史记·滑稽列传》说,淳于髡说齐威王:"'国中有大鸟,止王之庭,三年不蜚又不鸣,王知此鸟何也?'王曰:'此鸟不飞则已,一飞冲天;不鸣则已,一鸣惊人。'"
[155] 何在二虫知:《庄子·逍遥游》:"鹏之徙于南冥也,水击三千里,抟扶摇而上者九万里,……而后乃今将图南。蜩与学鸠笑之曰:'我决起而飞,抢榆枋,时则不止,而控于地而已矣,奚以之九万里而南为?'适莽苍者,三飡而反,腹犹果然;适百里者,宿舂粮;适千里者,三月聚粮。之二虫又何知?"
[156] "癸未年"题记:《敦煌变文集》所据底本(P2653)无此题记。江蓝生校注本据 S214 补。此癸未年为唐德宗贞元十九年,即公元803年。

大目乾连冥间救母变文

(上略)

目连到天宫寻父,至一门,见长者,白言长者:"贫道[1]小时,名字罗卜。父母亡没已后，投佛出家，剃除须发，号曰大目乾连，神通第一。"长者见说小时名字，即知是儿："别久，好在已否[2]？"罗卜目连认得慈父，起居问讯[3]已了："慈母今在何方，受于快乐？"长者报言罗卜："汝母生存在日，与我行业不同。我修十善五戒[4]，死后神识，得生天上。汝母平生在日，广造诸罪；命终之后，遂堕地狱[5]。汝向阎浮提[6]冥路之中，寻问阿孃，即知去处。"目连闻语，便辞长者，顿身下降南阎浮提。向冥路之中，寻觅阿孃不见。

（中略）

狱主启言："和尚缘[7]何事开地狱门？"报言："贫道不开阿谁开？世尊[8]寄物[9]来开。"狱主问言："寄甚物来开？"目连启狱主："寄十二环锡杖[10]来开。"狱卒又问："和尚缘何事来至此？"目连启言："贫道阿孃名青提夫人，故[11]来访觅看。"狱主闻语，却入[12]狱中高楼之上，迢[13]白幡，打铁鼓："第一隔中有青提夫人已否？"第一隔中无。过到第二隔中，迢黑幡，打铁鼓："第二隔中有青提夫人已否？"第二隔中亦无。过到第三隔中，迢黄幡，打铁鼓："第三隔中有青提夫人已否？"亦无。过到第四隔中亦无。即至第五隔中问，亦道："无。"过到第六隔中，亦道："无青提夫人。"狱卒行至第七隔中，迢碧幡，打铁鼓："第七隔中有青提夫人已否？"其时青提夫人在第七隔中，身上下四十九道长钉，钉在铁床之上，不敢应狱主。狱主更问："第七隔中有青提夫人已否？""若看觅青提夫人者，罪身即是。""早个缘甚不应？""恐畏狱主更将别处受苦[14]，所以不敢应狱主。"狱主报言："门外有一三宝[15]，剃除髭发，身披法服，称言是儿，故来访看。"青提夫人闻言，良久思惟，报言狱主："我无儿子出家，不是莫[16]错？"狱主闻语却回，行至高楼，报言和尚："缘有何事诈认狱中罪人是阿孃？缘没事[17]谩语[18]？"目连闻语，悲泣雨泪，启言狱主："贫道解来传语错。贫道小时名罗卜，父母亡没已后，投佛出家，剃除髭发，号曰大目乾连。狱主莫嗔，更问一回去。"狱主闻语，却回至第七隔中，报言罪人："门外三宝，小时字罗卜，父母终没已后，投佛出家，剃除髭发，号曰大目乾连。"青提夫人闻语："门外三宝，若小时字罗卜，即是儿也，罪身一寸肠娇子[19]。"狱主闻语，扶起青提夫人，提拔四十九道长钉，铁镢[20]镢腰，生杖[21]围绕，驱出门外，母子相见处[22]：

□□□□□□□[23],生杖鱼鳞似云集。
千年之罪未可知,七孔之中流血汁。
猛火从孃口中去,蒺藜步步从空入。
由如五百乘破车声,腰脊岂能于管拾。
狱卒擎叉左右遮,牛头把镰东西立。
一步一倒向前来,目连抱母号咷泣。
哭曰由如不孝顺[24],殃及慈母落三涂[25]。
积善之家有余庆,皇天只没[26]杀无辜。
阿孃昔日胜潘安[27],如今憔悴顿摧残[28]。
曾闻地狱多辛苦,今日方知行路难。
一从遭祸耶孃死,每日坟陵常祭祀。
孃孃得食吃已否?一过容颜总憔悴。
阿孃既得目连言,呜呼怕搁泪交连。
昨与我儿生死隔,谁知今日重团圆。
阿孃生时不修福,十恶之愆[29]皆具足。
当时不用我儿言,受此阿鼻大地狱。
阿孃昔日极芬荣,出入罗帏锦障行。
那堪受此泥梨[30]苦,变作千年饿鬼行。
口里千回拔出舌,胸前百过铁犁耕。
骨节筋皮随处断,不劳刀剑自凋零。
一向[31]须臾千回死,于时唱道却回生。
入此狱中同受苦,不论贵贱与公卿。
汝向家中勤祭祀,只得乡闾孝顺名。
纵向坟中浇沥酒,不如抄写一行经。
目连哽噎啼如雨,便即回头谘狱主:
"贫道须[32]是出家儿,力小那能救慈母。
五服[33]之中相容隐,此即古来圣贤语。
惟愿狱主放却孃,我身替孃长受苦。"
狱主为人情性刚,嗔心点点色苍芒:
"弟子虽然为狱主,断决皆由平等王。
阿孃有罪阿孃受,阿师[34]受罪阿师当。

金牌玉简无揩洗[35],卒亦无人辄改张。
受罪只今[36]时已至,须将刑殿上刀枪。
和尚欲得阿孃出,不如归家烧宝香。"
目连慈母语声哀,狱卒擎叉两畔催。
欲至狱门而欲倒[37],便即长悲好住[38]来。
青提夫人一个手,托住狱门回顾盼。
言好住来,罪身一寸长肠娇子。
孃孃昔日行悭吝,不具来生业报恩。
言作天堂没地狱,广杀猪羊祭鬼神。
但悦其身眼下乐,宁知冥路拷亡魂。
如今既受泥梨苦,方知反悔[39]自家身。
悔时悔亦知何道,覆水难收大俗云[40]。
何时出离波吒苦[41],岂敢承望[42]重作人?
阿师是如来佛[43]弟子,足解知之父母恩。
忽若一朝登圣觉,莫忘孃孃地狱受艰辛。
目连既见孃孃别,恨不将身而自灭。
举身自扑[44]太山崩,七孔之中皆洒血。
启言孃孃且莫入,回头更听儿一言:
"母子之情天生也,乳哺之恩是自然。
儿与孃孃今日别,定知相见在何年?
那堪闻此波吒苦,其心楚痛镇悬悬。
地狱不容相替代,唯知号叫大称怨。
隔是[45]不能相救济,儿亦随孃孃身死狱门前。"

(下略)

[注释]

[1] 贫道:佛教徒自称的一种谦语。后世才转而为道士自称。
[2] 好在已否:问候的话。"好在"犹如问"好吗?""已否"即"与否"。变文中"已"通"以","以"又通"与"。
[3] 问讯:佛教徒合掌当胸,向人行礼,叫作问讯。

[4] 十善五戒：十善，又名十善业，佛家用语，指：不杀生，不偷盗，不邪淫，不妄语，不两舌，不恶口，不绮语，不贪欲，不瞋恚，不邪见。五戒，佛家用语，指：戒杀生，戒偷盗，戒邪淫，戒妄语，戒饮酒。十善五戒是对修行弟子的戒律。

[5] 地狱：即阿鼻地狱。阿鼻，梵语 Avici 的音译，意译为无间地狱。佛教所谓八大地狱的第八狱，位于阎浮提之下二万由旬，深广亦二万由旬（古印度以帝王一日行军的路程为一由旬）。造"十不善业"者堕入，堕入者受苦无间。

[6] 阎浮提：即下文"南阎浮提"，梵语 Jambudvipa 的音译。佛典所说四大部洲之一。又名南瞻部洲。阎浮即瞻部（Jambu），树名；提（Dvipa），意谓洲。此洲盛产瞻部树，故名。

[7] 缘：因为。

[8] 世尊：佛家称受到一切人、天、凡圣之尊重者。指释迦牟尼。

[9] 寄物：寄托某物，以为凭证。

[10] 锡杖：即禅杖，僧人所持的手杖。杖头安环，可振动作声。

[11] 故：特故，特地。

[12] 却入：却，返回。却入，回进去。

[13] 迢：迢本遥远之意，于此不合。或应为"挑"字，悬挂意，迢、挑二字音近。或应为"遥"字，借作"摇"字，迢、遥形近。臆测如此，确否待考。

[14] "恐畏"句：怕狱主又把我带到别处去受苦。

[15] 三宝：佛家以佛、法、僧为三宝。佛，指大觉之人；法，指佛法；僧，指依照佛法修行的人。在这里，三宝似是对佛教僧徒的一种敬称。

[16] 不是莫：莫不是，莫非。

[17] 没事：没，音 mò。没事，即么事，什么事。

[18] 漫语：漫，同瞒。漫语，说谎。

[19] 一寸肠娇子：一寸肠，愁肠寸断之意。一寸肠娇子，使母亲忧念以至肠断的亲生儿子。唐人习语。

[20] 镆：音 suǒ，同"锁"。

[21] 生杖：即绳杖。一种捆人的刑具。

[22] 处：变文的特点是按图说唱，在讲述到某一重要关目之处，就用唱词来着重描写。在开始唱之前往往标明"……处"或"……处若为陈说"。

[23] 从唱词的押韵情况看，这段唱词似缺首句。

[24] 由如不孝顺：疑有误。"如"字作"儿"字方能读得通，下文有"由儿不孝顺，殃及慈母，堕落三涂"等语。

[25] 三涂：佛家语，又称三恶道：一、火涂，地狱道猛火所烧之处；二、血涂，畜生道互相啖食之处；三、刀涂，饿鬼道被刀剑等逼迫之处。

[26] 只没:没,音 mò。只没,同"这么"。
[27] 潘安:晋中牟人潘岳,字安仁,以美貌著名。
[28] 摧残:残,原作溅,误。
[29] 愆:音 qiān,罪过。
[30] 泥梨:又作泥犁。梵语指地狱。
[31] 一向:片刻。
[32] 须:这里借作"虽",方言音同。
[33] 五服:本是古代丧制。因为亲属关系的远近,所服的丧服也有不同,后世遂以五服来区别亲疏。五服之内是近亲。
[34] 阿师:对和尚的称呼。师,法师。
[35] "金牌玉简"句:金牌玉简,指阎罗断案所写的命令。无揩洗,谓此项命令无可更改,所加的罪名不可洗刷。
[36] 只今:即今,现今。
[37] 倒:原作"到"字,今正。
[38] 好住:告别时祝愿问候的话,犹言珍重、保重之类。此言狱卒催促青提夫人上殿受刑,临别前母子互道珍重。
[39] 反悔:"悔"字前原有"悟"字,衍。
[40] 俗云:俗语。
[41] 波吒苦:佛经以波吒为忍受寒冷时的呻吟声。波吒苦,在这里泛指受苦。
[42] 承望:"望"原作"圣",今正。
[43] 如来佛:释迦牟尼佛。
[44] 举身自扑:全身覆倒。变文中多用以形容极度悲痛。
[45] 隔是:已是。

庐 山 远 公 话[1]

(上略)

忽时寿州界内[2],有一群贼,姓白名庄。说其此人,少年好勇,常行劫盗,不顾危亡,心生好杀。白庄耳内忽闻人说,江州[3]庐山有一化成之寺中甚是富贵,施利极多,财帛不少。远结徒党五百余人,星夜倍程,来至江州界内,当即屯军而便即住。于是白庄语诸徒党:"莫向人说,恐怕人知。来日斋时,劫此寺去。"诸人唱喏[4]。故知俗谚云有语:"人发善愿,天必从之;人发恶愿,天必除之。"白庄只于当处发愿,早被本处土地[5]便知,密现神通,来至庐山寺告报众僧。房房告报,院院令知。地神于空中告其僧曰:"来日斋时,有群贼来劫此寺,请诸僧人切须回避!"于是众僧闻知,心怀惊怖,各自东西回避[6],尽谋走计。

是时众僧例总波逃[7]走出,惟有远公上足弟子云庆和尚为师礼法,缘情切未敢东西回避,直至和尚庵前,启和尚曰:"适来有一神人报来云,言有贼来劫此寺,伏愿和尚慈悲,且往东西回避。"远公曰:"只如汝未知时,吾早先知此事。若夫《涅槃经[8]》之义,本无恐怖;若有恐怖,何名为'涅槃'?汝与僧众,火急各自回避。吾在此间,终不能去得。"云庆见和尚再三不肯回避,雨泪悲啼,自家走出寺门,随众波逃。远公见诸僧去后,独坐禅庵,并无恐怖。

须臾白庄领诸徒党来到寺下。于是白庄布阵于其横岭,排兵在于长川,喊得山崩石裂,东西乱走,南北奔冲,齐入寺中,唯称活捉。白庄比入寺中,望其大收资财,应是[9]院院搜集,寺内都无一物。白庄道:"大奇!我昨日商量之时,并无人得知。阿谁告报寺中,尽交东西回避?"白庄处分左右:"与我寺内寺外处处搜寻,若也[10]捉得师僧,速领将来见我。"左右唱喏,诸处搜寻,并无一人。

行至寺东门外,见一僧人于禅庵之内安然而坐。左右不敢惊怖,抽身却入寺中,直至白庄面前,启而言曰:"适来奉将军处分,寺内寺外搜寻僧人,处处并总不逢。行至寺门外,见一僧人,不敢不报。"白庄曰:"僧在何处?"左右启言将军:"见在寺东门外禅庵中坐。"于是揽辔攀鞍,直至寺东门外,果见一僧人庵内跏趺敷坐。白庄高声便唤,令交左右拥至马前。问远公曰:"是[11]你寺中有甚钱帛衣物?速须搬运出来!"远公进步向前,启白庄曰:"此寺先来[12]贫虚,都无一物。纵有些些施利,旋总盘缠斋供[13],实无财物,不敢诳妄将军。"于是白庄子细占视[14]远公,心生爱慕。为缘远公是菩萨相,身有白银相光[15],身长七尺,发如涂漆,唇若点朱。白庄一见,乃语左右曰:"此个僧人,堪与我为一驱使之人。"白庄曰:"我要你作一手力[16],得之已否?"远公进步向前,愿舍此身,与将军为奴,情愿马前驱使。远公曰:"更有小事,合具上闻:将军为当[17]要贫道身?为当要贫道业?"白庄曰:"甚是身?甚是业?"远公曰:"贫道以[18]念经为业。若要贫道驱使,只是此身。若要贫道,只须莫障[19]贫道念经。"白庄曰:"我但得你驱使,阿谁障你念经?"远公唱喏,便随他后。去寺百步已来,远公重启将军曰:"放贫道却入寺内,脱此僧衣在于寺中,却来至此,愿随将军旌旗。"白庄曰:"却即早来,勿令我怪。若也来迟,遣左右捉来,只[20]向马前腰斩三截,莫言不道[21]!"

远公唱喏,入寺中于殿前而立。时有上足弟子[22]云庆在于高峰之上,望见本师在于寺内,奔走下山,直至大师面前,启和尚曰:"适来狂寇奔冲,至甚惊怕。且喜贼军抽退,助[23]和尚喜!"远公曰:"若夫《涅槃经》义,本无恐怖;若有恐怖,何名为'涅槃'?汝自今已后,切须精进[24],善为住持[25]。吾今与汝隔生永别。"云庆问和尚曰:"何以发如此之言?"远公曰:"我适来于门外设誓,与他将军为奴来。更久住不得,汝在后[26]切须努力。"云庆闻语,举身自扑,七孔之中,皆流鲜血,良久乃甦。从地起来,乃成偈曰:

　　我等如飞鸟,和尚如大树。
　　大树今既移,遣众栖何处?
　　化身何所在?空留涅槃句。
　　愿垂智惠灯,莫忘迷去路。

云庆言讫,转更悲啼。远公曰:"恐将军怪迟。"走出寺门,趁[27]他旌旗,随逐他后。日来月往,相随数年。

云庆见和尚去后,再集僧众,将《涅槃经疏抄》并启讲筵。应是听众,悉皆雨泪,如见大师无异。于是云庆见和尚数年并无消息,遂将《涅槃经疏抄》分付与道安和尚。道安既收得《涅槃经疏抄》,便将往东都[28]福光寺内开启讲筵。不知道安是何似生[29],感得听众如云,施利若雨。时遇晋文皇帝王化东都。道安开讲,感得天花乱坠[30],乐味花香。感得五色云现,人更转多。无数听众,踏破讲筵,开启不得。道安遂写表奏上晋文皇帝:"臣奉敕旨,于福光寺内讲《涅槃经》。听人转多,有乱法筵,开启不得。伏乞敕旨,别赐指挥[31]。"是时有敕:"若要听道安讲者,每人纳绢一匹,方得听一日。"当时缘遇清平,百物时贱,每日纳绢一匹,约有三二万人。寺院狭小,无处安排。又写表奏闻皇帝:"臣奉敕旨,于福光寺内开启讲筵,窃唯前敕令交纳绢一匹,听众转多,难为制约,伏乞重赐指挥。"当时有敕:"要听道安讲者,每人纳钱一百贯文,方得听讲一日。"如此隔勒[32],逐日不破三五千人来听道安于东都开讲。

远公还在何处?远公常随白庄逢州打州,逢县打县。朝游川野,暮宿山林。兀发眉齐[33],身挂短褐。一随他后,数载有余。思念空门[34],无由再入。况是白庄累行恶迹,伴涉凶徒,好杀恶生,以劫为事[35]。忽因一日,在于山间,白庄于东岭之上安居,远公向西坡上止宿。是时也,秋风乍起,落叶飘摇,山静林疏,霜沾草木。风经林内,吹竹如丝。月照青天,丹霞似锦。长流水边,心怀惆怅。朦胧睡著,乃见梦中十方[36]诸佛,悉现云间,无量圣贤[37],皆来至此。唤言:"菩萨起,莫恋无明睡著[38]!证取涅槃之位,何得不为众生念《涅槃经》?"远公梦中瞻礼无休,远公是具足凡夫[39],感得阿阅如来[40]受记。唤远公近前:"汝心中莫生怅惘,汝有宿债未偿。缘汝前世曾为保见[41],今世合来计会[42]。债主[43]不远,当朝宰相常邻相公身是。已后却卖此身,得钱五百贯文还他白庄。却来庐山,与汝相见。"远公梦中惊觉,怅惘非常,遂乃起坐,念《涅槃经》数卷。白庄于东岭上惊觉,遂乃问左右曰:"西边是甚声音?"左右曰:"启将军,西边是掳来者贱奴念经声。"白庄闻语,大怒非常,遂唤远公直至面前,高声责曰:"你若在寺舍伽兰,要念即无[44]不可;今况是随逐于我,争合[45]念经!"远公曰:"将军当日掳贱奴来时,许交念经。"白庄曰:"我早晚[46]许你念经?"远公当即不语,被[47]左右道:"将军实是许他念经。"白庄曰:"念经即是闲事,我等各自带杀,不欲得闻念经之声。"远公曰:"既不许念经,不要高声,默念得之已否?"白庄曰:"不然。缘我当时掳许你将来,一为不得钱物,二为手下无人,所得恶发[48],掳你将来。我今钱数[49]不少,手力极多,却放你归山,任意修行。"远公曰:"舍身与阿郎[50]为奴,须尽阿郎一世。中路抛离,何名舍身?阿郎若且要伏事,万事绝言;若不要贱奴之时,但将贱奴诸处卖却,得钱与阿郎沽酒买肉,得之已否?"白庄闻语,呵呵大笑:"你也大错!我若之处[51]买得你来,即便将旧契券,即卖得你。况是掳得你来,交我如何卖你?"远公曰:"阿郎不卖,万事绝言;若要卖之,但作家生厮儿卖即无契券。"白庄曰:"交我将你况[52]甚处卖得你?"远公曰:"若要卖贱奴之时,但将往东都卖得。"白庄闻语,懔然大怒:"这下等贱人心里不改间无[53]。自拟[54]到东都,见及上下,经台陈论过状,道我是贼,令捉获我。"远公曰:"贼奴若有此意机谋[55]阿郎,愿当来当来世,死堕地狱,无有出期。但请阿郎勿怀忧虑,的[56]无此事。"白庄闻语,然而信之。遂便散却手下徒党,只留三五人,作一商客,将三五个头匹[57],将诸行货[58],直向东都来卖远公,向口马行头[59]来卖。是时远公来至市内,执标而自卖身。是时万众千人无不叹念。且见远公标,身长七尺,白银相光,额广眉高,面如满月,发如涂漆,唇若点朱。行步中正,手垂过膝,东西举步而行。看众咨嗟[60],无不爱念。是时看人三三作队,五五成行。我今世上过却千万留贱之人,实是不曾见有。叹念之次,看人转多。是时远公心怀惆怅,怨恨自身,知宿债未了,专待卖身已偿[61]他白庄。须臾之间,感得帝释[62]化身下来,作一个崔相公使下[63],直至口马行头,高声便唤口马牙人[64]:"此个量口[65],并不得诸处货卖。当朝宰相崔相公宅内,只消得此人。若是别人家,买他此人不得。"牙人闻语,尽言实有此事,遂领远公来至崔相宅。是时白庄亦随后而来,远公曰:"阿郎但不用来,前头好恶,有贱奴身在[66]。若也相公欢喜之时,所得钱物,一一阿郎领取。"白庄曰:"前头事须好好祇对,远公勿令阙错。"远公唱喏,便随他牙人,直至相公门首。门人问牙人曰:"甚人交来?""奉亲随唤来,缘此个生口不敢将别处货卖,特来将与相公宅内消得此口。"门官曰:"且至在此,容我入报相公。"门官有[67]至厅前启相公:"门生[68]有一生口牙人,今领一贱人见相公,不敢不报。"相公曰:"交引入来。"于是门官得相公处分,牙人引入远公,直至厅前,遂见相公,折身便拜,立在一边。相公一见,唯称:"大奇!我昨夜梦中见一神人入我宅内,今日见此生口,莫是应我梦也!"相公问牙人曰:"此是白庄家生厮[69]儿?为复[70]别处买来?"牙人启相公:"是白庄家生厮儿。"相公曰:"既是白庄家生厮儿,应无契券。"相公问牙人曰:"此个厮儿,要多小来钱卖?"牙人未言,远公进步向前,启相公曰:"若要买贱奴身,只要相公五百贯钱文。"相公曰:"身上有何伎艺,消得五百贯钱?至甚不多。略说身上伎艺看[71]。"远公对曰:"但[72]贱奴能知人家已前三百年富,又知人家向后二百年贫。摺艺[73]衣服,四时汤药。传言送语,无问不答。诸家书体,粗会数般。匹马单枪,任请比试。锄禾刘麦,薄[74]会些些。买卖交关[75],尽知去处。若于手下驱使,来之如风,实不顽慢。相公不信,贱奴自书,书卖身之契,即知诣实[76]。"相公处分左右,取纸笔来度与。远公接得纸笔,遂请香炉,登时度过,拜谢相公已了,厅前自书卖身之契,不与凡同。远公启曰:"某年某月卖身与相公为奴,伏事尽忠,须毕阿郎一世。若也中路抛弃,当来当来世,死堕地狱。受罪既毕,身作畜生。拵鞍[77]垂镫,口中衔铁[78],已负前愆。若也尽阿郎一世,当来当来世,十地果圆[79],同生佛会。"书契既了,度与相公。相公接得,唯称:"大奇!莫是菩萨摩诃萨至我宅中?"遂令取钱分付与牙人五百贯文,当即分付与白庄。白庄得钱,更不敢久住,却至寿州界内。

　　相公买得贱奴,便令西院家[80]人领于房内安下。远公因自知偿债,更不敢怨恨他人,出入往来,一任鞭镫驱使[81]。远公忽因一日独坐房中,夜久更深,再拟[82]残灯,见天河闲静,月郎长空,久坐多时,朦胧睡着。又乃梦中见十方诸佛,悉现虚空。无量之圣贤皆来云集,唤言:"菩萨起,莫恋无明睡,证取涅槃之位,何得不为众生念经?"远公遂乃惊觉,起坐念《涅槃经》,直至天明。是时相公于厅中忽闻念经之声,便起,渐渐独行,来至西院门前,听念经声。遂令左右交屈夫人。夫人蒙屈,来至西门前。相公与夫人来听念经,直至天明。来日早辰,相公朝退,升厅而坐,便令左右唤西院家人将来。是时三十家人齐至厅前。相公问昨夜西院内阿那个家人念经之声。时有家人团座头[83]启相公曰:"昨夜念经,更不是别人,即是新买到贱奴念经之声。"相公闻道新来贱奴念经,相公问远公曰:"昨夜念经,是汝已否?"远公曰:"是贱奴念经之声。"相公问曰:"是何经题?"远公对曰:"夜昨念者,是《大涅槃经》。"相公问:"汝念得多小卷数?"远公对曰:"贱奴念得一部十二卷,昨夜总念过。"相公曰:"汝莫漫语!"远公曰:"争敢诳妄相公?"相公遂令远公重坐,念《涅槃经》。于是远公重开题目,再举经声。一念之终,并无阙错。相公见之,频称"善哉!"遂唤宅中大小良贱三百余口,总至厅前。相公处分:自今已后,新来贱奴人不得下眼看之。兼与外名,名为善庆。

　　(下略)

[注释]

[1]　庐山远公话:远公,名慧远(334—416年),东晋高僧。初依道安出家,在道

安门下称为上首,后定居庐山。话,故事。这个故事是唐代佛教徒借慧远生平宣扬教义的。
[2] 忽时寿州界内:忽时,即"或时",某个时候。寿州,今安徽寿县。
[3] 江州:今江西九江。
[4] 唱喏:喏,音 rě。唱喏,一面作揖,一面出声致敬。
[5] 土地:土地神。
[6] 东西回避:逃散躲避。东西,指不同方向。
[7] 例总波逃:例总,全都。波逃,逃走。
[8] 涅槃经:佛死去,叫作涅槃(梵语 Nirvāna 的音译)。涅槃经,佛经名,有小乘、大乘二部,述释迦牟尼涅槃事。
[9] 应是:所有的。
[10] 若也:假使。
[11] 是:发语词,在这里用来加强疑问语气。
[12] 先来:向来。
[13] 旋总盘缠斋供:旋,还又。盘缠斋供,因设斋供而花费。
[14] 占视:占,同"觇",观看。
[15] 相光:佛家说佛菩萨顶上放光,成圆轮状,叫作圆光。上句说远公有"菩萨相",所以这句又把这种圆光叫作相光。
[16] 手力:奴仆。
[17] 为当:表示选择疑问的连词。往往叠用,"还是……,还是……?"的意思。
[18] 以:原作"一",今正。
[19] 障:妨碍。
[20] 只:即,就。
[21] 不道:不料,没有想到。
[22] 上足弟子:佛家称优秀弟子。
[23] 助:贺喜。
[24] 精进:佛家所说的精进是指精纯而无恶杂,升进而不懈怠。
[25] 住持:佛家所谓安住于世、保持正法之意。
[26] 在后:往后,今后。
[27] 趁:追逐。
[28] 东都:洛阳。
[29] 何似生:即何似。生,语尾。
[30] 天花乱坠:佛教神话说,梁武帝时云光法师讲经,感动上天,天花纷纷撒落下来。这里只是用以形容道安讲经的"精彩",其实道安的时代在云光

之前。

[31] 指挥：命令。

[32] 隔勒：阻障。

[33] 兀发眉齐：兀，疑应为"髡"。剪短头发，覆于额前，是奴仆的打扮。

[34] 空门：佛教之门。佛经说涅槃城有空、无相、无作德城一门，因此世称佛门为空门。

[35] 事：原作治，今正。

[36] 十方：指东、西、南、北、东南、西南、东北、西北、上、下。

[37] 无量圣贤：佛教色界有无量光天、无量净天。无量圣贤指居住在那里的圣人贤者。

[38] 无明睡著：痴睡。佛家所说无明，即一般所说的不明事理、呆痴。

[39] 具足凡夫：疑应为"具缚凡夫"。佛家指有烦恼而不能解脱者。下文因而说"有宿债未偿"。

[40] 阿閦如来：閦，音 chù。阿閦如来，即阿閦佛，东方佛名，梵语阿閦閦（Aksobhya）之省。

[41] 保见：原作"保儿"，误。保证人。

[42] 计会：算账。

[43] 债主：此处指应偿债的人。

[44] 无：此字原脱，今臆补。

[45] 争合：怎该。

[46] 早晚：多早晚，什么时候。

[47] 被：用在句首，引进主动者。是"被"字的一种特殊用法。

[48] 恶发：发怒。

[49] 钱数：指钱物私产。

[50] 阿郎：奴仆对主人的称呼。

[51] 之处：当是"某处"之意，"之"字疑讹。

[52] 况：向。

[53] 不改间无："间无"不详。似甚言时间短或数量少。

[54] 自拟：打算。

[55] 机谋：设计谋害。

[56] 的：确实。

[57] 头匹：牲口。

[58] 行货：货物。

[59] 口马行头：买卖牲口的集市。

[60] 咨嗟：音 zī jiē。赞叹。
[61] 偿：原作常。
[62] 帝释：佛家称欲界忉利天之王为帝释。
[63] 使下：属下。
[64] 牙人：经纪人。
[65] 量口：与下文"生口"同义，也写作"头口"，都是指牲口。这里是把奴隶与牲口同等看待。
[66] "前头"二句：前头，犹言"上头，上边"，地位低的人称地位高的人，这里是指崔相公。两句意思是：崔相公那边是好是赖，有贱奴我呢。
[67] 有：此字疑衍。或应作"直"字。
[68] 生：疑应为"首"字。
[69] 生："生"字原脱。
[70] 为复：同"为当"，见注[17]。
[71] 看：用在动词后或句末，表示尝试态。"说……看"就是"说说……看"的意思。
[72] 但：发语词，没有实在的意思。
[73] 摺艺：不详。或谓"艺"应作"艻"，即折叠之"叠"。
[74] 薄：稍微。
[75] 交关：交易，买卖。
[76] 诣实：属实。
[77] 拎鞍："拎"疑为"控"字之讹。或谓此字是"搭"字形讹。
[78] 口中衔铁：铁，马口中的铁嚼子。口中衔铁，比喻变作马匹，供人骑乘。
[79] 十地果圆：十地，佛家所说的"地"是能生功德的意思，分十个等级，所以叫十地。果圆，功德圆满。
[80] 家人："家"原作"佳"，今正。
[81] 鞭镫驱使：执鞭坠镫，供人驱使。
[82] 再拟："再"字上原有"一"字，今删。拟，以手触碰。
[83] 家人团座头：家人的总管。

丑 女 缘 起

（上略）

佛在之日，有一善女[1]，也曾供养罗汉[2]。虽有布施[3]之缘，心里便生轻贱。不得三五日间[4]身死。有何灵验？此女当时身死,向何处托生[5]？于波斯匿王宫内托生。此是布施因缘,得生于国王之家。轻骂贤圣之业[6],感得果报,元在于我大王夫人。

才生三日,进与大王。大王才见之时,非常惊讶。世间丑陋,生于贫下[7]。前生修甚因缘,今世形容丑差[8]。大王道：

  "只首[9]思量也大奇,朕今王种岂如斯？
  丑陋世间人总有,未见今朝恶相仪[10]。
  穹崇局蹐如龟鳖[11],浑身又似野猪皮。
  饶你丹青[12]心里巧,采色千般画不成。
  兽头[13]浑是可憎貌,国内计应无比并。
  若论此女形貌相,长大将身娉阿谁？"

大王羞耻,叹讶非常。遂处分[14]宫人："不得唱说[15]！便遣送至深宫,更莫将[16]来,休交朕见！"

  女缘丑陋世间稀,遮莫[17]身上挂罗衣。
  双脚跟头皱又躃[18],发如棕树[19]一枝枝。
  看人左右和[20]身转,举步何曾会礼仪。
  十指纤纤如露柱[21],一双眼子似木槌离。

大王再三形相,嗟叹数声："何事最招如斯丑陋！"

  公主全无窈窕,诧事非常不小。
  上唇半斤有余,鼻孔竹筒浑小。
  生来未省欢喜,见说三年一笑。
  觅他行步风流,却是赵土袜脚[22]。
  大王见女丑形骸,常与夫人手托腮。
  忧念没心求驸马,惭惶谁更觅良媒。
  虽然富贵居楼殿,耻辱缘无倾国材。
  敕[23]下令交便锁闭,深宫门户不交开。

尔时波斯匿王自念女丑,由不如人,遂遣在深宫,更不令频出。日来月往,年渐长成。夫人宿夜忧愁,恐怕大王不肯发遣。后因游戏之次,夫人敛容进步,向前咨白大王云云[24]。

"贱妾常惭丑质身,虚沾[25]宫宅与王亲。
日日眼前多富贵,朝朝惟是用珠珍。
宫人侍婢常随后,使唤东西是大臣。
惭耻这身无德解,大王宠念赴乾坤。
妾今有事须亲奏,愿王欢喜莫生嗔。
金刚丑女[26]年成长,争[27]忍令交不事人[28]?"

于是大王闻奏,良久沉吟,未容发言,夫人又奏云云。

"姊妹三人总一般,端正丑陋计[29]因缘。
并是大王亲骨肉,愿王一纳[30]赐恩怜。
向今[31]成长深宫内,发遣令交使向前。
十指虽然长与短,各各从头施交看。"

大王见夫人奏劝再三,不免咨告夫人云云。

"我缘一国帝王身,眷属由来宿业因[32]。
争那[33]就中容貌差,交奴[34]耻见国朝臣。
心知是朕亲生女,丑差都来[35]不似人。
说着尚由皆惊怕,如何嘱娉向他门[36]?"

夫人又告大王:"大王若无意发遣,妾也不敢再言。有心令遣事人,听妾今朝一计:私地诏一宰相,交觅薄落[37]儿郎,官职金玉与伊,祝娉交为夫妇。"于是大王取其夫人之计,即诏一臣,交作良媒,便即私地发遣。臣下蒙诏,速赴内厅面对处分天敕,受王进旨。王告臣曰:

"卿今听朕语,子细说来处:

　　　　缘是国夫人,有一亲生女。
　　　　天生貌不强,只要直睬眝[38]。
　　　　觅取一儿郎,娉与为夫妇。"

大王又向臣下道:

　　　　"卿为臣下我为君,今日商量只两人。
　　　　朝暮切须看稳审[39],惆怅[40]莫交外人闻。
　　　　相当[41]莫厌无才艺,莽路[42]何嫌彻骨贫。
　　　　万计事须相就取[43],陪些房卧[44]莫争论。"

于是宰相受敕,拜辞出内[45],便即私行坊市,巡历诸州,处处问人,朝朝寻觅。后忽行经[46]街巷,见贫生子姓王,施问再三,当时便肯。领到内门,先入见王,言奏寻得。皇帝大悦龙颜,遂诏宰相,速令引到。

　　　　皇帝坐于宝殿,宰相曲躬[47]来见:
　　　　"前时奉敕觅人,今日得依王愿。
　　　　门前有一儿郎,性行不妨[48]慈善。
　　　　出来好个面貌,只是有些些舌短云云。"
　　　　大王闻说喜徘徊,卷上珠帘御帐开。
　　　　既强[49]圣人心里事,也兼皇后乐哈哈[50]。
　　　　嫔妃彩女令诏入,内监忙忙迤逦催。
　　　　便把布衫揩拭面,打扮精神[51]强入来。

王郎登时见皇帝,道何言语?

　　　　于是贫仕蒙诏,跪拜大王已了。
　　　　叉手又说寒温,直下[52]令人失笑。
　　　　更道下情无任,得事父母阿嫂。
　　　　起居进步向前,下情不胜怜好。

其时大王处分:"排备燕会,屈请[53]王郎。"既到座筵,遣宫人引其公主对王郎。当尔之时,道何言语?

> 新妇[54]出来见王郎,都缘面貌多不强。
> 彩女嫔妃左右拥,前头掌扇闹芬芳[55]。
> 金钗玉钏满头妆,锦绣罗衣馥鼻香。
> 王郎才见公主面,闻来魂魄转飞扬。

于是王郎既被唬倒,左右宫人,一时扶接,以水洒面,良久乃苏。宫人道何言语?

> 女缘前生貌不敷,每看恰似兽头车[56]。
> 天然既没红桃脸,遮莫七宝叫身铺。
> 夫主唬来身已倒,宫人侍婢一时扶。
> 多少内人[57]喷水救,须臾得活却醒甦。

于是两个阿姊,恐被王郎耻嫌丑陋,不肯却归,左右宫人,合皆总急。阿姊无计,思忖且著卑辞报答王郎云云:

> "王郎不用怪笑,只缘新妇幼小。
> 妹子虽不端严,手头裁缝最巧。
> 官职王郎莫愁,从此富贵到老。
> 些些丑陋不嫌,新妇正当年少。"

王郎道苦:"彼媒人误我!将来今日目前,见这个弱事[58]。乃可[59]不要富贵,亦不藉[60]你官职!然[61]相合之时,争忍见其丑貌?"思忖再三,沉疑不语。阿姊又道:

> "不要称怨道苦,早晚[62]得这个新妇。
> 虽则容貌不强,且是国王之女。
> 向今正值年少,又索[63]得当朝公主。

鬼神大晒偻㑉[64],不敢猥门傍户。"

于是王郎耻嫌不得,两个相合,作为夫妇。

（下略。原卷叙述王郎召为驸马以后,忧闷不乐,而丑女敬佛礼拜,忏悔发愿,终于变丑为妍。中心意思无非劝诫世人恭敬礼佛。）

[注释]

[1] 善女：佛家称出家及在家修行的女子为善女。"善"是对这些女子信闻佛法的一种美称。

[2] 也曾供养罗汉：供养,佛家以资养三宝,奉香花、灯明、饮食等为供养。罗汉,梵语阿罗汉(Arhat)的省译,小乘佛教修行的最高果位。达到这种果位的僧人已断绝了嗜欲,解脱了烦恼。

[3] 布施：梵语檀那(Dānapati)的意译,把自己的东西给予他人之意。佛家所说的布施分三种：舍财济贫,叫财施;说佛法度人,叫法施;以无畏施于人,救人厄难,叫无畏施。这里当指第一种。

[4] 不得三五日间：不到三五天之后。间,这里是"后"的意思。

[5] 托生：迷信的说法认为,人死后,生命可以寄托在另一新的生命体上转生。

[6] 业：同"孽"。

[7] "世间"二句：封建等级观念认为,丑陋的人只能出于贫寒之家,所谓"王种"是不应该长得那么丑的。

[8] 形容丑差：形状容貌丑陋。丑差,别卷作"丑乍""转乍"。

[9] 只首：实在。

[10] 相仪：相貌仪态。

[11] 穹崇局蹐如龟鳖：穹崇,穹,音 qióng。穹崇,本来形容山的高大,这里用来形容丑女之背脊如龟鳖之隆起。蹐,通缩。局缩,两腿弯曲不伸,有如龟鳖。此句是说丑女盖为佝偻病患者。

[12] 丹青：本来指图画,此指作画的人。

[13] 兽头：变文中多以兽头比喻人的相貌难看。

[14] 处分：吩咐,命令。有时有安排、处置意。

[15] 唱说：在这里是宣扬的意思。

[16] 将：拿,带。

[17] 遮莫：尽管。

[18] 双脚跟头皴又躄：皴,音 cūn,皮肤裂开。躄,音 bì,跛足。

[19] 棕树：另卷作"驴尾"，非，与"一枝枝"不合。一卷作"宗树"，今从，"宗"应为"棕"。
[20] 和：连。
[21] 露柱：即柱子，区别于嵌入墙壁的柱子而言。
[22] 赵土袜脚：未详。
[23] 敕：音 chì，皇帝的诏令。
[24] 云云：代表此处惯用套语"道何言语"之类。
[25] 虚沾：沾，音 zhān。虚沾，没有功劳而占有利益。
[26] 金刚丑女：金刚，侍从力士，注已见前。金刚怒目，常用以比喻面目凶恶，此用以喻丑女。
[27] 争：同"怎"。唐代只用"争"字，"怎"字后起。
[28] 事人：侍奉别人，指女儿出嫁。封建社会把女儿出嫁看成去侍奉别人。
[29] 计：考虑。此句谓无论美丑都要考虑她们的婚事。
[30] 一纳：一体，一例，同样。
[31] 向今：现今。
[32] 宿业因：命中注定之意。
[33] 争那：怎奈。唐人多如此写。
[34] 奴：我。男女尊卑都可以用。
[35] 都来：完全。
[36] 他门：别人家。
[37] 薄落：穷困。
[38] 喋眝：音 dié zhǔ，原作"牒眝"。眝　只眼闭　只眼的意思。
[39] 稳审：仔细，妥当。
[40] 惆怅：在这里是轻易的意思。
[41] 相当：在这里是结亲的双方相称的意思。
[42] 莽路：马马虎虎。
[43] 万计事须相就取：事须，应须，事情应该如此。就取，就，地位高的俯就地位低的。取，助词。
[44] 房卧：陪嫁的财物。
[45] 内：大内，宫廷。
[46] 行经：原作"经行"，今正。
[47] 曲躬：弯腰行礼。
[48] 不妨：非常。
[49] 强：此字疑有误。

[50] 哈哈：原作哓哓，误。哈哈，喜笑貌。
[51] 打扳精神：抖擞精神。
[52] 直下：简直。
[53] 屈请：屈也是请的意思。
[54] 新妇：唐宋和唐宋以前称媳妇为新妇。
[55] 芬芳：纷纷。
[56] 牟：模样。
[57] 内人：即宫人。
[58] 弱事：不好的事，倒霉的事。
[59] 乃可：宁可。
[60] 不藉：不顾。
[61] 然：用在句首的发语词，没有实义。
[62] 早晚：何时。此句意谓"你什么时候能得到这样身份的媳妇？"
[63] 索：此用"取"，"娶"的意思。
[64] 大晒偻偻：大晒，又作"太煞"，非常。偻偻，机敏。末二句意谓"鬼神是非常机敏的，再不敢登你的门了"。

六 祖 坛 经

《六祖坛经》,敦煌写本。原题"南宗顿教最上大乘摩诃般若波罗蜜经六祖惠能大师于韶州大梵寺施法坛经,兼受无相戒弘法弟子法海集记",是时代较早的一种禅宗语录。

禅宗是中国佛教史上的一个重要流派。

佛教传入中国大约是东汉初年的事。六朝时,佛教势力已很巩固,到唐代有了更大的发展,并形成许多宗派。

隋唐时期,一般佛教宗派比较着重背诵和解释浩如烟海的佛教经典,着重繁琐的宗教仪式和常年修行的"渐修"功夫。在寺院经济日益发达的情况下,出现了一批显贵的僧人。他们交接官府,出入宫廷,占有大量土地和奴仆,形成佛教中的贵族派。与此同时,也出现了像禅宗这样的平民派。他们出身一般比较贫苦,文化水平不太高(被这一宗奉为祖师的惠能甚至不识字),不注重背诵和引述佛经,不讲究宗教仪式;他们以所谓"顿悟"为自己的教义,也就是说,不必常年修行,只要主观上有所觉悟就可以成佛。禅宗用"机锋"来传授自己这一宗的基本原理。"机锋"是因人因时因地而采用的一种宗教上的教学方法:有时对同一问题作不同的回答,有时对不同的问题作相同的回答,有时对提出的问题根本不作回答。发展到后来,更用比喻、隐语,甚至用拳打脚踢来表达自己的思想。这些禅师们问答的记录就是禅宗语录。由于这一宗有它特殊的主张和方法,不重诵经坐禅而采取口耳传习,其语录也就特盛,特别是在唐代和北宋;其后则层层相因,不再能反映语言实际了。

《六祖坛经》是禅宗六祖惠能讲述佛法的语录。禅宗托始于达摩,称惠能为六祖,实际是奉他为祖师,前面的五代不过是摆摆样子。惠能(638—713年)俗姓卢,新州人,随弘忍和尚出家。在韶州宝林寺传法多年,死在那里。他是禅宗南宗的始祖。《六祖坛经》为惠能弟子法海所集,现存最早的是敦煌本,吕澂《中国佛学源流略讲》定为五代时写本。有郭朋校本《〈坛经〉对勘》,齐鲁书社,1981年。此据郭校本选录卷首惠能从弘忍受衣法的一段。

惠能从弘忍受衣法

惠能大师[1]于大梵寺讲堂中升高座,说《摩诃般若波罗蜜》[2]法,授无相戒[3]。其时座下僧尼道俗一万余人。韶州[4]刺史韦璩及诸官寮三十余人,儒士三十余人,同请大师说摩诃般若波罗蜜法。刺史遂令门人法海集记,流行后代。与[5]学道者,承此宗旨,递相传授,有所依约,以为禀承。说此《坛经》。

能大师言:"善知识[6],净心念摩诃般若波罗蜜法。"大师不语,自净其心,良久乃言:"善知识净听,惠能慈父,本贯范阳[7],左降迁流岭南[8],新州[9]百姓。惠能幼少,父小[10]早亡。老母孤遗,移来南海。艰辛贫乏,于市卖柴。忽有一客买柴,遂领惠能至于客店。客将[11]柴去,惠能得钱,却[12]向门前。忽见一客读《金刚经》[13],惠能一闻,心便明悟。乃问客曰:'从何处来,持此经典?'客答曰:'我于蕲州[14]黄梅县东冯墓山,礼拜五祖弘忍和尚[15],见今[16]在彼,门人有千余众。我于彼听见大师劝道俗,但持《金刚经》一卷,即得见性,直了成佛[17]。'惠能闻说,宿业有缘[18],便即辞亲,往黄梅冯墓山,礼拜五祖弘忍和尚。

"弘忍和尚问惠能曰:'汝何方人? 来此山礼拜吾,汝今向吾边[19]复求何物?'惠能答曰:'弟子是岭南人,新州百姓,今故[20]远来礼拜和尚。不求余物[21],唯求作佛法。'大师遂责惠能曰:'汝是岭南人,又是獦獠[22],若堪作佛!'惠能答曰:'人即有南北,佛性[23]即无南北;獦獠身与和尚不同,佛性有何差别!'

"大师欲更共议,见左右在傍边,大师更不言,遂发遣惠能,令随众作务[24]。时有一行者[25],遂差惠能于碓房踏碓八个余月。

"五祖忽于一日唤门人尽来。门人集讫,五祖曰:'吾向汝说,世人生死事大,汝等门人,终日供养,只求福田[26],不求出离生死苦海。汝等自性[27]若迷,福田何可救? 汝等总且归房自看,有智惠者,自取

本性般若之知[28],各作一偈呈吾。吾看汝偈,若悟大意者,付汝衣法[29],禀为六代。火急急!'

"门人得处分[30],却来各至自房,递相谓言:'我等不须澄心用意[31]作偈将呈和尚。神秀上座是教授师[32],秀上座得法后,自可依止[33],偈不用作。'诸人息心,尽不敢呈偈。

"时大师堂前有三间房廊,于此廊下供养,欲画《楞伽》变[34],并画五祖大师传授衣法,流行后代为记。画人卢珍看壁了,明日下手。

(中略。中间叙述神秀夜里题了一偈于壁上:"身是菩提树,心如明镜台。时时勤拂拭,莫使有尘埃。"五祖弘忍看到以后,叫门人都诵读这一首偈,认为依此修行,可以不堕三恶。同时又认为神秀此偈好比只到了门前而还没有入门,叫神秀另作一偈,神秀几天也没有写成。)

"有一童于碓房边过,唱诵此偈。惠能一闻,知未见性,即识大意。能问童子:'适来诵者,是何言偈?'童子答能曰:'儞[35]不知大师言,生死事大,欲传于法,令门人等各作一偈来呈看,悟大意即付衣法,禀为六代祖。有一上座名神秀,忽于南廊下书无相偈一首,五祖令诸门人尽诵。悟此偈者,即见自性;依此修行,即得出离[36]。'惠能答曰:'我此踏碓八个余月,未至堂前。望上人[37]引惠能至南廊下,见此偈礼拜,亦愿诵取,结来生缘,愿生佛地。'童子引能至南廊下,能即礼拜此偈。为不识字,请一人读,惠能闻已,即识大意。惠能亦作一偈,又请得一解书人[38],于西间壁上题著[39]。呈自本心,不识本心,学法无益;识心见性,即悟大意。惠能偈曰:

菩提本无树,明镜亦非台。
佛性常清净,何处有尘埃?

又偈曰:

心是菩提树,身为明镜台。
明镜本清净,何处染尘埃?

院内徒众见能作此偈,尽怪。惠能却入碓房。五祖忽见惠能偈,即善知识大意。恐众人知,五祖乃谓众人曰:'此亦未得了!'

"五祖夜至三更,唤惠能堂内,说《金刚经》。惠能一闻,言下便悟。其夜受法,人尽不知,便传顿法[40]及衣:'汝为六代祖。衣将为信禀[41],代代相传;法以心传心,当令自悟。'五祖言:'惠能,自古传法,气如悬丝,若住此间,有人害汝,汝即须速去!'

"能得衣法,三更发去。五祖自送能于九江驿[42],登时便悟。祖处分:'汝去,努力[43]将法向南,三年勿弘此法。难去[44],在后[45]弘化,善诱迷人;若得心开,汝悟无别。'辞违[46]已了,便发向南。"

(下略)

[注释]

[1] 大师:唐代朝廷封通晓佛教教义的僧人为大师。
[2] 《摩诃般若波罗蜜》:佛经名。摩诃,梵文 Mahā 的音译,"大"的意思。般若,梵文 Prajnā 的音译,"智慧"的意思。波罗蜜,亦作波罗蜜多,梵文 Pāramitā 的音译,"到达彼岸"的意思。这部佛经略称《大般若经》或《般若经》,玄奘译,六百卷,是佛教般若类经典的汇编,大乘佛教的基础理论。
[3] 授无相戒:传授禅宗教义无相的戒律。无相是禅宗教义的重要内容。相指现象的相状和性质,亦指认识中的表象和概念。《摩诃般若波罗蜜经》认为无相即是法性。禅宗先立无相为体,认为能离于相,即法体清净。
[4] 韶州:州治在今广东省韶关市。
[5] 与:参与。
[6] 善知识:佛家语,犹言善友。
[7] 范阳:唐郡名,郡治在今北京市大兴县。
[8] 左降迁流岭南:左降,贬官。岭南,唐道名,贞观时置。以在五岭之南故名,有今两粤及越南地。
[9] 新州:州治在今广东省新兴县。郭校本在"新州"前补一"作"字。
[10] 小:郭校本改作"又"字。
[11] 将:拿。
[12] 却:返,回。
[13] 《金刚经》:全称《金刚般若波罗蜜经》,有多种译本,姚秦鸠摩罗什所译较通行。《金刚经》以虚无的观点看待世界,认为世上事物空幻不实。
[14] 蕲州:州治在今湖北省蕲春县。

[15] 五祖弘忍和尚：俗姓周，七岁出家。在蕲州黄梅县传授佛法，惠能、神秀都出自他的门下。
[16] 见今：即现今。
[17] 即得见性，直了成佛："见性成佛"是禅宗的基本思想之一。认为佛性和智慧都是人心所固有，以般若智慧去觉知"自心真性"，即可成佛，不必读经、坐禅和修行。
[18] 宿业有缘：佛教所谓宿业是指过去世所作的善业和恶业，所谓缘是指原因。认为现世的遭遇都是过去世的因缘所造成。
[19] 边：表示处所的方位词。
[20] 故：特故，特地。
[21] 余物：别的东西。
[22] 獦獠：北方人鄙视南方人的说法，犹如称"蛮子"。
[23] 佛性：梵语 Buddhatā 的音译兼意译，佛家所谓觉悟之性。大乘佛教认为一切众生都有佛性。
[24] 作务：干活儿。
[25] 行者：在佛寺服杂役而还没有剃发出家者。
[26] 福田：佛教认为供养佛菩萨能够得到诸福回报，譬如种田能够得到收获，所以叫福田。
[27] 自性：本性。
[28] 知：读作去声，同"智"。
[29] 衣法：衣指袈裟，法指佛法。和尚以袈裟和佛法传给徒弟，表示以这个徒弟为法嗣。后来变为传袈裟和钵，称衣钵。
[30] 处分：吩咐，命令。
[31] 澄心用意：净心专注。
[32] 神秀上座是教授师：神秀（约 606—706 年），禅宗北宗的创始人。俗姓李，汴州尉氏人。曾礼拜弘忍，为上座、教授师。弘忍死后，他在荆州玉泉寺传法。九十多岁时为武则天召到洛阳，亲加礼拜。上座，佛家对有德行的僧人的尊称。能做到十种守戒善行者为上座。教授师，佛教授具足戒须有三师七证，教授师是三师之一，对受戒者教授威仪作法。
[33] 自可依止：指众僧将来可以依附神秀。
[34] 《楞伽》变：《楞伽经》，南朝宋求那跋陀罗译，法相宗所依的六经之一。变，或称"变相"。以图画来描绘佛教故事、阐发佛教教义称变相（见诸文字则称"变文"）。洛阳龙门有武则天时所刻涅槃变，今所见唐代变相以此为最早。郭校本于"变"字下补一"相"字。

[35] 儞：即"你"。
[36] 出离：佛家所谓出离指脱离生死苦海。
[37] 上人：对僧人的尊称，一般指持戒严格、精于义学的和尚。
[38] 解书人：会写字的人。
[39] 著：早期白话的"著"，最初还是"附著"义，后来慢慢变为表示持续的助词"着"。
[40] 顿法：禅宗主张"顿悟"的一套佛法。
[41] 信禀：信物。
[42] 九江驿：九江，今江西省九江市。在黄梅县南。
[43] 努力：珍重。
[44] 难去：疑有脱误。晚出的各本《坛经》此句均作"佛法难起"。
[45] 在后：以后，往后。
[46] 辞违：辞别。

祖 堂 集

《祖堂集》二十卷,是现存最早的一部禅宗史。卷首有泉州招庆寺净修禅师文僜所作的序文,序写在南唐保大十年(952年)。据序文,《祖堂集》是招庆寺静、筠二禅德所编集的。这部书的编成,早于北宋道原在景德年间(1004—1007年)编集的《景德传灯录》五十余年。它大概直到北宋初还在流行,以至窜入了个别宋初的资料。但是这部书主要是五代时的作品。

《景德传灯录》行世以后,《祖堂集》渐被淘汰,最后在中国失传,本世纪初才在朝鲜庆尚南道海印寺所存大藏经板的补板中发现。

《祖堂集》包括两方面的内容:一是对禅门诸法师的源流系谱的叙述,二是各禅师的行状实录,其中保存了不少禅宗语录。《祖堂集》的编集工作大约在写序之前20年已经开始。书中所记主要是福州雪峰山义存禅师一系在福州、漳州、泉州的历史,所记录的其他宗派大多活跃于湖南、湖北、江西、广东、浙江。这些禅师大多数是9世纪人。因此本书可以看成9世纪语言的记录,而且可能带有南方方言的色彩。

本书刻板在高丽高宗三十二年(1245年),日本京都中文出版社有影印本(1972年)。此据影印本转录卷二、三、四、十四各卷里的几段。卷三慧忠国师的传里有地名广南,广南是宋路名,淳化间置。这说明此段文字中已掺入了宋代写的资料。卷四药山和尚传,选录其中道吾、云岩兄弟的事迹。这是一段很富于人情味的文字,日本太田辰夫《中国历代口语文》(1957年)曾加以详注,这次校注即主要参考太田氏的书。

卷第二　第三十三祖惠能和尚

第三十三祖惠能和尚即唐土六祖。俗姓卢,新州人也。父名行瑶,本贯氾阳,移居新州。父早亡,母亲在孤,艰辛贫乏,能市卖[1]柴供给。

偶一日卖柴次[2],有客姓安名道诚,欲买[3]能柴。其价相当,送将至店。道诚与他柴价钱,惠能得钱,却出门前。忽闻道诚念《金刚经》,惠能亦[4]闻,心开便悟。惠能遂问郎官[5]:"此是何经?"道诚云:"此是《金刚经》。"惠能云:"从何而来读此经典?"道诚云:"我于蕲州黄梅县东冯母山礼拜第五祖弘忍大师。今现在彼山说法,门人一千余众。我于此处听受大师劝道俗受持此经,即得见性,直了成佛。"惠能闻说,宿业有缘。其时道诚劝惠能往黄梅山礼拜五祖,惠能报云:"缘有老母,家乏欠阙,如何抛母?无人供给。"其道诚遂与惠能银一百两,以充老母衣粮,便令惠能往去礼拜五祖大师。

惠能领得其银,分付安排老母讫,便辞母亲。不[6]经一月余日,则到黄梅县东冯母山,礼拜五祖。五祖问:"汝从何方而来?有何所求?"惠能云:"从新州来,来求作佛。"师云:"汝岭南人,无佛性也。"对云:"人即有南北,佛性即无南北。"师曰:"新州乃獦[7]獠,宁有佛性耶?"对曰:"如来藏性,遍于蝼蚁[8],岂独于獦獠而无哉?"师云:"汝既有佛性,何求我意旨?"深奇其言,不复更问,自此得之心印。既承衣法,遂辞慈容,后隐四会、怀集[9]之间,首尾四年。

至仪凤[10]元年正月八日,南海县制旨寺遇印宗,印宗出寺迎接,归寺里安下。印宗是讲经论[11]僧也。

有一日,正讲经,风雨猛动□。见其幡动,法师问众:"风动也?幡动也?"一个云:"风动。"一个云:"幡动。"各自相争,就讲主证明。讲主断不得,却请行者断。行者云:"不是风动,不是幡动。"讲主云:"是什摩[12]物动?"行者云:"仁者自心动。"从此印宗回席座位。

正月十五日剃头,二月八日于法性寺请智光律师授戒[13]。戒坛是宋朝求那跋摩三藏[14]之所置也。尝云:"后有肉身菩萨于此受戒[15]。"梁□有真谛三藏于坛边种菩提树,云:"一百二十年有肉身菩萨于此树下说法。"师果然于此树下演无上乘[16]。至明年二月三日便辞去曹溪宝林寺说法化道,度[17]无量众。

(下略)

[注释]

[1] 卖：原作"买"，今正。
[2] 次："……的时候。"
[3] 买：原作"卖"，今正。
[4] 亦：即"一"。
[5] 郎官：郎本是奴仆对主人的称呼。郎官是对客人的尊称，犹后来所说的"客官"。
[6] 不：此字无义。
[7] 獦：原作"獵"，今正。
[8] 如来藏性，遍于蝼蚁：此即《六祖坛经》注[23]所说的"一切众生都有佛性"之意，连蝼蚁身上都藏有佛性。
[9] 四会、怀集：四会，今广东省四会县。怀集，今广东省怀集县。均在粤西绥江流域。
[10] 仪凤：唐高宗年号。仪凤元年为公元676年。
[11] 经论：佛教典籍包括经、律、论三部分。经指佛经，律指各种戒律，论指解释佛经的书籍。
[12] 什摩：即"什么"。《祖堂集》均作"什摩"。
[13] 请智光律师授戒：律师，梵语 Vinayācārya 的意译，善于背诵和讲解律藏的僧人。授，原作"受"，今正。
[14] 三藏：梵语 Tri-pitaka 的意译。藏(Pitaka)原意是盛放东西的竹篋，佛用以概括全部佛教典籍，义近"全书"。包括经藏、律藏、论藏。通晓三藏的僧人称三藏法师。
[15] 后有肉身菩萨于此受戒：肉身菩萨，犹言活菩萨。受戒，通过一定的仪式接受佛教戒律。
[16] 师果然于此树下演无上乘：师，即大师，指惠能。演，演述。无上，指唯佛具有的智慧。
[17] 度：佛教谓使众生脱离生死苦海。

卷第三　慧忠国师[1]

　　慧忠国师嗣六祖[2]，姓冉，越州[3]诸暨县人也。其儿子在家时[4]并不曾语，又不曾过门前桥。直到十六，有一个禅师来，才望见走出，过门前桥，迎接礼拜通寒暄。父阿孃眷属远近邻舍惣[5]来惊讶曰："不可思议！这个儿子养来到十六,并不曾见他话语,又不曾见他过门前桥。今日才见和尚,有如是次第[6],恐是此儿子异于常人也!"

儿子便问禅师："乞师慈悲摄受[7],度[8]得一个众生。某甲[9]切要投禅出家。"禅师曰："是我宗门中银轮王嫡子、金轮王孙子方始得继续不坠此门风。是你三家村里男女[10],牛背上将养[11]底儿子,作摩生[12]投这个宗门？不是你分上事!"儿子曰："启禅师：是法平等,无有高下,那得有这个言词障于某甲善心？再乞禅师垂慈容纳!"禅师见儿子有如是次第,便向儿子说："你若如此,投某出家则不得。"子曰："投什摩[13]人出家？禅师与某甲指示宗师。"禅师曰："汝还闻曹溪摩[14]？"子曰："不知漕溪是什摩州界？"禅师曰："广南漕溪山有一善知识[15],唤作六祖,广六百众,你去那里出家。某甲未曾游天台,你自但去[16]。"

某儿子便入草隐遁,回避爷孃便行。三日程二日行,两日程一日行。到漕溪恰遇祖师,正说法时,便礼拜祖师。祖师问："从什摩处来？"对曰："只近[17]。"祖曰："生缘[18]在阿那里？"子曰："自得五阴[19]后,忘却也。"祖师招手云："近前来。"子便近前。祖曰："实说你是什摩处人。"子曰："浙中人。"祖曰："远来到这里为什摩事？"子曰："一则明师难遇,正法难闻,特来礼觐祖师；二则投师出家,乞师垂慈摄受。"祖曰："我向你道：莫出家!"子曰："因什摩有此言？"祖曰："你是圣明不动干戈六十年天子,是你但造天子佛法为主。"子曰："启师：非但六十年,百年天子也不要。乞师慈悲,容许某甲出家。"师便摩顶[20]授记曰："你若出家,天下独立佛。"便摄受。

(下略)

[注释]

［1］ 慧忠国师：住西京光宅寺,同唐肃宗、代宗都有交往,是僧人中之显贵者。

［2］ 嗣六祖：嗣,继承。六祖,唐代禅宗有所谓"南能北秀"的派别,"南能"即指六祖慧能。禅宗和尚称慧能为第六代祖师,实际是奉他为真正的祖师,他前面的五代不过是虚设。慧能是弘忍的弟子,在曹溪宝林寺传授佛法,传授的记录有《六祖坛经》。慧能死后,经他的弟子神会的努力,把他提倡的禅法作为正统普及到各地。

［3］ 越州：州治在今浙江省绍兴市。

[4] 其儿子在家时：指慧忠幼年未出家时。儿子，孩子。
[5] 惣：同"总"。
[6] 次第：在这里当"光景、情形"讲。
[7] 摄受：又叫"摄取"，佛家谓以慈悲之心摄取众生而加护佑。
[8] 度：此指剃度。佛家称为俗人剃除须发，度其离开俗世。
[9] 某甲：《祖堂集》中以"某甲"为单数第一人称，与变文中多作"某乙"者不同。
[10] 是你三家村里男女：是，发语词，用在句首有轻视的意味。三家村，偏僻的小乡村。
[11] 将养：抚养。
[12] 作摩生：即"作摩"。"生"，语尾。作摩，即"作什么"。《祖堂集》中作"摩"而不作"么"字。
[13] 什摩：什么。
[14] 汝还闻曹溪摩：还，《祖堂集》疑问句中多用"还"字，是由选择问句紧缩而来的疑问句式。曹溪，广东地名，在韶州（州治在今广东省韶关市）。梁僧智药在此筑宝林寺，慧能住在这里多年，圆寂于此。摩，同"么"，语气助词。
[15] "广南"句：广南，宋路名。淳化年间置。善知识，佛家语，犹言善友，佛家称以觉悟的境界裨益他人的人。
[16] "某甲未曾游天台"二句：这二句的意思说，我自己要游天台，不能领你去六祖那里，你自己只管去吧。但，尽管，只管。
[17] 只近："只"在早期白话中常作"就、即"讲。"只近"是"就在近处"之意。
[18] 生缘：可指父母或家乡，此指籍贯。
[19] 五阴：佛家语，又叫"五蕴"。佛家以为一切众生均由色、受、想、行、识五蕴积集而成为身体。
[20] 摩顶：一种宗教仪式。佛在授法时以手抚受法弟子的头顶，表示嘱付大法。后世僧尼接受徒弟，也行摩顶礼。

卷第四 药山和尚[1]

（上略）

　　道吾和尚四十六方始出家。俗姓王，锺陵建昌县[2]人也。云岩和尚是道吾亲弟也。云岩先出家，在百丈造侍者[3]。道吾在屋里报探官[4]。一日，行得五百里，恰到百丈庄头讨吃饭。当时侍者亦下庄头，庄主唤侍者对客。侍者来，相看一切[5]后便问："将军是什摩处人？"

曰:"锺陵建昌人也。""贵姓什摩?"对曰:"姓王。"侍者便认得家兄,便把手啼哭云:"孃在无?"对曰:"忆师兄哭太煞[6],失却一只眼下世去。"

侍者得消息,当日便上百丈。侍者领兄参和尚一切后,侍者便谘白和尚:"这个是某甲兄,欲投师出家,还得也无?"百丈曰:"投某出家则不得。"侍者曰:"作摩生即是?"百丈曰:"投师伯处出家。"侍者领去师伯处,具陈前事,师伯便许,兄便投出家。

后侍者领师弟[7]入京,受戒了,却转来近百丈。两人坐地歇息次,道吾起来礼拜曰:"某甲有一段事欲问,多时未得其便,今日有幸,启问师兄,还得也无?"岩曰:"有什摩事?"吾便问:"离却这个壳漏子[8]后,与师兄什摩处得相见?"岩曰:"不生不灭处相见。"吾曰:"莫道草里无人,自有鉴人[9]。"岩曰:"作摩是你㒵头痕子尚犹在[10],有这个身心?"吾曰:"启师兄,莫下这个言词。佛法不在僧俗[11]。"岩便问:"与摩理长则就[12],师弟作摩生?"吾曰:"非不生不灭处亦不求相见。"云岩后曰:"灼然[13]是你眼目得与摩细!若也到山中,递相度脱[14]。"便归百丈。过得一年后,道吾辞百丈便到药山。

(中略)

后只观望师兄来。有一日造书,书上说:"石头[15]是真金铺,江西[16]是杂货铺,师兄在彼中堕根[17]作什摩? 千万,千万,速来,速来!"

云岩得这个信后只管忧愁。有一日在和尚身边侍立,直到三更。和尚曰:"且歇!"岩不去。和尚曰:"你有什摩事颜容瘦恶? 恰似肚里有事,有事但说。"云岩云:"无事。"和尚曰:"莫是得智阇梨[18]信不?"岩云:"不敢!"百丈索道吾信,岩便取,呈似[19]和尚。和尚见了云:"灼然是'生我者父母,成我者朋友[20]',你不用在我这里,便速去!"岩曰:"不敢去。"百丈曰:"我有书,兼有信物,欲得送药山尊者[21],你持书速去。"

云岩奉师处分,持书到药山,道吾相接,引去和尚处。达书一切了后,药山问:"海师兄[22]寻常说什摩法?"对曰:"三句外省[23]去。亦曰:六句外会取[24]。"师曰:"三千里外且喜得勿交涉[25]。"又问:"更有什摩言句?"对曰:"有时说法了,大众下堂次,师召大众,大众回首。师曰:是什摩?"药山曰:"何不早道! 海兄犹在[26],因汝识得百丈矣。"

师问云岩:"目前生死如何?"对曰:"目前无生死。"师曰:"二十年在百丈,俗气也未除。"岩却问:"某甲则[27]如此,和尚如何?"师曰:"瘜瘜拳拳[28],羸羸垂垂[29],百丑千拙,且与摩过时。"从此共师弟递相成持[30]。

云岩后有一日辞药山。药山问:"去什摩处?"对曰:"欲去沩山[31]师兄处。"师曰:"为什摩事?"对曰:"某甲与沩山在百丈时有一愿。"师曰:"愿道什摩?"对曰:"某等两人曾在百丈时,沩山和尚造典座[32],某甲造侍者。不离左右,佐副和尚。在后违于本愿,欲得说破这个事。"师便许,岩便下山。道吾担衣钵送到桥亭后,却转来不审[33]和尚。和尚云:"送师兄去来?"对曰:"送了也。"道吾却问:"师兄离师左右,还得也无?"师曰:"智阇梨何必有此问?多少年压膝道伴[34],何事不造作?何事不商量?不用更问。"道吾云:"无[35],和尚一言,堪为后来是标榜[36],乞和尚一言。"师曰:"若也如此,我则与汝道:眼则有也,只欠涛汰[37]。"道吾闻此语,当夜便发,明朝到山下村院,得见师兄。说药山语了,相共转来药山,直到终不离左右。

[注释]

[1] 药山和尚:药山禅师名惟俨,住澧州(州治在今湖南省澧县)药山。是石头和尚的弟子。
[2] 锺陵建昌县:锺陵,今江西省进贤县。建昌,今江西省永修县。
[3] 在百丈造侍者:百丈,百丈怀海禅师,住江西百丈山(今奉新县)。造侍者,当是做怀海的侍者之意。
[4] 在屋里报探官:在屋里,家居。指未出家时。报探官,未详。
[5] 相看一切:施礼问讯。下文"一切"同此。
[6] 太煞:也写作"太杀、太瞰"等,非常、太。
[7] 师弟:指道吾和尚。道吾虽是云岩的哥哥,但出家在云岩之后,所以是师弟。
[8] 壳漏子:佛家谓人的躯体。
[9] "莫道"二句:意思说明白道理的人哪儿都有。
[10] "作摩"句:作摩,在这里是"怎么"的意思。幞头,在家俗人所戴。幞头痕子尚犹在,意谓出家的日子还浅。
[11] 佛法不在僧俗:佛法对僧俗没有不同,俗人也可以接受佛法。
[12] 与摩理长则就:与摩,同"怎么",这么。理长,有道理。就,此指求教佛法。

[13] 灼然：很显然。
[14] 递相度脱：递相，互相。度脱，超脱苦难。
[15] 石头：石头和尚本名希迁，衡山上有一大平石如台，他在上面结庵居住，因此人称石头和尚。石头和尚是行思的徒弟，是慧能的再传弟子，药山又是石头和尚的徒弟。道吾离开百丈到了药山，认为这一派是正宗，所以在写给云岩的信里说："石头是真金铺。"
[16] 江西：指道一禅师（见下《石巩和尚》篇注[2]"马大师"）。云岩的师父百丈怀海是道一的徒弟，道一也是慧能的再传弟子，但道吾认为这一派不是正宗，所以信里说："江西是杂货铺。"
[17] 堕根：佛家语。谓以脚踵踏步，有如植根一处，长久停滞而无所进步。
[18] 智阇梨：道吾和尚名圆智，智阇梨即指道吾和尚。阇，音 shé。阇梨，梵语阿阇梨（Ācārya）的省译，高僧，泛指僧人。
[19] 呈似：变文和禅宗语录中常以"似"字用在动词后，意思近于"与"。
[20] "生我者父母"二句：语出《史记·管晏列传》："管仲曰：'……生我者父母，知我者鲍子也。'"
[21] 尊者：对和尚的尊称。
[22] 海师兄：指百丈怀海。
[23] 省：音 xǐng，省察。
[24] 会取：会，懂得。取，动词词尾，表示获得。
[25] 勿交涉：勿，在这里是"没"的意思。勿交涉，彼此没有什么相干。
[26] 在：健在。
[27] 则：在这里同"即"。
[28] 瘿瘿拳拳：瘿，同"挛"，音 luán，蜷曲而不能伸直。
[29] 羸羸垂垂：羸，音 léi，瘦弱。垂垂，精神不振的样子。
[30] 成持：扶持，帮助。
[31] 沩山：沩，音 guī。沩山，在湖南宁乡县西。灵祐禅师曾住在这里，唐裴休为他建造密印寺。此处沩山即指灵祐。
[32] 典座：职掌僧众斋粥之类的和尚。
[33] 不审：问安。
[34] 压膝道伴：亲密的道友。
[35] 无：在这里同"不"。
[36] 标榜：此指"规范"或"箴言"。上"是"字疑误。
[37] 涛汰：现在写作"淘汰"。此指汰除眼中翳障之物，使眼睛明亮。

卷第十四　石巩和尚[1]

石巩和尚嗣马大师[2],在抚州[3]。师讳慧藏。未出家时,趁鹿从马大师庵前过,问和尚:"还见我鹿过摩?"马大师云:"汝是什摩人?"对云:"我是猎人。"马师云:"汝解射[4]不?"对云:"解射。"马师云:"一箭射几个?"对曰:"一箭射一个。"马师云:"汝浑不解射。"进曰:"和尚莫是解射不?"马师云:"我解射。"进曰:"一箭射几个?"师云:"一箭射一群。"师云:"彼此生命[5],何得射他?"师云:"汝既知如此,何不自射?"师曰:"若教某甲自射,无下手处。"师云:"者汉无明烦恼一时顿消。"师当时拗折弓箭,将刀截发,投师出家。

师后因一日在厨作务[6]次,马师问:"作什摩?"对云:"牧牛马。"师曰:"作摩生牧?"对曰:"一回入草去,便把鼻孔拽来。"马师云:"子真牧牛。"

师问西堂[7]:"你还解捉得虚空摩?"西堂云:"捉得。"师云:"作摩生捉?"西堂以手撮虚空势。师云:"与摩作摩生捉得虚空?"西堂却问师:"作摩生捉?"师便把西堂鼻孔拽着。西堂作忍痛声云:"太杀[8]拽人鼻孔,直得[9]脱去!"师曰:"直须[10]与摩捉他虚空始得。"

有时僧参次,师云:"适来什摩处去来?"对云:"在。"师曰:"在什摩处?"僧弹指而对。

有僧礼拜师,师云:"从什摩处来?"对曰:"某处来。"师云:"还将得那个来摩?"对云:"将得来。"师云:"在什摩处?"僧弹指两三下。

三平和尚参师,师架起弓箭,叫云:"看箭!"三平擘开胸[11]受,师便抛下弓箭云:"三十年在者里[12],今日射得半个圣人。"三平住持后云:"登时将谓得便宜[13],如今看却输便宜。"石门拈问明真:"作摩生道即得免被唤作半个圣人?"明真便喝云:"这野狐精!"石门云:"委得也莫弄好手[14]。"

（下略）

[注释]

[１]　石巩和尚:名慧藏,住抚州石巩山。

[2] 马大师：名道一，俗姓马，人称马祖，怀让弟子，是慧能的再传弟子。
[3] 抚州：今江西临川。
[4] 解射：解，能、会。解射，会箭。
[5] 彼此生命：它和你都有生命。
[6] 作务：做生活，干活儿。
[7] 西堂：名智藏，住虔州（州治在今江西省赣县），也是道一的徒弟。
[8] 太杀：即"大煞"。非常，太。
[9] 直得：简直要。
[10] 直须：一定要。
[11] 擗开胸：扯开胸前的衣服。
[12] 者里：这里。
[13] 登时将谓得便宜：登时，当时。将谓，以为。
[14] 委得也莫弄好手：委，知道。本句意谓：你知道了也不要卖弄高明。

宋儒语录

从南北朝到隋唐的几百年间，佛教势力兴盛，儒家思想渐趋低潮，但唐中叶以后又逐渐抬头。韩愈攘斥佛老，已开先河；宋儒更以古代儒家学说为本，融合老庄哲学，建立了所谓"道学"。宋儒最喜欢给儒家经典以新的解说，讲学之风一时大盛，他们讲学或谈话的记录即所谓"语录"。

道学的创始者是周敦颐（1017—1073年）、张载（1020—1077年）等，集大成的是河南程颢、程颐兄弟，世称"二程"。二程弟子很多，到南宋时分为两大派：一派宗小程，以朱熹为首，影响直至元明；一派宗大程，以陆九渊为首。

这里选录了几段二程语录。程颢，北宋洛阳人，生于明道元年（1032年），卒于元丰八年（1085年）。字伯淳，世称明道先生。及进士第，熙宁中为监察御史里行。程颐，生于明道二年（1033年），卒于大观元年（1107年）。守正叔，世称伊川先生。哲宗初，擢崇政殿说书。所选的语录据《河南程氏遗书》（国学基本丛书本）。

还选录了几段朱熹语录，据清张伯行编《朱子语类辑略》。朱熹，宋婺源人，字元晦。生于建炎四年（1130年），卒于庆元六年（1200年）。绍兴进士，历仕高、孝、光、宁四朝，累官宝文阁待制。

最后选了几段陆九渊语录，据《象山先生全集》（四部丛刊本）。陆九渊，宋抚州金溪人，自号象山翁，世称象山先生。生于绍兴九年（1139年），卒于绍熙三年（1192年）。乾道间进士。

河南程氏遗书

凡学之杂者，终只是未有所止[1]，内不自足[2]也。譬之一物，悬在空中,苟无所倚著,则不之东,则之西。故须著摸佗别道理,只为自家不内足也[3]。譬之家藏良金,不索外求,贫者见人说金,须借他底看。(第二上,二先生语)

学者用了许多工夫,下头须落道了是(原注:此章一无"落道了是"四字)入异教[4],只为自家这下[5]元未曾得个安泊处,那下说得成熟,世人所惑者鬼神转化,佗总有说。又费力说道理,又打入个无底之壑,故一生出不得。今日须是自家这下照得理分明,则不走作[6]。形而下、形而上者,亦须更分明须得。虽则心有(原注:一作"存")默识,有难名状处,然须说尽心知性知天,亦须于此留意。(同上)

……问你身上有几条骨头?血脉如何行动?腹中有多少藏府[7]?皆冥然莫晓。今人于家里,有多少家活屋舍[8],被人问著,已[9]不能知,却知为不智。于此[10]不知,曾不介意,只道是皮包裹,不到少欠[11]。大小大[12]不察!(第二下,二先生语)

人语言紧急,莫是气不定否?曰:此亦当习,习到言语自然缓时,便是气质变也。学至气质变,方是有功。人只是一个习。今观儒臣自有一般[13]气象,武臣自有一般气象,贵戚自有一般气象,不成[14]生来便如此?只是习也。(第十八,伊川先生语)

惜乎韩信与项羽,诸葛亮与司马仲达[15],不曾合战。更得这两个战得几阵,不妨有可观。(第十九,伊川先生语)

[注释]

[1] "终只是"句:归根结底就在于没有一个落脚之处。这句的"止"是指归宿、落脚之处,也就是下文所说的"安泊处"。
[2] 内不自足:因为学得太杂,没有落脚之处,所以作为一个内部一致的体系来要求并不完满。
[3] "故须"两句:著摸即琢磨。佗即他。正因为内心没能自我满足,所以觉得需要去琢磨别的一些道理。
[4] "下头"句:下头即结局。结果或许走入歧途。
[5] 这下:这儿,这里。
[6] 不走作:指不为其他学说所动。
[7] 藏府:即脏腑。
[8] 家活屋舍:家活,家里的人口;屋舍,房屋财产。

[9] 已：疑应为"己"。
[10] 此：指上文所说"问你身上有几条骨头？"
[11] 不到少欠：不见得缺少什么。意思说这样回答也不能算有什么缺欠了。
[12] 大小大：也作"大小"。多么。有强调意味，宋人常语。
[13] 一般：一种。
[14] 不成：难道。
[15] 司马仲达：司马懿。

朱子语类

广云："昨日闻先生教诲做工夫底道理。自看得来[1]，所以无长进者，政缘[2]不曾如此做工夫。故于看文字时，不失之肤浅则入于穿凿。今若据先生之说，便如此著实下工夫去，则一日须有一日之功，一月须有一月之功，决不到[3]虚度光阴矣。"先生曰："昨日也偶然说到此。某将谓凡人读书，都是如此用工；后来看得却多不如此。盖此个道理，问也问不尽，说也说不尽，头绪甚多，须是自去看。看来看去，则自然一日深似一日，一日分晓似一日，一日简易似一日，只是要熟。……"（卷五）

今有人苦学者，他因甚恁地苦？只为见这物事是自家合[4]做底事。如人吃饭，是自家肚饥，定是要吃。又如人做家主，要钱使，在外面百方做计[5]，壹钱也要将归。这是为甚如此？只为自家身上事。若如此为学，如何会无所得？（卷六）

先生痛言诸生工夫悠悠[6]，云："今人做一件事，没紧要底事，也著心[7]去做，方始会成。如何悠悠会做得事？且如好写字底人，念念在此，则所见之物无非是写字底道理。又如贾岛学作诗，只思'推、敲'[8]两字。在驴上坐，把手作推敲势。大尹出，有许多车马人从，渠更不见，不觉犯了节。只此'推、敲'二字，计甚利害[9]，他直得[10]恁地用力？所以后来做得诗来，极是精妙。今吾人学问是大小大事[11]，却全悠悠，若存若亡，更不著紧用力，反不如他人做没要紧底事，可谓倒置。诸公切宜勉之！"（卷七）

某见今之学者，皆似个无所作为无图[12]底人相似。人之为学，当如救火、追亡，犹恐不及。如自家有个光明宝藏被人夺去，寻求赶捉，必要取得，始得。今学者只是悠悠地无所用心，所以两年三年五年七年相别，及再相见，只是如此[13]。（卷七）

某尝说文字不难看，只是读者心自崎岖[14]了看不出。若大著意思[15]，反复熟看，那正当道理自涌出来。不要将那小意智、私见识去闲乱他，如此无缘看得出。如千军万马，从这一条大路去，行伍纪律自是不乱。若拨数千人，从一小路去，空搅乱了正当底行阵，无益于事。又曰：看书且要依文看得大概意思了，却去考究细碎处。如今未曾看得正当底道理出，便落草[16]了，堕在一隅一角上，心都不活动。这个是转水车相似，只拨转机关子，他自是转，连那上面磨子、筛箩一齐都转，自不费力。而今一齐说得枯燥，无些子滋味，便更看二十年，也只不济事。须教他心里活动转得，若著在那角落头处。而今诸公看文字，如一个船阁在浅水上，转动未得，无那活水泛将去。更将外面事物搭载放上面，越见动不得。都是枉用了心力，枉费日子。天下道理，更有几多，若只如此看，几时了得！某而今一自与诸公们说不辨，只觉得都无意思。所愿诸公宽著意思，且看正当道理，教他活动，有长进处，方有所益。如一条死蛇，弄教他活。而今只是弄得一条死蛇，不济事。（卷七）

［注释］
［1］ 自看得来：自然可以看出。
［2］ 政缘：政，同正。政缘，正因为。
［3］ 不到：不至于。
［4］ 合：应该。
［5］ 百方做计：想方设法。
［6］ 悠悠：不用心。
［7］ 著心：用心。
［8］ 推、敲：唐代诗人贾岛骑驴作诗，得"鸟宿池边树，僧敲月下门"二句。第二句"敲"字又想改用"推"字，犹豫不决，一边想一边用手作推和敲的样子。正好遇到韩愈，说明原委，韩愈考虑后认为用"敲"字好。后人因而用"推敲"来比喻斟酌字句、反复琢磨。
［9］ 计甚利害：有什么要紧。

[10] 直得：竟能够。
[11] 大小大事：多么大的事情。
[12] 无图：即无徒。无赖的意思。
[13] 只是如此：还是这个样子。
[14] 峣崎：音 yáo qí，山势不平而高峻的样子。这里比喻心里不平静，不踏实。
[15] 大著意思：意思，指文章里的道理、要旨。大著意思，指从大的方面去看这些道理。
[16] 落草：草率急躁。在这里有心浮气躁的意思。

象 山 语 录

近日举及《荀子·解蔽篇》，说得人之蔽处好。梭山兄云："后世之人病正在此，都被荀子、庄子辈坏了。"答云："今世人之通病，恐不在此。大概人之通病，在于居茅茨[1]则慕栋宇，衣敝衣则慕华好，食粗粝则慕甘肥，此乃是世人之通病。"（卷三十四）

世人只管理会[2]利害，皆自谓惺惺[3]，及他己分上事，又却只是放过。争知道名利如锦覆陷阱，使人贪而堕其中，到头只赢得一个大不惺惺去。（卷三十四）

学者不自着实理会[4]，只管看人口头言语，所以不能进。且如做一文字，须是反覆穷究去，不得又换思量，皆要穷[5]，到穷处项项分明。他日或问人，或听人言，或观一物，自有触长[6]底道理。（卷三十五）

问伯敏云："作文如何？"伯敏云："近日读得《原道》等书，犹未成诵，但茫然无入处。"先生云："《左传》深于韩柳，未易入，且读苏文[7]可也。此外别有进否？吾友之志要如何？"伯敏云："所望成人，目今未尝敢废防闲[8]。"先生云："如何样防闲？"伯敏云："为其所当为。"先生云："虽圣人不过如是。但吾友近来精神都死却，无向来矗矗[9]之意，不是懈怠，便是被异说坏了。夫人学问当有日新之功，死却便不是。邵尧夫[10]诗云：'当锻炼时分劲挺，到磨硎[11]处发光辉。'磨硎锻炼方得此理明。如川之增，如木之茂，自然日进无已。今吾友死守定，如何会为所当为？博学、审问、谨思、明辨、笃行[12]，博学在先，力行在后。吾友学未博，焉知所行者是当为是不当为？防闲，古人亦有之，但他底防闲与吾友别。吾友是硬把捉,告子[13]硬把捉直到不动心处,岂非难事?只是依旧,不是某平日与兄说话,从天而下,从肝肺中流出,是自家有底物事[14],何尝硬把捉?吾兄中间[15]亦云有快活时,如今何故如此?"伯敏云:"固有适意时,亦知自家固有根本,元不待把捉。只是不能久防闲,稍宽便为物欲所害。"先生云:"此则罪在不常久上,却如何硬把捉?种种费力,便是有时得意[16],亦是偶然。"伯敏云:"却常思量不把捉,无下手处。"先生云:"何不早问?只此一事,是当为不当为?当为底一件大事不肯做,更说甚底?某平日与老兄说底话,想都忘了?"伯敏云:"先生常语以求放心立志,皆历历可记。"先生云:"如今正是放其心而不知求也。若果能立,如何到这般田地?"伯敏云:"如何立?"先生云:"立是你立,却问我如何立!若立得住,何须把捉?吾友分明是先曾知此理来,后更异端坏了。异端非佛老之谓,异乎此理,如季绎之徒便是异端。孔门惟颜曾[17]传道,他未有闻。盖颜曾从里面出来,他人外面入去。今所传者乃子夏子张之徒外人之学[18]。曾子所传,至孟子不复传矣。吾友却不理会根本,只理会文字。实大声宏[19],若根本壮,怕不会做文字?今吾友文字自文字,学问自学问,若此不已,岂止两段,将百碎。"……(卷三十五)

[注释]

[1] 茅茨:茅屋。
[2] 理会(1):注意,计较。
[3] 惺惺:机敏,聪明。
[4] 着实理会:着实,落脚在实实在在处。理会(2),理解。
[5] 穷:穷尽。指做学问必须穷根究底。
[6] 触长:触类旁通而有所长进。
[7] 苏文:指三苏的文章,尤其指苏轼文。
[8] 防闲:闲,空闲。防闲,不要让内心空虚。
[9] 亹亹:音wěi,勤勉不倦。
[10] 邵尧夫:名雍,宋范阳人,当时名儒,道学的创始人之一。
[11] 磨砻:磨砺、砥砺、研求学问。
[12] 博学、审问、谨思、明辨、笃行:这都是儒家所提倡的做学问的道理。《礼记·儒行》:"博学而不穷。"博学是讲做学问要渊博。《中庸》:"审问之,慎

思之。"审问是讲推究问难,慎思是讲认真思考。后世因避宋孝宗讳,改慎思为谨思。《中庸》:"明辨之,笃行之。"明辨是讲辨清是非,笃行是讲认真实行。

[13] 告子:战国时人,姓告名不害,曾学于孟子。他认为"人性易变,无分于善不善",在当时成为一家之言。

[14] 物事:东西。

[15] 中间:指过去曾经有过的一段时间。

[16] 得意:这里当"成功"讲。

[17] 颜曾:颜,颜回,春秋鲁人,孔子弟子,敏而好学,箪食瓢饮,居住陋巷而不改其乐,为孔子所称道。曾,曾参,春秋鲁人,孔子弟子,著《曾子》十八篇,今佚。

[18] 子夏子张之徒外人之学:子夏,春秋卫人,姓卜名商,孔子弟子。擅文学,传孔门《诗》学及发挥《春秋》微言大义的《公羊》《谷梁》二传。子张,春秋陈人,姓颛孙,名师,孔子弟子。上文把颜曾之学看成从孔门门内传出来的,这句意思是说子夏子张之徒所传不能算孔门嫡传,只能算自外而内的学问。

[19] 实大声宏:根底牢固了发出的声音也就洪亮。

乙卯入国奏请

《乙卯入国奏请》,北宋沈括撰。沈括字存中,钱塘人。生于仁宗天圣九年(1031年),卒于哲宗绍圣二年(1095年)。嘉祐八年举进士第。他曾研究天文历法,修治农田水利,视察边地兵政,也带兵打过仗。《梦溪笔谈》是他传世之作。《乙卯入国奏请》是他熙宁八年(1075年)出使辽国,反击契丹争地要求的翔实纪录。

契丹的领土要求,前此一百多年即已开始。早在936年,石敬瑭以出卖燕云十六州*给契丹为代价,取得契丹的援助,建立后晋。宋朝建立后,计划先消灭南方诸王国,然后北向收复燕云失地。宋太宗太平兴国四年(979年),灭北汉,结束了割据局面,乘胜移师河北。但在收复燕云的战事中,两次进攻都遭失败。最后宋真宗与契丹订立了屈辱的"澶渊之盟"(1004年)。

熙宁八年乙卯,契丹派遣使臣萧禧,又来无理要求河东黄嵬地,要求以分水岭为界,而且赖在汴京不走,扬言"必得请而后返"。沈括因此受命与副使李评同赴契丹。他出使的名义是"回谢辽国使",也不带任何新的书面文件,因为宋朝认为边地谈判已经结束。文中所说"河东地界并已了当,差括等来回谢"即指此而言。沈括在北廷从容论辩,辽方代表杨益戒等无以折其议,沈括一行终于胜利而归。李焘《续资治通鉴长编》卷二百六十五说:

> 沈括有《乙卯入国奏请》并别录,载使事甚详。今掇取其间辩论地界处,具注括自志下,其紧要亦不出括自志也。恐岁久不复

---

* 燕云十六州是幽(燕)、蓟、涿、顺、檀、瀛、莫、新、妫、儒、武、蔚、云、应、寰、朔等十六州,主要包括今河北、山西两省北部。

见括别录,故且存之。

这里节录《乙卯入国奏请》前半段,即据清刻本《续资治通鉴长编》卷二百六十五。

闰四月十九日离新城县[1]。五月二十三日至永安山远亭子,馆伴使琳雅、始平军节度使耶律寿、副使枢密直学士右谏议大夫梁颖二十五日入见,二十七日入帐前赴燕[2]。二十九日就馆赐燕,差枢密副使杨益戒押燕[3]。酒二行,益戒令人传语:"有圣旨,请立。"臣括等寻离座,于帐前与益戒、寿、颖等对立。益戒云:"奉圣旨,昨来蔚、应、朔三州[4]地界公事,朝廷两遣使人诣南朝[5]理办。今来蔚、应两州已是了当[6],只有朔州一处未了,终是难停往复[7]。未委[8]卿等昨离南朝日,有何意旨了绝?"臣括答云:"河东[9]地界并已了当,差括等来回谢。"益戒云:"只是蔚、应两州已了,朔州地分俱未了绝。"臣括答云:"括等只是差来回谢,此等公事,不敢预闻。"益戒云:"今来系是圣旨,宣问侍读、馆使,须合应报。"臣括答云:"此事虽不是本职,不敢预闻;既是承准宣命,有所知者,不敢不对。昨来理办三州地界,但北朝[10]稍有照证处,尽已擗拨[11]与北朝。如鸿和尔大山[12]、天池子[13]各是照据分明,难议应副。"益戒及馆伴梁颖皆言:"鸿和尔大山自来系北朝地土。"臣括答云:"不委北朝有何文字照证?"颖云:"南朝有何照证?"臣括答云:"南朝收得北朝照证甚多,有十年前照证,亦有今年照证,亦有州县照证,亦有圣旨照证。且说最先:北朝重熙十一年,北朝差教练使王守源、副巡检张永句、印官曹文秀,南朝差阳武寨都监翟殿真、崞县令教练使吴岊同行定夺以鸿和尔大山脚下为界。自后顺义军[14]累有公牒,皆称鸿和尔大山脚下为界,岂不分白[15]?"颖云:"此只是定夺苏直、聂再友地界,即非两朝地界;两朝地界,自在近南分水岭为界。"臣括答云:"当时先为苏直、聂再友侵耕过南朝地分,累经理办。康定二年,南朝圣旨:岂可以琐细民务轻闻?朝廷以两朝和好事重,更不理会,只仰以苏直、聂再友所耕地外卓立[16]烽堆永远为界。北朝所以差上件官吏同行定夺。若是北朝腹内百姓地土,何烦南朝圣旨及两朝差官?今若言所定鸿和尔大山脚只是苏直、聂再友地界,既不是南朝地界,不委以南邻著何人田土[17]?"颖等无语。臣评言:"昨来北朝国书并白札子内理会事目,如瓦窑坞、李福蛮、水峪、义儿马铺及三小铺、西陉一带等处,南朝虽有文字照验分白,但以交验贼踪,或捉送逃走军人,各依长连城、六番岭、关子口铺,并非两朝为界去处。照据界限,并雁门、胡谷寨以东数寨,下经治平年[18]发遣铺分,朝廷已不论有无照证,更不理会,并应副[19]北朝事理已尽。其鸿和尔大山,自有原定界至'脚下为界'文字,其天池又自顺义军开泰五年[20]牒称系宁化军[21]地分,照验分白。今来更有甚商量?"颖又云:"南朝照验文字,在河东[22]时,见刘少卿等将出数件照验,亦是难为案据,故为拖延。"臣评答云:"学士们在河东时,只争闲事,几时曾理会地界?"颖又云:"天池地分,自属北界显然。若天池神堂不属北界,因何却是北界行牒修葺?"臣评答云:"既属北界,因何却是南朝修葺?"臣括又云:"南朝庙宇,自是顺义军越界横管。譬如代州[23]若牒朔州云鄯阳县[24]廨宇损漏,请疾速修葺,便也可以夺得鄯阳县也?"颖云:"鄯阳县廨宇损,干代州甚事?因何牒得朔州修葺?有何义理?"臣括答曰:"南朝天池庙损,干朔州甚事?因何牒得宁化军修葺?自有[25]顺义军横管,岂可便为凭据?"颖云:"今来蔚、应、朔三州地分内,蔚、应州地界已了,只是朔州地分界至未了,侍读[26]、馆使因何便言回谢?"臣评答云:"北朝理会数事,理有可否,可者已从擗拨,否者难便商量,怎生不回谢?"臣括又云:"两朝通和七八十年,使人一往一来,自是常礼。地界公事,括等岂敢预闻?适为圣旨宣问,使人已据确实理道开陈,更有何商量?"颖又云:"康定二年未定界至已前[27],以何处为界?"臣括答云:"以六番镇为界。"颖云:"本是鸿和尔大山分水为界,不委南朝却以六番岭[28]为界,有何文字照证?"臣括答云:"若要南朝照证文字,却暞有[29]。不委北朝以分水岭为界,以何文字照证?"颖云:"此中文字更不少,侍读且将出南朝照证文字来。"臣括云:"但请将出北朝照证文字。"颖等无语。臣评云:"自来是长连城、六番岭为界。"颖云:"有甚照证?"臣评答云:"自来长连城、六番岭一带开子口铺便是南北分界去处。前后北朝州县交验贼踪,送还逃走军人文牒暞多,便是界至去处。今来南朝虽有此等文牒照验分白,为只是因事该指铺分界至,不是特指定属南朝文字。今本朝更不论有无照据,已依白札子内处所擗拨应副北朝了当。

鸿和尔专有两朝差官立定界至文字,及有顺义军累次公牒,并[30]特指说鸿和尔大山脚下为界。天池又有开泰五年顺义军牒,特指说系属宁化军地分。并是北朝文字,理道分白,怎生改移?"颖又云:"西陉一带地方亦有未了。自第一、第二、第三、第四、第五远探、白草铺分割,因甚自北以西,便挑下分水岭,却向平川中指古长城为界?"臣括答云:"此处便是分水岭,不向此中为界,更向何处为界?"颖云:"此处岂是分水岭?分水岭自转向南。下去白草铺,望古长城,只是平川,何处有岭子?"臣括答曰:"莫是学士不曾见彼处地形?镇著分水岭,因何却唤作平川?兼此分水岭以南尽是南界铺寨[31]及弓箭手铺子止杀[32],向南更怎生去得?"颖曰:"虽有铺子,总是南界侵过分水岭北盖却,自合拆移,岂得却将铺子为硬界?"臣括答云:"此许多铺子自是在分水岭南,北朝素知,兼有北朝圣旨照证,怎生不是硬界?"颖云:"圣旨道甚?"臣括云:"萧琳雅赍来圣旨札子,内称南朝侵过分水岭以北,盖却小铺子三坐并义儿马铺,皆合拆移近南,于分水岭南修盖。因何不说道土磴石跌地分侵过分水岭,盖却铺子并义儿马铺?"颖云:"土磴石跌铺子不少,札子内不成便说得许多铺子?"臣括答云:"若实是侵过分水岭北,即须著说,有甚说不得?自是不干著分水岭,故不说著,更何烦理会?今且说鸿和尔大山,北朝更有何照据?"(括自注云:北界涿州[33]累牒并理会西陉地界未了。今颖如此争辨,臣括以此言答之。颖知理屈,自此后更不曾言著鸿和尔大山、天池子。)颖云:"东西一带,尽合以分水岭为界,因何鸿和尔大山不以分水岭为界?"臣括答云:"东西一带尽以分水岭为界,有何文字照据?"颖云:"瞰有南朝州军行过来文字照据。"臣括云:"只是胡谷寨以东有文字,尚也凭不得,干鸿和尔大山甚事?"颖云:"既是一处照得以分水岭为界,即东西尽合以分水岭为界。"臣括答云:"若是一处以分水岭为据,尽要以分水岭为界,即西至岢岚军,东至澶、顺,尽合以分水岭为界也[34],如此怎去得[35]?"颖云:"因何说得澶、顺,有何道理?"臣括答云:"既云东西尽合以分水岭为界,即须如此。学士元来也知去不得里[36]!"臣评随云:"侍读只是说喻[37]。"颖又云:"天池子有何照证?"臣括答云:"有开泰五年顺义军牒,地里属宁化军。只此照证,最是分白。其余瞰有文字,更不须言。"颖云:"只是紧执定[38]这个文字!"臣括云:"这个文字不执,更执甚文字?"颖云:

"这个只是州县一时错误行遣[39],当时官吏若在,必不轻恕。"臣括答云:"但没便宜底文字,便总道'错误'即休[40],怎生使得!"颖云:"既是南朝地界,因何乙室王及北界一百部族在彼住坐放马,半年有余,无人发遣[41]?"臣括云:"既是顺义军有公文认下是南朝地方,便住坐五百年,亦是北人不合来侵入南界地分住坐。"臣评曰:"边上地界接连去处,平时无事,两朝人往来樵采放牧又有何不可? 岂为时暂住坐,便来侵占为自己田地?"臣括又云:"譬如民家,去别人地内居住一世、两世,若执出契书,亦须夺却,住坐半年,岂足为凭! 南朝只是守执北朝文字,乃是实据。当时纵不发遣,自是北人不合侵越。后来又拆却铺,立却十八个烽堆、七个铺子,岂是不经发遣!"相次有一人裹拳脚幞头[42],自近前助说,臣评认是昨来萧禧随行都管高思裕。臣评却云:"且容侍读、评与枢密、给事、馆伴琳雅学士说话,不销得[43]你搀说,且退。"思裕即退。后臣括又云:"如鸿和尔大山、天池子,不惟有向来所陈逐次照据,兼萧扈、吴湛国信[44]来时,有北朝圣旨。为今来已指立烽台标杆,开撅壕堑,兴功建立铺寨,即且依旧,北朝百姓也且教依旧,各更不侵占,岂不分白?"颖云:"此是萧扈、吴湛传圣旨,已行谪降了也。此文字怎生使得?"臣括云:"此是北朝圣旨,学士因何却言使不得?"颖云:"此是萧扈、吴湛错认圣旨,已行遣了。"臣括云:"顺义军牒即云州县错误文字,不经朝廷处分,待不使,今来圣旨,又言是错,何故错得许多! 今后更有照证文字,只学士道错了,不成便休也? 更理会个甚? 括等自是回谢,亦难为与学士争口舌。"臣括更无言,稍退立。颖又却云:"昨来北朝理会五处地界,三处了当。若只是此二处,事体至小,因何却不理会了当? 不知此二处元是与不是理会数[45]?"臣括答云:"天池子元不是理会数。"(括自注云:"望颖回答,即引耶律荣来时札子内落下天池子一节答之,颖却不问。"兼萧琳雅赍来札子内亦只指著鸿和尔大山脚下为界。)颖沉吟思虑次,臣括随声曰:"莫又待道错?"颖又多说词理,大率并无照据。益戒数目颖令罢。臣括待其语定,曰:"学士更说千般道理也不济事! 须是要的确文字。南朝并无许多言语,鸿和尔大山只八个字,曰:'鸿和尔大山脚下为界。'天池子只六个字,曰'地里属宁化军'。此外非某所知,更无可议论!"臣括又退后立。益戒云:"今来圣旨所问,如何回奏?"臣括答云:"但告枢密给事回奏,括等来时,只是回谢,别无圣旨今来商议公事。若是地界擗拨因依[46],适来已具咨闻。本朝只是守得'鸿和尔大山脚下为界'及'地里属宁化军'两句确的照据。"益戒遂顾寿、颖:"如此且休。"遂相揖就座再坐。

酒三行,益戒又云:"两朝和好事重,侍读、馆使早与了绝却好。"臣括对云:"有何不了绝?南朝道理,适来已曾咨闻。自余非括敢预。"颖犹持昏赖之意,复申前说。臣括对云:"两朝和好七八十年,旷古未有。昨来入界,见两朝万里农桑,人民富庶。此是两朝祖宗盛德鸿美,岂可以边界小事有伤和好大体?盖是理难应副,非是占却。"益戒云:"两朝和好,生灵受赐。侍读、馆使须体朝廷意,早与了当却,庶免往复。"臣评对云:"继好息民,生灵受赐,诚如枢密、给事之说。"臣括云:"只为南朝照验分白,难为应副,兼事亦不由使人。"臣评云:"这些土地得失,不系两朝损益。"颖云:"北朝瞵有照验文字,为侍读、馆使坚言只是回谢,不肯商量,料得咨呈亦不济事。"臣括云:"南朝只是守得'鸿和尔大山脚下为界'及'地里属宁化军',余外非括所知,亦不烦相示。"颖又云:"只如赤泥胶、段家堡也瞵有事未了。在重熙十二年[47]。百姓石廷直理会疆界,赤泥胶近南,瞵有地里在。只是侍读、馆使不肯商量,未欲咨闻。"益戒云:"且做鸿和尔大山脚下为界,未委东西石廷直等地土合如何?"臣括答云:"若是援引石廷直所争地土文字,即是已定却鸿和尔大山脚下为界,东西地土,自有照证。"(括自注云:"重熙十二年,顺义军曾牒代州理会石廷直地土一牒,内云:'须指定鸿和尔大山脚下为界。'其意欲先认杀鸿和尔大山脚下为界,却要一直向东,包占古长城以南地土,南北三十余里,东西瞵长。臣括所以称'即是已定却鸿和尔大山脚下为界',其东西土地自有买马城及古长城止杀。臣括所以言自别有照据。")益戒等晓会,不再言。颖觉理屈,却急言:"鸿和尔大山,须是分水岭为界,且论赤泥胶、段家堡。"臣括更不答。酒六行,起谢恩毕,展状与益戒相别。

(下略)

[注释]

[1] 新城县:今河北省新城县,在涿县南,宋与辽分界于此。

[2] 燕:古"燕""宴"二字相通。
[3] 押燕:谓杨益戒代表辽道宗主持饮宴。
[4] 蔚、应、朔三州:蔚,蔚州,今河北蔚县。应,应州,今山西应县,在雁门关东北。朔,朔州,今山西朔县,在雁门关西。
[5] 南朝:指宋朝。
[6] 了当:了结。当,动词后缀。
[7] 难停往复:难以停止往返商讨。
[8] 委:知道。
[9] 河东:宋置河东路,包括今山西省长城以南,闻喜县以北,以及陕西省葭县以北。
[10] 北朝:指契丹族所建立的辽国。
[11] 擗拨:交割。
[12] 鸿和尔大山:未详。约在今晋北管涔山。
[13] 天池子:在今山西省宁武县西南管涔山,宋时属宁化军。
[14] 顺义军:今山西朔县,北军时置顺义军,此时已属辽。
[15] 分白:分明。
[16] 卓立:卓,高而直。卓立,高高地直立。
[17] "不委"句:不知道苏、聂二人地界以南的田地属于何人(辽民还是宋民)。
[18] 治平年:宋英宗年号(1064—1067年)。
[19] 应副:应允。
[20] 开泰五年:开泰,辽圣宗年号。开泰五年为1016年。
[21] 宁化军:五代时北汉置宁化军,宋因之,治宁化,即今山西省宁武县西南宁化堡。
[22] 河东:此指河东路治所,即今山西省太原市。
[23] 代州:今山西省代县。雁门关在其北,为晋北重镇。
[24] 鄯阳县:据上下文义,应是朔州属县。
[25] 有:疑为"是"字之讹。
[26] 侍读:指沈括。时沈括已奉召对资政殿,于枢密院阅案牍。
[27] "康定二年"句:康定二年为1041年。界至,地界。地界有东南西北四至,所以叫界至。
[28] 六番岭:应为"六番镇"。
[29] 瞭有:有的是,很多。
[30] 并:皆(指上面所说"文字"与"公牒")。
[31] 铺寨:铺,铺子;寨,兵寨。设在边防的关卡的统称。

[32] 止杀：到此为止。"杀"犹"煞尾"。
[33] 涿州：涿州离所争执的地方很远，疑字有误。
[34] "即西至岢岚军"三句：岢岚军，今山西省岢岚县，宋朝在此设岢岚军。"澶"为"檀"字之讹。檀州，今北京市密云县。顺，顺州，今北京市顺义县。此句意谓：岢岚军、檀州、顺州都在分水岭之南，都应属宋。
[35] 去得：行得，使得。
[36] 里：语气助词，有如现代汉语的"哩"。
[37] 说喻：打比方。
[38] 紧执定：死抓住。
[39] 行遣：处置，办理。
[40] "但没便宜"二句：意思说：只要是对北朝没有什么好处的字据，就都说"这是错误的"，想这样就算了事。
[41] 发遣：处置。
[42] 拳脚幞头：幞头，一种头巾。有四根带子，称四脚。两脚系在脑后下垂，两脚反系在头上。原来两脚上曲或下垂以区别君臣，到宋代都用平脚，即向两边平伸两脚，脚也改为铁制。拳脚幞头当是幞头的一种。
[43] 不销得：也写作"不消得"。不需要，用不着。
[44] 国信：即国信使。宋、辽互遣使节称国信使。
[45] 理会数：理会，在这里作商谈讲。理会数，在商谈的范围之内。
[46] 因依：因由。
[47] 重熙十二年：重熙为辽兴宗年号。重熙十二年为1043年。

三朝北盟会编

《三朝北盟会编》,宋徐梦莘编。凡二百五十卷,记录宋金和战始末经过。分上中下三帙。上帙记政和、宣和事,中帙记靖康事,下帙记建炎、绍兴事,时间包括宋徽宗、钦宗、高宗三朝。本书是编年体的史书,编者从各种文献书籍里采集史料,按编年条系,编成这部资料性的巨著。这部书不仅保存了许多珍贵的史料,因而为历史学家所重视,而且这些史料里还保存了不少当时口语的记录,也是研究早期白话的宝贵材料。

这里选录的五篇(《燕云奉使录》两篇,其余三种各一篇)的内容,与沈括《乙卯入国奏请》一样,也是反映宋朝与北方民族之间的领土问题的,是燕云十六州问题的继续。选录据上海古籍出版社影印许涵度刻本,1987年。

契丹族建立的辽国统治北方时期,对于居住在东北地区的生女真各部落的压迫越来越严重,终于引起了生女真的反抗。最后,生女真在阿骨打的领导下,覆灭了辽国,建立了金国。

当女真族的金朝连续挫败辽军时,北宋宣和二年曾与金朝订立"海上盟约",协议夹击辽国,以图收复燕云诸州。年底,金人攻占燕京,背弃了原来的盟约,不肯把燕云诸州交还北宋。后来经过多次往返交涉,才又约定:金国把燕京和涿、易、檀、顺、景、蓟六州交割给北宋,北宋除了按照以前约定的把对辽国所纳岁币转送与金国之外,更加纳百万贯,而且屈辱地同意金人把这一地区的金帛子女官绅富户掳掠而去。《燕云奉使录》等篇就是从宋金往返交涉的许多实录里选出来的。这五篇的时间顺序是:

《燕云奉使录》,宣和二年(1120年)二月;又,宣和五年(1123年)二月。

《茅斋自叙》,宣和七年(1125年)十二月。

《靖康城下奉使录》,靖康元年(1126年)二月。

《山西军前和议录》,靖康元年八月。

选录的第一段《燕云奉使录》是赵良嗣归附宋朝以后第一次使金回朝所写的书面报告。这次使金的目的是当面谈判,探听对方的口气,所以说"元奉密旨,令面议,别不曾赍文字前去"。所记录的都是赵在金国谈话和活动的情况。

选录的第二段《燕云奉使录》所记的是三年以后的一次谈判情况。在此以前,赵良嗣等为了要求金人归还从辽手里夺去的宋朝土地,已经同金人屡次商议代价。这一段所记,还是继续谈判金人归还西京土地和民户的问题。

《茅斋自叙》《靖康城下奉使录》《山西军前和议录》三篇所记是谈判实际上已经破裂,金国对宋朝举兵进攻以后的事。这时宋金谈判虽仍在进行,但宋朝在军事上已完全处于劣势。最后金人攻破汴京,虏徽钦二帝北去,迫使宋室南渡,颠覆了北宋政权。

燕云奉使录(一)

宣和二年春二月,诏遣中奉大夫右文殿修撰赵良嗣[1]假朝奉大夫由登州泛海使女真[2],忠训郎王瓌副之。以计议依祖宗朝故事[3]买马为名,因议约夹攻契丹,取燕、蓟、云、朔[4]等旧汉地,复归于朝廷。元奉密旨,令面议,别不曾赍文字前去。

三月二十六日自登州泛海,由小谢驰碁末岛、棋子滩、东城会口、皮囤岛,四月十四日抵苏州[5]关下。会女真已出师,分三路趋上京[6]。良嗣自咸州[7]会于青牛山,谕令相随,引看攻上京城破,遂与阿骨打[8]相见于龙冈[9],致议约之意。大抵以燕京一带本是旧汉地,欲相约夹攻契丹,使女真取中京[10],本朝取燕京一带。阿骨打令译者言云:"契丹无道,我已杀败,应是[11]契丹州域全是我家田地。为感南朝皇帝好意,及燕京本是汉地,特许燕、云与南朝。候两三日便引兵去。"良嗣对云:"契丹无道,运尽数穷,南北夹攻,不亡何待?贵国兵马去西京甚好。自今日议约既定,只是不可与契丹议讲和。"阿骨打云:"自家[12]

既已通好,契丹甚闲事[13],怎生和得?便来乞和,须说与已共南朝约定与了燕京,除是[14]将燕京与南朝,可以和也。"良嗣对:"今日说约既定,虽未设盟誓,天地鬼神实皆照临,不可改也!"

食罢,约入上京,看契丹大内居室。相与上马,并辔由西偏门入,并马乘之,过五銮、宣政等殿,遂置酒于延和楼。良嗣有诗云:"建国旧碑胡日暗,兴王故地野风干。回头笑谓王公子,骑马随军上五銮。"遂议岁赐。良嗣许三十万。却云:"契丹时,燕京不属南朝,犹自与五十万;而今与了燕京,如何只三十万!"辩论久之,卒许契丹旧数。良嗣问阿骨打:"燕京一带旧汉地,汉州则并西京[15]是也。"阿骨打云:"西京地本不要,止为去拿阿适须索一到。(原注:阿适天祚[16]小字)。若拿了阿适,也待与南朝。"又言:"平、营[17]本燕京地,自是属燕京地分。"高庆裔云:"今所议者,燕地也。平滦[18]自别是一路。"阿骨打云:"书约已定,更不可改。本国兵马已定八月九日到西京,使副到南朝,便教起兵相应。"趣[19]归。且言:"缘在军上,不及遣使前去。"止以事目一纸付良嗣回。约以女真兵自平州松林趋古北口[20],南朝兵自雄州趋白沟夹攻[21],不可违约;不如约则难依已许之约。以二百骑护送,东归过铁州[22],遣人走马追及:"别有事商量,请使副回相见。"

良嗣回至女真所居阿木火,阿骨打言:"本约到西京以兵相应,却因牛疫死,且回,候来年约日同举。惟恐失信,故请使副回见。"杨朴云:"郎君们意思,不肯将平州画断作燕京地分。此高庆裔所见如此,须著一个方便。"后来与粘罕[23]议事,论以两朝议酌既定,务在明白,庶免异时计校。粘罕问有几事,对以:"将来举军之后,南兵不得过松亭、古北、榆关之南[24],免致两军相见,不测纷争,此最大事一也。其他界至,临时可以理会,且先以古北、松亭及平州东榆关为界,此其二也。要约之后,不可与契丹讲和,此三也。西京管下,惟恐妨收捉阿适道路,所有蔚、应、朔三州最近于南界,将来举兵,欲先取此三州,其余西京、归化、奉圣等州[25],候拿了阿适回日然后交割,四也。两国方以义理通好,将来本朝取了燕京,却要系官钱物[26],此无义理,可便除去,五也。事定之后,当于榆关之东置榷[27]场,六也。(原注:榆关在平州之东,屡以榆关为言,包平州在内也。)"粘罕云:"所言都好,但蔚、应州亦恐阿适走去彼处,候我家兵马到日来商量。所要系官钱物,曾思量来,也是不好,便待除去。"粘罕、兀室[28]云:"我皇帝从上京到了,必不与契丹讲和。昨来再过上京,把契丹坟墓、宫室、庙像一齐烧了,图教契丹断了通和底公事;而今契丹更有甚面目来告和也!千万必不通和。只是使副到南朝奏知皇帝,不要似前番一般,中间里断绝了。我亦曾听得,数年前童贯[29]将兵到边,却恁空回!"对以"此探报传言之误。若是实曾领兵上边,便只恁休得?郎君们亦莫轻信!"粘罕大喜云:"两家都如此却甚好!若要信道将来必不与契丹通和,待于回去底国书内写著。"打毬、射柳及所在宴饮,必召同集,及令上京俘获契丹吴王妃作舞献酒。(原注:妃初已配吴王,既而延禧私纳之;又与其下犯法,故幽囚于上京。)谓良嗣曰:"此是契丹儿媳,且教与自家劝酒,要见自家两国欢好。"阿骨打与良嗣把手酬酢曰:"契丹煞大国土,被我杀散,我如今煞是大皇帝。昨来契丹要通和,只为不著'做兄弟',以至领兵讨伐。自家、南朝是天地齐生底国王、皇帝,有道有德。将来只恁地好相待通好,更不争[30]要做兄弟。这个事是天教做;不恁地后[31],怎生隔著个恁大海便往来得?我从生来不会说脱空[32],今日既将燕京许与南朝,便如我自取得亦与南朝。"于是差使副以攻破上京俘获盐铁使苏寿吉来献。其意以为既以燕地割隶中朝,以寿吉本燕人,故献之。仍以质留刘亮等六人,及因风吹逐刀鱼船于立等兵级二十八人并交付良嗣还朝。(卷四引)

[注释]

[1] 赵良嗣:本是燕人,名马植,辽大族。政和初,童贯使辽,携归,依附宋朝,改姓名为李良嗣。曾向宋徽宗献计联合女真以攻辽,被采纳,并赐姓赵,为秘书丞。宣和二年出使金,议取燕、云。(本节所记即此事。)返回宋朝后进光禄大夫。后因故被逐岭南。靖康初,御史胡舜陟论其结成边患,窜柳州,被杀。
[2] 假朝奉大夫由登州泛海使女真:假朝奉大夫,临时借用朝奉大夫官阶。登州,今山东蓬莱市。
[3] 故事:旧例。
[4] 燕、蓟、云、朔:燕,即幽州,也就是下文所说的"燕京一带"。蓟,蓟州,今天津市蓟县。云,云州,今山西省大同市。朔,今山西省朔县。
[5] 蘇州:原作蓟州,"蓟"字误。《续资治通鉴》及《宋史纪事本末》均作"蘇州"。

蘇州,女真国地名,女真人曾由此泛海至登州买马,故道犹存,赵良嗣使女真也是走的这条路。

[6] 上京:辽以临潢府为皇都,亦称上京,在今内蒙古林西、林东巴林左旗之间。1120年为金人攻占。

[7] 咸州:今辽宁省开原市。

[8] 阿骨打:金国开国皇帝,姓完颜,初名阿骨打,后改名旻(音 mín)。在位九年,为金太祖。

[9] 龙冈:山名。在今内蒙古自治区阴山山脉。

[10] 中京:辽以大定府为中京,今内蒙古宁城县附近。

[11] 应是:凡是,所有的。

[12] 自家:单数第一人称,"咱"的前身。

[13] 甚闲事:犹言"有什么相干"。

[14] 除是:除非。

[15] 西京:辽以今山西省大同市为西京。

[16] 天祚:辽天祚帝,名耶律延禧,是辽的末代皇帝。

[17] 平、营:平州,原为幽州的一部分,今河北省卢龙县。营州,今辽宁省朝阳市。

[18] 滦:滦州,今河北省滦县。

[19] 趣:音 cù,催促。

[20] 古北口:在密云县东北,是北京北部要隘。

[21] 自雄州趋白沟夹攻:雄州,今河北雄县,在北京南。白沟,在雄县北。

[22] 铁州:今辽宁省盖平县境。

[23] 粘罕:金完颜宗翰,本名粘没喝,汉译粘罕。随金太祖阿骨打攻辽,功称第一。金太宗即位,以为左副元帅。后侵宋陷汴京,掳徽、钦二帝北去。

[24] 南兵不得过松亭、古北、榆关之南:南兵,应为"北兵"。松亭,松亭关,在喜峰口北。榆关,在河北抚宁县东。

[25] 归化、奉圣等州:归化州,今河北省宣化市。奉圣州,今河北省涿鹿县境。

[26] 却要系官钱物:此句指女真方面言。系官,属于公家的。

[27] 榷:音 què,专卖。

[28] 兀室:即兀术。金太祖第四子,名完颜宗弼。

[29] 童贯:宋徽宗宦官,以巧媚得徽宗欢心。引进蔡京,后蔡京为相,童贯亦领枢密院事,与蔡京同专权。政和初,镇压方腊起义,封广阳郡王。粘罕南侵,童弃河东地逃跑。钦宗即位,下诏处死。

[30] 不争:难道。

[31] 后：时。用于假设分句句末，表示假设。
[32] 说脱空：说谎话，说空话。

燕云奉使录(二)

赵良嗣得御笔："山后[1]事如不可力争，别作一段商议。"十一日见虏酋，遣兀室、捷鲁二人至所馆议事。良嗣曰："本朝皇帝大度，一言许尽。今平州又不肯商量，惟有西京一道许了。"又语兀室曰："贵朝所须不赀[2]，本朝一无所吝；惟西京早与，庶[3]人情无亏。"武仲亦曰："来时主上丁宁极留意。"兀室去再来，云："得圣旨，将西京地土与贵朝，所有人户本国收系。"良嗣对以："西京州城已蒙见许，既是与了地主，岂有不与人户之理？如只空得田地，都无人户，怎生做得？况兵乱之后，所在残破，些小人户，一道许了甚好。"兀室云："我国里军人厮杀八九年，受了苦辛不少，方得西京。已是将西京地土与了贵朝，本国只要人户，有何不可？便如[4]西京地土两家分割一般，我亦合得一半。"对以："两朝既是通好如一家，已许了地土，乃是信义人情；却不与人户，实不完全。何似[5]把人民一齐许了，做个人情也是完备。"兀室云："与了地土，更要人户，却待著个甚么道理？如何商量？大抵地土重于人民，地土已许了，更和人民要[6]，更别无酬答，更无致谢，怎生了得？"因约同见粘罕云："西京地土亦是不少，已与地土，又要人民，更道本国贪财，莫不相应[7]么？且如西京地土，都是两朝皇帝道不须添物乃是好。或金国皇帝相重据理，贵朝皇帝却道便与西京，更不要一物。贵朝皇帝却道须添些物，乃是相顺。使副只言道百万之物已多也，更添不得。便著多少银绢，怎生买得地土？兼契丹旧银绢也不当[8]人情。大抵契丹水土一齐都得，岂有不得银绢的道理？"马扩言："郎君们岂不知契丹银绢从初厮杀了数年后因讲和方才与了三十万；后来又因河西家[9]兵，契丹说谕得都称臣，再添了二十万。"粘罕且笑且言："贵国与契丹家厮杀多年，直候敌不得方与银绢。莫且[10]自家们如今把这事放著一边，厮杀则个。待你败时，多与银绢；我败时，都不要一两一匹，不知何如？"良嗣谕以"马宣赞[11]之意无他，盖以谓本朝与契丹曾厮杀，后来讲和；未若自家两朝本无相争便通交，万世所无，乃是好事。"兀室云:"如此道,则乃是。"粘罕、兀室遂起,引良嗣等望房酉所居,传言云:"百寮军人等都不肯许西京,惟是皇帝要与贵朝永远交好,特许西京地土并民户,更不欲逐年要物。只是军人厮杀夺得西京不易,请特与个赏,设数目多少。"又传房酉之言:"信誓事须要便了,此所系万年永远,须是各说得重则好。"又问交割期日,却云:"为立誓书事大,兼大事已定,待差一个煞近上底[12]官人去。只候来到便交割。"(卷十四引)

[注释]

[1] 山后:山后九州为武、应、朔、蔚、奉圣、归化、儒、妫等州与云中府;山前九州为涿、檀、平、易、营、顺、蓟、景等州与燕山府。与石晋时割让的十六州名称不全同。此二句意谓:如山后九州不能解决,就先搁置下来,另作计议。
[2] 不赀:赀,音zī,计算。不赀,不计多少。
[3] 庶:音shù,以便。
[4] 便如:就好比。
[5] 何似:何如,不如。
[6] 和人民要:连人民一块儿索要。
[7] 不相应:不相符,与事实不符。
[8] 当:充当。
[9] 河西家:西夏。
[10] 莫且:莫如,不如。
[11] 宣赞:宋置,原名通事舍人,政和中改称宣赞舍人,掌传宣赞谒之事。
[12] 煞近上底:非常接近皇帝的,皇帝身边的。

茅 斋 自 叙

马扩[1]归,次日代州关报金国元帅府差使副撒卢母、王介儒来,宣抚司差机宜宋彦通充馆伴。出所赍军书,说纳张觉[2]、渝盟等事,及传粘罕已兴兵,意极不逊。贯[3]亦厚善待之,答云:"许大[4]国事,且须商量,何故便有此事语?"撒卢母云:"军马已起,更商量甚的?"介儒云:"若是急著手脚好商量时,也须较得些[5]。"贯云:"即令馆伴去说话,有事但见谕,足可相应。"撒卢母等起归馆。彦通询:"粘罕国相辄言举兵之意,何也?"撒卢母云:"兵已起,更不须商量。元帅国相军马自河东路入,二太子[6]军马自燕京路入,更不杀戮人民,只是传檄抚定。"彦通答云:"两朝许多时讲好,更便不通些耗[7]便起兵来,是甚道理?"介儒云:"只为贵朝失道理,所以致得如此。"仆答云:"兵器凶,天道厌之。贵朝吞了契丹许多国土,亦藉本朝声势,方能尽灭之。今一旦不顾已前契义誓好,便先举兵。不道[8]南朝许大世界,军民事力[9],若朝廷省悟,略行更改,怎容易近得?不过房掠得近边些小民户,却日后干戈几时定得?"撒卢母云:"元帅国相若怕贵朝事力时,却不敢便入来也。如今檄书将次到来,承宣亦须见理。"介儒云:"事已如此,自家懑[10]这里斗口做甚?承宣若能劝童大王急行奏请,只且割与河东、河北路地土,以大河为界,存取大宋宗庙社稷,却是能报国也。"仆答云:"此谈何容易!看来贵朝听狂悖之议,却把本朝做破坏契丹看待[11],但恐后来自被祸患不小耳!"撒卢母笑,有自得之色。彦通同仆出馆,归宣抚司,具告童贯。贯惊愕,令彦通与仆列衔供状,连夜备奏。贯与参谋宇文虚中、机宜范讷,并王云、宋彦通等议赴阙禀议。(卷二十三引)

[注释]

[1] 马扩:宋朝武将,宣和年间多次作为赵良嗣的副使与金人谈判。宣和四年的一次谈判中,更作为人质留在金地。《茅斋自叙》是他多次使金的自叙。
[2] 张觉:《宋史》作张毂,原是辽平州守将,先降金,又叛金降宋。其后金责宋背盟纳叛,宋杀毂以谢。此"纳张觉"即指宋朝接纳张毂事。
[3] 贯:童贯。《茅斋自叙》这一段所记宣和七年,童贯正在宣抚使任内。
[4] 许大:如此重大。
[5] "若是急著手脚"二句:假如赶快着手好好商量的话,也会好一些。
[6] 二太子:金太祖次子完颜宗望。见下《靖康城下奉使录》注[10]。
[7] 耗:音耗,音信。
[8] 不道:不料,不想。
[9] 事力:力量,指人力财力。
[10] 自家懑:犹现代所说"咱们"。
[11] 把本朝做破坏契丹看待:意思说蓄谋把攻破契丹这一套做法加之于宋朝。

靖康城下奉使录

先是二十二日召税[1]与望之[2]对福宁殿。上[3]云:"国家无许多金银,禁中却煞有珠玉等。卿等可过去商量,以此准折[4]。"有一内官传宣令便出门到寨中。不久王汭来云:"皇子郎君已知枢密、侍郎来,传语枢密、侍郎:缘打球罢,觉头疼畏风,若别有商量,候晚间相见;若只为犒军金银,此已别差一番使人入去,更不须相见。"望之度不可见,即语王汭云:"国家委[5]无许多金银,皇帝意甚不足[6],早来宣召云:'禁中有数世宝藏珠玉及象牙、犀角'欲以此准折。'"王汭云:"皇子郎君亦爱此等物。前见高观察所执笏,借去看,极爱。枢密、侍郎如今归去后,可办下所有珠玉等,别做一日便押取[7]来,须有商量[8]。"

回城中已申时后,入对福宁殿,具奏前件[9]语言。上云:"岂非二太子[10]先去了也?"连云:"是!"又云:"珠玉待尽般在宣和殿。"上云:"珠玉煞不少,尽在宣和殿,可同过去看。"自福宁殿西廊下转过宣和殿。珠玉皆用笼匣盛放。内官梁师成举起一玉杯,外碾成螭龙形,云:"此盏只碾作工价几千缗[11]。"上云:"不知要做甚!"却过福宁殿,令梁师成专管津般赴军前,令棁与望之同共管押前去。

二月一日,同棁出城。其珠玉、犀角、象牙等尽在野地顿放。太师耶律忠来相见,云:"皇子郎君令来交割。"棁袖中出数目札子。耶律忠云:"枢密且坐,只与侍郎去交割。"到野地铺褥地坐,有归朝官[12]六七员在彼,逐旋[13]抬过珠玉来。耶律忠云:"皇子郎君教逐件估出价钱。"望之云:"此皆希世之宝,凡目所未睹,如何估得价?"别有一归朝官向望之前附耳云:"估价是好意,侍郎高估价不妨。"望之遂逐件约貌[14]高估价钱,通计价钱百万缗。耶律忠回,笑云:"皇子郎君甚喜,传语侍郎:明日相见。皇子郎君道:少许多金银,却著这些价钱准折,待要做怎致[15]?"

是夜约四更多时,刘都管高叫云:"相公懑起!你家人马来厮杀也!"厅前大烧起柴火若天明。康王[16]颇惊骇,望之密白云:"若王师胜,彼必不敢害我,因我以求;若他胜,康王在城外已半月日,岂预知劫寨事?政[17]不须恐。"康王颇以为然。

二日斡离不请康王及邦昌等相见帐前,扎自家旗帜[18]数百面,俘虏到将校数十人,再三诘责。邦昌云:"必不是朝廷如此。恐是四方勤王之师,各奋忠义,自相结集,故来劫寨。"斡离不云:"待到是[19]贼来,怎生有许多贼?相公懑只可道朝廷不知也!"

次日望之入城,具奏耶律忠交割珠玉之意,及邦昌所说。上云:"已错了!"又云:"怎地后怎生整顿得起?"望之奏云:"三镇[20]岂是交割?势必用兵,城下之盟姑随顺使去耳!譬如富人家,有贼三两人昼逾墙而主家知觉,然得力强壮仆子出外干事,只有老卒稚童婢姬之类在家,如何擒捕得获?今日之事何以异此?陛下在东宫时,闻朝廷人才、军政纪律、帑藏财用,将帅士马如何?大臣为陛下画用兵之策,但见有可击之理,而不知无可用之人,此不思之甚也。"上又云:"已错了!"(卷三十三引)

[注释]

[1] 梲:李梲,时任同知枢密院事。
[2] 望之:郑望之,字顾道。少有文名,徽宗崇宁年登进士。靖康初假工部侍郎为军前计议使,为金人所拘留,逾旬得还,因而主张与金言和。既而金兵退,罢郑望之官。建炎中,起为吏部侍郎。绍兴中卒。
[3] 上:宋钦宗。时宋徽宗已退位,作太上皇。
[4] 准折:折合。
[5] 委:委实,实在。
[6] 意甚不足:心中很遗憾,抱歉。
[7] 押取:"取"用在动词后,表示动作取得一定的结果。
[8] 须有商量:须,在这里作"应、该"讲。须有商量,意谓该可以商量。
[9] 前件:唐宋人称"前面的"多用"前件"。所指很广,此指说过的话。
[10] 二太子:即金太祖次子完颜宗望,原名斡离不,金军统帅。当时率东路军由平州取道燕京南下,渡过黄河,包围汴京。
[11] 缗:音 mín,本义指穿铜钱的绳子,后用作铜钱的计量单位,每串钱一千文为一缗。
[12] 归朝官:北人之投奔宋朝者。
[13] 逐旋:一样一样地,逐一地。
[14] 约貌:大约,约莫。许涵度本作"约略"。
[15] 待要做怎致:还想要怎么样。怎致,许涵度本作"恩数"。
[16] 康王:宋徽宗第九子,名赵构,此时为质在金营。金兵于靖康二年从开封撤退前,册原北宋宰相张邦昌为帝。撤退以后,旧臣拥康王为帝。靖康二年五月,康王即位,改元建炎,为宋高宗。
[17] 政:同"正",本来。

[18] 自家旗帜：指宋军旗帜。
[19] 待到是：要说是。
[20] 三镇：斡离不围汴京，除了向北宋政府提出金银绢帛牛马等要求外，还割去了太原、中山（今河北定州市）、河间（今河北河间市）三镇，以及这三镇所辖全部州县。割去这三镇以后，宋金就以黄河为界了。

山西军前和议录

靖康元年八月二十四日，若水[1]等被旨日下出门，差往大金山西军前和议。九月初一日长行[2]，十五日次太原府榆次县，见大金馆伴使萧庆（原注：呼太师），副使刘思（原注：呼尚书）前来相见，问劳甚欢。庆曰："使副们因何事来？"若水曰："某等为和议来。"庆曰："有国书否？"若水曰："有国书。"庆曰："国书外莫别有议的事否？若有，须当先去译知国相元帅为便。（原注：国相谓粘罕也）盖前次邵侍郎等一番奉使（原注：谓邵溥）到来，初间问他道：'国书外莫别有议的事否？'渠言：'无。'及见国相，却有和议之事，临时甚是艰难，要使副知。"若水曰："某等来时，面奉本朝皇帝圣旨，令若水等再三启白国相元帅：前次奸臣误国，煞有施行；今日分差两番使人前来（原注：谓王云、马识远也），以道至诚悔悟之意，愿国相元帅以生灵为念，盟好为心，早与通和，则天下幸甚！"庆曰："容某等先为译知国相。"若水等称诺，乃归幕次。近晚，伴使令人来传语二人，请排礼物、土物，来早见国相。

次日，译语二人前来，引请若水等赍国书及礼物、土物，入军门见国相。行次中门，列甲兵两行，引至帐前幕次下马，伴使来接迎。庆曰："国相先令来问使副一事：赵良嗣（原注：系归明人）是上皇时可上可下的人，今不知在甚处？"若水曰："赵良嗣今已谪戍过岭南去矣。"庆曰："不知几时被谪？"若水曰："不是去年冬即是今年春，亦未甚记得子细也。"庆曰："国相又教先来取国书。"履[3]曰："国书莫当某等亲见国相面投方是。"若水曰："和议正要通情，先纳过国书，夫亦何害？"若水遂搢笏出国书与庆，庆恭领之，即曰："使副且此少待，容庆先去见国相。"若水等复坐幕中。

少间，译语官一人来云："国相请使副。"若水等令赍礼物、土物诣前与国相相见叙礼讫,若水曰:"某等来时,面奉本朝皇帝圣旨,令若水等申问国相元帅新寒,台候万福。"国相恭受礼讫,复曰:"使副们来时,贵朝皇帝圣躬万福?"若水曰:"某等来时,本朝皇帝圣躬万福。"若水又曰:"某等来时,面奉本朝皇帝圣训,令若水等再三启白国相元帅:前次奸臣误国,煞有施行。今者分差两番使人前来,以道至诚悔悟之意,愿国相元帅以生灵为念,盟好为心,早与通和,则天下幸甚!"国相曰:"那收燕山时杀了底许多人马是生灵也无?"履曰:"国相若追思往事,一一细较,即使人何以为辞?"若水曰:"某等面奉本朝皇帝圣训,令某等再三启白国相元帅:今欲以三镇逐年所收租赋,悉奉贵朝,愿休兵讲好。"国相厉声曰:"既有城下之盟,许割与他三镇,那租税便是这里的,怎生更上说也!若如此,便是败盟[4]不割三镇!"若水曰:"盖缘三镇军民未肯交割,故欲将逐年租税奉贵朝,其利均一,止是爱省事,幸国相元帅开纳。"国相曰:"公们不去劝谏贵朝皇帝,好教早割与他三镇土地人民,便是好公事,却来这里弄唇舌、想梢空(原注:谓脱空也),恐使不得!"履曰:"本朝今则煞有忠义之士,辅佐今圣,与昔日事体不同。使人说得是与不是,实与不实,如何瞒得国相元帅?"国相约若水等坐,左右曰:"国相请使副与伴使就幕次相聚。"

若水等退,伴使迎接若水等过右帐下,酒三行,劝一锺。庆曰:"国相令某等伸问奉使,为军行不及为待,幸明察。"若水等称:"惶恐!"庆曰:"夜来天气大段[5]寒了,未知中原如何?"履曰:"东都尚未挟纩[6]。"庆曰:"南北天气如此之异!"庆曰:"适来使副见国相所议如何?"若水具道前言。庆曰:"国相道为有城下之约,故提兵专来,若不割得三镇土地人民,将有何面目归去见国人?"履曰:"某等已曾启白国相元帅,非是本朝不割三镇土地人民,盖缘三镇军民未肯交割,故欲以租赋奉贵朝,免得交兵,生灵之幸。"庆曰:"但恐不可。"若水等退。少顷,国相令人传语:"送羊二腔、酒三十瓶、钱一百贯,与使副洗尘。"

第三日早,若水等诣军前谢白国相讫,若水曰:"某等昨日尝以国事上渎台严,欲望台慈以生灵为念,为通和,则天下幸甚!"国相曰:"贵朝当今之时,譬如著棋一般,既败则补其余;若顾惜,恐一齐带累了不可知!"若水曰:"本朝若顾惜,又岂肯以三镇租赋奉贵朝也?"国相曰:"不须巧说!"遂揖若水等坐。国相曰:"使副们行甚路来?"履曰:"某等由井陉来。"国相曰:"闻此路甚险阻,不能通车,果否?"履曰:"然。"国相又曰:"去岁闻解(原注:谓解缙也)制置[7]统兵守井陉路,不战而兵溃,何也?岂其险不足恃而兵不堪用乎?"履曰:"去年解帅被旨到河北两路,点集沿边弓手、保甲,继闻两国通和,随时放散,却非不战而溃;况亦不曾守井陉路,恐是传之者妄耳。"国相又曰:"使副们来时黄河冻未?"若水曰:"大河须极寒方冻。"国相曰:"使副们何处人氏?在乡里时以何为生?"若水曰:"某乃洺州[8]人。"履曰:"某乃汴都人。"若水曰:"某等在乡井时以读书为业。"国相谓履曰:"副使既知读书,何故作右官[9]?"履曰:"读书无成,乃因就武弁。"国相举诗一联:"近来渐觉家风好,儿读书声女织声。"若水曰:"敢问国相元帅仙里,台眷安在?"国相颦眉曰:"祖乡在沈州。骨肉昨因契丹征辽东时皆被害,近方得一小女子。"履曰:"以此见兵革岂是好事!"履又曰:"陶渊明所谓'弱女虽非男,慰情良胜无'。"国相目属履久之。若水等退。

是晚,伴使来相见。庆曰:"适来国相曰:'此番使副煞忠梗聪明,只是所议不肯说尽话。'"若水曰:"某等所奉圣旨止是如此,不敢虚诳,更幸太师尚书因见国相,再为禀知。"庆曰:"当如所议。"庆等退。

第四日早,若水等再见国相。若水曰:"某等兹者特来议和,欲便两国,区区之意,已尝禀知。敢望国相元帅早与开从。"国相曰:"待国书中答去。"若水曰:"和议事大,恐国书中不能尽曲折,幸国相元帅面谕,可否?"国相曰:"亦若无多事。"履曰:"某等恭传到本朝皇帝至诚之意,远来议和,曰:'却须得国相元帅端的言语归去,便是使人不失职。'"国相曰:"若不割得三镇土地人民,决不可和!"履曰:"国相若坚执不回,使使人何语则是?"国相曰:"使副不若且归休[10]。"若水曰:"纵使某等归去,将何面目敢见本朝皇帝?纵见,将何以为词?更望国相元帅曲全两国之美。"国相曰:"不须忉怛[11]!"若水退。

第五日早,若水等再见国相,方欲起言和议,国相遽约若水等坐。国相曰:"已作国书了。"命左右取到,传与若水,不得已揖笏领之。国相曰:"使副们少间便回。如到京师,烦为再三奏知贵朝皇帝:承遣使命远来颁赐宸翰及礼物等,不胜感荷!为行军无物贡谢,伏望睿察。所谕三镇租赋,不须言及。若差人速来交割土地人民,即便回军通和,万一不从,须索提兵直到汴京理会也!"若水等又欲起议,国相作色曰:

"已言在前，不必再三！"若水等见事势不可，即曰："容若水等来日谢辞了国相即行。"国相曰："不必讲此礼，使副即今可便行。"若水等称诺，乃与国相叙别归幕次。（下略）（卷五十五引）

[注释]
[1] 若水：李若水，字清卿，靖康初以上舍登第，为太学博士。金人入侵，李作为宋朝使节，见粘罕于云中。粘罕攻汴京，李时为吏部侍郎。汴京城破，徽钦二帝被掳，李若水痛骂金人，遂遇害。
[2] 长行：远行。
[3] 履：宋副使名，姓待考。
[4] 败盟：破坏盟约。
[5] 大段：十分，很。
[6] 挟纩：纩，绵。挟纩，穿棉衣。
[7] 制置：制置使，统率一路兵马的高级官吏。
[8] 洺州：今河北省永年县境。
[9] 右官：武职。
[10] 休：语气助词。"归休"即"回去吧"。
[11] 忉怛：音 dāo dá，担忧。

王俊首岳侯状

这篇《王俊首岳侯状》所反映的是秦桧设计谋害岳飞的一段史实。

南宋高宗绍兴三年(1133年),岳飞率军驻防江州(今江西九江)到江陵一带的长江沿岸,屡次出兵给进犯的金兵以重大打击。但宋高宗和秦桧却害怕因此激怒金人,正在金兀术打算从河南撤退之际,他们却令岳飞班师回朝。到了绍兴十一年四月,索性明令解除了岳飞等将领的兵权。金兀术乘此机会又来威胁,并示意南宋朝廷杀害岳飞。

秦桧早已蓄意除掉岳飞,这时更与张俊合谋,唆使王俊出来诬告岳飞的爱将、副都统制张宪谋据襄阳,以图还岳飞以兵权。这篇《王俊首岳侯状》就是对张宪捏造罪名、加以诬陷的一篇诉状。张宪因而被捕入狱,张俊亲自审讯,想要逼迫张宪招认得到岳飞之子岳云的手书,信上叫张宪安排还岳飞以兵权的事。

张宪没有招认,秦桧又假造诏令,逮捕了岳飞父子,并且命令与岳飞有宿怨的谏议大夫万俟卨来审讯。岳飞父子入狱两个月,秦桧一伙始终不能坐实其谋反的"罪名"。韩世忠不平,向秦桧诘问,秦桧也只能说:"飞子云与张宪书虽不明,其事体莫须有(恐怕有的吧,别是有的吧)。"这年年底,岳飞父子终于以这"莫须有"的罪名被害。

这篇诉状,用王俊的口气,捏造张宪召见王俊、谋据襄阳、起事背叛朝廷的所谓事实。同其他书籍中所见的许多诉状供词一样,本篇也是用口语写成;也有可能是由王俊口述,别人记录下来的。这里据宋王明清《挥麈录》"余话"卷之二转录,并以《建炎以来系年要录》卷一百四十三所载参校。《挥麈录》有四部丛刊续编影印本。

左武大夫果州防御史差充京东东路兵马钤辖御前前军副统制王俊[1]。右俊于八月二十二日夜二更以来,张太尉[2]使奴厮儿庆童来请俊去说话。俊到张太尉衙,令虞候[3]报覆。请俊入宅。在莲花池东面一亭子上,张太尉先与一和尚何泽,点着烛,对面坐地说话。俊到时,何泽更不与俊相揖,便起向灯影黑处潜去。俊于张太尉面前唱喏。坐间,张太尉不作声,良久,问道:"你早睡也?那你睡得着?"俊道:"太尉有甚事睡不着?"张太尉道:"你不知自家相公得出也[4]!"俊道:"相公得出,那里去?"张太尉道:"得衢、婺州[5]。"俊道:"既得衢州,则无事也,有甚烦恼?"张太尉道:"恐有后命[6]。"俊道:"有后命如何?"张太尉道:"你理会不得?我与相公从微[7]相随,朝廷必疑我也。朝廷交更番朝见,我去则必不来也!"俊道:"向日范将军被罪,朝廷赐死。俊与范将军从微相随,俊元是雄威副都头,转至正使,皆是范将军。兼系右军统制,同提举一行事务。心怀忠义,到今朝廷何曾赐罪?太尉不须别生疑虑。"张太尉道:"更说与你:我相公处有人来,交我救他。"俊道:"如何救他?"张太尉道:"我遮[8]人马动,则便是救他也。"俊道:"动后甚意似[9]?"张太尉道:"这里将人马老小,尽底移去襄阳府[10]不动,只在那驻札。朝廷知,必使岳相公来弹压抚谕。"俊道:"太尉不得动人马。若太尉动人马,朝廷必疑,岳相公越被罪也。"张太尉道:"你理会不得。若朝廷使岳相公来时,便是我救他也。若朝廷不肯交相公来时,我将人马分布,自据襄阳府。"俊道:"诸军人马如何起发得?"张太尉道:"我房[11]劫舟船,尽装载步人老小,令马军便陆路前去。"俊道:"且看国家患难之际,且更消停[12]。"张太尉道:"我待做[13],你安排着。待我交你下手做时,你便听我言语。"俊道:"恐军中不伏者多。"张太尉道:"谁敢不伏?傅选道伏我不伏?"俊道:"傅统制慷慨之人,丈夫刚气,必不肯伏。"张太尉道:"待有不伏者剿杀!"俊道:"这军马做甚名目起发?"张太尉道:"你问得我是。我假做一件朝廷文字教发。我须交人不疑。"俊道:"太尉去襄阳府,后面张相公[14]遣人马来追袭如何?"张太尉道:"必不敢来赶我。投[15]他人马来到这里时,我已到襄阳府了也。"俊道:"且如[16]到襄阳府,张相公必不肯休,继续前来收捕如何?"张太尉道:"我又何惧?"俊道:"若番人[17]探得知,必来夹攻。太尉南面有张相公人马,北面有番人,太尉如何处置?"张太尉冷笑:"我别有道理。待我遮里兵才动,先使人将文字去与番人。万一支吾不前,交番人发人马助我。"俊道:"诸军人马老小数十万,襄阳府粮如何?"张太尉道:"这里粮尽数著船装载前去。郢州[18]也有粮,襄阳府也有粮,可吃得一年。"俊道:"如何这里数路应副[19]钱粮尚有不前?那里些小粮,一年已后无粮如何?"张太尉道:"我那里一年已外不别做转动[20]?我那里不一年,交番人必退。我迟则迟动,疾则疾动,你安排着!"张太尉又道:"我如今动后,背嵬、游奕[21]伏我不伏?"俊道:"不伏底多。"张太尉道:"姚观察、背嵬王刚、张应、李璋伏不伏?"俊道:"不知如何。"张太尉道:"明日来我这里聚厅时,你请姚观察、王刚、张应、李璋去你衙里吃饭,说与我这言语。说道:'张太尉一夜不曾得睡,知得相公得出,恐有后命。'今自家懑[22]都出岳相公门下,若诸军人马有语言,交我怎生置御?我东西随人。我又不是都统制,朝廷又不曾有文字交我管他懑。有事都不能管得。"至三更后,俊归来本家。

次日天晓二十三日早,众统制官到张太尉衙前。张太尉未坐衙。俊叫起姚观察,于校场内亭子西边坐地。姚观察道:"有甚事?大哥。"俊道:"张太尉一夜不曾得睡,知得相公得出,大段烦恼。道破言语,交俊来问观察如何。"姚观察道:"既相公不来时,张太尉管军事,节[23]都在张太尉也。"俊问观察道:"将来诸军乱后如何?"姚观察道:"与他弹压,不可交乱,恐坏了这军人马。你做我复知太尉:缓缓地,且看国家患难面。"道罢,各散去,更不曾说张太尉所言事节。

俊去见张太尉,唱喏。张太尉道:"夜来所言事如何?"俊道:"不曾去请王刚等,只与姚观察说话。交来覆太尉道:恐兵乱后不可不弹压;我游奕一军,钤束[24]得整齐,必不到得生事。"张太尉道:"既姚观察卖弄道他人马整齐,我做得尤稳也。你安排着!"俊便唱喏出来,自后不曾说话。

九月初一日,张太尉起发赴枢密院行府,俊去辞。张太尉道:"王统制,你后面粗重物事转换了著[25]。我去后,将来必共这懑[26]一处。你收拾,等我来叫你。"

重念俊元系东平府[27]雄威第八,长行日,本府阙粮,诸营军兵呼千等结连俊,欲劫东平府作过。当时俊食禄本营,不敢负于国家,又不忍弃老母,遂经安抚司告首[28]。奉圣旨,补本营副都头。后来继而金人侵犯中原,俊自靖康元年首从军旅于京城下,与金人相敌斩首,及俊口内中箭,射落二齿。奉圣旨,特换授成忠郎。后来并系立战功,转至今来官资。俊尽节仰报朝廷。今来张太尉结连俊起事,俊不敢负于国家,欲伺候将来赴枢密行府日,面诣张相公前告首。又恐都统[29]王太尉别有出入,张太尉后面别起事背叛,临时力所不及,使俊陷于不义。俊已于初七日面覆都统王太尉讫。今年初八日纳状告首。如有一事一件分毫不实,乞依军法施行。乃俊自出官已来,立到战功,所至今来官资,既不曾有分毫过犯。所有俊应干[30]告敕宣札在家收存外,有告首呼千等补副尉都头宣缴申外[31],庶晓俊忠义,不曾作过,不敢负于国家。谨具状披告,伏候指挥。

[注释]

[1] "左武大夫"句:果州,今四川省南充市一带。防御使,在唐代防御使是团练使以下治理大郡要地军事的官员,以刺使兼任。到宋代已是虚衔。京东东路,宋初至道年间置京东路,辖今河南开封市与商丘市一带、山东黄河以南、江苏徐州市以北。熙宁以后分为东西二路,京东东路治青州,即今山东省益都县。兵马钤辖,又称都钤辖或都提辖,宋代掌管州或路的军务的武职官员。统制,宋代称统率出征军的司令官为统制,到高宗时定为正式官名,是负责某一方面的中高级军官。

[2] 张太尉:即张宪。此处"太尉"是宋代一般人对高级军官的通称,不表示实居此官。

[3] 虞候:宋代武职官员的随从小校。

[4] 自家相公得出也:自家,咱们。相公,指岳飞。得出,谓岳飞被削除兵权以后又将重新出仕。

[5] 衢、婺州:衢州,今浙江衢州市境。婺州,今浙江金华市境。

[6] 后命:后患。

[7] 微:尚未显贵的时候。

[8] 遮:同"这"。唐五代多写作"者"或"这",宋代多作"遮",后来渐渐一致写作"这"。"遮"下疑脱一"里"字。

[9] 意似:意向,意图。

[10] 襄阳府:今湖北襄阳市境。

[11] 房:同"搒"。

[12] 消停:停留等待。在这里是暂缓做某事之意。

[13] 做:发兵起事,造反的讳辞。

[14] 张相公:指张俊。原为抗金名将,与韩世忠、刘锜、岳飞并称韩、刘、张、岳。

后来看到秦桧主和，又投靠秦桧，并通同策划岳飞冤狱。
[15] 投：介词，用在表示时间的词语前面，同现代的"到"。
[16] 且如：就算，即使。
[17] 番人：金人。
[18] 郢州：今湖北钟祥市境。
[19] 应副：供应。
[20] 转动：转移。
[21] 背嵬、游奕：背嵬，韩世忠、岳飞军中的亲随军。又作背峞。游奕，游奕军，宋代驻扎御前诸军之一。
[22] 自家懑：同现代的"咱们"。
[23] 节：符节。这里象征兵权。
[24] 钤束：管束，约束。
[25] 转换了著：转换，卖。著，语气助词，常用于命令句。
[26] 这懑：这些人。
[27] 东平府：今山东东平县境。
[28] 告首：告发。
[29] 都统：都统制，位在统制之上。
[30] 应干：一切。
[31] 补副尉都头宣缴申外："尉"字衍，《建炎以来系年要录》无"尉"字。"外"字疑亦衍。"宣"下疑夺"札"字。缴申，与此状一同上缴之意。

大唐三藏取经诗话

　　《大唐三藏取经诗话》是一部早期的讲说佛教故事的作品。它所讲说的玄奘西行取经故事,是这个故事现存的最早形式。宋代的说话是唐代俗讲的继续和发展,最初还是以说经和讲史两家为主,但现在说经的话本已很少见,这部《诗话》即是为数不多的这类作品中的一种。值得注意的是,它的时代虽早,口语化的程度却比较高,大体是浅近的文言夹杂着白话。

　　从内容上看,这部《诗话》与变文的关系应该是比较密切的。例如变文在唱词前常常有"……处若为陈说"的套语,这说明它在讲到某一重要之"处",就要用唱词来着重描写和铺叙。而《诗话》也分为若干段,每段各有标题,多数标题之下也都有一个"处"字,很接近变文的体例。从语言上看,《诗话》的用韵、语法格式和语汇也都很接近变文。从这些方面看,这部《诗话》大约不会晚于北宋,甚至有可能早到晚唐五代而与敦煌所出作品大致同时。

　　本书卷末有"中瓦子张家印"款一行。据王国维考证,这是南宋临安书铺的牌号,本书应为南宋刊本。书为小字巾箱本,现在日本。又有宋刊大字本,三卷,题《新雕大唐三藏取经记》,亦在日本。二书均有上虞罗氏影印本,内容相同,均残缺。此据文学古籍刊行社影印罗氏影印本(1955年)选录五、九、十一等三段。

过狮子林及树人国第五

　　早起,七人约行十里,猴行者[1]启:"我师,前去即是狮子林。"说由[2]未了,便到狮子林。只见麒麟迅速,狮子峥嵘,摆尾摇头,出林迎接;口衔香花,皆来供养[3]。法师合掌向前,狮子举头送出。五十余里,尽是麒麟。次行又到荒野之所,法师回谢狮王迎送。

猴行者曰:"我师,前去又是树人国。"入到国中,尽是千年枯树,万载石头:松柏如龙,顽石似虎。又见山中有一村寺,并无僧行[4]。只见林鸡似凤,山犬如龙;门外有两道金桥,桥下尽是金线水。又睹红日西斜,都无[5]旅店。猴行者曰:"但请前行,自然不用忧虑。"又行五六十里,有一小屋,七人遂止宿于此。

次早起来,七人嗟叹:"夜来此处甚是蹊跷!"遂令行者前去买菜做饭。主人曰:"此中人会妖法,宜早回来。"法师由尚未信。小行者去买菜至午不回。法师曰:"烦恼我心!小行者出去买菜,一午不见回来,莫是被此中人妖法定也?"猴行者曰:"待我自去寻看如何?"法师曰:"甚好,甚好!"

猴行者一去数里借问,见有一人家,鱼舟系树,门挂蓑衣。然[6]小行者被他作法,变作一个驴儿,吊在厅前。驴儿见猴行者来,非常叫噉[7]。猴行者便问主人:"我小行者买菜从何去也?"主人曰:"今早有小行者到此,被我变作驴儿,见在此中。"猴行者当下怒发,却将主人家新妇[8],年方二八,美貌过人,行动轻盈,西施难比,被猴行者作法,化此新妇作一束青草,放在驴子口伴[9]。

主人曰:"我新妇何处去也?"猴行者曰:"驴子口边青草一束,便是你家新妇。"主人曰:"然[10]你也会邪法?我将为[11]无人会使此法。今告[12]师兄放还我家新妇。"猴行者曰:"你且放还我小行者。"主人噀水[13]一口,驴子便成行者。猴行者噀水一口,青草化成新妇。

猴行者曰:"我即今有僧行七人从此经过,不得妄有妖法。如敢故使妖术,须教你一门划草除根。"主人近前拜谢:"岂敢有违!"战战兢兢,乃成诗谢曰:

行者今朝到此时,偶将妖法变驴儿。
从今拱手阿罗汉[14],免使家门祸及之。

猴行者乃留诗云:

莫将妖法乱施呈,我见黄河九度清。

相次[15]我师经此过,好将诚意至祇迎。

[注释]

[1] 猴行者:行者,带发修行的人。
[2] 由:同"犹",早期白话习惯写法。
[3] 供养:佛家以资养佛、法、僧三宝,奉献香花、灯明、饮食等为供养。
[4] 僧行:"行"即行者。
[5] 都无:全无。在早期白话中,都字常与无字连用表示全称否定。
[6] 然(1):果然。
[7] 叫噇:"噇"同"喊"。
[8] 新妇:六朝称已婚妇女为新妇,至北宋犹然,如现代所说之媳妇、妻子。
[9] 口伴:"伴"为"畔"之借,旁边。
[10] 然(2):然则。
[11] 将为:又作"将谓"或"将作"。本来还以为。
[12] 告:求。
[13] 噀水:噀,音 xùn,喷水。
[14] 阿罗汉:即罗汉,已见前《丑女缘起》注[2]。
[15] 相次:同"将次",即将。

入鬼子母国处第九

登途行数十里,人烟寂寂,旅店稀稀。又过一山,山岭崔嵬,人行不到,鸦鸟不飞,未知此中是何所在。

行次欲近官道,道中更无人行。又行百里之中,全无人烟店舍。

入到国中,见一所荒寺,寺内亦无僧行。又见街市数人,问云:"此是何处?"其人不言不语,更无应对。法师一见如此,转是凄惶。七人遂乃止宿此中。

来日天晓,有钱又无米籴;问人人又不应。逡巡投一国,入其殿宇,只见三岁孩儿无千无万。国王一见法师七人,甚是信善[1]。满国焚香,都来恭敬。王问:"和尚欲往何所?"法师答曰:"为东土众生,入于竺国[2]请取经教。"国王闻语,合掌虔诚。遂惠白米一硕、珠珍一斗、金钱二千、彩帛二束,以赠路中食用;又设斋供一筵,极是善美。僧行七人,深谢国王恩念,多感再三。

国王曰:"曾识此国否?"法师答:"不识。"国王曰:"此去西天不远。"法师又问:"臣启大王:此中人民得恁地性硬,街市往来,叫也不应。又无大人,都是三岁孩儿。何故孩儿无数,却无父母?"国王大笑曰:"和尚向西来,岂不见人说有鬼子母国?"法师闻语,心如半醉:"然我七人,只是对鬼说话?"国王曰:"前程安稳,回日祇备茶汤。"法师七人大生惭愧,临行乃留诗曰:

谁知国是鬼祖母,正当饥困得斋餐。
更蒙珠米充盘费,愿取经回报答恩。

鬼子母赠诗云:

稀疏旅店路蹊跷,借问行人不应招。
西国竺天[3]看便到,身心常把水清浇。
早起晚眠勤念佛,晨昏祷祝备香烧。
取经回日须过此,顶敬祇迎住数朝。

[注释]
[1] 信善:诚心恭敬。
[2] 竺国:即天竺国,古印度。
[3] 竺天:为叶诗中平仄,将"天竺"倒成"竺天"。

入王母池之处第十一

登途行数百里,法师嗟叹。猴行者曰:"我师且行,前去五十里地,乃是西王母池。"法师曰:"汝曾到否?"行者曰:"我八百岁时,到此中偷桃吃了;至今二万七千岁,不曾来也。"法师曰:"愿今日蟠桃结实,可偷三五个吃。"猴行者曰:"我因八百岁时偷吃十颗,被王母捉下,左肋判八百,右肋判三千铁棒,配在花果山紫云洞。至今肋下尚痛。我今定是不敢偷吃也!"法师曰:"此行者亦是大罗神仙。元初说他九度见黄河清,我将谓他妄语;今见他说小年曾来此处偷桃,乃是真言。"

前去之间,忽见石壁高岑万丈;又见一石盘,阔四五里地;又有两池,方广数十里,弥弥万丈,鸦鸟不飞。七人才坐,正歇之次,举头遥望万丈石壁之中,有数株桃树,森森耸翠,上接青天,枝叶茂浓,下浸池水。法师曰:"此莫是蟠桃树?"行者曰:"轻轻小话,不要高声!此是西王母池。我小年曾此作贼了,至今由怕。"法师曰:"何不去偷一颗?"猴行者曰:"此桃种一根,千年始生;三千年方见一花;万年结一子,子万年始熟。若人吃一颗,享年三千岁。"师曰:"不怪汝寿高!"猴行者曰:"树上今有十余颗,为地神专在彼处守定,无路可去偷取。"师曰:"你神通广大,去必无妨。"说由未了,撷[1]下三颗蟠桃入池中去。师甚敬[2]惶,问:"此落者是何物?"答曰:"师不要敬,此是蟠桃正熟,撷下水中也。"师曰:"可去寻取来吃。"

猴行者即将金镮杖向盘石上敲三下,乃见一个孩儿,面带青色,爪似鹰鹞,开口露牙,从池中出。行者问:"汝年几多?"孩曰:"三千岁。"行者曰:"我不用你。"又敲五下,见一孩儿面如满月,身挂绣缨。行者曰:"汝年多少?"答曰:"五千岁。"行者曰:"不用你。"又敲数下,偶然一孩儿出来。问曰:"你年多少?"答曰:"七千岁。"行者放下金镮杖,叫取孩儿入手中,问:"和尚,你吃否?"和尚闻语心敬便走。被行者手中旋数下,孩儿化成一枝乳枣,当时吞入口中。后归东土唐朝,遂吐出于西川。至今此地中生人参是也。

空中见有一人,遂吟诗曰:

花果山中一子方,小年曾此作场乖。
而今耳热空中见,前次偷桃客又来。

[注释]
[1] 撷:跌。
[2] 敬:"惊"字之借。

碾玉观音

《碾玉观音》是《京本通俗小说》里的一篇小说。

《京本通俗小说》,缪荃孙 1915 年影刻,包括七篇小说。从各篇标题上看,这并不是全书,只是卷十至卷十六的残本。《碾玉观音》是第十卷,分上下两部分。

据缪荃孙说,他所据以影刻的底本"的是影元人写本"。但是几十年来,国内外的研究者举出许多证据,认为这话并不可靠,认为所谓《京本通俗小说》不过是缪氏的伪托,这七篇实际上是从《警世通言》和《醒世恒言》中抽出来的。

《碾玉观音》在明代冯梦龙编的《警世通言》中为第七卷,题《崔待诏生死冤家》,题下原注:"宋人小说题作《碾玉观音》。"两者内容相同,仅文字小有差异。就《碾玉观音》的内容来看,大概可以认为南宋末年的产物。篇中称临安为行在,是南宋人的口气;称述刘锜、韩世忠的官衔也符合史实;篇首入话引用许多名家(无宋以后人)诗词,也是宋代小说的特点。但是,本篇确有后人修改的痕迹,如"元来"写作"原来",这不可能是元代和元以前人的写法。从这一点来说,缪荃孙"的是影元人写本"的说法自然是靠不住的。

《京本通俗小说》有缪氏影刻的"烟画东堂小品"本,上海古典文学出版社 1954 年据以排印,文学古籍刊行社 1987 年据以影印。此据排印本转录;同时参考了严敦易校注《警世通言》,作家出版社,1956 年。

(上)

山色晴岚景物佳,暖烘回雁[1]起平沙。东郊渐觉花供眼,南陌依稀草吐芽。　堤上柳,未藏鸦,寻芳趁步到山家。陇头几树红梅落,红杏枝头未着花。

这首《鹧鸪天》说孟春[2]景致,原来又不如《仲春[3]词》做得好:

每日青楼醉梦中,不知城外又春浓。杏花初落疏疏雨,杨柳轻摇淡淡风。　浮画舫,跃青骢,小桥门外绿阴笼。行人不入神仙地,人在珠帘第几重?

这首词说仲春景致,原来又不如黄夫人[4]做着《季春[5]词》又好:

先自春光似酒浓,时听燕语透帘栊。小桥杨柳飘香絮,山寺绯桃散落红。　莺渐老,蝶西东,春归难觅恨无穷。侵阶草色迷朝雨,满地梨花逐晓风。

这三首词,都不如王荆公看见花瓣儿片片风吹下地来;原来这春归去是东风断送[6]的。有诗道:

春日春风有时好,春日春风有时恶。
不得春风花不开,花开又被风吹落。

苏东坡道:"不是东风断送春归去,是春雨断送春归去。"有诗道:

雨前初见花间蕊,雨后全无叶底花。
蜂蝶纷纷过墙去,却疑春色在邻家。

秦少游[7]道:"也不干风事,也不干雨事,是柳絮飘将春色去。"有诗道:

三月柳花轻复散,飘扬澹荡送春归。
此花本是无情物,一向东飞一向西。

邵尧夫道:"也不干柳絮事,是胡蝶采将春色去。"有诗道:

花正开时当三月,胡蝶飞来忙劫劫。
采将春色向天涯,行人路上添凄切。

曾两府[8]道:"也不干胡蝶事,是黄莺啼得春归去。"有诗道:

花正开时艳正浓,春宵何事老芳丛?
黄鹂啼得春归去,无限园林转首空。

朱希真[9]道:"也不干黄莺事,是杜鹃啼得春归去。"有诗道:

杜鹃叫得春归去,吻边[10]啼血尚犹存。
庭院日长空悄悄,教人生怕到黄昏。

苏小小[11]道:"都不干这几件事,是燕子衔将春色去。"有《蝶恋花》词为证:

妾本钱塘江上住,花开花落,不管流年度。燕子衔将春色去,纱窗几阵黄梅雨。　斜插犀梳云半吐,檀板轻敲,唱彻《黄金缕》。歌罢彩云无觅处,梦回明月生南浦。

王岩叟[12]道:"也不干风事,也不干雨事,也不干柳絮事,也不干胡蝶事,也不干黄莺事,也不干杜鹃事,也不干燕子事,是九十日春光已过,春归去。"曾有诗道:

怨风怨雨两俱非,风雨不来春亦归。
腮边红褪青梅小,口角黄消乳燕飞。
蜀魄[13]健啼花影去,吴蚕强食柘桑稀。
直恼春归无觅处,江湖辜负一蓑衣!

说话的,因甚说这《春归词》？绍兴年间,行在[14]有个关西延州延安府人,本身是三镇节度使咸安郡王[15]。当时怕春归去,将带着许多钧眷游春。至晚回家,来到钱塘门里,车桥前面。钧眷轿子过了,后面是郡王轿子到来。只听得桥下裱褙铺里一个人叫道:"我儿出来看郡王!"当时郡王在轿里看见,叫帮总[16]虞候道:"我从前要寻这个人,今日却在这里！只在你身上,明日要这个人入府中来!"当时虞候声诺,来寻这个看郡王的人。是甚色目[17]人？正是：

尘随车马何年尽？情系人心早晚休。

只见车桥下一个人家,门前出着一面招牌,写着"璩家装裱古今书画"。铺里一个老儿,引着一个女儿,生得如何？

云鬟轻笼蝉翼,蛾眉淡拂春山。朱唇缀一棵樱桃,皓齿排两行碎玉。莲步半折[18]小弓弓,莺啭一声娇滴滴。

便是出来看郡王轿子的人。虞候即时来他家对门一个茶坊里坐定,婆婆把茶点[19]来,虞候道:"启请婆婆,过对门裱褙铺里,请璩大夫[20]来说话。"婆婆便去请到来。两个相揖了就坐,璩待诏[21]问:"府干[22]有何见谕？"虞候道:"无甚事,闲问则个。适来叫出来看郡王轿子的人,是令爱么？"待诏道:"正是拙女。止有三口。"虞候又问:"小娘子贵庚？"待诏应道:"一十八岁。"再问:"小娘子如今要嫁人,却是趋奉官员[23]？"待诏道:"老拙家寒,那讨钱来嫁人？将来也只是献与官员府第。"虞候道:"小娘子有甚本事？"待诏说出女孩儿一件本事来,有词寄《眼儿媚》为证：

深闺小院日初长,娇女绮罗裳。不做东君造化,金针刺绣群芳样[24]。　　斜枝嫩叶包开蕊,唯只欠馨香。曾向园林深处,引教蝶乱蜂狂。

原来这女儿会绣作。虞候道:"适来郡王在轿里看见令爱身上系着一条绣裹肚[25]。府中正要寻一个绣作的人,老丈何不献与郡王?"璩公归去与婆婆说了,到明日写了一纸献状[26],献来府中。郡王给与身价,因此取名秀秀养娘[27]。

不则一日,朝廷赐下一领团花绣战袍,当时秀秀依样绣出一件来。郡王看了欢喜道:"主上赐与我团花战袍,却寻甚么奇巧的物事献与官家[28]?"去府库里寻出一块透明的羊脂美玉来,即时叫将门下碾玉待诏道:"这块玉堪做甚么?"内中一个道:"好做一副劝杯[29]。"郡王道:"可惜!恁般一块玉,如何将来[30]只做得一副劝杯!"又一个道:"这块玉上尖下圆,好做一个摩侯罗儿[31]。"郡王道:"摩侯罗儿只是七月七日乞巧使得,寻常间[32]又无用处。"数中[33]一个后生,年纪二十五岁,姓崔名宁,趋事[34]郡王数年,是升州建康府人;当时叉手[35]向前,对着郡王道:"告恩王,这块玉上尖下圆,甚是不好,只好碾一个南海观音。"郡王道:"好!正合我意!"就叫崔宁下手,不过两个月,碾成了这个玉观音。郡王即时写表进上御前,龙颜大喜。崔宁就本府增添请给[36],遭遇[37]郡王。

不则一日,时遇春天,崔待诏游春回来,入得钱塘门,在一个酒肆,与三四个相知方才吃得数杯,则听得街上闹吵吵,连忙推开楼窗看时,见乱烘烘道:"井亭桥有遗漏[38]!"吃不得这酒成,慌忙下酒楼看时,只见:

　　初如萤火,次若灯火,千条蜡烛焰难当,万座糁盆[39]敌不住;六丁神[40]推倒宝天炉,八力士放起焚山火[41]。骊山会[42]上,料应褒姒逞娇容;赤壁矶头,想是周郎施妙策[43]。五通神[44]牵住火葫芦;宋无忌[45]赶番赤骡子。又不曾泻烛浇油,直恁的烟飞火猛!

崔待诏望见了,急忙道:"在我本府前不远!"奔到府中看时,已搬挈得罄尽,静悄悄地无一个人。崔待诏既不见人,且循着左手廊下入去。火光照得如同白日。去那左廊下,一个妇女摇摇摆摆从府堂里出来,自言自语,与崔宁打个胸厮撞。崔宁认得是秀秀养娘,倒退两步,低声唱个喏。原来郡王当日尝对崔宁许道:"待秀秀满日[46],把来嫁与你。"这些众人都撺掇道:"好对夫妻!"崔宁拜谢了不则一番。崔宁是个单身,却也痴心;秀秀见恁地个后生,却也指望。当日有这遗漏,秀秀手中提着一帕子金珠富贵,从左廊下出来,撞见崔宁,便道:"崔大夫!我出来得迟了,府中养娘各自四散,管顾不得。你如今没奈何[47],只得将我去躲避则个[48]。"

当下崔宁和秀秀出府门,沿着河走到石灰桥。秀秀道:"崔大夫!我脚疼了,走不得。"崔宁指着前面道:"更行几步,那里便是崔宁住处。小娘子到家中歇脚却也不妨。"到得家中坐定。秀秀道:"我肚里饥,崔大夫与我买些点心来吃。我受了些惊,得杯酒吃更好。"当时崔宁买将酒来,三杯两盏,正是:

三杯竹叶[49]穿心过,两朵桃花上脸来。

道不得个"春为花博士,酒是色媒人"。秀秀道:"你记得当时在月台上赏月,把我许你,你兀自拜谢。你记得也不记得?"崔宁叉着手,只应得喏。秀秀道:"当日众人都替你喝采:'好对夫妻!'你怎地到忘了?"崔宁又则应得喏。秀秀道:"比似[50]只管等待,何不今夜我和你先做夫妻?不知你意下何如?"崔宁道:"岂敢!"秀秀道:"你知道不敢,我叫将起来,教坏了你。你却如何将我到家中?我明日府里去说!"崔宁道:"告小娘子:要和崔宁做夫妻不妨;只一件,这里住不得了。要好趁这个遗漏人乱时,今夜就走开去,方才使得。"秀秀道:"我既和你做夫妻,凭你行。"当夜做了夫妻。

四更已后,各带着随身金银物件出门。离不得饥餐渴饮,夜住晓行,迤逦来到衢州[51]。崔宁道:"这里是五路总头,是打那条路去好?不若取信州路上去[52]。我是碾玉作,信州有几个相识,怕[53]那里安得身。"即时取路到信州。住了几日,崔宁道:"信州常有客人到行在往来,若说道我等在此,郡王必然使人来追捉,不当稳便[54]。不若离了信州,再往别处去。"两个又起身上路,径取潭州[55]。

不则一日,到了潭州,却是走得远了。就潭州市里,讨[56]间房屋,出面招牌,写着:"行在崔待诏碾玉生活[57]。"崔宁便对秀秀道:"这里离行在有二千余里了,料得无事。你我安心,好做长久夫妻。"潭州也有几个寄居官员,见崔宁是行在待诏,日逐[58]也有生活得做。崔宁密使人打探行在本府中事,有曾到都下的,得知府中当夜失火,不见了一个养娘,出赏钱寻了几日,不知下落。也不知道崔宁将他走了,见在潭州住。

时光似箭,日月如梭,也有一年之上。忽一日,方早开门,见两个着皂衫的,一似虞候、府干打扮,入来铺里坐地,问道:"本官听得说有个行在崔待诏,教请过来做生活。"崔宁分付了家中,随这两个人到湘潭县路上来。便将崔宁到宅里,相见官人,承揽了玉作生活,回路归家。正行间,只见一个汉子,头上带个竹丝笠儿,穿着一领白段子两上领布衫[59],青白行缠[60]扎着裤子口,着一双多耳麻鞋,挑着一个高肩担儿;正面来把崔宁看了一看。崔宁却不见这汉面貌,这个人却见崔宁,从后大踏步尾着崔宁来。正是:

    谁家稚子鸣榔板[61],惊起鸳鸯两处飞。

[注释]

[1] 回雁:雁每年秋季飞往南方,春季飞回北方,故称春天的雁为回雁。
[2] 孟春:农历正月为孟春,是春季的开始。
[3] 仲春:农历二月为仲春。
[4] 黄夫人:宋代女词人,名孙道绚,号仲虚居士。
[5] 季春:农历三月为季春,是春季的结束。
[6] 断送:葬送。
[7] 秦少游:宋代著名词人秦观,字少游,高邮人。有《淮海词》。
[8] 曾两府:指曾公亮,宋仁宗时人。宋代称中书省和枢密院为两府。曾公亮曾授枢密使,拜吏部侍郎,同中书门下平章事。
[9] 朱希真:宋代词人朱敦儒,字希真,洛阳人,当时被称为"洛中八俊"。有《樵歌》三卷。
[10] 吻边:吻,原讹作"物"。吻边,唇边。
[11] 苏小小:原误作"苏小妹"。苏小小是南齐时名妓。钱塘人,有文才,能诗词。
[12] 王岩叟:宋哲宗时人。
[13] 蜀魄:即杜鹃。民间传说周末蜀王杜宇称帝,号为望帝,死后魂魄化为杜鹃,又名子规。
[14] 行在:皇帝巡行在外的居处。此指临安。

[15] 咸安郡王：南宋抗金名将韩世忠封授咸安郡王。曾任建康、镇江、江东宣抚使，所以这里称他为三镇节度使。晚年隐居西湖。
[16] 帮总：严氏注本作"帮牕"，谓在轿子的牕傍行走，准备侍应的人。
[17] 色目：名目、种类。也指身份、等级。
[18] 半折：拇指与中指伸直所表示的长度叫一折，约六寸。半折为一折的一半。
[19] 点：唐宋时烹茶的一种方法。
[20] 大夫：本为官名，宋代用以尊称工艺匠人。
[21] 待诏：唐置翰林院，凡文词经学之士、医卜技术之人，都在院内等待皇帝的诏令，这些人的官职就叫待诏。宋代用以尊称手工艺匠人。
[22] 府干：干指干办，富豪人家的仆从。府干是对干办的尊称。
[23] 却是趋奉官员：却是，还是，连词，用在选择问句中的后一分句句首。趋奉，伺奉，侍候。
[24] "不做东君造化"二句：东君，春神。意思说，并不是春神创造养育出来这些花木，而是用针绣出来的。按词牌定格，下句应为六字，"样"字衍。《警世通言》第八卷"崔待诏生死冤家"此句无"样"字。
[25] 裹肚：此指系在衣服外面较宽的腰巾。裹肚也有穿在衣服里面的。
[26] 献状：把女儿献给官府所立的字据，实际上是一种变相的卖身契。
[27] 因此取名秀秀养娘：因此，从此。养娘，婢女。
[28] 官家：宋人称皇帝。
[29] 劝杯：用以敬酒的一种酒杯，比一般酒杯略大。
[30] 将来：拿来。
[31] 摩侯罗儿：也写作"魔合罗、磨合罗"等。原为印度婆罗门教和佛教的女神Mahakala的音译，意译"大黑天"。一说是大蟒神。相传牛郎织女七夕相会，妇女于是夕结彩楼，设筵于庭中，谓之乞巧。摩侯罗儿是焚香列拜。乞巧时所供小孩形状偶像的名称，并用来比拟活泼美丽的儿童。
[32] 寻常间：平时。
[33] 数中：其中。
[34] 趋事：同"趋奉"，见注[23]。
[35] 叉手：宋元明作品中常见的一种礼节，大概近似后来的"抱拳"。宋代陈元靓《事林广记》说："凡叉手之法，以左手紧把右手大拇指，其左手小指则向右手腕。右手四指皆直，以左手大指向上，如以右手掩其胸。手不可太着胸，须令稍去胸二三寸许，方为叉手法也。"
[36] 请给：俸禄。
[37] 遭遇：跟随、伺奉显贵。下文"遭际"义同。

[38] 遗漏：失火的婉辞。
[39] 糁盆：糁，音 shēn。糁盆，即粆盆，又名生盆。宋时习俗，祠祭或宴集时在庭院中高架薪火燃烧，叫作糁盆。
[40] 六丁神：传说中六甲里面的丁神。古时五行的说法以丙丁代表火，六丁神因而与火联系起来而成为火神。
[41] 焚山火：春秋时，晋公子重耳出亡，介子推跟随着他。19年后，重耳回国继位为晋文公。介子推隐于绵山，文公访求，不出。文公焚山相逼，介子推仍不出山，抱树而死。这里用焚山火比喻火势之猛。
[42] 骊山会：骊山在今陕西临潼。西周幽王为了取悦妃子褒姒（音 Bāo-sì），博她一笑，在骊山举烽火假传警报以戏弄诸侯。
[43] 周郎施妙策：三国时赤壁之战，周瑜设计用火攻曹操。
[44] 五通神：又名五显神，民间传说火神华光的别名。
[45] 宋无忌：道教传说里的月中仙人，又是火仙。
[46] 满日：旧时官府及富豪人家在奴婢到了一定的年龄时，为他们选择婚配。此所谓满日即指到了一定的年龄。
[47] 没奈何：无可奈何，没有什么办法。
[48] 将我去躲避则个：将，将带，携带。则个，语气助词，多用于比较舒缓祈使句句末。
[49] 竹叶：酒名。此与下句"桃花"对仗。
[50] 比似：与其。
[51] 衢州：今浙江省衢县。
[52] 取信州路上去：取，选择道路。信州，今江西省上饶市。
[53] 怕：猜度与估计情况之辞，不作"害怕、恐怕"讲。
[54] 不当稳便：不稳妥，不方便。
[55] 潭州：今湖南省长沙市。
[56] 讨：租用。
[57] 生活：营生。
[58] 日逐：每日。
[59] 两上领布衫：布衫的领子另用一种布缝上的，叫两上领。
[60] 青白行缠：行缠，绑腿布。青白行缠，黑白两色相间的绑腿布。
[61] 鸣榔板：渔船上捕鱼所用的一种木板，脚踏或敲打出声，惊动鱼类入网。

（下）

竹引牵牛花满街，疏篱茅舍月光筛。琉璃盏内茅柴酒[1]，白玉盘中簇豆梅[2]。　　休懊恼,且开怀,平生赢得笑颜开。三千里地无知己,十万军中挂印来。

这只《鹧鸪天》词是关西秦州雄武军刘两府[3]所作。从顺昌入战之后,闲在家中,寄居湖南潭州湘潭县。他是个不爱财的名将,家道贫寒,时常到村店中吃酒,店中人不识刘两府,欢呼啰唣[4]。刘两府道:"百万番人,只如等闲,如今却被他们诬罔!"做了这只《鹧鸪天》,流传直到都下。当时殿前太尉是杨和王[5],见了这词,好伤感:"原来刘两府直恁孤寒!"教提辖官[6]差人送一项钱与刘两府。今日崔宁的东人郡王,听得说刘两府恁地孤寒,也差人送一项钱与他,却经由潭州路过。见崔宁从湘潭路上来,一路尾着崔宁到家,正见秀秀坐在柜身子里。便撞破他们道:"崔大夫! 多时不见,你却在这里! 秀秀养娘他如何也在这里? 郡王教我下书来潭州,今遇着你们。原来秀秀养娘嫁了你,也好!"当时唬杀崔宁夫妻两个,被他看破。

那人是谁? 却是郡王府中一个排军[7],从小伏侍郡王,见他朴实,差他送钱与刘两府。这人姓郭名立,叫做郭排军。当下夫妻请住郭排军,安排酒来请他,分付道:"你到府中,千万莫说与郡王知道。"郭排军道:"郡王怎知得你两个在这里? 我没事却说甚么?"当下酬谢[8]了出门。回到府中,参见郡王,纳了回书,看看郡王道:"郭立前日下书回,打潭州过,却见了两个人在那里住。"郡王问:"是谁?"郭立道:"见秀秀养娘并崔待诏两个,请郭立吃了酒食,教休来府中说知。"郡王听说,便道:"叵耐[9]这两个做出这事来! 却如何直走到那里?"郭立道:"也不知他仔细。只见他在那里住地[10],依旧挂招牌做生活。"郡王教干办去分付临安府,即时差一个缉捕使臣,带着做公的[11],备了盘缠,径来湖南潭州府,下了公文,同来寻崔宁和秀秀。却似:

　　皂雕追紫燕,猛虎啖羊羔。

不两月,捉将两个来,解到府中。报与郡王得知,即时升厅。原来郡王杀人时,左手使一口刀,叫做"小青";右手使一口刀,叫做"大青";这两口刀不知剁了多少番人。那两口刀,鞘内藏着,挂在壁上。郡王升厅,众人声喏,即将这两个人押来跪下。郡王好生焦躁,左手去壁牙[12]上取下小青,右手一掣,掣刀在手,睁起杀番人的眼儿,咬得牙齿剥剥地响。当时喝杀夫人,在屏风背后道:"郡王,这里是帝辇之下,不比边庭上面。若有罪过,只消[13]解去临安府施行。如何胡乱凯得人[14]?"郡王听说道:"叵耐这两个畜生逃走,今日捉将来,我恼了,如何不凯?既然夫人来劝,且捉秀秀入府后花园去;把崔宁解去临安府断治。"

当下喝赐钱酒赏犒捉事人[15]。解这崔宁到临安府,一一从头供说:"自从当夜遗漏,来到府中,都搬尽了。只见秀秀养娘从廊下出来,揪住崔宁道:'你如何安手在我怀中?若不依我口,教坏了你。'要共逃走。崔宁不得已,与他同走。只此是实。"临安府把文案呈上郡王。郡王是个刚直的人,便道:"既然恁地,宽了崔宁,且与从轻断治。"崔宁不合在逃。罪杖,发遣建康府居住。

当下差人押送,方出北关门,到鹅项头,见一顶轿儿,两个人抬着,从后面叫:"崔待诏,且不得去!"崔宁认得象是秀秀的声音,赶将来又不知恁地[16],心下好生疑惑。伤弓之鸟,不敢揽事,且低着头只顾走。只见后面赶将上来,歇了轿子,一个妇人走出来,不是别人,便是秀秀,道:"崔待诏,你如今去建康府,我却如何?"崔宁道:"却是怎地好?"秀秀道:"自从解你去临安府断罪,把我捉入后花园,打了三十竹篦,遂便赶我出来。我知道你建康府去,赶将来同你去。"崔宁道:"恁地却好。"讨了船,直到建康府。押发人自回。若是押发人是个学舌的,就有一场是非出来。因晓得郡王性如烈火,惹着他不是轻放手的;他又不是王府中人,去管这闲事怎地?况且崔宁一路买酒买食,奉承得他好,回去时,就隐恶而扬善了。

再说崔宁两口在建康居住,既是问断了,如今也不怕有人撞见,依旧开个碾玉作铺。浑家[17]道:"我两口却在这里住得好。只是我家爹妈自从我和你逃去潭州,两个老的吃了些苦;当日捉我入府时,两个去寻死觅活。今日也好教人去行在取我爹妈来这里同住。"崔宁道:"最好!"便教人来行在取他丈人丈母。写了他地理脚色[18]与来人,到临安府寻见他住处,问他邻舍,指道:"这一家便是。"来人去门首看时,只见两扇门关着,一把锁锁着,一条竹竿封着。问邻舍:"他老夫妻那里去了?"邻舍道:"莫说! 他有个花枝也似女儿,献在一个奢遮[19]去处,这个女儿不受福德,却跟一个碾玉的待诏逃走了。前日从湖南潭州捉将回来,送在临安府吃官司;那女儿吃郡王捉进后花园里去。老夫妻见女儿捉去,就当下寻死觅活,至今不知下落,只恁地关着门在这里。"来人见说,再回建康府来,兀自[20]未到家。

且说崔宁正在家中坐,只见外面有人道:"你寻崔待诏住处,这里便是。"崔宁叫出浑家来看时,不是别人,认得是璩公、璩婆。都相见了,喜欢的做一处。

那去取老儿的人,隔一日才到,说如此这般,寻不见,却空走了这遭。两个老的且自来到这里了。两个老人道:"却生受[21]你! 我不知你们在建康住,教我寻来寻去,直到这里。"其时四口同住,不在话下。

且说朝廷官里,一日到偏殿看玩宝器,拿起这玉观音来看。这个观音身上当时有一个玉铃儿失手脱下。即时问近侍官员,"却如何修理得?"官员将玉观音反覆看了,道:"好个玉观音! 怎地脱落了铃儿?"看到底下,下面碾着三字"崔宁造"。"恁地容易。既是有人造,只消得宣这个人来教他修整。"敕下郡王府,宣取碾玉匠崔宁。郡王回奏:"崔宁有罪,在建康府居住。"

即时使人去建康取得崔宁到行在歇泊[22]了。当时宣崔宁见驾,将这玉观音教他领去用心整理。崔宁谢了恩,寻一块一般的玉,碾一个铃儿接住了,御前交纳。破分[23]请给养了崔宁,令只在行在居住。崔宁道:"我今日遭际御前,争得气[24]再来清湖河下,寻间屋儿开个碾玉铺,须不怕你们撞见!"可煞事有斗巧[25],方才开得铺三两日,一个汉子从外面过来,就是那郭排军。见了崔待诏便道:"崔大夫恭喜了! 你却在这里住?"抬起头来,看柜身里却立着崔待诏的浑家。郭排军吃了一惊,拽开脚步就走。浑家说与丈夫道:"你与我叫住那排军,我相问则个。"正是:

平生不作皱眉事,世上应无切齿人。

崔待诏即时赶上扯住。只见郭排军把头只管侧来侧去,口里喃喃地道:"作怪! 作怪!"没奈何只得与崔宁回来,到家中坐地。浑家与他相见了,便问:"郭排军!前者我好意留你吃酒,你却归来说与郡王,坏了我两个的好事。今日遭际御前,却不怕你去说。"郭排军吃他相问得无言可答,只道得一声"得罪!"相别了便来到府里,对着郡王道:"有鬼!"郡王道:"这汉则甚?"郭立道:"告恩王,有鬼!"郡王问道:"有甚鬼?"郭立道:"方才打清湖河下过,见崔宁开个碾玉铺,却见柜身里一个妇女,便是秀秀养娘。"郡王焦躁道:"又来胡说!秀秀被我打杀了,埋在后花园,你须也看见,如何又在那里?却不是取笑我!"郭立道:"告恩王,怎敢取笑?方才叫住郭立,相问了一回。怕恩王不信,勒下军令状了去。"郡王道:"真个在时,你勒军令状来。"那汉也是合苦[26],真个写一纸军令状来。郡王收了,叫两个当直的轿番[27],抬一顶轿子,教:"取这妮子来。若真个在,把来凯取[28]一刀;若不在,郭立你须替他凯取一刀!"郭立同两个轿番,来取秀秀。正是:

  麦穗两歧,农人难辨。

  郭立是关西人,朴直,却不知军令状如何胡乱勒得!三个一径来到崔宁家里,那秀秀兀自在柜身里坐地,见那郭排军来得恁地慌忙,却不知他勒了军令状来取你。郭排军道:"小娘子!郡王钧旨,教命取你则个。"秀秀道:"既如此,你们少等,待我梳洗了同去。"即时入去梳洗,换了衣服,出来上了轿,分付了丈夫。两个轿番便抬着径到府前。郭立先入去。

  郡王正在厅上等待。郭立唱了喏道:"已取到秀秀养娘。"郡王道:"着他入来。"郭立出来道:"小娘子!郡王教你进来。"掀起帘子看一看,便是一桶水倾在身上,开着口则合不得。就轿子里不见了秀秀养娘!问那两个轿番,道:"我不知。则见他上轿,抬到这里,又不曾转动。"那汉叫将入来道:"告恩王,恁地真个有鬼!"郡王道:"却不叵耐[29],教人捉这汉,等我取过军令状来,如今凯了一刀!"先去取下小青来。那汉从来伏侍郡王,身上也有十数次官了[30];盖缘是粗人,只教他做排军。这汉慌了道:"见有两个轿番见证,乞叫来问。"即时叫将轿番来道:"见他上轿,抬到这里,却不见了。"说得一般,想必真个有鬼,只消得叫将崔宁来问。便使人叫崔宁来到府中。崔宁从头至尾说了一遍。郡王道:"恁地,又不干崔宁事,且放他去。"崔宁拜辞去了。郡王焦躁,把郭立打了五十背花棒。

崔宁听得说浑家是鬼,到家中问丈人丈母。两个面面厮觑,走出门,看着清湖河里,扑通地都跳下水去了。当下叫"救人",打捞,便不见了尸首。原来当时打杀秀秀时,两个老的听得说,便跳在河里,已自死了。这两个也是鬼。

崔宁到家中,没情没绪,走进房中,只见浑家坐在床上。崔宁道:"告姐姐,饶我性命!"秀秀道:"我因为你,吃郡王打死了,埋在后花园里。却恨郭排军多口,今日已报了冤仇,郡王已将他打了五十背花棒。如今都知道我是鬼,容身不得了。"道罢,起身双手揪住崔宁,叫得一声,四肢倒地。邻舍都来看时,只见:

> 两部脉[31]尽总皆沉,一命已归黄壤下。

崔宁也被扯去和父母四个一块儿做鬼去了。后人评论得好:

> 咸安王捺不下烈火性,郭排军禁不住闲磕牙[32],
> 璩秀娘舍不得生眷属,崔待诏撇不脱鬼冤家。

[注释]

[1] 茅柴酒:劣酒。王瑛先生认为,茅柴用以漉酒,过滤之后的涂沥称茅柴酒。
[2] 簇豆梅:簇,堆成堆儿。簇豆梅当是下酒的果蔬。梅就是乌梅,古人用以调味。豆,当是佐酒之物。
[3] 关西秦州雄武军刘两府:秦州,今甘肃天水。刘两府,指宋抗金名将刘锜。为什么称他为"两府",原因不很清楚。可能是由于他曾权主管马军司、殿前步军司公事,也可能是由于他被夺兵权后曾先后知荆南府、潭州。
[4] 欢呼啰唣:高声喧哗。古代大官出巡,百姓必须肃静回避。此时刘锜已是平民,店中食客不知他的身份,因而毫无顾忌,高声喧哗。
[5] 当时殿前太尉是杨和王:殿前即殿前司,宋代禁卫军官署。太尉是对武官的通俗尊称,见前《王俊首岳侯状》注[2]。杨和王,南宋名将杨存中(原名沂中),仕至殿前都指挥使。死后追赠和王。
[6] 提辖官:宋代在各州郡置提辖,是掌治军旅的军官;又在一些衙署置提辖,

是一种事务官。这里似指后者。
[7] 排军：军士。
[8] 酬谢：这里只是道谢之意。
[9] 叵耐：本来是无可奈何之意，后来引申为可恨、可恶之类骂人的话。
[10] 住地：地，助词，同"着"。"住地"即"住着"。
[11] 做公的：公差。
[12] 壁牙：钉在墙上挂东西用的橛子。
[13] 只消：只须。
[14] 胡乱凯得人：胡乱，随便。凯，砍杀。
[15] 捉事人：捕捉人犯的人，缉捕使臣之类。
[16] 不知恁地："恁"疑为"怎"字之误。
[17] 浑家：宋代称妻子为浑家。
[18] 地理脚色：地理指住址，脚色指面貌身份。
[19] 奢遮：了不起，非同一般，也写作哻嗻。
[20] 兀自：仍然，还。
[21] 生受：难为，麻烦。
[22] 歇泊：歇息，安顿，安置。
[23] 破分：破格，即重赏之意。
[24] 争得气：争一口气。
[25] 斗巧：凑巧。
[26] 合苦：合该倒霉。
[27] 轿番：番，更番。轿番，轿班。
[28] 取：表示完成的助词，"凯取"即"凯了"，杀了。
[29] 不叵耐：与"叵耐"同，"不"字无义。
[30] 身上也有十数次官了：也得到十几次叙封的官职了。
[31] 两部脉：左右双腕的脉息。
[32] 磕牙：多嘴。

简 帖 和 尚

《简帖和尚》,《也是园书目》列入"宋人词话"一类。《古今小说》卷三十五"简帖僧巧骗皇甫妻"与此同,仅文字略有出入。

这篇作品标题下原注:"亦名《胡姑姑》,又名《错下书》。"宋官本杂剧段数有《简帖薄媚》,金院本有《错寄书》,宋戏文有《洪和尚错下书》,大约都是搬演这个故事的。

篇中说:"东京汴州开封府枣槊巷里,有个官人,复姓皇甫,单名松。本身是左班殿直。"枣槊巷即枣冢子巷,在北宋东京(开封)内城西北隅。巷中有单雄信墓,墓上有枣树,传说是单雄信枣槊发芽生长而成。《西湖老人繁胜录》所载二十四班中有"殿前左班""殿前右班"和"内殿直班"。篇中其他官衔、地名也都是宋代的。篇中提到的钱大尹指钱明逸,仁宗时任开封知府。这都可以证明这个故事产生于北宋,历来的研究者都认为本篇是宋代作品。但也有人根据篇首《错封书》本于《醉翁谈录》所载"王氏诗回吴上舍",而吴上舍(仁叔)是元朝人;以及篇中张千等四人"是本地方所由,如今叫作连手,又叫作巡军"的话,考得巡军是元代新创的制度,认为本篇是元人所写定的。

从语言上看,这篇小说里确有宋代语言成分。例如说卖馉饳的小厮"探一探了便走",皇甫松问:"甚意思?看我一看了便走。"又说皇甫松的妻子"入去大相国寺烧香了出来"。这几个"了"字都放在动量宾语和宾语的后面,这种词序显然不是元代所有。又如"你们、他们"写成"你懑、他懑",也是宋代的写法。因此我们大概可以说《简帖和尚》本来是宋人的作品,后来经过元人修改,但是还保留着较多的宋代语言特点。

本篇收入明洪楩编的《清平山堂话本》,有明嘉靖本。此据古今小品书籍印行会影印本转录;同时参考了许政扬校注《古今小说》,人民文学出版社,1958年。

入话[1]:《鹧鸪天》

白苎千袍入嫩凉[2]。春蚕食叶响长廊。禹门已准桃花浪[3],月殿先收桂子香。　　鹏北海[4],凤朝阳[5]。又携书剑路茫茫。明年此日青云去,却笑人间举子忙。

大国长安一座县,唤做咸阳县,离长安四十五里。一个官人,复姓宇文,名绶。离了咸阳县,来长安赴试,一连三番试不过。有个浑家王氏,见丈夫试不归来,把复姓为题[6],做个词儿,专说丈夫试不中,名唤做《望江南》。词道是:

公孙恨,端木笔俱收。枉念歌馆经数载,寻思徒记万余秋。拓拔泪交流。　　村仆固,闷独驾孤舟。不望手勾龙虎榜[7],慕容颜老一齐休。甘分守闾丘。

那王氏意不尽,看着丈夫,又做四句诗儿:

良人得得负奇才,何事[8]年年被放回?
君面从今羞妾面,此番归后夜间来。

宇文解元从此发忿道:"试不中,定是不归!"到得来年,一举成名了,只在长安住,不归去。浑家王氏见这丈夫不归,理会得道:"我曾做诗嘲他,可知道[9]不归!"修一封书,叫当直王吉来:"你与我将这封书,去四十五里,把与官人。"书中前面略叙寒暄,后面做只词儿,名做《南柯子》。词道是:

鹊喜噪晨树,灯开半夜花。果然音信到天涯,报道玉郎登第出京华。　　旧恨消眉黛,新欢上脸霞。从前都是误疑他,将谓经年狂荡不回家。

去这词后面又写四句诗道：

> 长安此去无多地，郁郁葱葱佳气浮。
> 良人得意正年少，今夜醉眠何处楼？

宇文绶接得书，展开看，读了词，看罢诗，道："你前回做诗，教我从今归后夜间来，我今试过了，却要我回。"就旅邸中取出文房四宝，做了只曲儿，唤做《踏沙行》：

> 足蹑云梯，手攀仙桂，姓名高挂登科记。马前喝道状元来，金鞍玉勒成行缀。　　宴罢归来，恣游花市，此时方显平生志。修书速报凤楼人，这回好个风流婿。

做毕这词，取张花笺，折叠成书。待要写了付与浑家，正研墨，觉得手重，惹番砚水滴儿，打湿了纸。再把一张纸折叠了，写成封家书，付与当直王吉，教分付家中孺人[10]："我今在长安试过了，到夜了归来。急去传语孺人：不到夜，我不归来！"王吉接得书，唱了喏，四十五里田地，直到家中。

话里且说宇文绶发了这封家书，当日天色晚，客店中无甚底事，便去睡。方才朦胧睡着，梦见归去，到咸阳县家中，见当直王吉在门前，一壁[11]脱下草鞋洗脚。宇文绶问道："王吉，你早归了？"再四问他，不应。宇文绶焦噪，抬起头来看时，见浑家王氏把着蜡烛，入去房里。宇文绶赶上来叫："孺人，我归了！"浑家不睬。他又说两声，浑家又不睬。宇文绶不知身是梦里，随浑家入房去。看这王氏时，放烛灯在卓子上。取早间一封书，头上取下金篦儿[12]一剔，剔开封皮看时，却是一幅白纸。浑家底笑[13]，就灯烛下把起笔来，就白纸上写了四句诗：

> 碧纱窗下启缄封，一纸从头彻底空。
> 知尔欲归情意切，相思尽在不言中。

写毕，换个封皮，再来封了。那妇女把金篦儿去剔那蜡烛灯，一剔剔在宇文绶脸上,吃一惊,撒然睡觉[14],却在客店里床上睡,灯犹未灭。卓子上看时,果然错封了一幅白纸归去,着一幅纸写这四句诗。到得明日,早饭后,王吉把那封书来,拆开看时,里面写着四句诗,便是夜来梦里见那浑家做底一般。当便安排行李,即时归家去。这便唤做"错封书"。

下来说底便是"错下书"。有个官人,夫妻两口儿正在家坐地,一个人送封简帖儿来,与他浑家。只因这封简帖儿,变出一本跷蹊作怪底小说来。正是:

尘随马足何年尽?事系人心早晚休。

淡画眉儿斜插梳,不忺[15]拈弄绣工夫。云窗雾阁深深处,静拂云笺学草书。　　多艳丽,更清姝,神仙标格世间无。当时只说梅花似,细看梅花却不如。

东京汴州开封府枣槊巷里,有个官人,复姓皇甫,单名松。本身是左班殿直[16],年二十六岁;有个妻子杨氏,年二十四岁;一个十三岁的丫环,名唤迎儿。只这三口,别无亲戚。当时,皇甫殿直官差去押衣袄上边[17],回来是年节第二节[18]。

去枣槊巷口,一个小小底茶坊。开茶坊人唤做王二。当日茶市方罢,相是日中[19],只见一个官人入来。那官人生得:

浓眉毛,大眼睛,蹶鼻子,略绰口[20]。头上裹一顶高样大桶子头巾。着一领大宽袖斜襟褶子[21]。下面衬贴衣裳,甜鞋净袜[22]。

入来茶坊里坐下。开茶坊的王二拿着茶盏,进前唱喏奉茶。

那官人接茶吃罢,看着王二道:"少借这里等个人。"王二道:"不妨。"等多时,只见一个男女[23],托个盘儿,口中叫:"卖鹌鹑馉饳儿[24]!"官人把手打招,叫:"买馉饳儿。"僧儿见叫,托盘儿入茶坊内,放在卓上,将条篾篁穿那馉饳儿,捏些盐,放在官人面前,道:"官人吃馉饳儿。"官人道："我吃。先烦你一件事。"僧儿道："不知要做甚么？"

那官人指着枣槊巷里第四家，问僧儿："认得这人家么？"僧儿道："认得，那里是皇甫殿直家里。殿直押衣袄上边，方才回家。"官人问道："他家有几口？"僧儿道："只是殿直，一个小娘子，一个小养娘。"官人道："你认得那小娘子也不？"僧儿道："小娘子寻常不出帘儿外面，有时叫僧儿买馉饳儿，常去，认得。问他做甚么？"

官人去腰里取下版金线箧儿，抖下五十来钱，安在僧儿盘子里，僧儿见了，可煞喜欢，叉手不离方寸[25]："告官人，有何使令？"官人道："我相烦你则个。"袖中取出一张白纸，包着一对落索镮儿，两只短金钗子，一个简帖儿，付与僧儿，道："这三件物事，烦你送去适间[26]问的小娘子。你见殿直，不要送与他。见小娘子时，你只道官人再三传语，将这三件物来与小娘子，万望笑留。你便去，我只在这里等你回报。"

那僧儿接了三件物事，把盘子寄在王二茶坊柜上。僧儿托着三件物事，入枣槊巷来。到皇甫殿直门前，把青竹帘掀起，探一探。当时皇甫殿直正在前面校椅上坐地，只见卖馉饳的小厮儿掀起帘子，猖猖狂狂[27]，探一探了便走，皇甫殿直看着那厮，震威一喝，便是：

　　当阳桥上张飞勇，一喝曹公百万兵。

喝那厮一声，问道："做甚么？"

那厮不顾便走。皇甫殿直拽开脚，两步赶上，捽那厮回来，问道："甚意思？看我一看了便走？"那厮道："一个官人教我把三件物事与小娘子，不教把来与你。"殿直问道："甚么物事？"那厮道："你莫问，不教把与你！"

皇甫殿直搚[28]得拳头没缝，去顶门上屑那厮一㬥[29]，道："好好的把出来教我看！"那厮吃了一㬥，只得怀里取出一个纸裹儿，口里兀自道："教我把与小娘子，又不教把与你！"

皇甫殿直劈手夺了纸包儿，打开看，里面一对落索镮儿，一双短金钗，一个柬帖儿。皇甫殿直接得三件物事，拆开简子看时：

　　某皇恐再拜，上启小娘子妆前：即日孟春谨时，恭惟懿候起居万福。某外日荷蒙持杯之款,深切仰思,未尝少替[30]。某偶以薄干[31],不及亲诣,聊有小词,名《诉衷情》,以代面禀,伏乞懿览。

词道是:

知伊[32]夫婿上边回,懊恼碎情怀。落索镮儿一对,简子与金钗。伊收取,莫疑猜,且开怀。自从别后,孤怖冷落、独守书斋。

皇甫殿直看了简帖儿,劈开眉下眼,咬碎口中牙,问僧儿道:"谁交你把来?"僧儿用手指着巷口王二哥茶坊里道:"有个粗眉毛、大眼睛[33]、蹶鼻子、略绰口的官人,教我把来与小娘子,不教我把与你!"皇甫殿直一只手摔着僧儿狗毛,出这枣槊巷,径奔王二哥茶坊前来。僧儿指着茶坊道:"恰才在桙[34]里面打底床铺上坐地底官人,教我把来与小娘子,又不交把与你,你却打我!"

皇甫殿直再摔僧儿回来,不由开茶坊的王二分说。当时到家里,殿直焦躁,把门来关上,捼来捼了[35],唬得僧儿战做一团。

殿直从里面叫出二十四岁花枝也似浑家出来,道:"你且看这件物事!"那小娘子又不知上件因依[36],去交椅上坐地。殿直把那简帖儿和两件物事度与浑家看。那妇人看着简帖儿上言语,也没理会处。殿直道:"你见我三个月日押衣袄上边,不知和甚人在家中吃酒?"小娘子道:"我和你从小夫妻。你去后,何曾有人和我吃酒!"殿直道:"既没人,这三件物从那里来?"小娘子道:"我怎知!"

殿直左手指,右手举,一个漏风掌打将去。小娘子则叫得一声,掩着面,哭将入去。皇甫殿直叫将十三岁迎儿出来,去壁上取下一把箭簳子竹[37]来,放在地上,叫过迎儿来。看着迎儿生得:

短胳膊,琵琶腿。劈得柴,打得水。会吃饭,能瘑屎。

皇甫松去衣架上取下一条绦来,把妮子缚了两只手,掉过屋梁去,直下[38]打一抽,吊将妮子起去,拿起箭簳子竹来,问那妮子道:"我出去三个月,小娘子在家中和甚人吃酒?"妮子道:"不曾有人。"

皇甫殿直拿起箭簳子竹,去妮子腿上便摔,摔得妮子杀猪也似叫,又问又打。那妮子吃不得打,口中道出一句来:"三个月殿直出去,小娘子夜夜和个人睡。"皇甫殿直道:"好也!"放下妮子来,解了绦,道:"你且来,我问你,是和兀谁睡?"那妮子揩着眼泪道:"告殿直,实不敢相瞒,自从殿直出去后,小娘子夜夜和个人睡,不是别人,却是和迎儿睡。"

皇甫殿直道:"这妮子却不弄[39]我!"喝将过去,带一管锁,走出门去,拽上那门,把锁锁了。走去转弯巷口,叫将四个人来,是本地方所由[40](如今叫作"连手",又叫作"巡军")张千、李万、董霸、薛超四人。来到门前,用钥匙开了锁,推开门,从里面扯出卖馉饳的僧儿来,道:"烦上名[41]收领这厮。"四人道:"父母官使令,领台旨。"殿直道:"未要去,还有人哩!"从里面叫出十三岁的迎儿,和二十四岁花枝的浑家,道:"和他都领。"薛超唱喏道:"父母官,不敢收领孺人。"殿直道:"你懑[42]不敢领他,这件事干人命!"唬得四个所由,则得领小娘子和迎儿,并卖馉饳儿的僧儿三个同去,解到开封钱大尹[43]厅下。

皇甫殿直就厅下唱了大尹喏,把那简帖儿呈复了。钱大尹看见,即时教押下一个所属去处,叫将山前行[44]山定来。当时山定承了这件文字,叫僧儿问时,应道:"则是茶坊里见个粗眉毛、大眼睛、蹶鼻子、略绰口官人,交把这封柬子来与小娘子。打杀后也只是恁地供。"问这迎儿,迎儿道:"即不曾有人来同小娘子吃酒,亦不知付柬帖儿来的是何人。打死也只是恁么供招。"却待问小娘子,小娘子道:"自从小年夫妻[45],都无一个亲戚来去,只有夫妻二人;亦不知把柬帖儿来的是何等人。"

山前行山定看着小娘子生得恁地瘦弱[46],怎禁得打勘[47],怎地讯问他?从里面交拐将过来,两个狱子押出一个罪人来。看这罪人时:

　　面长皱轮骨,胲生渗癞腮[48];
　　有如行病鬼,到处降人灾。

小娘子见这罪人后,两只手掩着面,那里敢开眼!山前行看着静山大王,道声与狱子:"把枷梢[49]一纽!"枷梢在上,罪人头[50]向下,拿起把荆子[51]来,打得杀猪也似叫。山前行问道:"你曾杀人也不曾?"静山大王应道:"曾杀人。"又问:"曾放火不曾?"应道:"曾放火。"教两个狱子把静山大王押入牢里去。山前行回转头来,看着小娘子,道:"你见静山大王,吃不得几杖子,杀人放火都认了。小娘子,你有事,只好供招了。你却如何吃得这般杖子?"小娘子簌地两行泪下,道:"告前行,到这里隐讳不得。"觅幅纸和笔,只得与他供招。小娘子供道:"自从小年夫妻,都无一个亲戚来往,即不知把柬帖儿来的是甚色样人。如今看要教侍儿吃甚罪名,皆出赐大尹笔下。"见怎么说,五回三次问他,供说得一同。

似此三日,山前行正在州衙门前立,倒断[52]不下,猛抬头看时,却见皇甫殿直在面前相揖,问及这件事:"如何三日理会这件事不下?莫是接了寄柬帖的人钱物,故意不予决这件公事?"山前行听得,道:"殿直,如今台意要如何?"皇甫松道:"只是要休离了!"

当日山前行入州衙里,到晚衙,把这件文字呈了钱大尹。大尹叫将皇甫殿直来,当厅问道:"'捉贼见赃,捉奸见双',又无证佐,如何断得他罪?"皇甫松告钱大尹:"松如今不愿同妻子归去,情愿当官休了。"大尹台判:"听从夫便。"

殿直自归。僧儿、迎儿喝出,各自归去。只有小娘子见丈夫不要他,把他休了,哭出州衙门来,口中自道:"丈夫又不要我,又没一个亲戚投奔,教我那里安身?不若我自寻死后休!"上天汉州桥,看着金水银堤汴河,恰待要跳将下去,则见后面一个人,把小娘子衣裳一揸揸住,回转头来看时,恰是一个婆婆,生得:

眉分两道雪,鬓挽一窝丝。眼昏一似秋水微浑,发白不若楚山云淡。

婆婆道:"孩儿,你却没事寻死做甚么?你认得我也不?"小娘子:"不识婆婆。"婆婆道:"我是你姑姑。自从你嫁了老公,我家寒,攀陪[53]你不着,到今不来往。我前日听得你与丈夫官司,我日逐在这里伺候。今日听得道休离了,你要投水做甚么?"小娘子道:"我上无片瓦,下无卓锥;老公又不要我,又无亲戚投奔,不死更待何时!"婆婆道:"如今且同你去姑姑家里后如何?"妇女自思量道:"这婆子知他是我姑姑也不是?我如今没投奔处,且只得随他去了却理会。"当时随这姑姑家去看时,家里没甚么活计,却好一个房舍,也有粉青帐儿,有交椅卓凳之类。在这姑姑家里,过了三两日。当日,方才吃罢饭,则听得外面一个官人高声大气叫道:"婆子,你把我物事去卖了,如何不把钱来还?"

那婆子听得叫,失张失志[54],出去迎接来叫的官人,请入来坐地。小娘子着眼看时,见入来的人:

> 粗眉毛,大眼睛,蹶鼻子,略绰口,抹眉裹顶高装大带头巾,阔上领皂褶儿,下面甜鞋净袜。

小娘子见了,口喻心,心喻口,道:"好似那僧儿说的寄柬帖儿官人。"只见官人入来便坐在凳子上,大惊小怪道:"婆子,你把我三百贯钱物事去卖了,经一个月日,不把钱来还!"婆子道:"物事自卖在人头,未得钱。支得时,即便付还官人。"官人道:"寻常交关[55]钱物东西,何尝推许多日?讨得时,千万送来!"官人说了自去。

婆子入来,看着小娘子,簌地两行泪下,道:"却是怎好!"小娘子问道:"有甚么事?"婆子道:"这官人元是蔡州通判,姓洪,如今不做官,却卖些珠翠头面[56]。前日,一件物事教我把去卖,吃人交加[57]了,到如今没这钱还他,怪他焦躁不得。他前日央我一件事,我又不曾与他干得。"小娘子问道:"却是甚么事?"婆子道:"教我讨个细人[58],要生得好的。若得一个似小娘子模样去嫁与他,那官人必喜欢。小娘子,你如今在这里,老公又不要你,终不为了[59],不若姑姑说合,你去嫁官人,不知你意如何?"小娘子沉吟半晌,不得已,只得依姑姑口,去这官人家里来。

逡巡[60]过了一年。当年是正月初一日,皇甫殿直自从休了浑家,在家中无好况,正是:

> 时间风火性,烧了岁寒心。

自思量道:"每年正月初一日,夫妻两人,双双地上本州大相国寺里烧香。我今年却独自一个,不知我浑家那里去?"簌地两行泪下,闷闷不已,只得勉强着一领紫罗衫,手里把着银香盒,来大相国寺里烧香。到寺中烧香了,恰待出寺门,只见一个官人领着一个妇女。看那官人时,粗眉毛,大眼睛,蹶鼻子,略绰口,领着的妇女,却便是他浑家。当时丈夫看着浑家,浑家又觑着丈夫,两个四目相视,只是不敢言语。

那官人同妇女两个入大相国寺里去。皇甫松在这山门头正恁沉吟,见一个打香油钱[61]的行者,正在那里打香油钱,看见这两人入去,口里道:"你害得我苦!你这汉如今却在这里!"大踏步赶入寺来。

皇甫殿直见行者赶这两人,当时叫住行者道:"五戒[62],你莫待要赶这两个人上去?"那行者道:"便是。说不得我受这汉苦,到今日抬头不起。只是为他。"皇甫殿直道:"你认得这个妇女?"行者道:"不识。"殿直道:"便是我的浑家。"行者问:"如何却随着他?"皇甫殿直把送柬帖儿和休离的上件事对行者说了一遍。行者道:"却是恁地[63]!"

行者却问皇甫殿直:"官人认得这个人?"殿直道:"不认得。"行者道:"这汉元是州东墦台寺里一个和尚。苦行[64]便是墦台寺里行者。我这本师却是墦台寺监院[65],手头有百十钱,剃度这厮做小师[66]。一年已前时,这厮偷了本师二百两银器,不见了,吃了些个情拷[67]。如今赶出寺来,讨饭吃处[68]。罪过这大相国寺里知寺厮认[69],留苦行在此间打化香油钱。今日撞见这厮,却怎地休得?"

方才说罢,只见这和尚将着他浑家从寺廊下出来。行者牵衣带步,却待去捽这厮,皇甫殿直扯住行者,闪那身己[70]在山门一壁,道:"且不得捽他。我和你尾[71]这厮去,看那里着落[72],却与他官司。"两个后地尾将来。

话分两头。且说那妇人见了丈夫,眼泪汪汪,入去大相国寺里烧香了出来。这汉一路上却问这妇人道:"小娘子,你如何见了你丈夫便眼泪出?我不容易得你来!我当初从你门前过,见你在帘子下立地,见你生得好,有心在你处。今日得你做夫妻,也不通容易。"

两个说来说去,恰到家中门前,入门去。那妇人问道:"当初这个柬帖儿,却是兀谁把来?"这汉道:"好交你得知,便是我教卖馉饳儿的僧儿把来。你的丈夫中我计,真个便把你休了。"妇人听得说,捽住那汉,叫声:"屈[73]!"不知高低[74]。那汉见那妇人叫将起来,却荒,就把只手去克着他胈项[75]，指望坏他性命。

外面皇甫殿直和行者尾着他两人，来到门首，见他懣入去，听得里面大惊小怪，跄[76]将入去看时，见克着他浑家，阗阒[77]性命。皇甫殿直和这行者两个即时把这汉来捉了，解到开封府钱大尹厅下：

　　出则壮士携鞭，入则佳人捧臂。世世靴踪不断，子孙出入金门。

他是：

　　两浙钱王子，吴越国王孙。

大尹升厅，把这件事解到厅下，皇甫殿直和这浑家把前面说过的话，对钱大尹历历从头说了一遍。钱大尹大怒，交左右索[78]长枷把和尚枷了，当厅讯一百腿花[79]，押下左司理院[80]，交尽情根勘这件公事。勘正了，皇甫松责领浑家归去，再成夫妻；行者当厅给赏。和尚大情小节，一一都认了，不合设谋奸骗，后来又不合谋害这妇人性命，准《杂犯》[81]断，合重杖处死。这婆子不合假装姑姑，同谋不首[82]，亦合编管[83]邻州。

当日推出这和尚来，一个书会先生[84]看见，就法场上做了一只曲儿，唤做《南乡子》：

　　怎见一僧人，犯滥铺模[85]受典刑。案款已成招状了，遭刑，棒杀髡[86]囚示万民。　沿路众人听，尤念高王观世音。护法喜神齐合掌，低声，果谓金刚不坏身。

话本说彻，且作散场。

［注释］
［１］　入话：说话人说到正题之前先说的小故事。
［２］　白苎千袍入嫩凉：白苎，即白纻，一种细白的夏布。千袍，不可解，《古今小

说》作"轻衫"。嫩凉,开始转凉的天气。
[3] "禹门"句:戏曲小说中常以"禹门三级浪,平地一声雷"来说考试得中。
[4] 鹏北海:《庄子·逍遥游》:"北冥有鱼,其名为鲲。鲲之大,不知其几千里也。化而为鸟,其名为鹏,鹏之背不知其几千里也。"后世用这个典故比喻前程远大。
[5] 凤朝阳:《诗经·大雅·卷阿》:"凤皇鸣矣,于彼高冈;梧桐生矣,于彼朝阳。"后人以凤凰比喻贤才,朝阳比喻盛世,以凤鸣朝阳比喻贤才逢时。
[6] 把复姓为题:下面这首词里写了许多复姓:公孙,端木,哥舒(词中用"歌""数"二字,谐音),司徒(词中用"思"字谐"司"音),拓跋("拔"字谐"跋"音),仆固,独孤,勾龙,慕容,闾丘。
[7] 龙虎榜:《新唐书·欧阳詹传》说欧阳詹"举进士,与韩愈、李观、李绛、崔群、王涯、冯宿、庚承宣联第,皆天下选,时称龙虎榜。"后世用以指进士榜。
[8] 何事:为什么。
[9] 可知道:难怪,当然。
[10] 孺人:原是某一级官员的妻子的称号,这里是一种通用的尊称,犹现代之称夫人。
[11] 一壁:一边,一旁。
[12] 金篦儿:金篦刀,一种头饰。
[13] 底笑:"底"字疑误,《古今小说》作"含笑"。
[14] 睡觉:睡醒。
[15] 忺:音 xiān,高兴、适意。
[16] 左班殿直:内侍官名,属禁兵编制。宋代有左右班殿直。
[17] 押衣袄上边:押送军衣去边陲。
[18] 回来是年节第二节:末"节"字疑误。《古今小说》作"回来是年节了",显系后人所改。
[19] 相是日中:"相"字疑误,《古今小说》作"已是日中"。
[20] 略绰口:阔大的嘴巴。
[21] 褶子:一种外罩的袍子。
[22] 甜鞋净袜:甜净,干净整洁。
[23] 男女:人(含不敬意)。
[24] 馉饳儿:音 gǔ duòr,一种面制油炸食品。
[25] 方寸:心窝,当胸。
[26] 适间:方才。
[27] 猖猖狂狂:慌慌张张。

[28] 搭：搦，捏。
[29] 屑一爆：用拳头凿击头部。
[30] 深切仰思，未尝少替：一直很想念，没有止歇。
[31] 薄干：小事情。琐细事务。
[32] 伊：这里作"你"讲。
[33] 眼睛："睛"字原作"精"，今正，下同。
[34] 桫：栅栏。
[35] 揉来揉了：揉，音 shuān，"攃"俗字。现代通常写作"栓"。作名词用是指门栓，作动词用是指拴门。
[36] 上件因依：宋人习惯称上项、上述为"上件"，称因由为"因依"。上件因依，即"前面说的这件事"。
[37] 箭簝子竹：即簝竹，一种小竹子。
[38] 直下：正下方。
[39] 弄：作弄。
[40] 所由：公吏。
[41] 上名：宋代对公吏的尊称。
[42] 懑：同"们"，宋人用"懑"或"门"字。
[43] 钱大尹：即钱明逸，字子飞，吴越王钱俶之孙，宋仁宗时知开封府。
[44] 前行：唐宋制度把尚书省的六部分为前行、中行、后行三等。这里的前行只是对公吏的尊称。
[45] 小年夫妻：即少年夫妻。唐宋时"小""少"常可通用。
[46] 恁地瘦弱：恁地，原作"怎地"，此据《古今小说》改。
[47] 打勘：拷打勘问。
[48] 胲生渗癞腮：胲，即"颏"，面颊。渗，应作"瘆"，音 shèn，使人害怕。瘆癞，丑恶可怕。
[49] 枷梢：枷板。
[50] 罪人头：罪人，原作"道士"，此据《古今小说》改。
[51] 荆子：荆条。
[52] 倒断：决断。
[53] 攀陪：高攀。
[54] 失张失志：慌张的样子。"志"也写作"智"。
[55] 交关：交付，交接。
[56] 头面：首饰。
[57] 交加：吞没。

[58] 细人：妾。
[59] 了：了局，结局。
[60] 逡巡：迅速，顷刻之间。
[61] 打香油钱：向烧香者化缘，请求布施香钱和灯油钱。
[62] 五戒：佛家戒杀生、偷盗、邪淫、妄语、饮酒食肉，叫作五戒。这里用来称呼还没有受具足戒正式出家的佛教徒。
[63] 却是恁地：恁地，原误作"怎地"，今正。却是恁地，有"原来如此！"的意思。
[64] 苦行：行者自称。
[65] 监院：监督寺院的一种职务。
[66] 小师：和尚受戒未经十夏叫作小师。
[67] 吃了些个情拷：应指行者受株连受到拷打，句首疑有脱字。《古今小说》作"累我吃了好些拷打"。
[68] 讨饭吃处：疑有脱字。《古今小说》作"没讨饭吃处"。
[69] "罪过"句：罪过，亏得。知寺，寺院中的管事僧。
[70] 身己：即身体。
[71] 尾：尾随。
[72] 着落：落脚。
[73] 屈：冤屈之意。
[74] 不知高低：常用在叫好或喊冤时，形容脱口而出，不管声调高低。
[75] 服项：脖颈。
[76] 跄：也作"抢"。闯。
[77] 阐阆：挣扎。
[78] 索：取。
[79] 腿花：杖腿。
[80] 司理院：五代各州设有马步院，宋代改为司理院，掌诉讼刑狱事。
[81] 《杂犯》：又称杂犯律或杂律，是古代法典中的一篇。宋代僧人犯奸需按《杂犯》判罪。
[82] 不首：不出首。
[83] 编管：流放管制。
[84] 书会先生：书会是宋元时编写剧曲话本的作者和艺人所组织的一种团体。书会先生是书会中的文人。
[85] 犯滥铺模：犯滥指造假诓骗，铺模指设计奸骗。
[86] 髡：古代一种刑罚，把犯人头发剃去。这里是指剃去头发的和尚。

宋四公大闹禁魂张

这篇小说叙述赵正在东京惩治地主豪商和公差衙役而官府对他无可奈何的一段故事。罗烨《醉翁谈录》甲集卷一"小说开辟"条记述各种小说名目,有"也说赵正激恼京师"的话,似乎与这里的《宋四公大闹禁魂张》为同一故事。罗烨生平无可考。《醉翁谈录》原书为宋版或元版,小说史家看法也不一致。说它成书于元代,原书为元版,似较可信。又据元代钟嗣成《录鬼簿》:"陆显之,汴梁人。有《好儿赵正话本》。"明代编著《续录鬼簿》的贾仲明挽陆显之词有"编好儿赵正钻空"的句子。如果"赵正激恼京师""好儿赵正话本""好儿赵正钻空"与这里的"宋四公"是同一题材的话,那么本篇应该是宋元间流传的故事而由元人写定的。尽管我们还不能肯定地说陆显之就是《宋四公大闹禁魂张》的作者,但是从这篇作品的语言风格来看,说它属于较早的宋元小说之列,大概是没有问题的。本篇有许多宋代词语。但是像"偏房""姨奶"这些词又似乎不会出现于宋代("好歹"肯定不会出现于宋代),"根底"也是元人语。本篇还有比较多的吴语成分,如"落忽""不好看相""罪过"等。我们猜想这大概是冯梦龙整理编集时修改的痕迹,因为冯是江苏长洲(今苏州)人,这些吴语词有可能出自他的笔下。

这篇小说收在明冯梦龙编的《古今小说》内,为第三十六卷。有明天许斋刊本。原书在日本,此据影印本转录。同时参考了许政扬校注《古今小说》,人民文学出版社,1958年。

钱如流水去还来,恤寡周贫莫吝财。
试览石家金谷地,于今荆棘昔楼台。

话说晋朝有一人,姓石名崇,字季伦。当时未发迹时,专一在大江中驾一小船,只用弓箭射鱼为生。

忽一日,至三更,有人扣船言曰:"季伦救吾则个!"石崇听得,随即推篷探头看时,只见月色满天,照着水面;月光之下,水面上立着一个年老之人。石崇问老人:"有何事故,夜间相恳?"老人又言:"相救则个!"石崇当时就令老人上船,问有何缘故。老人答曰:"吾非人也,吾乃上江老龙王。年老力衰,今被下江小龙欺我年老,与吾斗敌,累输与他,老拙无安身之地。又约我明日大战,战时又要输与他。今特来求季伦:明日午时弯弓在江面上,江中两个大鱼相战,前走者是我,后赶者乃是小龙;但望君借一臂之力,可将后赶大鱼一箭,坏了小龙性命,老拙自当厚报重恩。"石崇听罢,谨领其命。那老人相别而回,涌身一跳,入水而去。

石崇至明日午时,备下弓箭。果然将傍午时,只见大江水面上,有二大鱼追赶将来。石崇扣上弓箭,望着后面大鱼,飕[1]地一箭,正中那大鱼腹上。但见满江红水,其大鱼死于江上。此时风浪俱息,并无他事。夜至三更,又见老人扣船来谢道:"蒙君大恩,今得安迹。来日午时,你可将船泊于蒋山[2]脚下南岸第七株杨柳树下相候,当有重报。"言罢而去。

石崇明日依言将船去蒋山脚下杨柳树边相候。只见水面上有鬼使三人出,把船推将去。不多时,船回,满载金银珠玉等物。又见老人出水,与石崇曰:"如君再要珍珠宝贝,可将空船来此相候取物。"相别而去。

这石崇每每将船于柳树下等,便是一船珍宝,因致敌国之富。将宝玩买嘱权贵,累升至太尉[3]之职,真是富贵两全。遂买一所大宅于城中,宅后造金谷园,园中亭台楼馆。用六斛大明珠买得一妾,名曰绿珠。又置偏房姨奶侍婢,朝欢暮乐,极其富贵。结识朝臣国戚,宅中有十里锦帐,天上人间,无比奢华。

忽一日排筵,独请国舅王恺,这人姐姐是当朝皇后。石崇与王恺饮酒半酣,石崇唤绿珠出来劝酒,端的十分美貌。王恺一见绿珠,喜不自胜,便有奸淫之意。石崇相待宴罢,王恺谢了自回,心中思慕绿珠之色,不能勾得会。王恺常与石崇斗宝,王恺宝物不及石崇,因此阴怀毒心,要害石崇。每每受石崇厚待,无因为之。

忽一日，皇后宣王恺入内御宴。王恺见了姐姐就流泪，告言："城中有一财主富室，家财巨万，宝贝奇珍，言不可尽。每每请弟设宴斗宝，百不及他一二。姐姐可怜与弟争口气，于内库内那借[4]奇宝，赛他则个。"皇后见弟如此说，遂召掌内库的太监，内库中借他镇库之宝，乃是一株大珊瑚树，长三尺八寸。不曾启奏天子，令人扛抬往王恺之宅。王恺谢了姐姐，便回府用蜀锦做重罩罩了。

翌日广设珍羞美馔，使人移在金谷园中，请石崇会宴，先令人扛抬珊瑚树去园上开空闲阁子里安了。王恺与石崇饮酒半酣，王恺道："我有一宝，可请一观，勿笑为幸。"石崇教去了锦袱，看着微笑，用杖一击，打为粉粹。王恺大惊，叫苦连天道："此是朝廷内库中镇库之宝，自你赛我不过，心怀妒恨，将来打碎了，如何是好？"石崇大笑道："国舅休虑，此亦未为至宝。"石崇请王恺到后园中看珊瑚树，大小三十余株，有长至七八尺者。内一株一般三尺八寸，遂取来赔王恺填库，更取一株长大的送与王恺。王恺羞惭而退，自思国中之宝，敌不得他过，遂乃生计嫉妒。

一日，王恺朝于天子，奏道："城中有一富豪之家，姓石名崇，官居太尉，家中敌国之富。奢华受用，虽我王不能及他快乐。若不早除，恐生不测。"天子准奏，口传圣旨，便差驾上人[5]去捉拿太尉石崇下狱，将石崇应有家资皆没入官。王恺心中只要图谋绿珠为妾，使兵围绕其宅欲夺之。绿珠自思道："丈夫被他诬害性命，不知存亡。今日强要夺我，怎肯随他？虽死不受其辱！"言讫，遂于金谷园中坠楼而死。深可悯哉！王恺闻之，大怒，将石崇戮于市曹。石崇临受刑时叹曰："汝辈利吾家财耳。"刽子[6]曰："你既知财多害己，何不早散之？"石崇无言可答，挺颈受刑。胡曾先生有诗曰：

一自佳人坠玉楼，晋家宫阙古今愁。
惟余金谷园中树，已向斜阳叹白头。

方才说石崇因富得祸，是夸财炫色，遇了王恺国舅这个对头。如今再说一个富家，安分守己，并不惹事生非；只因为一点悭吝未除，便弄出非常大事，变做一段有笑声的小说。这富家姓甚名谁？听我道

来:这富家姓张名富,家住东京开封府,积祖开质库[7],有名唤做张员外。这员外有件毛病,要去那

  虱子背上抽筋,鹭鸶腿上割股,
  古佛脸上剥金,黑豆皮上刮漆,
  痰唾留着点灯,捋松[8]将来炒菜。

这个员外平日发下四条大愿:

  一愿衣裳不破,二愿吃食不消,
  三愿拾得物事,四愿夜梦鬼交。

是个一文不使的真苦人。他还[9]地上拾得一文钱,把来磨做镜儿,捍做磬儿,掐做锯儿,叫声"我儿",做个嘴儿[10],放入箧儿。人见他一文不使,起他一个异名,唤做"禁魂"张员外。

  当日是日中前后,员外自入去里面,白汤泡冷饭吃点心。两个主管在门前数见钱。只见一个汉,浑身赤膊,一身锦片也似文字,下面熟白绢裈拽扎着[11],手把着个笊篱,觑着张员外家里,唱个大喏了教化[12]。口里道:"持绳把索,为客周全。"主管见员外不在门前,把两文撒在他笊篱里。张员外恰在木瓜心[13]布帘后望见,走将出来道:"好也,主管!你做甚么把两文撒与他?一日两文,千日便两贯。"大步向前,赶上捉笊篱的打一夺,把他一笊篱钱都倾在钱堆里,却教众当直[14]打他一顿。路行人看见也不忿。那捉笊篱的哥哥[15]吃打了,又不敢和他争,在门前指着了骂。只见一个人叫道:"哥哥你来,我与你说句话。"捉笊篱的回过头来,看那个人,却是狱家院子[16]打扮一个老儿。两个唱了喏,老儿道:"哥哥,这禁魂张员外不近道理,不要共他争。我与你二两银子,你一文价卖生萝卜,也是经纪人。"捉笊篱的得了银子,唱喏自去,不在话下。

  那老儿是郑州奉宁军人,姓宋,排行第四,人叫他做宋四公,是小番子[17]闲汉。宋四公夜至三更前后,向金梁桥上四文钱买两只焦酸馅[18],揣在怀里,走到禁魂张员外门前。路上没一个人行,月又黑。

宋四公取出蹊跷作怪的动使[19]，一挂挂在屋檐上，从上面打一盘盘在屋上，从天井里一跳跳将下去。两边是廊屋，去侧首见一碗灯。听着里面时，只听得有个妇女声道："你看三哥怎么早晚兀自未来。"宋四公道："我理会得了，这妇女必是约人在此私通。"看那妇女时，生得：

> 黑丝丝的发儿，白莹莹的额儿，翠弯弯的眉儿，溜度度的眼儿，正隆隆的鼻儿，红艳艳的腮儿，香喷喷的口儿，平坦坦的胸儿，白堆堆的奶儿，玉纤纤的手儿，细袅袅的腰儿，弓弯弯的脚儿。

那妇女被宋四公把两只衫袖掩了面，走将上来。妇女道："三哥，做甚么遮了脸子唬我？"被宋四公向前一捽捽住，腰里取出刀来道："悄悄地！高则声[20]便杀了你！"那妇女颤做一团道："告公公，饶奴性命。"宋四公道："小娘子，我来这里做不是[21]，我问你则个。他这里到上库有多少关闭[22]？"妇女道："公公出得奴房，十来步有个陷马坑，两只恶狗；过了便有五个防土库[23]的在那里吃酒赌钱，一家[24]当一更，便是土库。入得那土库，一个纸人手里托着个银球，底下做着关棙子。踏着关棙子，银球脱在地下，有条合溜[25]，直滚到员外床前，惊觉，教人捉了你。"宋四公道："却是恁地。小娘子，背后来的是你兀谁？"妇女不知是计，回过头去，被宋四公一刀，从肩头上劈将下去，见道血光倒了。那妇女被宋四公杀了。宋四公再出房门来，行十来步，沿西手[26]走过陷马坑，只听得两个狗子吠。宋四公怀中取出酸馅，着些个不按君臣[27]作怪的药入在里面，觑得近了，撇向狗子身边去。狗子闻得又香又软，做两口吃了，先摆番[28]两个狗子。又行过去，只听得人喝么么六六，约莫也有五六人在那里掷骰。宋四公怀中取出一个小罐儿，安些个作怪的药在中[29]面，把块撒火石取些火烧着，喷鼻馨香。那五个人闻得道："好香，员外日早晚[30]兀自烧香。"只管闻来闻去，只见脚在下头在上，一个倒了又一个倒。看见那五个男女[31]闻那香，一霎间都摆番了。宋四公走到五人面前，见有半掇儿吃剩的酒，也有果菜之类，被宋四公把来吃了。只见五个人眼睁睁地，只是则声不得。便走到土库门前，见一具胳膊来大三簧锁锁着土库门。宋四公怀里取个钥匙，名唤做"百事和合"，不论大小粗细锁都开得。把钥匙一斗，斗开了锁，走入土库里面去。入得门,一个纸人手里托着个银球。宋四公先拿了银球,把脚踏过许多关楔子,觅了他五万贯锁[32]赃物,都是上等金珠,包裹做一处。怀中取出一管笔来,把津唾润教湿了,去壁上写着四句言语,道:

宋国逍遥汉,四海尽留名。
曾上太平鼎,到处有名声。

写了这四句言语在壁上,土库也不关,取条路出那张员外门前去。宋四公思量道:"梁园虽好,不是久恋之家[33]。"连更彻夜走归郑州去。

且说张员外家,到得明日天晓,五个男女甦醒,见土库门开着,药死两个狗子,杀死一个妇女,走去覆了员外。员外去使臣房[34]里下了状,滕大尹差王七殿直王遵,看贼踪由。做公的看了壁上四句言语,数中一个老成的叫做周五郎周宣说道:"告观察[35],不是别人,是宋四。"观察道:"如何见得?"周五郎周宣道:"'宋国逍遥汉',只做着上面个'宋'字;'四海尽留名',只做着个'四'字;'曾上太平鼎',只做着个'曾'字;'到处有名声',只做着个'到'字。上面四字道:'宋四曾到'。"王殿直道:"我久闻得做道路[36]的有个宋四公,是郑州人氏,最高手段,今番一定是他了。"便教周五郎周宣将带一行做公的去郑州干办[37]宋四。

众人路上离不得饥餐渴饮,夜住晓行。到郑州,问了宋四公家里,门前开着一个小茶坊。众人入去吃茶,一个老子上灶点茶。众人道:"一道[38]请四公出来吃茶。"老子道:"公公害些病未起在[39],等老子入去传话。"老子走进去了,只听得宋四公里面叫起来道:"我自头风[40]发,教你买三文粥来,你兀自不肯。每日若干钱养你,讨不得替心替力,要你何用?"刮刮地把那点茶老子打了几下。只见点茶的老子手把粥碗出来道:"众上下[41]少坐,宋四公教我买粥,吃了便来。"众人等个意休不休[42],买粥的也不见回来,宋四公也竟不见出来。众人不耐[43]烦,入去他房里看时,只见缚着一个老儿。众人只道宋四公,来收[44]他。那老儿说道:"老汉是宋公点茶的,恰才把碗去买粥的正是宋四公。"众人见说,吃了一惊,叹口气道:"真个是好手,我们看不仔细,却被他瞒过了。"只得出门去赶,那里赶得着?众做公的只得四散,分头各去,挨查[45]缉获,不在话下。

原来众人吃茶时,宋四公在里面,听得是东京人声音,悄地打一望,又像个干办公事的模样,心上有些疑惑,故意叫骂埋怨,却把点茶老儿的儿子衣服打换[46]穿着,低着头,只做买粥,走将出来,因此众人不疑。

却说宋四公出得门来,自思量道:"我如今却是去那里好?我有个师弟,是平江府[47]人,姓赵名正。曾得他信道:如今在谟县[48]。我不如去投奔他家也罢。"宋四公便改换色服,妆做一个狱家院子打扮,把一把扇子遮着脸,假做瞎眼,一路上慢腾腾地,取路要来谟县。来到谟县前,见个小酒店,但见:

  云拂烟笼锦旆扬,太平时节日舒长。
  能添壮士英雄胆,会解佳人愁闷肠。
  三尺晓垂杨柳岸,一竿斜刺杏花傍。
  男儿未遂平生志,且乐高歌入醉乡。

宋四公觉得肚中饥馁,入那酒店去,买些个酒吃。酒保安排将酒来,宋四公吃了三两杯酒,只见一个精精致致的后生,走入酒店来。看那人时,却是如何打扮?

  砖顶背系带头巾,皂罗文武带背儿[49],下面宽口裤,侧面丝鞋。

叫道:"公公拜揖。"宋四公抬头看时,不是别人,便是他师弟赵正。宋四公人面前不敢师父师弟厮叫,只道:"官人少坐。"赵正和宋四公叙了间阔就坐,教酒保添只盏来筛酒,吃了一杯。赵正却低低地问道:"师父一向疏阔[50]。"宋四公道:"二哥,几时有道路[51]也没?"赵正道:"是道路却也自有,都只把来风花雪月使了。闻知师父入东京去,得拳[52]道路。"宋四公道:"也没甚么,只有得个四五万钱。"又问赵正道:"二哥,你如今那里去?"赵正道:"师父,我要上东京闲走一遭,一道赏玩则个,归平江府去做话说。"宋四公道:"二哥,你去不得。"赵正道:"我如何上东京不得?"宋四公道:"有三件事,你去不得。第一,你是浙右人,不知东京事,行院[53]少有认得你的,你去投奔阿谁?第二,东京百八十里罗城[54],唤做'卧牛城'。我们只是草寇,常言:'草入牛口,其命不久。'第三是东京有五千个眼明手快做公的人,有三都捉事[55]使臣。"赵正道:"这三件事都不妨,师父你只放心,赵正也不到得胡乱[56]吃输。"宋四公道:"二哥,你不信我口,要去东京时,我觅得禁魂张员外的一包儿细软,我将归客店里去,安在头边,枕着头;你觅得我的时,你便去上东京。"赵正道:"师父,恁地时不妨。"两个说罢,宋四公还了酒钱,将着赵正归客店里。店小二见宋四公将着一个官人归来,唱了喏。赵正同宋四公入房里走一遭,道了"安置"[57],赵正自去。当下天色晚,如何见得?

  暮烟迷远岫,薄雾卷晴空。群星共皓月争光,远水与山光斗碧。深林古寺,数声钟韵悠扬;曲岸小舟,几点渔灯明灭。枝上子规啼夜月,花间粉蝶宿芳丛。

  宋四公见天色晚,自思量道:"赵正这汉手高,我做他师父,若还真个吃他觅了这般细软,好吃人笑,不如早睡。"宋四公却待要睡,又怕吃赵正来后如何,且只把一包细软安放头边,就床上掩卧。只听得屋梁上知知兹兹地叫,宋四公道:"作怪!未曾起更,老鼠便出来打闹人。"仰面向梁上看时,脱些个屋尘下来,宋四公打两个喷涕。少时老鼠却不则声,只听得两个猫儿,乜凹乜凹地厮咬了叫,溜些尿下来,正滴在宋四公口里,好臊臭!宋四公渐觉困倦,一觉睡去。

  到明日天晓起来,头边不见了细软包儿。正在那里没摆拨[58],只见店小二来说道:"公公,昨夜同公公来的官人来相见。"宋四公出来看时,却是赵正。相揖罢,请他入房里去,关上房门。赵正从怀里取出一个包儿,纳还师父。宋四公道:"二哥,我问你则个,壁落共门都不曾动,你却是从那里来,讨[59]了我的包儿?"赵正道:"实瞒不得师父,房里床面前一带黑油纸槛窗,把那学书纸糊着。吃我先在屋上,学一和[60]老鼠,脱下来屋尘,便是我的作怪药,撒在你眼里鼻里,教你打几个喷涕；后面猫尿，便是我的尿。"宋四公道："畜生，你好没道理！"赵正道："是吃我盘到你房门前，揭起学书纸，把小锯儿锯将两条窗栅下来；我便挨身而入，到你床边，偷了包儿；再盘出窗外去，把窗栅再接住，把小钉儿钉着，再把学书纸糊了，恁地便没踪迹。"宋四公道："好，好！你使得，也未是你会处。你还今夜再觅得我这包儿，我便道你会。"赵正道："不妨，容易的事。"赵正把包儿还了宋四公道："师父，我且归去，明日再会。"漾了手[61]自去。

宋四公口里不说，肚里思量道："赵正手高似我，这番又吃他觅了包儿，越不好看，不如安排走休！"宋四公便叫将店小二来说道："店二哥，我如今要行，二百钱在这里，烦你买一百钱熬[62]肉，多讨椒盐，买五十钱蒸饼，剩五十钱，与你买碗酒吃。"店小二谢了公公，便去谟县前买了熬肉和蒸饼，却待回来。离客店十来家，有个茶坊里，一个官人叫道："店二哥，那里去？"店二哥抬头看时，便是和宋四公相识的官人。店二哥道："告官人，公公要去，教男女买熬肉共蒸饼。"赵正道："且把来看。"打开荷叶看了一看，问道："这里几文钱肉？"店二哥道："一百钱肉。"赵正就怀里取出二百钱来道："哥哥，你留这熬肉蒸饼在这里，我与你二百钱，一道相烦，依这样与我买来，与哥哥五十钱买酒吃。"店二哥道："谢官人。"道了便去。不多时，便买回来。赵正道："甚劳烦哥哥，与公公再裹了那熬肉。见公公时，做[63]我传语他，只教他今夜小心则个。"店二哥唱喏了自去。到客店里，将肉和蒸饼递还宋四公。宋四公接了道："罪过[64]，哥哥。"店二哥道："早间来的那官人教再三传语，今夜小心则个。"

宋四公安排行李，还了房钱，脊背上背着一包被卧[65]，手里提着包裹，便是觅得禁魂张员外的细软，离了客店。行一里有余，取八角镇路上来。到渡头看那渡船，却在对岸。等不来，肚里又饥。坐在地上，放细软包儿在面前。解开熬肉裹儿，擘开一个蒸饼，把四五块肥底熬肉多蘸些椒盐，卷做一卷，嚼得两口。只见天在下，地在上，就那里倒了。宋四公只见一个丞局[66]打扮的人，就面前把了细软包儿去。宋四公眼睁睁地见他把去，叫又不得，赶又不得，只得由他。那个丞局拿了包儿，先过渡去了。

宋四公多样时[67]甦省起来，思量道："那丞局是阿谁？捉我包儿去。店二哥与我买的熬肉里面有作怪物事!"宋四公忍气吞声走起来,唤渡船过来,过了渡,上了岸,思量那里去寻那丞局好。肚里又闷,又有些饥渴,只见个村酒店,但见:

> 柴门半掩,破筛低垂。村中量酒[68],岂知有涤器相如? 陋质蚕姑,难效彼当炉卓氏。壁间大字,村中学究醉时题;架上麻衣,好饮芒郎[69]留下当。酸醨破瓮土床排[70],彩画醉仙尘土暗。

宋四公且入酒店里去,买些酒消愁解闷则个。酒保唱了喏,排下酒来。一杯两盏酒至三杯,宋四公正闷里吃酒,只见外面一个妇女入酒店来:

> 油头粉面,白齿朱唇。锦帕齐眉,罗裙掩地。鬓边斜插些花朵,脸上微堆着笑容。虽不比闺里佳人,也当得垆头少妇。

那个妇女入着酒店,与宋四公道个"万福"[71],拍手唱一只曲儿。宋四公仔细看时,有些个面熟,道这妇女是酒店擦卓儿[72]的,请小娘子坐则个。妇女在宋四公根底[73]坐定,教量酒添只盏儿来,吃了一盏酒。宋四公把那妇女抱一抱,撮一撮,拍拍惜惜,把手去摸那胸前道:"小娘子,没有妳儿。"又去摸他阴门,只见累累垂垂一条价。宋四公道:"热牢[74],你是兀谁?"那个妆做妇女打扮的,叉手不离方寸道:"告公公,我不是擦卓儿顶老[75],我便是苏州平江府赵正。"宋四公道:"打脊的检才[76]! 我是你师父,却教我摸你爷头! 原来却才丞局便是你。"赵正道:"可知便是赵正!"宋四公道:"二哥,我那细软包儿,你却安在那里?"赵正叫量酒道:"把适来我寄在这里包儿还公公。"量酒取将包儿来,宋四公接了道:"二哥,你怎地拿下我这包儿?"赵正道:"我在客店隔几家茶坊里坐地,见店小二哥提一裹熬肉。我讨来看,便使转他也与我去买,被我安些汗药在里面裹了,依然教他把来与你。我妆做丞局,后面踏[77]将你来。你吃摆番了,被我拿得包儿,到这里等你。"宋四公道:"恁地你真个会,不枉了上得东京去。"即时还了酒钱,两个同出酒店。去空野处除了花朵,溪水里洗了面,换一套男子衣裳着了,取一顶单青纱头巾裹了。宋四公道:"你而今要上京去,我与你一封书,去见个人,也是我师弟。他家住汴河岸上,卖人肉馒头。姓侯,名兴,排行第二,便是侯二哥。"赵正道:"谢师父。"到前面茶坊里,宋四公写了书,分付赵正,相别自去。宋四公自在谟县。

赵正当晚去客店里安歇,打开宋四公书来看时,那书上写道:

师父信上贤师弟二郎、二娘子:别后安乐否?今有姑苏贼人赵正,欲来京做买卖,我特地使他来投奔你。这汉与行院无情[78],一身线道[79],堪作你家行货[80]使用。我吃他三次无礼,可千万剿除此人,免为我们行院后患。

赵正看罢了书,伸着舌头缩不上。"别人便怕了,不敢去;我且看他如何对副我!我自别有道理。"再把那书折叠,一似原先封了。

明日天晓,离了客店,取八角镇;过八角镇,取板桥,到陈留县。沿那汴河行,到日中前后,只见汴河岸上有个馒头店。门前一个妇女,玉井栏手巾勒着腰,叫道:"客长,吃馒头点心去。"门前牌儿上写着:"本行侯家,上等馒头点心。"赵正道:"这里是侯兴家里了。"走将入去,妇女叫了"万福",问道:"客长用点心?"赵正道:"少待则个。"就脊背上取将包裹下来。一包金银钗子,也有花头的,也有连二连三的[81],也有素的,都是沿路上觅得的。侯兴老婆看见了,动心起来,道:"这客长有二三百只钗子!我虽然卖人肉馒头,老公虽然做赞老子[82],到没许多物事[83]。你看少间问我买馒头吃,我多使些汗火[84],许多钗子都是我的。"赵正道:"嫂嫂,买五个馒头来。"侯兴老婆道:"着!"揎个碟子,盛了五个馒头,就灶头合儿[85]里多撮些物料在里面。赵正肚里道:"这合儿里便是作怪物事了。"赵正怀里取出一包药来,道:"嫂嫂,觅些冷水吃药。"侯兴老婆将半碗水来,放在卓上。赵正道:"我吃了药却吃馒头。"赵正吃了药,将两只箸一拨,拨开馒头馅,看了一看便道:"嫂嫂,我爷说与我道:'莫去汴河岸上买馒头吃,那里都是人肉的。'嫂嫂,你看这一块有指甲,便是人的指头;这一块皮上许多短毛儿,须是人的不便处。"侯兴老婆道:"官人休耍,那得这话来!"赵正吃了馒头,只听得妇女在灶前道:"倒也!"指望摆番赵正,却又没些事。赵正道:"嫂嫂,更添五个。"侯兴老婆道:"想是恰才汗火少了,这番多把些药倾在里面。"赵正怀中又取包儿,吃些个药。侯兴老婆道:"官人吃甚么药?"赵正道:"平江府提刑[86]散的药,名唤做'百病安丸',妇女家八般头风,胎前产后,脾血气痛,都好服。"侯兴老婆道:"就官人觅得一服吃也好。"赵正去怀里别搠换包儿来,撮百十丸与侯兴老婆吃了,就灶前撅番了。赵正道:"这婆娘要对副我,却到吃我摆番。别人漾[87]了去,我却不走。"特骨地[88]在那里解腰捉虱子。

不多时,见个人挑一担物事归。赵正道:"这个便是侯兴,且看他如何?"侯兴共赵正两个唱了喏。侯兴道:"客长吃点心也未?"赵正道:"吃了。"侯兴叫道:"嫂子,会钱[89]也未?"寻来寻去,寻到灶前,只见浑家倒在地下,口边溜出痰涎,说话不真,喃喃地道:"我吃摆番了。"侯兴道:"我理会得了,这婆娘不认得江湖上相识,莫是吃那门前客长摆番了?"侯兴向赵正道:"法兄,山妻眼拙,不识法兄,切望恕罪。"赵正道:"尊兄高姓?"侯兴道:"这里便是侯兴。"赵正道:"这里便是姑苏赵正。"两个相揖了,侯兴自把解药与浑家吃了。赵正道:"二兄,师父宋四公有书上呈。"侯兴接着,拆开看时,书上写着许多言语,末捎[90]道:"可剿除此人。"侯兴看罢,怒从心上起,恶向胆边生,道:"师父兀自三次无礼,今夜定是坏他性命!"向赵正道:"久闻清德,幸得相会!"即时置酒相待。晚饭过了,安排赵正在客房里睡。侯兴夫妇在门前做夜作[91]。

赵正只闻得房里一阵臭气,寻来寻去,床底下一个大缸。探手打一摸,一颗人头;又打一摸,一只人手共人脚。赵正搬出后门头,都把索子缚了,挂在后门屋檐上。关了后门,再入房里,只听得妇女道:"二哥,好下手!"侯兴道:"二嫂,使未得! 更等他落忽[92]些个。"妇女道:"二哥,看他今日把出金银钗子,有二三百只。今夜对副他了,明日且把来做一头戴,教人喝采则个。"赵正听得道:"好也! 他两个要恁地对副我性命,不妨得。"侯兴一个儿子,十来岁,叫做伴哥,发脾寒[93],害[94]在床上。赵正去他房里,抱那小的安在赵正床上,把被来盖了,先走出后门去。不多时,侯兴浑家把着一碗灯,侯兴把一把劈柴大斧头,推开赵正房门,见被盖着个人在那里睡,和被和人,两下斧头,砍做三段。侯兴揭起被来看了一看,叫声:"苦也! 二嫂,杀了的是我儿子伴哥!"两夫妻号天洒地哭起来。赵正在后门叫道:"你没事自杀了儿子则甚? 赵正却在这里。"侯兴听得焦躁,拿起劈柴斧赶那赵正,慌忙走出后门去,只见扑地撞着侯兴额头,看时却是人头、人脚、人手挂在屋檐上,一似闹竿儿[95]相似。侯兴教浑家都搬将入去,直上[96]去赶。赵正见他来赶,前头是一派溪水。赵正是平江府人,会弄水,打一跳,跳在溪水里,后头侯兴也跳在水里来赶。赵正一分一蹬,顷刻之间,过了对岸。侯兴也会水,来得迟些个。赵正先走上岸,脱下衣裳挤教干。侯兴赶那赵正,从四更前后,到五更二点时候,赶十一二里,直到顺天新郑门一个浴堂。赵正入那浴堂里洗面,一道烘衣裳。正洗面间,只见一个人把两只手去赵正两腿上打一掣,掣番赵正。赵正见侯兴来掣他,把两秃膝[97]桩番侯兴,倒在下面,只顾打。

只见一个狱家院子打扮的老儿进前道:"你门[98]看我面放手罢。"赵正和侯兴抬头看时,不是别人,却是师父宋四公,一家[99]唱个大喏,直下便拜。宋四公劝了,将他两个去汤店[100]里吃盏汤。侯兴与师父说前面许多事。宋四公道:"如今一切休论,则是赵二哥明朝入东京去。那金梁桥下,一个卖酸馅的,也是我们行院,姓王,名秀。这汉走得楼阁没赛[101],起个浑名,唤作'病猫儿'。他家在大相国寺后面院子里住。他那卖酸馅架儿上一个大金丝罐,是定州中山府窑变[102]了烧出来的,他惜似气命。你如何去拿得他的?"赵正道:"不妨。"等城门开了,到日中前后,约师父只在侯兴处。

赵正打扮做一个砖顶背系带头巾,皂罗文武带背儿,走到金梁桥下,见一抱架儿,上面一个大金丝罐,根底立着一个老儿:郓州单青纱垸顶儿头巾,身上着一领篆杨柳子布衫,腰里玉井栏手巾抄着腰。赵正道:"这个便是王秀了。"赵正走过金梁桥来,去米铺前撮几颗红米,又去菜担上摘些个叶子,和米和叶子安在口里,一处嚼教碎。再走到王秀架子边,漾下六文钱,买两个酸馅,特骨地脱一文在地下。王秀去拾那地上一文钱,被赵正吐那米和菜在头巾上,自把了酸馅去。却在金梁桥顶上立地,见个小的跳将来,赵正道:"小哥,与你五文钱。你看那卖酸馅王公头巾上一堆虫蚁[103]屎,你去说与他,不要道我说。"那小的真个去说道:"王公,你看头巾上。"王秀除下头巾来,只道是虫蚁屎,入去茶坊里揩抹了。走出来架子上看时,不见了那金丝罐。原来赵正见王秀入茶坊去揩那头巾,等他眼慢[104],拿在袖子里便行,一径走往侯兴家去。宋四公和侯兴看了,吃一惊。赵正道:"我不要他的,送还他老婆休！"赵正去房里换了一顶搭飒[105]头巾，底下旧麻鞋，着领旧布衫，手把着金丝罐，直走去大相国寺后院子里。见王秀的老婆，唱个喏了道："公公教我归来，问婆婆取一领新布衫、汗衫、裤子、新鞋袜，有金丝罐在这里表照。"婆子不知是计，收了金丝罐，取出许多衣裳，分付[106]赵正。赵正接得了，再走去见宋四公和侯兴道："师父，我把金丝罐去他家换许多衣裳在这里。我们三个少间同去送还他，博个笑声。我且着了去闲走一回耍子。"

赵正便把王秀许多衣裳着了，再入城里，去桑家瓦[107]里闲走一回，买酒买点心吃了，走出瓦子外面来。

却待过金梁桥，只听得有人叫："赵二官人！"赵正回过头来看时，却是师父宋四公和侯兴。三个同去金梁桥下，见王秀在那里卖酸馅。宋四公道："王公拜茶。"王秀见了师父和侯二哥，看了赵正，问宋四公道："这个客长是兀谁？"宋四公恰待说，被赵正拖起去，教宋四公"未要说我姓名，只道我是你亲戚，我自别有道理"。王秀又问师父："这客长高姓？"宋四公道："是我的亲戚，我将他来京师闲走。"王秀道："如此，……"即时寄了酸馅架儿在茶坊，四个同出顺天新郑门外僻静酒店，去买些酒吃。入那酒店去，酒保筛酒来，一杯两盏，酒至三巡。王秀道："师父，我今朝呕气。方才挑那架子出来，一个人买酸馅，脱一钱在地下。我去拾那一钱，不知甚虫蚁屙在我头巾上。我入茶坊去揩头巾出来，不见了金丝罐，一日好闷！"宋四公道："那人好大胆，在你跟前卖弄得，也算有本事了。你休要气闷，到明日闲暇前，大家和你查访这金丝罐。又没三件两件，好歹要讨个下落[108]，不到得失脱。"赵正肚里只是暗暗的笑。四个都吃得醉，日晚了，各自归。

且说王秀归家去，老婆问道："大哥，你恰才教人把金丝罐归来？"王秀道："不曾。"老婆取来道："在这里，却把了几件衣裳去。"王秀没猜道是谁，猛然想起今日宋四公的亲戚，身上穿一套衣裳，好似我家的。心上委决[109]不下，肚里又闷，提一角酒，索性和婆子吃个醉，解衣卸带了睡。王秀道："婆婆，我两个多时不曾做一处。"婆子道："你许多年纪了，兀自鬼乱！"王秀道："婆婆，你岂不闻：'后生犹自可，老的急似火。'"王秀早移过共头，在婆子头边，做一班半点儿事，兀自未了当。原来赵正见两个醉，掇开门躲在床底下，听得两个鬼乱，把尿盆去房门上打一㩧。王秀和婆子吃了一惊,鬼慌起来。看时,见个人从床底下趱将出来,手提一包儿。王秀就灯光下仔细认时,却是和宋四公、侯兴同吃酒的客长。王秀道:"你做甚么?"赵正道:"宋四公教还你包儿。"王公接了看时,却是许多衣裳,再问:"你是甚人?"赵正道:"小弟便是姑苏平江府赵正。"王秀道:"如此,久闻清名。"因此拜识,便留赵正睡了一夜。

次日,将着他闲走。王秀道:"你见白虎桥下大宅子,便是钱大王[110]府,好一拳财。"赵正道:"我们晚些下手。"王秀道:"也好。"到三鼓前后,赵正打个地洞,去钱大王土库偷了三万贯钱正赃,一条暗花盘龙羊脂白玉带。王秀在外接应,共他归去家里去躲。明日,钱大王写封简子与滕大尹,大尹看了,大怒道:"帝辇之下,有这般贼人!"即时差缉捕使臣马翰,限三日内要捉钱府做不是的贼人。

马观察马翰得了台旨,分付众做公的落宿[111],自归到大相国寺前。只见一个人背系带砖顶头巾,也着上一领紫衫,道:"观察拜茶。"同入茶坊里,上灶[112]点茶来。那着紫衫的人怀里取出一裹松子胡桃仁,倾在两盏茶里。观察问道:"尊官高姓?"那个人道:"姓赵,名正,昨夜钱府做贼的便是小子。"马观察听得,脊背汗流,却待等众做公的过捉他。吃了盏茶,只见天在下,地在上,吃摆番了。赵正道:"观察醉也。"扶住他,取出一件作怪动使剪子,剪下观察一半衫襟[113],安在袖里,还了茶钱。分付茶博士道:"我去叫人来扶观察。"赵正自去。

两碗饭间,马观察肚里药过了,甦醒起来,看赵正不见了。马观察走归去,睡了一夜,明日天晓,随大尹朝殿。大尹骑着马,恰待入宣德门去,只见一个人裹顶弯角帽子,着上一领皂衫,拦着马前,唱个大喏,道:"钱大王有札目[114]上呈。"滕大尹接了,那个人唱喏自去。大尹就马上看时,腰裹金鱼带[115],不见挞尾[116]。简上写道:"姑苏贼人赵正,拜禀大尹尚书:所有钱府失物,系是正偷了。若是大尹要来寻赵正家里,远则十万八千,近则只在目前。"大尹看了越焦燥,朝殿回衙,即时升厅,引放民户词状[117],词状人抛箱[118]。大尹看到第十来纸状,有状子上面也不依式论诉甚么事,去那状上只写一只《西江月》曲儿,道是:

是水归于大海,闲汉总入京都。三都捉事马司徒[119],衫褙[120]难为作主。　　盗了亲王玉带,剪除大尹金鱼。要知闲汉姓名无? 小月傍边疋土。

大尹看罢道:"这个又是赵正,直恁地手高!"即唤马观察马翰来,问他捉贼消息。马翰道:"小人因不认得贼人赵正,昨日当面错过[121]。这贼委的[122]手高,小人访得他是郑州宋四公的师弟;若拿得宋四,便有了赵正。"滕大尹猛然想起,那宋四因盗了张富家的土库,见告失状未获。即唤王七殿直王遵,分付他协同马翰访捉贼人宋四、赵正。王殿直王遵禀道:"这贼人踪迹难定,求相公宽限时日。又须官给赏钱,出榜悬挂,那贪着赏钱的便来出首,这公事便容易了办。"滕大尹听了,立限一个月缉获;依他写下榜文,如有缉知真赃来报者,官给赏钱一千贯。马翰和王遵领了榜文,径到钱大王府中,禀了钱大王,求他添上赏钱,钱大王也注了一千贯。两个又到禁魂张员外家来,也要他出赏。张员外见在失了五万贯财物,那里肯出赏钱? 众人道:"员外休得为小失大。捕得着时,好一主大赃追还你。府尹相公也替你出赏,钱大王也注了一千贯;你却不肯时,大尹知道,却不好看相[123]。"张员外说不过了,另写个赏单,勉强写足了五百贯。马观察将去府前张挂,一面与王殿直约会,分路挨查。

那时府前看榜的人山人海,宋四公也看了榜,去寻赵正来商议。赵正道:"可奈[124]王遵、马翰,日前无怨,定要加添赏钱,缉获我们;又可奈张员外悭吝,别的都出一千贯,偏你只出五百贯,把我们看得恁贱! 我们如何去蒿恼[125]他一番,才出得气。"宋四公也怪前番王七殿直领人来拿他,又怪马观察当官禀出赵正是他徒弟,当下两人你商我量,定下一条计策,齐声道:"妙哉!"赵正便将钱大王府中这条暗花盘龙羊脂白玉带递与宋四公,四公将禁魂张员外家金珠一包,就中检出几件有名的宝物,递与赵正。两下分别各自去行事。

且说宋四公才转身,正遇着向日张员外门首捉笊篱的哥哥,一把扯出顺天新郑门,直到侯兴家里歇脚。便道:"我今日有用你之处。"那捉笊篱的便道:"恩人有何差使? 并不敢违。"宋四公道:"作成你趁一千贯钱养家则个。"那捉笊篱的到吃一惊,叫道:"罪过! 小人没福消受。"宋四公道:"你只依我,自有好处。"取出暗花盘龙羊脂白玉带,教侯兴扮作内官[126]摸样,"把这条带去禁魂张员外解库[127]里去解钱。这带是无价之宝,只要解他三百贯,却对他说:'三日便来取赎,若不赎时,再加绝二百贯。你且放在铺内,慢些子收藏则个。'"侯兴依计去了。张员外是贪财之人,见了这带,有些利息,不问来由,当去三百贯足钱。侯兴取钱回覆宋四公,宋四公却教捉笊篱的到钱大王门上揭榜出首。钱大王听说获得真赃,便唤捉笊篱的面审。捉笊篱的说道:"小的去解库中当钱,正遇那主管将白玉带卖与北边一个客人,索价一千五百两。有人说是大王府里来的,故此小的出首。"钱大王差下百十名军校,教捉笊篱的做眼[128],飞也似跑到禁魂张员外家,不由分说,到解库中一搜,搜出了这条暗花盘龙羊脂白玉带。张员外走出来分辩时,这些个众军校那里来管你三七二十一,一条索子扣头,和解库中两个主管都拿来见钱大王。钱大王见了这条带,明是真赃,首人不虚,便写个钧帖,付与捉笊篱的,库上支一千贯赏钱。钱大王打轿,亲往开封府拜滕大尹,将玉带及张富一千人送去拷问。大尹自己缉获不着,到是钱大王送来,好生惭愧,便骂道:"你前日到本府告失状,开载许多金珠宝贝。我想你庶民之家,那得许多东西?却原来放线做贼!你实说这玉带甚人偷来的?"张富道:"小的祖遗财物,并非做贼窝赃。这条带是昨日申牌时分一个内官拿来,解了三百贯钱去的。"大尹道:"钱大王府里失了暗花盘龙羊脂白玉带,你岂不晓得?怎肯不审来历,当钱与他?如今这内官何在?明明是一派胡说!"喝教狱卒将张富和两个主管一齐用刑,都打得皮开肉绽,鲜血迸流。张富受苦不过,情愿责限三日,要出去挨获[129]当带之人。三日获不着,甘心认罪。滕大尹心上也有些疑虑,只将两个主管监候。却差狱卒押着张富,准他立限三日回话。

张富眼泪汪汪,出了府门,到一个酒店里坐下,且请狱卒吃三杯。方才举盏,只见外面蹑个老儿入来,问道:"那一个是张员外?"张富低着头,不敢答应。狱卒便问:"阁下是谁?要寻张员外则甚?"那老儿道:"老汉有个喜信要报他,特到他解库前,闻说有官事在府前,老汉跟寻至此。"张富方才起身道:"在下便是张富,不审有何喜信见报?请就此坐讲。"那老儿捱着张员外身边坐下,问道:"员外土库中失物曾缉知下落否?"张员外道:"在下不知。"那老儿道:"老汉到晓得三分,特来相报员外。若不信时，老汉愿指引同去起赃，见了真正赃物，老汉方敢领赏。"张员外大喜道："若起得这五万贯赃物，便赔偿钱大王也还有余。挤些上下使用，身上也得干净。"便问道："老丈既然的确，且说是何名姓？"那老儿向耳边低低说了几句，张员外大惊道："怕没此事。"老儿道："老汉情愿到府中出个首状，若起不出真赃，老汉自认罪。"张员外大喜道："且屈老丈同在此吃三杯，等大尹晚堂，一同去禀。"当下四人饮酒半醉，恰好大尹升厅，张员外买张纸，教老儿写了首状，四人一齐进府出首。滕大尹看了王保状词，却是说马观察、王殿直做贼，偷了张富家财。心中想道："他两个积年捕贼，那有此事？"便问王保道："你莫非挟仇陷害么？有甚么证据？"王保老儿道："小的在郑州经纪，见两个人把许多金珠在彼兑换。他说家里还藏得有，要换时再取来。小的认得他是本府差来缉事的，他如何有许多宝物？心下疑惑。今见张富失单，所开宝物相象，小的情愿眼[130]同张富到彼处搜寻。如若没有，甘当认罪。"滕大尹似信不信，便差李观察李顺，领着眼明手快的公人，一同王保、张富前去。

　　此时马观察马翰与王七殿直王遵，俱在各县挨缉两宗盗案未归。众人先到王殿直家，发声喊，径奔入来。王七殿直的老婆，抱着三岁的孩子，正在窗前吃枣糕，引着耍子。见众人罗唣[131]，吃了一惊，正不知甚么缘故。恐怕吓坏了孩子，把袖褙子掩了耳朵，把着进房。众人随着脚跟儿走，围住婆娘问道："张员外家赃物藏在那里？"婆娘只光着眼[132]，不知那里说起。众人见婆娘不言不语，一齐掀箱倾笼，搜寻了一回。虽有几件银钗饰和些衣服，并没赃证。李观察却待埋怨王保，只见王保低着头，向床底下钻去，在贴壁床脚下解下一个包儿，笑嘻嘻的捧将出来。众人打开看时，却是八宝嵌花金杯一对，金镶玳瑁杯十只，北珠[133]念珠一串。张员外认得是土库中东西，还痛起来，放声大哭。连婆娘也不知这物事那里来的，慌做一堆，开了口合不得，垂了手抬不起。众人不由分说，将一条索子扣了婆娘的颈。婆娘哭哭啼啼，将孩子寄在邻家，只得随着众人走路。众人再到马观察家，混乱了一场。又是王保点点搠搠，在屋檐瓦檑[134]内搜出珍珠一包，嵌宝金钏等物，张员外也都认得。两家妻小都带到府前，滕大尹兀自坐在厅上，专等回话。见众人蜂拥进来，阶下列着许多赃物，说是床脚上、瓦檑内搜出,见有张富识认是真。滕大尹大惊道:"常闻得捉贼的就做贼,不想王遵、马翰真个做下这般勾当!"喝教将两家妻小监候,立限速拿正贼,所获赃物暂寄库。首人在外听候,待赃物明白,照额领赏。张富磕头禀道:"小人是有碗饭吃的人家。钱大王府中玉带根由[135],小人委实不知。今小的家中被盗赃物既有的据,小人认了悔气,情愿将来赔偿钱府。望相公方便,释放小人和那两个主管,万代阴德。"滕大尹情知张富冤枉,许他召保在外。王保跟张员外到家,要了他五百贯赏钱去了。原来王保就是王秀,浑名"病猫儿",他走得楼阁没赛。宋四公定下计策,故意将禁魂张员外家土库中赃物,预教王秀潜地埋藏两家床头屋檐等外,却教他改名王保,出首起赃,官府那里知道?

却说王遵、马翰正在各府缉获公事,闻得妻小吃了官司,急忙回来见滕大尹。滕大尹不由分说,用起刑法,打得稀烂,要他招承张富赃物,二人那肯招认?大尹教监中放出两家的老婆来,都面面相觑,没处分辩,连大尹也委决不下,都发监候。次日又拘张富到官,劝他且将己财赔了钱大王府中失物,待从容退赃还你。张富被官府逼勒不过,只得承认了。归家思想,又恼又闷,又不舍得家财,在土库中自缢而死。可惜有名的禁魂张员外,只为"悭吝"二字,惹出大祸,连性命也丧了。那王七殿直王遵、马观察马翰,后来俱死于狱中。这一般贼盗公然在东京做歹事,饮美酒,宿名娼,没人奈何得他。那时节东京扰乱,家家户户不得太平。直待包龙图相公做了府尹,这一般贼盗方才惧怕,各散去讫,地方始得宁静。有诗为证,诗云:

只因贪吝惹非殃,引到东京盗贼狂。
亏杀龙图包大尹,始知好官自民安。

[注释]
[1] 风:疑应为"飑"字。
[2] 蒋山:即锺山,在今南京。传说三国吴时蒋子文曾显灵于此,孙权为避祖讳改锺山为蒋山。
[3] 太尉:秦汉时官职名,掌管军事,与丞相地位相同。后代因袭,元以后废除。
[4] 那借:那,今作"挪"。

[5] 驾上人：禁卫军士。
[6] 刽子：下疑脱一"手"字。
[7] 积祖开质库：积祖，祖上几代。质库，典当铺。
[8] 松：精液。字应作"㞞"，音 sóng。
[9] 还：义同"若还"，假设之辞。
[10] 做个嘴儿：接吻。
[11] 熟白绢裈拽扎着：熟白绢，漂白的绢。裈，音 kūn，裤子。此言裤腿用带子系着。
[12] 教化：即叫化，乞讨。
[13] 木瓜心：一种布的名称。"木"原误作"水"字，今正。
[14] 当直：仆役。
[15] 捉笊篱的哥哥：捉，把捉，即手持之意。哥哥，小伙子。
[16] 狱家院子：宋代称老兵为院子。狱家院子即老年狱卒。
[17] 小番子：光棍，无赖。
[18] 酸馅：菜馒头，宋元时普通食品。
[19] 动使：应用的器具。
[20] 则声：即作声。
[21] 做不是：为非作歹，干犯法的事。
[22] 关闭：这里是指一道道门和障碍。
[23] 土库：与官库相对，私家库房。
[24] 一家：一个人。
[25] 合溜：水槽。
[26] 西手：即西首，西头。
[27] 不按君臣：中药每剂配合时要分主辅，主药为君，辅药为臣。不按君臣就是不按药理、胡乱配合。
[28] 摆番：多指以药物把人或动物弄昏迷。
[29] 中：疑应为"里"。
[30] 日早晚：日，同"偌"。日早晚，就是"这么晚"的意思。
[31] 男女：人（含不敬意）。
[32] 锁：此字疑衍。
[33] 梁园虽好，不是久恋之家：俗语成语。梁园指梁孝王兔园，故址在汴京东南。宋人常用来指称汴京，后来引申而指安乐的地方。
[34] 使臣房：缉捕官的办事房。
[35] 观察：唐宋都设观察使，宋代习称缉捕官为观察。
[36] 做道路：做盗贼的讳辞。

[37] 干办：办案子，捉拿。
[38] 一道：一块儿，一并。下文"一道赏玩"的"一道"是顺便的意思。
[39] 在：语气助词，略同于"哩"。
[40] 头风：头痛病。
[41] 上下：对官长的尊称。《燕子赋》雀儿称凤凰为上下，并同。
[42] 意休不休：无休止。
[43] 耐：原作"奈"。
[44] 收：收捕，拘捕。
[45] 挨查：访拿搜查。
[46] 打换：调换，掉换。
[47] 平江府：今江苏省苏州市。
[48] 谟县：无此县名，疑有错字。
[49] 背儿：即背子、褙子，一种对襟袍子。据说是秦二世开始，上朝要在衣衫外面加褙子。褙子的袖子比衣衫短、身与衫齐而大袖。宋代又长与裙齐而袖宽于衫。
[50] 疏阔：久别。
[51] 有道路：有买卖。
[52] 拳：量词。一拳即一注、一项、一笔。
[53] 行院：同行，同业，同伙。
[54] 罗城：包罗在内城外面的城。
[55] 三都提事：三都，未详。提事，缉捕官。
[56] 胡乱：在这里是"轻易"的意思。
[57] 安置：指晚上休息安睡。是晚上睡前的问候话。
[58] 没摆拨：无法处理。
[59] 讨：掏。
[60] 一和：一气，一通，一阵。
[61] 漾了手：甩了手。
[62] 熬：音 āo，在微火上煨熟。
[63] 做：在这里是"代、替"的意思。
[64] 罪过：谢谢、不敢当。多用来对地位高于自己的人说。
[65] 被卧：被子。
[66] 丞局：应作"承局"。当差的。
[67] 多样时：好一会儿。"样"疑是误字。
[68] 量酒：卖酒的伙计。

[69] 芒郎：村童。

[70] 酸醨破瓮土床排：醨，音 lí，薄酒。土床，土台，即酒垆。

[71] 万福：妇女请安的话。

[72] 擦卓儿的："卓"是"桌"字的早期写法。擦卓儿的，酒铺里巡回流动到各桌卖唱的歌妓。

[73] 根底：跟前。

[74] 热牢：捏住。

[75] 顶老：江湖上的一种切口，称妓女。

[76] 检才：坏蛋。

[77] 踏：跟踪。

[78] 无情：这里当"没有关系"讲，是从"没有情分"的意思引申来的。

[79] 线道：江湖上的一种切口，称身上的肉。

[80] 行货：次货。侯兴是卖人肉馒头的，所以宋四公信上说赵正的肉可以充当货物使用。

[81] 连二连三的：钗子等首饰做成连环花样的。

[82] 赞老子：盗贼首领。

[83] 物事：东西。此指财物。

[84] 汗火：蒙汗药。

[85] 合儿：即盒儿。

[86] 提刑：宋代选朝臣为诸路提点刑狱官，省称提刑。

[87] 漾：甩开，丢开。

[88] 特骨地：故意地。

[89] 会钱：付钱。

[90] 末捎：末了，结尾。

[91] 做夜作：夜晚干活。

[92] 落忽：熟睡。

[93] 发脾寒：发疟疾。

[94] 害：害病。

[95] 闹竿儿：一种儿童玩具，在一根竹竿上悬挂许多玩意儿。

[96] 直上：这里作笔直向前讲。

[97] 秃膝：膝盖。

[98] 你门："门"即"们"。宋人有写作"门"字的。

[99] 一家："一"疑应为"大"字。

[100] 汤店：汤是一种药茶，以药物研碎冲成。汤店是卖这种药茶的店铺。

[101] 走得楼阁没赛：上房的本事无人匹敌。
[102] 定州中山府窑变：定州中山府（今河北省定州市）宋时以产瓷著名，称为定窑。烧制时使器起化学变化而呈红色或紫色的一种方法，称为窑变。
[103] 虫蚁：称鸟雀。早期白话文学中多如此。
[104] 眼慢：眼睛没有注意看。忽视之意。
[105] 搭飒：破败蔽旧。今北京仍说"破衣拉飒"。
[106] 分付：付与。
[107] 桑家瓦：瓦即瓦子，是宋代的游艺场所，也称瓦市、瓦肆、瓦舍。桑家瓦为北宋时东京著名瓦舍。
[108] 讨个下落：寻找个下落。
[109] 委决：决断。
[110] 钱大王：五代吴越王钱俶降宋纳土，他的子孙在宋朝做官，民间还称他们为钱大王。
[111] 落宿：睡觉。此处白天睡觉，为的是夜间去缉捕。
[112] 上灶：茶灶上管茶水的工役。
[113] 衫褾：衣袖。
[114] 札目：官府公牍。
[115] 金鱼带：唐代改虎符为鱼符，盛在袋内，叫作金鱼袋。宋代已成为穿公服时的一种饰物。系金鱼袋的腰带叫金鱼带。
[116] 挞尾：腰带下垂的一端。挞尾按照官阶高低而有不同的装饰。
[117] 词状：告状。
[118] 抛箱：把状纸投入箱内，叫作抛箱或撺箱。宋元时衙门内接纳民户告状，都先由当差的吆喝，让人投放状纸，叫作喝撺箱。
[119] 马司徒：司徒、司马、司空并称三公，这里用来尊称马翰，也有开玩笑的意思。
[120] 衫褙：即褙子。指马翰衫袖被剪去的事。
[121] 错过：错，原作"挫"字。
[122] 委的：委实，实在。
[123] 不好看相：面子上过不去。
[124] 可奈：也写作"可耐"，怎奈的意思。
[125] 蒿恼：搅扰。
[126] 内官：太监。
[127] 解库：又称解典库。解是典当的意思，解库就是典当铺。
[128] 做眼：即做眼线，帮助捕役侦缉拘捕盗贼的人叫眼线。

［129］ 挨获：访拿缉捕。
［130］ 眼：疑应为"跟"字。
［131］ 罗唣：骚扰。
［132］ 光着眼：犹言张大眼睛。
［133］ 北珠：南海所产珍珠叫南珠，北海所产珍珠叫北珠。
［134］ 瓦糯：糯，今作"楞"或"棱"。
［135］ 根由：根，原作"跟"字。

史弘肇龙虎君臣会

  本篇叙述郭威和史弘肇君臣二人未"发迹"时候的故事,是属于"发迹变泰"性质的作品。

  本篇称史弘肇为"四镇令公"。按《五代史·史弘肇传》说史弘肇官拜中书令。唐宋都称中书令为"令公"。本篇以河南府为西京,也合于宋代建制。而篇中"发迹变泰""四司六局""祗应""供过""甚次第"等词语也都是宋代的语言。篇末又有"这话本是京师老郎流传"的话,"京师老郎"是南宋临安说话人对汴京前辈艺人的尊称。这都可以证明本篇是北宋流传下来的故事。

  这篇作品中有许多南宋时人的口气,而且提到"洪内翰"。洪内翰即洪迈,卒于嘉泰二年(1202年)。现在我们看到的这篇作品,应该是南宋嘉泰以后的作品,因为作品中说洪迈"有一代之史才",很像是洪迈去世以后的人的语气。

  这篇小说收在明冯梦龙编的《古今小说》内,为第十五卷。《古今小说》有明天许斋刊本,原书在日本,此据影印本转录。同时参考了许政扬校注《古今小说》,人民文学出版社,1958年。

    倦压鳌头[1]请左符[2],笑寻颍尾[3]为西湖。
    二三贤守去非远,六一[4]清风今不孤。
    四海共知霜鬓满,重阳曾插菊花无?
    聚星堂[5]上谁先到?欲傍金尊倒玉壶。

这一首诗,乃宋朝士大夫刘季孙[6]寄苏子瞻自翰苑出守杭州诗。元来东坡先生苏学士凡两次到杭州:先一次,神宗皇帝熙宁二年,通判[7]杭州;第二次,元祐年中,知杭州军州事。所以临安府多有东坡古迹诗句。后来南渡过江,文章之士极多。惟有洪内翰[8]才名可继东坡之作。洪内翰曾编了《夷坚》三十二志,有一代之史才。在孝宗朝,圣眷甚隆。因在禁林[9],乞守外郡,累次上章,圣上方允,得知越州绍兴府。是时淳熙年上,到任时遇春天。有首回文诗,做得极好,乃诗人熊元素所作。诗云:

　　融融日暖乍晴天,骏马雕鞍绣辔联。
　　风细落花红衬地,雨微垂柳绿拖烟。
　　茸铺草色春江曲,雪剪花梢玉砌前。
　　同恨此时良会罕,空飞巧燕舞翩翩。

若倒转念时,又是一首好诗:

　　翩翩舞燕巧飞空,罕会良时此恨同。
　　前砌玉梢花剪雪,曲江春色草铺茸。
　　烟拖绿柳垂微雨,地衬红花落细风。
　　联辔绣鞍雕马骏,天晴乍暖日融融。

这洪内翰遂安排筵席于镇越堂上,请众官宴会。那四司六局[10]祗应[11]供过[12]的人,都在堂下,甚次第[13]。当日果献时新,食烹异味。酒至三杯,众妓中有一妓,姓王名英。这王英以纤纤春笋柔荑[14],捧着一管缠金丝龙笛,当筵品弄一曲。吹得清音嘹亮,美韵悠扬,众官听之大喜。这洪内翰令左右取文房四宝来,诸妓女供侍于面前,对众官乘兴,一时文不加点,扫一只词[15],唤做《虞美人》。词云:

　　忽闻碧玉楼头笛,声透晴空碧。宫商角羽任西东,映我奇观惊起碧潭龙。　　数声呜咽青霄去,不舍《梁州序》。穿云裂石响无踪,惊动梅花初谢玉玲珑。

洪内翰珠玑满腹,锦绣盈肠,一只曲儿,有甚难处?做了呈众官,众官看罢,皆喜道:"语意清新,果是佳作。"

方才夸羡不已,只见一个官员,在众中呵呵大笑,言曰:"学士作此龙笛词,虽然奇妙,此词八句,偷了古人作的杂诗词中各一句也。"洪内翰看那官人,乃孔通判讳德明。洪内翰大惊道:"孔丈既知如此,可望见教否?"孔通判乃就筵上,从头一一解之。

第一句道:"忽闻碧玉楼头笛。"偷了张紫微[16]作《道隐》诗中第四句。诗道:

　　试问清轩可瞰[17]青,霜天孤月照蓬瀛[18]。
　　广寒宫里琴三弄,碧玉楼头笛一声。
　　金井辘轳秋水冷,石床茅舍暮云清。
　　夜来忽作瑶池梦,十二阑干独步行。

第二句道:"声透晴空碧。"偷了骆解元作《王娇姿唱词》中第三句。诗道:

　　谢氏筵[19]中闻雅唱,何人隔幕在帘帷?
　　一声点破晴空碧,遏住行云[20]不敢飞。

第三句道:"宫商角羽任西东。"偷了曹仙姑[21]作《风响》诗中第二句。诗道:

　　碾玉悬丝挂碧空,宫商角羽任西东。
　　依稀似曲才堪听,又被风吹别调中。

第四句道:"映我奇观惊起碧潭龙。"偷了东坡作《橹》诗中第三、第四句。诗道:

　　伊轧[22]江心激箭冲,天涯无际去无踪。
　　遥遥映我奇观处,料应惊起碧潭龙。

过处[23]第五句道:"数声呜咽青霄去。"偷了朱淑真[24]作《雁》诗中第四

句。诗道:

> 伤怀遣我肠千缕,征雁南来无定据。
> 嘹嘹呖呖自孤飞,数声呜咽青霄去。

第六句道:"不舍《梁州序》。"偷了秦少游作《歌舞》诗中第四句。诗道:

> 纤腰如舞态,歌韵如莺语。
> 似锦罩厅前,不舍《梁州序》。

第七句道:"穿云裂石响无踪。"偷了刘两府[25]作《水底火炮》诗中第三句。诗道:

> 一激轰然如霹雳,万波鼓动鱼龙息。
> 穿云裂石响无踪,却虏驱邪归正直。

临了第八句道:"惊动梅花初谢玉玲珑。"偷了士人刘改之来谒见婺州陈侍郎作《元宵·望江南》词中第四句[26]。词道:

> 元宵景,天气正融融。柳线正垂金落索[27],梅花初谢玉玲珑,明月映高空。　　贤太守,欢乐与民同。箫鼓聒[28]残灯火市,轮蹄踏破广寒宫,良夜莫匆匆。

孔通判从头解说罢,洪内翰大喜。众官称叹道:"奇哉!奇哉!"洪内翰教左右别办一劝[29],劝罢,与孔通判道:"适间门下解说得甚妙!甚妙!欲求公作《龙笛》词一首,永为珍赐。"孔通判相谢罢,遂作一词,唤作《水调歌头》。词云:

> 玉人揎皓腕,纤手映朱唇。龙吟越调孤喷,清浊最堪听。欲度宁王一曲[30],莫学桓伊三弄[31],听答兀中丁。忆昔知音客,鉴别在柯亭[32]。　　至更深,宜月朗,称疏星。天高气爽,霜重水

绿与山青。幸遇良宵佳景,轰起一声蕲州[33],耳畔觉泠泠。裂石穿云去,万鬼尽潜形。

兀的正是:

高才得见高才客,不枉留传纪好音。

说话的,你因甚的头回[34]说这"八难龙笛词"?自家今日不说别的,说两个客人将一对龙笛蕲材,来东峰东岱岳烧献。只因烧这蕲材,却教郑州奉宁军[35]一个上厅行首有分做两国夫人,嫁一个好汉,后来为当朝四镇令公,名标青史[36],直到如今,做几回花锦似话说。这未发迹的好汉,却姓甚名谁?怎地发迹变泰[37]?直教:

纵横宇宙三千里,威镇华夷四百州。

有一诗单道五代兴亡,诗云:

自从唐季坠朝纲,天下生灵被扰攘。
社稷安危悬卒伍,朝廷轻重系藩方。
深冬寒木周不脱,未旦小星犹有光。
五十三年更五姓,始知迅扫待真王。

却说是五代唐朝里,有两个客人:王一太、王二太,乃兄弟两人。获得一对蕲州出的龙笛材,不曾开成笛,天生奇异,根似龙头之状,世所无者。特地将来兖州奉符县东峰东岱岳殿下火池内烧献。烧罢,圣帝[38]赐与炳灵公[39]。炳灵公遂令康、张二圣[40]前去郑州奉宁军,唤开笛阎招亮来。康、张二圣领命,即时到郑州,变做两个凡人,径来见阎招亮。这阎招亮正在门前开笛,只见两个人来相揖。作揖罢,道:"一个官员有两管龙笛蕲材,欲请待诏便去开则个。这官员急性,开毕重重酬谢。便等同去。"阎招亮即时收拾了作仗[41],厮赶[42]二人来。顷刻间,到一个所在。阎招亮抬头看时,只见牌上写道"东峰东岱岳"。

但见：

群山之祖，五岳为尊。上有三十八盘，中有七十二司。水帘映日，天柱插空。九间大殿，瑞光罩碧瓦凝烟。四面高峰，偃仰见金龙吐雾。竹林寺有影无形，看日山藏真隐圣。

阎招亮理会不下[43]。康、张二圣相引去，参拜了炳灵公。将至一阁子内，已安蕲材在卓[44]上，教阎招亮就此开笛。分付道："此乃阴间，汝不可远去；倘行远失路，难以回归。"分付毕，二圣自去。招亮片时开成龙笛，吹其声，清幽可爱。等半晌，不见康、张二圣来。招亮默思量起："既到此间，不去看些所在，也须[45]可惜。"遂出阁子来，行不甚远，见一座殿宇。招亮走至廊下，听得静鞭[46]声急，遂去窗缝里偷眼看时，只见：

虾须帘卷，雉尾扇开。冕旒[47]升殿，一人端拱坐中间；簪笏随朝，众圣趋跄[48]分左右。金钟响动，玉磬声频。悠扬天乐五云间，引领百神朝圣帝。

圣帝降辇升殿，众神起居毕，传圣旨，押过公事[49]来。只见一个汉，项戴长枷，臂连双杻，推将来。阎招亮肚里道："这个汉好面熟！"一时间急省不起他是兀谁。再传圣旨，令押去换铜胆铁心，却[50]令回阳世，为四镇令公，告戒切勿妄杀人命。招亮听得，大惊。忽然一鬼吏喝道："凡夫怎得在此偷看公事？"当时阎招亮听得鬼吏叫，急慌走回来开笛处阁子里坐地。良久之间，康、张二圣来那阁子里来，见开笛了，同招亮将龙笛来呈。吹其笛，声清韵长。炳灵公大喜，道："教汝福上加福，寿上加寿。"招亮告曰："不愿加其福寿，招亮有一亲妹阎越英，见为娼妓。但求越英脱离风尘，早得从良，实所愿也。"炳灵公曰："汝有此心，乃凡夫中贤人也，当令汝妹嫁一四镇令公。"招亮拜谢毕，康、张二圣送归。行至山半路高险之处，指招亮看一去处，正看里[51]，被康、张二圣用手打一推，撷将下峭壁岩崖里去。阎待诏吃一惊，猛闪开眼，却在屋里床上，浑家和儿女都在身边。问那浑家道："做甚的你们都守着我眼泪出?"浑家道:"你前日在门前正做生活里,蓦然倒地,便死去。摸你心头时,有些温,扛你在床上两日。你去下世[52]做甚的来?"招亮从康、张二圣来叫他去许多事,一一都说,屋里人见说,尽皆骇然。自后过了几时,没话说。

时遇冬间,雪降长空。石信道有一首《雪》诗,道得好:

六出[53]飞花夜不收,朝来佳景有宸州[54]。
重重玉宇三千界,一一琼台十二楼。
庾岭[55]寒梅何处放?章台[56]飞絮几时休?
还思碧海银蟾畔,谁驾丹山碧凤游?

其雪转大。阎待诏见雪下,当日手冷,不做生活,在门前闲坐地。只见街上一个大汉过去,阎待诏见了,大惊道:"这个人便是在东岳换铜胆铁心未发迹的四镇令公,却打门前过去。今日不结识,更待何时?"不顾大雪,撩衣大步赶将来。不多几步,赶上这大汉。进一步,叫道:"官人拜揖。"那大汉却认得阎招亮是开笛的,还个喏[57],道:"待诏没甚事[58]?"阎待诏道:"今日雪下,天色寒冷,见你过去,特赶来相请,同饮数杯。"便拉入一个酒店里去。这个大汉姓史双名弘肇,表字化元,小字憨儿,开道营长行军兵。按《五代史》本传上载道:"郑州荥泽人也。为人骁勇,走及奔马[59]。"酒罢,各自归家。

明日,阎待诏到妹子阎越英家,说道:"我昨日见一个人来,今日特地来和你说。我多时曾死去两日,东岳开龙笛,见这个人换了铜胆铁心,当为四镇令公,道令你嫁这四镇令公。我日[60]多时只省不起这个人,昨日忽然见他,我请他吃酒来。"阎越英问道:"是兀谁?"阎招亮接口道:"是那开道营有情的[61]史大汉。"阎越英听得说是他,好场恶气:"我元来合当嫁这般人?我不信!"

自后阎待诏见史弘肇,须[62]买酒请他。史大汉数次吃阎待诏酒食,一日路上相撞见,史弘肇遂请阎招亮去酒店里,也吃了几多酒共食。阎待诏要还钱[63],史弘肇那里肯:"相扰待诏多番,今日特地还席。"阎招亮相别了,先出酒店自去,史弘肇看着量酒[64]道:"我不曾带钱来,你厮赶我去营里讨还你。"量酒只得随他去,到营门前,遂分付道:"我今日没一文,你且去,我明日自送来还你主人。"量酒厮辉[65]道:"归去吃骂,主人定是不肯。"史大汉道:"主人不肯后要如何?你会事[66]时便去;你若不去,敬你吃顿恶拳。"量酒没奈何,只得且回。

　　这史弘肇却走去营门前卖糕糜[67]王公处,说道:"大伯,我欠了店上酒钱,没得还。你今夜留门,我来偷你锅子。"王公只当做耍话,归去和那大姆子[68]说:"世界上不曾见这般好笑,史憨儿今夜要来偷我锅子,先来说教我留门。"大姆子见说,也笑。当夜二更三点前后,史弘肇真个来推大门,力气大,推折了门楣[69],走入来。两口老的听得,大姆子道:"且看他怎地。"史弘肇大惊小怪[70],走出灶前,掇那锅子在地上,道:"若还破后,难折还他酒钱。"拿条棒敲得当当响。掇将起来,翻转覆在头上。不知那锅底里有些水,浇了一头一脸,和[71]身上都湿了。史弘肇那里顾得干湿,戴着锅儿便走。王公大叫:"有贼!"披了衣服,赶将来。地方[72]听得,也赶将来。史弘肇吃[73]赶得慌,撇下了锅子,走入一条巷去躲避。谁知筑底巷[74],却走了死路。鬼慌[75]盘上去人家萧墙[76],吃一滑,擞将下去。地方也赶入巷来,见他擞将下去。地方叫道:"阎妈妈,你后门有贼,跳入萧墙来。"阎行首听得,教姊子[77]点蜡烛去来看时,却不见那贼,只见一个雪白异兽:

　　　　光闪烁浑疑素练,貌狰狞恍似堆银。遍身毛抖擞九秋霜,一条尾摇动三尺雪。流星眼争闪电,巨海口露血盆。

阎行首见了,吃一惊。定睛再看时,却是史大汉弯跧[78]蹲在东司[79]边。见了阎行首,失张失志[80]走起来,唱个喏。这阎行首先时见他异相,又曾听得哥哥阎招亮说道他有分[81]发迹,又道我合当嫁他,当时不叫地方捉将去,倒教他入里面藏躲。地方等了一饷,不听得阎行首家里动静,想是不在了,各散去讫。阎行首开了前门,放史弘肇出去。

　　当夜过了。明日饭后,阎行首教人去请哥哥阎待诏来。阎行首道:"哥哥,你前番说,史大汉有分发迹,做四镇令公,道我合当嫁他。我当时不信你说,昨夜后门叫有贼,跳入萧墙来。我和姊子点蜡烛去照,只见一只白大虫,蹲在地上。我定睛再看时,却是史大汉。我看见他这异相,必竟是个发迹的人。我如今情愿嫁他,哥哥,你怎地做个道理[82]与我说则个?"阎招亮道:"不妨,我只就今日便要说成这头亲。"阎待诏知道史弘肇是个发迹变泰底人,又见妹子又嫁他,肚里好欢喜,一径来营里寻他。史弘肇昨夜不合去偷王公锅子,日里先少了酒钱,不敢出门。阎待诏寻个恰好,遂请他出来,和他说道:"有头好亲,我特来与你说。"史弘肇道:"说甚么亲?"阎待诏道:"不是别人,是我妹子阎行首。他随身有若干房财,你意下如何?"史弘肇道:"好便好,只有三件事,未敢成这头亲。"阎招亮道:"有那三件事?但说不妨。"史弘肇道:"第一,他家财由吾使;第二,我入门后,不许再着[83]人客;第三,我有一个结拜的哥哥,并南来北往的好汉,若来寻我,由我留他饮食宿卧。如依得这三件事,可以成亲。"阎招亮道:"既是我妹子嫁你了,是事[84]都由你。"当日说成这头亲,回复了妹子。两相情愿了,料没甚下财纳礼,拣个吉日良时,到做一身新衣服,与史弘肇穿着了,招他归来成亲。

约过了两个月,忽上司指挥[85]差往孝义店,转递军期文字。史弘肇到那孝义店,过未得一个月,自押铺[86]已下,皆被他无礼过。只是他身边有这钱肯使,舍得买酒请人,因此人都让他。

忽一日,史弘肇去铺屋[87]里睡,押铺道:"我没兴[88]添这厮来嵩恼[89]人。"正埋冤哩,只见一个人面东背西而来,向前与押铺唱个喏,问道:"有个史弘肇可在这里?"押铺指着道:"见在那里睡。"只因这个人来寻他,有分教:史弘肇发迹变泰。这来底人姓甚名谁?正是:

两脚无凭寰海内,故人何处不相逢?

这个来寻史弘肇的人,姓郭名威,表字仲文,邢州尧山县人。排行第一,唤做郭大郎。怎生模样?

抬左脚,龙盘浅水,抬右脚,凤舞丹墀。红光罩顶,紫雾遮身。尧眉舜目,禹背汤肩。除非天子可安排,以下诸侯压不得。

这郭大郎因在东京不如意,曾扑[90]了潘八娘子钗子。潘八娘子看见他异相，认做兄弟，不教解去官司，倒养在家中。自好了，因去瓦[91]里看，杀了构栏里的弟子[92]，连夜逃走，走到郑州来投奔他结拜兄弟史弘肇。到那开道营前问人时，教来孝义店相寻。当日史弘肇正在铺屋下睡着，押铺遂叫觉他来，道："有人寻你，等多时。"史弘肇焦躁，走将起来，问："兀谁来寻我？"郭大郎便向前道："吾弟久别，且喜安乐[93]。"史弘肇认得是他结拜的哥哥，扑翻身便拜。拜毕，相问动静[94]了。史弘肇道："哥哥，你莫向别处去，只在我这铺屋下，权且宿卧。要钱盘缠，我家里自讨来使。"众人不敢道他甚的，由他留这郭大郎在铺屋里宿卧。郭大郎那里住得几日，□□史弘肇无礼上下。兄弟两人在孝义店上日逐[95]趁赌，偷鸡盗狗，一味乾颡[96]不美，蒿恼得一村疃[97]人过活不得，没一个人不嫌，没一个人不骂。

话分两头。却说后唐明宗归天，闵帝登位。应有内人[98]尽令出外嫁人。数中有掌印柴夫人，理会得些个风云气候，看见旺气在郑州界上，遂将带房奁[99]，望旺气而来。来到孝义店王婆家安歇了，要寻个贵人。柴夫人住了几日，看街上往来之人，皆不入眼，看着王婆道："街上如何直恁地[100]冷静？"王婆道："覆夫人，要热闹容易。夫人放买市[101]，这纪纪人都来赶趁[102]，街上便热闹。"夫人道："婆婆也说得是。"便教王婆四下说教人知：来日柴夫人买市。

郭大郎兄弟两人听得说，商量道："我们何自撰[103]几钱买酒吃？明朝卖甚的好？"史弘肇道："只是卖狗肉。问人借个盘子和架子、砧刀，那里去偷只狗子，把来打杀了，煮熟去卖，却不须去上行[104]。"郭大郎道："只是坊佐[105]人家没这狗子；寻常被我们偷去煮吃尽了，近来都不养狗了。"史弘肇道："村东王保正[106]家有只好大狗子，我们便去对付[107]休。"两个径来王保正门首，一个引那狗子，一个把条棒，等他出来，要一棒捍杀打将去。王保正看见了，便把三百钱出来道："且饶我这狗子，二位自去买碗酒吃。"史弘肇道："王保正，你好不近道理[108]！偌大[109]一只狗子，怎地只把三百钱出来？须亏我[110]。"郭大郎道："看老人家面上，胡乱[111]拿去罢。"两个连夜又去别处偷得一只狗子，挦剥[112]干净了，煮得稀烂。

明日，史弘肇顶着盘子，郭大郎驼着架子，走来柴夫人幕次前，叫声:"卖肉。"放下架子,阁那盘子在上,夫人在帘子里看见郭大郎,肚里道:"何处不觅?甚处不寻?这贵人却在这里。"使人从[113]把出盘子来,教簇一盘。郭大郎接了盘子,切那狗肉。王婆正在夫人身边,道:"覆夫人,这个是狗肉,贵人如何吃得?"夫人道:"买市为名,不成要吃!"教管钱的,支一两银子与他。郭大郎兄弟二人接了银子,唱喏谢了自去。

少间,买市罢。柴夫人看着王婆道:"问婆婆,央你一件事。"王婆道:"甚的事?"夫人道:"先时卖狗肉的两个汉子姓甚的?在那里住?"王婆道:"这两个最不近道理。切肉的姓郭,顶盘子姓史,都在孝义坊铺屋下睡卧。不知夫人问他两个做甚么?"夫人说:"奴要嫁这一个切肉姓郭的人,就央婆婆做媒,说这头亲则个。"王婆道:"夫人偌大个贵人,怕没好亲得说,如何要嫁这般人?"夫人道:"婆婆莫管,自看见他是个发迹变泰的贵人,婆婆便去说则个。"王婆既见夫人恁地说,即时便来孝义店铺屋里寻郭大郎,寻不见。押铺道:"在对门酒店里吃酒。"王婆径过来酒店门口,揭那青布帘,入来见了他弟兄两个,道:"大郎,你却吃得酒下!有场天来大喜事投奔你,铲地坐得牢里[114]!"郭大郎道:"你那婆子,你见我撰得些个银子,你便来要讨钱。我钱却没与你,要便请你吃碗酒。"王婆便道:"老媳妇不来讨酒吃。"郭大郎道:"你不来讨酒吃,要我一文钱也没!你会事时吃碗了去。"史弘肇道:"你那婆子忒不近道理!你知我们性也不好,好意请你吃碗酒,你却不吃。一似你先时破[115]我的肉是狗肉,儿乎教我不撰一文;早是[116]夫人教买了。你好羞人,兀自有那面颜来讨钱!你信道[117]我和酒也没,索性请你吃一顿拳踢去了。"王婆道:"老媳妇不是来讨酒和钱。适来夫人问了大郎,直是欢喜,要嫁大郎,教老媳妇来说。"郭大郎听得说,心中大怒,用手打王婆一个漏风掌[118]。王婆倒在地上道:"苦也!我好意来说亲,你却打我!"郭大郎道:"兀谁调发[119]你来厮取笑?且饶你这婆子,你好好地便去,不打你。他偌大个贵人,却来嫁我?"王婆鬼慌走起来,离了酒店,一径来见柴夫人。夫人道:"婆婆说亲不易。"王婆道:"教夫人知,因去说亲,吃他打来,道老媳妇去取笑他。"夫人道:"带累婆婆吃亏了!没奈何,再去走一遭。先与婆婆一只金钗子,事成了,重重谢你。"王婆道:"老媳妇不敢去,再去时,吃他打杀了也没人劝。"夫人道:"我理会得。你空手去说亲,只道你去取笑他;我教你把这件物事将去为定,他不道得[120]不肯。"王婆问道:"却是把甚么物事去?"夫人取出来,教那王婆看了一看,唬杀那王婆。这件物却是甚的物?

> 君不见张负有女妻陈平[121],家居陋巷席为门?门外多逢长者辙,丰姿不是寻常人。又不见单父吕公善择婿[122],一事樊侯一刘季?风云际会十年间,樊作诸侯刘作帝。从此英名传万古,自然光彩生门户。君看如今嫁女家,只择高楼与豪富。

夫人取出定物来,教王婆看,乃是一条二十五两金带,教王婆把去,定这郭大郎。王婆虽然适间吃了郭大郎的亏,凡事只是利动人心,得了夫人金钗子,又有金带为定,便忍脚不住。即时提了金带,再来酒店里来。王婆路上思量道:"我先时不合空手去,吃他打来。如今须[123]有这条金带,他不成又打我?"来到酒店门前,揭起青布帘,他兄弟两个兀自吃酒未了。走向前,看着郭大郎道:"夫人教传语,恐怕大郎不信,先教老媳妇把这条二十五两金带来定大郎,却问大郎讨回定[124]。"郭大郎肚里道:"我又没一文,你自要来说,是与不是,我且落得拿了这条金带却又理会。"当时叫王婆且坐地,叫酒保添只盏来,一道吃酒。吃了三盏酒,郭大郎觑着王婆道:"我那里来讨物事做回定?"王婆道:"大郎身边胡乱有甚物,老媳妇将去,与夫人做回定。"郭大郎取下头巾,除下一条䰗糟臭油边子[125]来,教王婆把去做回定。王婆接了边子,忍笑不住,道:"你的好省事!"王婆转身回来,把这边子递与夫人。夫人也笑了一笑,收过了。

自当日定亲以后,免不得拣个吉日良时,就王婆家成这亲。遂请叔叔史弘肇,又教人去郑州请婶婶阎行首来相见了。柴夫人就孝义店嫁了郭大郎,却卷帐[126]回到家中住了几时。

夫人忽一日看着丈夫郭大郎道:"我夫若只在此相守,何时会得发迹?不若写一书,教我夫往西京[127]河南府去见我母舅符令公,可求立身进步之计,若何?"郭大郎道:"深感吾妻之意。"遂依其言,柴夫人修了书,安排行装,择日教这贵人上路。

行时红光罩体,坐后紫雾随身。朝登紫陌[128],一条捍棒作朋俦;暮宿邮亭[129],壁上孤灯为伴侣。他时变豹[130]贵非常,今日权为途路客。

这贵人路上离不得饥餐渴饮,夜住晓行。不则一日,到西京河南府,讨了个下处。这郭大郎当初来西京,指望投奔符令公发迹变泰。怎知道却惹一场横祸,变得人命交加。正是:

未酬奋翼冲霄志,翻作连天大地囚。

郭大郎到西京河南府看时,但见:

州名豫郡,府号河南。人烟聚百万之多,形势尽一时之胜。城池广阔,六街[131]内士女骈阗[132],井邑繁华,九陌[133]上轮蹄来往。风传丝竹,谁家别院奏清音?香散绮罗,到处名园开丽景。东连巩县,西接渑池,南通洛口之饶,北控黄河之险。金城[134]缭绕,依稀似偃月之形;雉堞巍峨,仿佛有参天之状。虎符龙节王侯镇,朱户红楼将相家。休言昔日皇都,端的今时胜地。正是:春如红锦堆中过,夏若青罗帐里行。

郭大郎在安歇处过了一夜,明早却待来将这书去见符令公。猛自思量道:"大丈夫倚着一身本事,当自立功名;岂可用妇人女子之书,以图进身乎?"依旧收了书,空手径来衙门前招人牌下,等着部署[135]李霸遇来投见他。李霸遇问道:"你曾带得来么?"贵人道:"带得来。"李部署问:"是甚的?"郭大郎言:"是十八般武艺。"李霸遇所说本是见面钱;见说十八般武艺,不是头了。口里答应道:"候令公出厅,教你参谒。"比及令公出厅,却不教他进去。

自从当日起,日逐去俟候,担阁了两个来月,不曾得见令公。店都知[136]见贵人许多日不曾见得符令公,多口道:"官人,你枉了日逐去俟候,李部署要钱,官人若不把与他,如何得见符令公?"贵人听得说,怒从心上起,恶向胆边生:"元来这贼却是如此!"

当日不去衙前俟候,闷闷不已,在客店前闲坐。只见一个扑鱼[137]的在门前叫扑鱼,郭大郎遂叫住扑,只一扑,扑过了[138]鱼。扑鱼的告那贵人道:"昨夜迫划[139]得几文钱,买这鱼来扑,指望赢几个钱去养老娘。今日出来,不曾扑得一文,被官人一扑扑过了,如今没这钱归去养老娘。官人,可以借这鱼去? 前面扑赢得几个钱时,便把来还官人。"贵人见他说得孝顺,便借与他鱼去扑。分付他道:"如有人扑过,却来说与我知。"扑鱼的借得那鱼去扑,行到酒店门前,只见一个人叫:"扑鱼的在那里?"因是这个人在酒店里叫扑鱼,有分郭大郎拳手相交,就酒店门变做一个小小战场。这叫扑鱼的是甚么人?

    从前积恶欺天,今日上苍报应。

酒店里叫住扑鱼的是西京河南府部署李霸遇。在酒店里吃酒,见扑鱼的,遂叫入酒店里去扑。扑不过,输了几文钱,径硬拿了鱼。扑鱼的不敢和他争。走回来,说向郭大郎道:"前面酒店里,被人拿了鱼,却赢得他几文钱,男女[140]纳钱还官人。"贵人听得说,道:"是甚么人? 好不谙事! 既扑不过,如何拿了鱼? 鱼是我的,我自去问他讨。"这贵人不去讨,万事俱休;到酒店里看那人时,

    仇人厮见,分外眼睁。

不是别人,却是部署李霸遇。贵人一分焦躁,变做十分焦躁,在酒店门前看着李霸遇道:"你如何拿了我的鱼?"李霸遇道:"我自问扑鱼的要这鱼,如何却是你的?"贵人拍着手道:"我西京投事,你要我钱,担阁我在这里两个来月,不教我见令公。你今日对我有何理说?"李霸遇道:"你明日来衙门,我周全[141]你。"贵人大骂道:"你这砍头贼闭塞贤路,我不算你,我和你就这里比个大哥二哥[142]!"郭大郎先脱膊,众人喊一声。原来贵人幼时曾遇一道士,那道士是个异人,替他右项上刺着几个雀儿,左项上刺几根稻谷,说道:"若要富贵足,直待雀衔谷。"从此人都唤他是郭雀儿。到登极之日,雀与谷果然凑在一处。此是后话。这日郭大郎脱膊[143],露出花项[144],众人喝采。正是:

近觑四川十样锦[145],远观洛汭[146]一团花。

李霸遇道:"你真个要厮打?你只不要走!"贵人道:"你莫胡言乱语,要厮打快来!"李霸遇脱膊,露出一身乾乾鞑鞑的横肉,众人也喊一声,好似:

生铁铸在火池边,怪石镌来坟墓畔。

二人拳手厮打,四下人都观看。一肘二拳,三翻四合,打到分际[147],众人齐喊一声,一个汉子在血泺[148]里卧地。当下却是输了兀谁?

作恶欺天在世间,人人背后把眉攒。
只知自有安身术,岂畏灾来在目前?

郭大郎正打那李霸遇,直打到血流满地,听得前面头踏[149]指约,喝道令公来。符令公在马上,见这贵人红光罩定,紫雾遮身,和李霸遇厮打,李霸遇那里奈何得这贵人?符令公教手下人:"不要惊动,为我召来。"手下人得了钧旨,便来好好地道:"两人且莫厮打,令公钧旨,教来府内相见。"二人同至厅下,符令公看这人时,生得尧眉舜目,禹背汤肩。令公钧旨,便问郭大郎道:"那里人氏?因甚行打李霸遇?"贵人覆道:"告令公,郭威是邢州尧山县人氏,远来贵府投事。李霸遇要郭威钱,不令郭威参见令公钧颜,担阁在旅店两月有余。今日撞见,因此行打。有犯台颜,小人死罪死罪。"符令公问道:"你既然远来投奔,会甚本事?"郭大郎覆道:"郭威十八般武艺尽都通晓。"令公钧旨,教李霸遇与郭威就当厅使棒。李霸遇先时已被这贵人打了一顿,奈何不得这贵人,覆令公道:"李霸遇使棒不得。适间被郭威暗算,打损身上。"令公钧旨,定要使棒。郭威看着李霸遇道:"你道我暗算你,这里比个大哥二哥!"二人把棒在手,唱了喏,部者喝教二人放对[150]。

山东大擂,河北夹枪。山东大擂,鳌鱼口内喷来;河北夹枪,昆仑山头泻出。三转身,两撷脚[151]。施风响,卧乌鸣。遮拦架隔，有如素练眼前飞；打觑[152]支撑，不若耳边风雨过。

两人就在厅前使那棒，一上一下，一来一往，斗不得数合，令公符彦卿在厅上看见，喝采不迭[153]。

羊祜病中推杜预[154]，叔牙囚里荐夷吾[155]。
堪嗟四海英雄辈，若个[156]男儿识丈夫。

两人就厅下使棒，李霸遇那里奈何得这贵人[157]？被郭大郎一棒打番。符令公大喜，即时收在帐前，遂差这贵人做大部署，倒在李霸遇之上。郭大郎拜谢了令公，在河南府当职役。过了几时，没话说。

忽一日，郭部署出衙门闲干事，行至市中，只见食店[158]前一个官人，坐在店前大惊小怪，呼左右教打碎这食店。贵人一见，遂问过卖[159]："这官人因甚的在此喧哄寻闹[160]？"过卖扯着部署在背后去告诉道："这官人乃是地方中有名的尚衙内[161]，半月前见主人有个女儿，十八岁，大有颜色。这官人见了一面，归去教人来传语道：'太夫人教请小娘子过来说话则个。若是你家缺少钱物，但请见谕。'主人道：'我家岂肯卖女儿？只割舍得死[162]！'尚衙内见主人不肯，今日来此掀打。"贵人见说，

怒从心上起，恶向胆边生。雄威动凤眼圆睁，烈性发龙眉倒竖。两条忿气，从脚底板贯到顶门。心头一把无明火，高三千丈，按捺不下。

郭部署向前与尚衙内道："凡人要存仁义，暗室欺心，神目如电，尊官不可以女色而失正道。郭威言轻，请尊官上马若何？"衙内焦躁道："你是何人？"贵人道："姓郭名威，乃是河南府符令公手下大部署。"衙内说："各无所辖，焉能管我？左右，为我殴打这厮！"贵人大怒道："我好意劝你，却教左右打我，你不识我性！"用左手揢住[163]尚衙内，右手就身边拔出压衣刀[164]在手，手起刀落，尚衙内性命如何？

欲除天下不平事，方显人间大丈夫。

郭部署路见不平，杀了尚衙内。一行人从都走，贵人径来河南府内自首。符令公出厅，贵人覆道："告令公，郭威杀了欺压良善之贼，特来请罪。"符令公问了起末[165]，喝左右取长枷枷了，押下司理院[166]问罪。怎见得司理院的利害？

古名"廷尉"[167]，亦号"推官"[168]。果然是事不通风，端的底令人丧胆。庞眉节级[169]，执黄荆俨似牛头[170]；努目押牢，持铁索浑如罗刹[171]，枷分三等[172]，取勘情重情轻，牢眼四方，分别当生当死。风声紧急，乌鸦鸣噪勘官厅；日影参差，绿柳遮笼萧相庙。转头逢五道[173]，开眼见阎王。

当日那承吏[174]王琇承了这件公事。罪人入狱，教狱子绗[175]在廊上，一面勘问。不多时，符令公钧旨，叫王琇来偏厅上。令公见王琇，遂分付几句，又把笔去那卓子面上写四字。王琇看时，乃是："宽容郭威。"王琇道："律有明条，领钧旨。"令公焦躁，遂转屏风入府堂去。王琇急慌唱了喏，闷闷不已，径回来司房[176]伏案而睡，见一条小赤蛇儿戏于案上。王琇道："作怪！"遂赶这蛇，急赶急走，慢赶慢走。赶至东乙牢，这蛇入牢眼去，走上贵人枷上，入鼻内从七窍中穿过。王琇看这个贵人时，红光罩定，紫雾遮身。理会未下，就司房里飒然睡觉。元来人困后，多是肚中不好了，有那与决不下的事，或是手头窘迫，忧愁思虑。故困字着个贫字，谓之贫困；愁字，谓之愁困；忧字，谓之忧困；不成"喜困"、"欢困"？王琇得了这一梦，肚里道："可知[177]符令公教我宽容他，果然好人识好人。"王琇思量半晌，只是未有个由头出脱[178]他。不知这贵人直有许多撇扑[179]：自幼便没了亲爹，随母嫁潞州常家；后来因事离了河北，筑筑磕磕[180]，受了万千不易；甫能[181]得符令公周全做大部署，又去闲管事，惹这场横祸。至夜，居民遗漏[182]，王琇眉头一纵，计从心上来。只就当夜教这贵人出牢狱。当时王琇思量出甚计来？正是：

袖中伸出拿云手，提起天罗地网人。

当夜黄昏后,忽居民遗漏。王琇急去禀令公,要就热乱[183]里放了这贵人,只做因火狱中走了。令公大喜。元来令公日间已写下书,只要做道理放他,遂付书与王琇。王琇接了书,来狱中疏了贵人戴的枷,拿顶头巾教贵人裹了,把符令公的书与贵人,分付道:"令公教你去汴京见刘太尉,可便去,不宜迟。"贵人得放出,火尚未灭,趁那撩乱之际,急走去部署房里,收拾些钱物,当夜迤逦奔那汴京开封府路上来。

不则一日,到开封府,讨了安歇处。明日早,径往殿司[184]衙门俟候下书。等候良久,刘太尉朝殿而回。只见:

青凉伞招飐如云,马领下珠缨拂火。

乃是侍卫亲军左金吾卫上将军[185]殿前都指挥使刘知远。贵人走向前应声喏,覆道:"西京符令公有书拜呈,乞赐台览。"刘太尉教人接了书,随入衙。刘太尉拆开书看了,教下书人来厅前参拜了。刘太尉见郭威生得清秀,是个发迹的人,留在帐前作牙将[186]使唤,郭威拜谢讫。

自后过来得数日,刘太尉因操军回衙,打从桑维翰丞相府前过。是日桑维翰与夫人在看街[187]里观着往来军民。刘知远头踏约有三百余人,真是威严可畏。夫人看着桑维翰道:"相公见否?"桑维翰道:"此是刘太尉。"夫人说:"此人威严若此,想官大似相公。"桑维翰笑曰:"此一武夫耳,何足道哉!看我呼至帘前,使此人鞠躬听命。"夫人道:"果如是,妾当奉劝;如不应其言,相公当劝妾一杯酒。"桑维翰即时令左右呼召刘太尉,又令人安靴在帘里。传钧旨赶上刘太尉,取覆[188]道:"相公呼召太尉。"刘知远随即到府前下马,至堂下躬身应喏。正是:

直饶百万将军贵,也须堂下拜靴尖。

刘太尉在堂下俟候,担阁了半日,不闻钧旨。桑维翰与夫人饮酒,忘了发付[189],又没人敢去禀覆。至晚,刘太尉只得且归,到衙内焦躁道:"大丈夫功名自以弓马得之,今反被腐儒相侮!"

到明日五更,至朝见处,见桑维翰下马入阁子里去。刘知远心中大怒:昨日侮我,教我看靴尖唱喏,今日有何面目相见?因此怀忿,在

朝见处犯桑维翰。晋帝遂令刘知远出镇太原府。那里是刘知远出镇太原府,则是那史弘肇合当出来发迹变泰! 正是:

特意种花栽不活,等闲携酒却成欢。

刘知远出镇太原府为节度使,日下朝辞出国门,择了日进发赴任。刘太尉先同帐下官属带行亲随起发,前往太原府,留郭牙将在后管押钧眷、行李担仗,当日起发。

朱旗飐飐,彩帜飘飘。带行军卒,人人腰跨剑和刀;将佐亲随,个个腕悬鞭与简。晨鸡啼后,束装晓别孤村;红日斜时,策马暮登高岭。经野市,过溪桥,歇邮亭,宿旅驿。早起看浮云陪晓翠,晚些见落日伴残霞。

指那万水千山,迤逦前进。刘知远方行得一程[190],见一所大林:

千竿千寻,根盘百里。掩映绿阴似障,槎牙怪木如龙。下长灵芝,上巢彩凤。柔条微动,生四野寒风;嫩叶初开,铺半天云影。阔遮十里地,高拂九霄云。

刘太尉方欲待过,只见前面走出一队人马拦住路。刘太尉吃一惊,将为道是强人,却待教手下将佐安排去抵敌。只见众人摆列在前,齐唱一声喏,为首一人禀覆道:"侍卫司[191]差军校史弘肇带领军兵接太尉节使上太原府。"刘知远见史弘肇生得英雄,遂留在手下为牙将。史弘肇不则一日,随太尉到太原府。后面钧眷到,史弘肇见了郭牙将,扑翻身体便拜。兄弟两人再厮见,又都遭际[192]刘太尉,两人遂为左右牙将。后因契丹灭了后晋,刘太尉起兵入汴,史郭二人为先锋,驱除契丹,代晋家做了皇帝,国号后汉。史弘肇自此直发迹,做到单、滑、宋、汴[193]四镇令公,富贵荣华,不可尽述。

碧油幢[194]拥,皂纛旗开。壮士携鞭,佳人捧扇。冬眠红锦帐,夏卧碧纱厨[195]。两行红袖引,一对美人扶。

这话本是京师老郎流传,若按欧阳文忠所编的《五代史》正传上载道:梁末调民七户出一兵。弘肇为兵,隶开道指挥,选为禁军。汉高祖典禁军,为军校。其后汉高祖镇太原,使将武节左右指挥,领雷州刺史。以功拜忠武军节度使,侍卫步军都指挥史。再迁侍卫亲军马步军都指挥使,领归德军节度使,同中书门下平章事,后拜中书令。周太祖郭威即位之日,弘肇已死,追封郑王。诗曰:

结交须结英与豪,劝君莫结儿女曹。
英豪际会皆有用,儿女柔脆空烦劳。

[注释]

[1] 倦压鳌头:鳌头比喻翰林院。苏轼在嘉祐初试礼部第一,历官翰林学士。"压鳌头"即指此说。元祐四年苏轼自翰林侍读出知杭州,所以刘季孙这首赠诗说他"倦压鳌头"。

[2] 左符:古代用符契作为凭信,分成左右两半,右半留在地方,左半留在朝廷。朝廷派到地方上去的官携带左符,与地方的右符合契以为验证。苏轼是由翰林院到地方上去的,所以诗里说他"请左符"。

[3] 赪尾:"赪"也写作"䞓",音 chēng,红色。语出《诗经·周南·汝坟》:"鲂鱼赪尾,王室如毁。"古人以为鱼劳则尾变赤色,所以用赪尾比喻人的劳瘁。

[4] 六一:指欧阳修。欧晚年自号"六一居士"。欧阳修曾遭贬黜,苏轼境遇与他相似,所以这句诗说"六一清风今不孤"。

[5] 聚星堂:在颍州(今安徽阜阳),欧阳修知颍州时所建。颍川为汉末陈寔故里。《世说新语·德行》刘注引《续晋阳秋》:"陈仲弓从诸子侄造荀父子,于时德星聚,太史奏:'五百里贤人聚。'"聚星堂之名出此。苏轼元祐六年八月知颍州。

[6] 刘季孙:字景文,北宋时人,官至隰州(今山西隰县)知州。

[7] 通判:官名。宋初鉴于五代藩镇之患,命朝臣通判诸府州军事,以后成为固定官职,是一种副职,与州府官通签理事。

[8] 洪内翰:指洪迈。洪字景庐,宋高宗时及第,为翰林学士,颇有文名。下文《夷坚志》是他所著志怪笔记小说。内翰是宋人对翰林学士的称呼。

[9] 禁林：古代皇帝所居称作"禁中"。汉武帝扩建上林苑为御苑，禁林也就是禁苑、禁中的意思，泛指皇帝身边、朝廷。
[10] 四司六局：宋代官府及富豪设宴，分置四司六局，各有所掌。四司是帐设司、厨司、茶酒司、台盘司。六局是果子局、蜜煎局、菜蔬局、油烛局、香药局、排办局，见《东京梦华录》。
[11] 祗应：侍候、承应官府叫作祗应。
[12] 供过：供差遣。
[13] 甚次第：次第本来是先后次序的意思，引申而有规模、规矩之意。甚次第就是很有气派，威仪。
[14] 春笋柔荑：春笋比喻女子的手指。茅草初生叫作荑，柔软而色白，古人常以柔荑来比喻女子的手。
[15] 扫一只词：填了一首词。扫比喻写作之敏捷。
[16] 张紫微：张嵲，字巨川，号紫微。襄阳人。宣和三年及第。有《紫微集》。
[17] 可瞢：也写作"可煞"，可是的意思，疑问词。
[18] 蓬瀛：指蓬莱、瀛洲，都是仙山的名称。
[19] 谢氏筵：晋谢安隐居会稽东山，以声色自娱。他听说王昙首善歌，希望能听到。王昙首知道后，在谢安宴乐于东山时去山下歌唱一曲，唱毕便去。
[20] 遏住行云：遏，停止。《太平御览》五七二引张华《博物志》："薛谈学讴于秦青，未穷青之技而辞归。青饯于郊，乃抚节悲歌，声振林木，响遏行云。谈谢求返归。"
[21] 曹仙姑：宋代著名女道士。初名希蕴，后见知于宋徽宗，赐名道冲。徽宗并为她建宝箓堂。政和中卒，赠号希元观妙先生。此处所引诗，《唐诗纪事》系高骈名下，首二句小异。
[22] 伊轧：形容船橹声，拟声词。
[23] 过处：即过片。分前后两部分的词，前半叫上片（又叫上阕），后半叫下片（又叫下阕），从上片转入下片的地方叫过处。
[24] 朱淑真：宋代著名女词人，钱塘人，号幽栖居士。因婚姻不美满。作品多幽怨之语，有《断肠词》《断肠集》。
[25] 刘两府：指刘锜。见《碾玉观音（下）》注[3]。
[26] "偷了"句：刘改之，刘过，字改之，号龙洲道人。宋吉州（州治在今江西吉安）太和人。以词作闻名，有《龙洲词》《龙洲集》。陈侍郎：陈岩肖，字子象，金华人。宋高宗时官至兵部侍郎。
[27] 金落索：金，诗词中每以金线或金缕喻柳枝。落索，冷落萧索。
[28] 聒：即聒噪，吵闹的意思。

[29] 劝:即劝杯,见《碾玉观音(上)》注[29]。
[30] 宁王一曲:唐睿宗的长子李宪封为宁王。他不干时政,以善吹横笛知名。
[31] 桓伊三弄:《晋书·桓伊传》说桓伊"善音乐,尽一时之妙,为江左第一。有蔡邕柯亭笛,常自吹之。王徽之召赴京师,泊舟青溪侧。素不与徽之识。伊于岸上过,船中客称伊小字曰:'此桓野王也。'徽之便令人谓伊曰:'闻君善吹笛,试为我一奏。'伊是时已贵显,素闻徽之名,便下车,踞胡床,为作三调。弄毕便上车去,宾主不交一言。"《世说新语·任诞》记其事。
[32] 柯亭:《搜神记》卷十三:"蔡邕尝至柯亭,以竹为椽。邕仰眄之曰:'良竹也!'取以为笛,发声辽亮。"
[33] 蕲州:蕲,音 qí,今湖北蕲春。当地所产的竹子是制笛良材,称蕲竹。
[34] 头回:说话人在说到正题之前所说的"入话",又称头回或得胜头回。
[35] 郑州奉宁军:宋以郑州荥阳郡(今河南成皋)为奉宁军节度。
[36] 青史:古代以竹简记事,削去青皮而留下竹白来写字,叫作杀青。后世因此把史册称为青史。
[37] 发迹变泰:"泰"也写作"态"。改变境遇、飞黄腾达的意思。宋代说话人所说的故事里有一类就叫作发迹变泰。
[38] 圣帝:指东岳神。东岳为泰山,古代帝王常来此举行封禅大典。宋真宗大中祥符四年加封东岳神为天齐仁圣帝。
[39] 炳灵公:传说中的东岳神第三子,后唐明宗长兴三年封为威雄将军,宋大中祥符元年加封为炳灵公。
[40] 康、张二圣:辅佐东岳神的两个神,称康元帅与张元帅。
[41] 作仗:干活儿的工具。
[42] 厮赶:宋元俗语以"相"为"厮"。厮赶即相赶、追赶、追随。
[43] 理会不下:理会即明白,理会不下即弄不明白。
[44] 卓:"桌"字原先的写法。
[45] 须:"须"字在这里有"实在、确乎"的意思。
[46] 静鞭:仪仗中的鸣鞭,振动发声以令人肃敬。
[47] 冕旒:旒,音 liú,皇冠上的玉饰,垂在皇冠前后。冕旒,古代皇帝所用的礼冠。这里指皇帝,即东岳神。
[48] 趋跄:进退如仪的样子。
[49] 公事:即公事人,犯人。
[50] 却:在这里当"返回"讲。"却令回阳世"即返回来让他回到阳世间。
[51] 里:助词,在这里作用近于表持续的"着"。
[52] 下世:这里指地下、阴间。

[53] 六出：花分瓣叫作"出"，雪花分六瓣，所以叫六出。
[54] 宸州：皇帝所居叫作宸，宸州即帝京。
[55] 庾岭：即大庾岭，在今江西省大庾县南，岭上多梅树。
[56] 章台：原是战国秦宫中台名，汉长安有章台街。唐韩翃创制词牌"章台柳"。许尧佐有《柳氏传》，记韩与姜柳氏的故事。后世因而常把章台同杨柳并提。
[57] 喏：音 rě。古人相见时，双手作揖，口里说一些应酬问候的话，叫作唱喏。"还个喏"就是还个礼的意思。
[58] 没甚事：犹如问"平安？"，即古语"无恙"之意。
[59] 走及奔马：跑着赶得上飞奔的马。
[60] 曰：即"偌"。这么，这样。
[61] 有情的：有情分的，有交情的。
[62] 须：在这里当"必定"讲。
[63] 还钱：付钱。
[64] 量酒：酒店里卖酒的伙计。
[65] 厮瀡：瀡，音 dì。因踌躇而瀡留不离开。
[66] 会事：懂事。
[67] 糕糜：一种用糯米捣制成的点心。
[68] 大姆子：本是伯母的意思，犹如今北京所说的"大妈"。也用来称呼老妇人。
[69] 槛：同"栓"。
[70] 大惊小怪：指声响大。与今义不同。
[71] 和：连。
[72] 地方：即地保。
[73] 吃：被。
[74] 筑底巷：死胡同。
[75] 鬼慌：非常慌乱。
[76] 萧墙：照壁。大门外对着大门做屏蔽用的墙壁。
[77] 妳子：奶妈。
[78] 弯跧：蜷曲着身体。
[79] 东司：茅厕。旧式房舍建筑，厕所在东侧，故曰"东司"。
[80] 失张失志：也写作"失张失智，失张失致"。慌慌张张，恍恍惚惚。
[81] 有分：有机会，有希望。
[82] 做个道理：做个主张，拿个主意。
[83] 着：安顿，安置。

[84]　是事:凡事。
[85]　指挥:命令。
[86]　押铺:巡军的头目。
[87]　铺屋:巡军的住屋。
[88]　没兴:倒霉。
[89]　蒿恼:打搅,吵闹。
[90]　扑:宋元时有一种以赌博方式做买卖的小贩叫"扑卖"。这里所说的扑,是指郭威做小贩时,以不正当的赌博方式赚了潘八娘子的钗。
[91]　瓦:即瓦子。宋元时都市中茶楼、酒店、游乐场所等集中的区域。瓦子里有构栏戏棚,伎艺人即在此表演。又叫瓦舍、瓦肆或瓦市。
[92]　构栏里的弟子:构栏,瓦子里演戏作场的戏棚,因四周有栏杆围绕而栏杆上又雕刻勾连花纹,故名。弟子,妓女。
[93]　安乐:平安。
[94]　相问动静:问候起居。
[95]　日逐:每天。
[96]　乾颡:以暴力胁迫。
[97]　村疃:疃,音 tuǎn,村庄。村疃也就是村庄。
[98]　应有内人:应有,所有的。内人,在宫中承应的宫人又称内人。
[99]　房奁:陪嫁。
[100]　直恁地:直,表示强调的语气副词。恁地,这样地。
[101]　买市:古时豪门富室有时召集小本经纪人聚集某处,作临时市集,情形有如庙会。召集人逐一购买货物,给予犒赏。这种集会叫作买市。
[102]　赶趁:"趁"也是"赶"的意思。在这里,赶趁指赶来做买卖。
[103]　撰:同"赚"。
[104]　上行:行,牙行。代客买卖收取佣金的铺子。上行,到牙行去。
[105]　坊佐:街坊邻里。
[106]　保正:宋代实行保甲制度。十家为一保,五十家为一大保,十大保为一都保。都保设都保正、副保正各一人。
[107]　对付:这里的"对付"是"打杀"的一种俏皮说法。
[108]　不近道理:不讲道理,不近人情。
[109]　偌大:这么大。
[110]　亏我:亏待我。
[111]　胡乱:随便,凑合。
[112]　挦剥:去毛剥皮。

[113]　人从：跟从的人，随从。
[114]　铲地坐得牢里：铲地，通常写作"划地"，在这里当"反倒"讲。里，"哩"字的早期写法。这两句是说：有这么大的喜事临门，你倒还坐得住哩！
[115]　破：说破，揭穿。
[116]　早是：幸亏是。
[117]　信道：知道，料到。
[118]　漏风掌：五指张开打的巴掌。
[119]　调发：撺掇，怂恿。
[120]　不道得：也写作"不到得"。"不至于"的意思。
[121]　张负有女妻陈平：《汉书·陈平传》说陈平"少时家贫。……及平长，可取妇，富人莫与者，贫者平亦愧之。久之，户牖富人张负有女孙，五嫁，夫辄死，人莫敢取，平欲得之。……负随平至其家，家乃负郭穷巷，以席为门，然门外多长者车辙。……卒与女"。
[122]　单父吕公善择婿：吕公即汉高祖刘邦吕后的父亲，是单父（今山东省单县）地方人。吕后的妹妹吕媭嫁给樊哙，樊哙后来封舞阳侯。
[123]　须：在这里当"却"讲。
[124]　回定：旧时婚姻，女方对男方定礼的回礼。
[125]　麋糟臭油边子：麋糟，肮脏。后来多写作"腌臜"。边子，用来勒头发的布带。
[126]　卷帐：男方到女方家里结婚，婚后三日夫妇携带全部房奁回到男家，叫作卷帐。
[127]　西京：五代唐朝以太原为西京，但这里是指洛阳。
[128]　紫陌：帝京的道路。
[129]　邮亭：驿舍，安顿往来旅客的地方。
[130]　变豹：也作"豹变"。《易经·卷五·革》说："君子豹变，其文蔚也。"后来称由贫贱到显贵为豹变。
[131]　六街：唐代长安有左右六街，这里泛指京城街道。
[132]　骈阗：也写作"骈田、骈填"。这里指仕女聚集热闹的样子。
[133]　九陌：汉代长安有八街九陌，这里泛指京城街道。
[134]　金城：古代指坚固的城池。
[135]　部署：这里指军校。
[136]　店都知：对店里职工的一种客气的称呼。
[137]　扑鱼：扑卖的一种，以鲜鱼为赌博的采物。
[138]　扑过了：扑赢了。"过"在这里是"过手"的意思，输家要把鱼过手给赢家。

[139] 迫划：多写作"刮划、掰划"。筹措。
[140] 男女：本义是儿女，宋元时期成为仆人对主人或平民对官长称说自己时的谦称。
[141] 周全：成全，照顾。
[142] 比个大哥二哥：比个高下。
[143] 脱膊：把上衣脱光。
[144] 花项：刺有花纹的头颈。
[145] 四川十样锦：五代时蜀地所产十种花色的锦，合成十样锦。
[146] 洛汭：河水弯曲处称为汭。洛汭，洛河入黄河处。旧在河南巩县，黄河改道后在汜水县西北。
[147] 分际：相当的时候。此指难解难分之时。
[148] 血泺：即血泊。
[149] 头踏：官员出外时，前导的仪仗。
[150] 部者喝教二人放对："者"疑应为"署"字。放对，对敌、对打。
[151] 撅脚：跺脚，顿脚。
[152] 龊：搠，刺。
[153] 不迭：不停，不止。
[154] 羊祜病中推杜预：羊祜，晋武帝时累官尚书左仆射，都督荆州军事，镇守襄阳。后陈伐吴之计，以病重推荐杜预代替自己。杜预继羊祜任，平吴国。
[155] 叔牙因里荐夷吾：春秋时鲍叔牙与管仲（字夷吾）是好友。鲍叔牙事齐公子小白，管仲事公子纠。公子纠败死，管仲被执，鲍叔牙向小白（当时已立为君，即齐桓公）力荐管仲，管仲终于得到任用，并协助齐桓公成就霸业。
[156] 若个：哪个。
[157] 那里奈何得这贵人：意思是说不能把郭威怎么样。
[158] 食店：宋代称饭馆为食店。
[159] 过卖：店铺里管买卖的伙计。
[160] 寻衅：寻衅闹事。
[161] 衙内：唐代警卫官称衙内。五代及宋初，藩镇的警卫官都派自己的子弟充任，相沿成习。宋元时因而称官长贵家子弟为衙内。
[162] 只割舍得死：割舍，忍疼舍弃。元曲多用之。此言拼得一死。
[163] 捽住：揪住。
[164] 压衣刀："压"也写作"押"。一种小佩刀。

[165] 起末：始末经过。
[166] 司理院：宋代专掌刑法的部门。见《简帖和尚》注[79]。
[167] 廷尉：秦汉时代在中央掌刑狱的官。
[168] 推官：唐宋时代节度使、观察使的属官叫推官，元明时代在地方掌刑狱的官叫推官。
[169] 庞眉节级：庞眉，眉毛浓黑。节级，看管监狱的小校。
[170] 执黄荆俨似牛头：黄荆，疑为刑杖之属。牛头，和"马面"一样，都是地狱里的狱卒。
[171] 罗刹：梵语称恶鬼为罗刹。
[172] 枷分三等：宋制枷重分三等，死罪25斤，徒流20斤，杖以下15斤。见《宋史·刑法志》。
[173] 五道：即五道将军。传说他是东岳神部下神将，掌管人间生死。
[174] 承吏：承办公事的官吏。
[175] 绁：捆绑。
[176] 司房：司吏办事的房间。
[177] 可知：难怪，当然。
[178] 出脱：开脱罪责。
[179] 撅扑：本义是摔跌，引申而指人生途中的坎坷磨难。
[180] 筑筑磕磕：犹言磕磕碰碰。
[181] 甫能：刚刚。
[182] 遗漏：失火。
[183] 热乱：混乱。
[184] 殿司：即殿前司，管理禁军的衙门。
[185] 左金吾卫上将军：唐代设左右金吾卫，是禁卫的一种。宋代承袭这个制度，又分为上将军、大将军、将军等职。
[186] 牙将：裨将，偏将，副将。
[187] 看街：古时住宅在临街大门旁开若干窗洞，装上槅子，可以在里面观看街景，叫作看街。
[188] 取覆：禀告，禀覆。
[189] 发付：打发。
[190] 一程：一段路程。
[191] 侍卫司：宋代有侍卫亲军马军都指挥使司、侍卫亲军步军都指挥使司，与殿前都指挥使司合称三衙，总领禁军。
[192] 遭际：际遇。话本小说中多指穷困未发迹的人遇到君主。

[193] 单、滑、宋、汴：单，今山东省单县。滑，今河南省滑县。宋，今河南省商丘市。汴，今河南省开封市。
[194] 碧油幢：张设在车上的绿色油幕。
[195] 碧纱厨：一种绿色帏帐，夏天悬挂以避蚊蝇。

新编五代史平话

《新编五代史平话》十卷，包括梁史平话、唐史平话、晋史平话、汉史平话、周史平话各二卷。已残缺。董康诵芬室1911年影刊，题《景宋残本五代史平话》。

这部平话属于讲史性质。它大抵取材于正史而增加了许多民间故事传说。《东京梦华录》记北宋崇宁、大观以来"京瓦伎艺"，有个名叫尹常卖的艺人讲说五代史，可见这本来是民间口头文学创作。但是我们现在看到的这个本子究竟是不是完全出于宋人之手，还不易肯定。从书中不避宋讳来看，可能已经过元人增益修订。书中元人语亦复不少，说它是"宋刊"，未必可靠。

这里选录书中《周史平话》中描述郭威未发迹之前的一段，故事生动，语言也清新活泼。据中国古典文学出版社（1954年）排印本转录。

周 史 平 话

且说周太祖姓郭名威，乃山东路邢州唐山县地名尧山人氏。其父郭和以农耕为业，其母常氏乃河东路潞州黎城县常武安的妹妹。自嫁事郭和后，丈夫日勤耕稼，妇女夜事绩织，厮共生活，应当[1]官司繇役。一日，郭和出田头耕耨禾苗，常氏将饭食送往田间。在中路忽被大风将常氏吹过隔岸龙归村，为一巨蛇将常氏缠住。不多时，雷电顿息，天日开明。常氏吃这一唬，疾忙奔归尧山，便觉有娠。怀孕一十二个月，生下一个男孩，诞时满屋祥光灿烂，香气氤氲。郭和抱那儿孩一觑，见左边颈上生一个肉珠，大如钱样，珠上有禾穗纹十分明朗。郭和向常氏道："这个肉珠作怪！珠内有禾，莫是田禾之宝？"夫妻私相告语，怕[2]生这男孩后，每岁田禾倍熟，因命名唤做郭成宝。岂料得这孩儿后,家中生计萧条,田禾耗损。不两年间,郭和身死。那常氏带取这个孩儿,年幼无依,未免并叠了家财,将郭和营葬了毕,母子两个奔去河东路潞州寻着黎阳县,投奔着常武安家里,收留同共作活。年至七八岁,他舅舅常武安使令郭成宝去看牧牛畜。有那大虫要来伤残牛只,被成宝将大柴棒赶去,夺取牛回来。成宝归家,说与舅舅得知。常武安道:"您[3]年纪虽小,却有胆智,我为你改了名唤做郭威。您小年有这胆气,他日可无负'威'之名也!"

年至十一岁,武安令郭威去看守晒谷,怕有飞禽来吃谷粟时,驱逐使去。无奈那雀儿成群结队价[4]来偷吃谷粟,才赶得东边的去,又向西边来吃。无计奈何,郭威做成竹弹弓一张,拾取小石块子做弹子,待那飞禽来偷谷时分,便弯起这弓,放取弹子,打这禽雀。却不曾弹得雀儿,不当不对[5]把那邻家顾瑞的孩儿顾驴儿太阳穴上打了一弹。弹到处,只见顾驴儿瞥倒[6]在地气绝。被那地分[7]捉将郭威去,解赴黎阳县里打着官司。离不得委官亲到地头,集邻验视顾驴儿尸首,除太阳穴一痕致命外,余无伤痕[8]。取了郭威招伏[9],解赴潞州府衙去听候结断。那潞州刺史坐厅,将郭威管押立于厅下。刺史一觑,却是孩儿每[10]打杀了孩儿,把笔就解状上判送法司拟呈。那法司检拟郭威弹雀误中顾驴儿额上,系是误伤杀人,情理可恕;况兼年未成丁,难以加刑。拟将郭威量情决臀杖二十,配五百里,贷死[11]。呈奉刺史台判,准拟照断,免配外州,将颊上刺个雀儿,教记取所犯事头也。司吏读示案卷,杖直等人将郭威依条断决。决讫,唤针笔匠就面颊左边刺个雀儿。刺讫,当厅疏放。

郭威被刺污了脸儿,思量白净面皮今被刺得青了,只得索性做个粗汉,学取使枪使棒,弯弓走马。每夜读诵《阃外春秋》[12]《太公兵法》。年至十五六岁,勇力过人。吃酒时,吃得数斗不醉;吃肉时,吃得数斤不饱。

一日出市上闲走,有一汉将着一条宝剑要卖。那剑光闪烁,杀气峥嵘。于是:

手持三尺龙泉剑,定取皇家四百州。

那汉将这宝剑出卖,郭威便问那汉道:"剑要卖多少钱?"那汉索要卖五百贯钱。郭威道:"好!只直得五百钱。咱讨五百钱还[13]你,问[14]你买得。"那汉道:"俗语云:'酒逢知己饮,诗向会人吟。'我这剑要卖与烈士[15],大则安邦定国,小则御侮捍身,您孩儿每识个甚么?您也不是个买剑人,咱这剑也不卖归[16]您!"郭威道:"却不叵耐这厮欺负咱每!"走去他手中夺将剑来,白干地把那厮杀了,将身逃归邢州路去。

郭威到得邢州,寻问唐山县地名尧山。到得乡里,那有一个人厮认得他?他根[17]着那娘娘常氏回潞州时节,郭威且得二三岁;今虽长成,奈缘刺坏了脸,谁人肯认他?行了两日,却有他亲叔父郭科认得他颈上肉珠儿,便唤道:"郭成宝,您今怎地长成了!又怎生刺了脸儿?"郭威向郭科把别后的事一一说了一遍。郭科道:"您虽是杀了那人,却是州县隔远,那里有讨您处?您且在此闲耍儿时,却讨个生活归您做。"

一日,行从柴仁翁门首过。那柴家是个世代豪富,好布施,济贫寒,积阴德的人。他门下常有诸色百工技艺的人,在彼仰给衣饭。他门下一个相士见了郭威,向柴仁翁道:"适来行过的后生,是何处人氏?这厮将来贵不可言。颈上一颗肉珠,乃是禾宝。颊上一个雀儿,将来雀儿口啄着禾粟时分,这人做天子也!"柴长者见那相士怎地说了,急忙使人唤郭威进来,问他来历。郭威逐一说与柴长者听了一遍。长者问郭威曰:"您而今在这里做个甚的生活?"郭威道:"咱待去为人雇佣,挑担东西,胡乱糊口度日。"柴长者道:"不消[18]怎地。咱有个亲生女儿唤做柴一娘,招您做赘居女婿,不知您意下如何?"郭威见说:"谢长者看觑[19]!但是小人身畔没个辽丁[20],怎生敢说婚姻的话?"柴长者道:"大丈夫富贵贫贱,各有时命。且忍耐在家里,俟时通运泰,必有发迹的分也。"柴长者便唤邻舍范文二做媒,与郭威的叔父郭科说知,择取良辰吉日,招郭威入舍[21],与柴一娘结百年夫妇之好。

奈郭威既入赘柴家后,柴长者是个豪富的人,他贪图相士道郭威他日做天子,别作一眼觑他。那柴仁翁有两个孩儿,长的名做柴守礼,次的名做柴守智,每日与郭威厮赶闲耍。郭威是个浪荡的心性,有钱便要使,有酒便要吃,时常出外,好使性气与人厮打。柴氏向郭威道:

"咱父亲累代积善,不喜您恃勇使性打人,怕有失手时,自投刑宪,怎不生受[22]?"

郭威一日向柴一娘道:"您且安心在这里。咱娘娘在潞州舅舅常武安家里,自前年买剑杀了那厮走从这里来,一向不知他音耗是怎生。近来该遇赦恩,从前罪过官里都赦了。咱便欲过潞州,探我娘娘一番。有盘缠可得三五十贯文与我,归来却得厚谢。"柴氏见他有这孝心,便向爷爷柴仁翁说知,津发郭威离了家门,投潞州去。是时后唐天祐二十年正月的事也。

[注释]

[1] 应当:应付承当。
[2] 怕:在这里是估计情况之辞,不作"害怕、恐怕"讲。
[3] 您:"你"的复数形式,"你们"的合音,非尊称。在这里是复数形式当单数用。
[4] 成群结队价:成群结队的样子。
[5] 不当不对:不偏不倚。
[6] 瞥倒:突然跌倒。
[7] 地分:即地保。
[8] 伤痕:原误作"痕伤"。
[9] 招伏:供词。
[10] 每:同"们"。元人多用"每"。
[11] 贷死:饶恕他的死刑。
[12] 《阃外春秋》:待考。
[13] 还:偿,给。
[14] 问:向。
[15] 烈士:壮烈之士。
[16] 卖归:卖给。古代白话里,动词后面的"给"多写作"归"或"馈"。
[17] 根:即"跟"字。元人"根""跟"常通用。
[18] 不消:不须,不必。
[19] 看觑:照看,照应。
[20] 辽丁:钱。
[21] 入舍:入赘。
[22] 生受:吃苦受罪。

大宋宣和遗事

《大宋宣和遗事》，从内容来看，是说话人所用的资料辑录，其性质属于"讲史"一类。大约是供说话人从中取材，演出时再加铺叙渲染的。它包括了许多故事，从尧舜讲起，然后列举前朝各个荒淫无道的昏君，直到宋朝。接着讲神宗用王安石变法，徽宗朝蔡京专权，宋江三十六人聚义梁山泊，徽宗私幸娼妓李师师，徽宗宠用道士林灵素，腊月预赏元宵节和元宵看灯的盛况。接着讲金人兴兵攻陷京城，掳徽钦二帝北去。最后讲康王南渡，定都临安。这些故事可能是从不同的书里摘录下来的，所以文体前后不大一致，大部分是浅近的文言，一部分（主要是关于宋江的和李师师的两段）是白话。这里选录的是李师师一段。

这部书历来都认为宋朝人的作品，黄丕烈《士礼居丛书》影刻本书所据的底本，据说是宋刊本。但这个看法未必可靠。书中于宋代皇帝往往直称其名，不避庙讳，尤其痛骂徽宗荒淫无道，更非宋人所敢出此。又说："宋朝以仁得天下，以义结人心，不患不久长；但卜都之地一汴、二杭、三闽、四广。"这段话在书里虽然是预言的口气，但分明是亲见宋亡者的话。这里选录的徽宗私幸李师师一段，从语言上看也全是元人语。因此我们有理由把这部书看作元代的作品，有可能是宋遗民入元以后所作，其所取材则是宋元时期的野史笔记之类。

本书有士礼居丛书二卷本，涵芬楼排印金陵王氏洛川校正重刊本（分元亨利贞四集）。此据涵芬楼排印本抄录。

徽宗私幸李师师

（上略）

徽宗闻奏大悦，命中官[1]排办御宴："待朕与诸臣消愁解闷则个！"

方畅饮酣歌,忽听甚处风送一派乐声响亮。徽宗微笑曰:"朕深居九重[2],反不如小民直恁地快活!朕欲出观市廛景致,恨无其由!"有杨戬回奏云:"陛下若要游玩市廛,此事甚易!"正是:

不因邪佞欺人主,怎得金兵入汴城?

杨戬奏个甚的,使徽宗游玩市廛?杨戬道:"陛下若摆动銮舆,则出警入跸[3],左右言史[4],市井肃清,反不自由。莫若易服,妆扮做个秀才儒生,臣等妆为仆从,自后载门出市私行,可以恣观市廛风景。"徽宗闻言大喜,即时易了衣服:将龙袍卸却,把一领皂褙穿着,上面着一领紫道服,系一条红丝吕公绦,头戴唐巾,脚下穿一双乌靴。引高俅、杨戬私离禁阙,出后载门,赐勘合[5]与监门将军郭建等,向汴京城里串长街,蓦短槛,只是些歌台、舞榭、酒市、花楼,极是繁华花锦田地。

抵暮,至一坊,名做金环巷,那风范[6]更别:但见门安塑像,户列名花;帘儿底笑语喧呼,门儿里箫韶[7]盈耳;一个粉颈酥胸,一个桃腮杏脸。天子观之私喜。又前行五七步,见一座宅,粉墙鸳瓦,朱户兽环;飞檐映绿郁郁的高槐,绣户对青森森的瘦竹。徽宗问杨戬、高俅曰:"这座宅是甚人的?直这般盖造的十分清楚[8]!"天子观看,叹羡不已,忽闻人咳嗽一声。

睁开一对重瞳眼[9],觑着千金买笑人。

天子觑时,见翠帘高卷,绣幕低垂,帘儿下见个佳人,鬓亸乌云,钗簪金凤;眼横秋水之波,眉拂春山之黛;腰如弱柳,体似凝脂;十指露春笋纤长,一搦[10]衬金莲稳小。待道是郑观音[11],不抱着玉琵琶;待道是杨贵妃,不擎着白鹦鹉。恰似嫦娥离月殿,恍然洛女下瑶阶。真个是:

亸眉鸾髻垂云碧,眼入明眸秋水溢。
凤鞋半折小弓弓,莺语一声娇滴滴。
裁云剪雾制衫穿,束素纤腰恰一搦。

桃花为脸玉为肌,费尽丹青描不得。

　　这个佳人,是两京[12]酒客烟花帐子头[13],京师上停行首[14],姓李,名做师师。一片心只待求食巴馒[15],两只手偏会拿云握雾。便有富贵郎君,也使得七零八落。或撞着村沙子弟[16],也坏[17]得弃生就死;忽遇着俊倬勤儿[18],也敢教沿门乞化[19]。徽宗一见之后,瞬星眸为两瞪[20]。休道徽宗直恁荒狂,便是释迦尊佛,也恼教他会下莲台。

　　天子见了佳人,问高俅道:"这佳人非为官宦,亦是富豪之家。"高俅道:"不识。"犹豫间,见街东一个茶肆,牌书"周秀茶坊"。徽宗遂入茶坊坐定,将金箧内取七十足百长钱,撒在那卓子上。周秀便理会得,道是个使钱的勤儿。一巡茶罢,徽宗遂问周秀道:"这对门谁氏之家?帘儿下佳人姓甚名谁?"周秀闻言,上覆官人:"问这佳人,说着后[21]话长。这个佳人,名冠天下,乃是东京角妓[22],姓李,小名师师。"徽宗见说大喜,令高俅教周秀传示佳人道:"俺是殿试秀才,欲就贵宅饮几杯,未知娘子雅意若何?"周秀去了不多时,来见官人言曰:"行首方调筝之间,见周秀说殿试所嘱之言,幽情颇喜。不弃泼贱,专以奉迎。"徽宗闻言甚喜,即时同高俅、杨戬望李氏宅来。有双鬟[23]门外侍立,"请殿试稍待,容妾报知姐姐。"少刻,双鬟出道:"俺姐姐有命,请殿试相见。"师师出见徽宗,施礼毕,道:"寒门寂寞,过辱临顾;无名妓者,何幸遭逢!"徽宗道:"谨谢娘子,不齐卑末,知感无限!"

　　那佳人让客先行。转曲曲回廊,深深院宇。红袖调筝于屋侧,青衣演舞于中庭。竹院、松亭、药栏、花槛,俄至一厅,铺陈甚雅:红床设花裀绣褥,四壁挂山水翎毛。打起绿油吊窗[24],看修竹湖山之景。即令侍妾添茶,再去安排酒果。师师开瓶,觑了天子道与杨戬:"你与我取几瓶酒去。"不多时,令人取至。杨戬执盏于尊前,于是四人共饮。

　　师师道:"殿试仙辈,不审何郡?敢问尊姓。"天子道:"娘子休怕!我是汴梁生,夷门[25]长。休说三省并六部[26],莫言御史与西台[27];四京十七路[28],五霸帝王都,皆属俺所管。咱八辈儿称孤道寡,目今住在西华门东、东华门西、后载门南、午门之北,大门楼里面。姓赵,排房第八,俺乃赵八郎也!"师师闻道,唬得魂不着体;急离坐位,说与他娘道:"咱家里有课语讹言[29]的,怎奈何?娘,你可急忙告报官司去,恐带累咱们!"李妈妈听得这话,慌忙走去告报与左右二厢捉杀使孙荣、汴京里外缉察皇城使窦监。二人闻言,急点手下巡兵二百余人。人人勇健,个个威风。腿系着粗布行缠,身穿着鸦青衲袄;轻弓短箭;手持着闷棍,腰挂着环刀[30]。急奔师师宅,即时把师师宅围了。

  可怜风月地,番作战争场。

看这个官家,怎生结束[31]?

  却有徽宗闻宅外叫闹,觑高俅;高俅会意,急出门见孙荣、窦监。高俅喝曰:"匹夫怎敢惊驾!"一人觑时,认得是平章[32]高俅,急忙跪在地上,唬得两腿不摇而自动:"上告平章相国担惊,不干小人每事;乃是师师之母告报小人来到,他家中有讹言的,恐带累他。以此小人每提兵至此。"高俅闻言喝退。二人既免现了本身之罪,暗暗地提兵巡掉[33],防护着圣驾。

  (下略)

  天子洗漱了,吃了些汤药[34],辞师师欲去。师师紧留。天子见师师意坚,官家道:"卿休要烦恼!寡人今夜再来与你同欢。"师师道:"何以取信?"天子道:"恐卿不信。"遂解下了龙凤绞绡直系[35]与了师师,道:"朕语下为敕,岂有浪舌[36]天子脱空佛?"师师接了,收拾箱中,送天子出门。天子出的师师门,相别了投西而去。

  忽见一人从东而来,厉声高喝师师道:"从前可惜[37]与你供炭米,今朝却与别人欢!"睁开杀人眼,咬碎口中牙,直奔那佳人家来。师师不躲。那汉舒猿臂,用手扯住师师之衣,问道:"适来去者那人是谁?你与我实说!"师师不忙不惧道:"是个小大儿。"这人是谁?乃师师结发之婿也。姓贾名奕,先文后武,两科都不济事;后来为捉获襄甲县毕地龙刘千,授得右相[38]都巡官带武功郎。那汉言道:"昨日是个七月七日节,我特地打将上等高酒来,待和你赏七月七则个。把个门儿关闭闭塞也似,便是樊哙也踏不开[39]!唤多时悄无人应,我心内早猜管[40]有别人取乐。果有新欢,断料必适来去者那人!敢是个近上的官员?"师师道:"你今番早自猜不着。官人,你坐么,我说与你,休心困者!"

师师说道伤心处,贾奕心如万刀钻。

师师道:"恰去的那个人,也不是制置并安抚[41],也不是御史与平章;那人眉势[42]教大!"贾奕道:"止不过王公驸马。"师师道:"也不是。"贾奕道:"更大如王公,只除是当朝帝主也。他有三千粉黛、八百烟娇,肯慕一匪人[43]?"师师道:"怕你不信。"贾奕道:"更大如王公驸马,止不是宫中帝王。那官家与天为子,与万姓为王,行止处龙凤,出语后成敕,肯慕娼女?我不信!"师师道:"我交你信!"不多时,取过那绞绡直系来,交贾奕看。贾奕觑了,认的是天子衣,一声长叹,忽然倒在地。不知贾奕性命若何?

三寸气在千般用,一日无常万事休。

这贾奕为看了那天子龙凤之衣,想是:"天子在此行踏[44],我怎敢再踏李氏之门?他动不动金瓜[45]碎脑,是不是斧钺临身。我与师师两个胶漆之情甚美,便似天淡淡云边鸾凤,水澄澄波里鸳鸯,平白地涌出一条八爪金龙,把这鸳鸯儿拆散了!"

李师师见贾奕气倒,则得傍前急救。须臾苏醒,便踏起来,向着师师道前,俯伏在地,口称:"死罪!死罪!臣多有冒渎,望皇后娘娘宽恕。"师师道:"甚言语!他是天子,有一皇后、三夫人、二十七世妇、八十一御妻,更有三千粉黛、八百烟娇。到晚后,乘龙车凤辇,去三十六宫二十四苑闲游,有多少天仙玉女!况凤烛龙灯之下,严妆整扮,各排绮宴,笙箫细乐,都安排接驾,那般的受用,那肯顾我来?且是暂时间厌皇宫拘捲[46],误至于此。一欢去后,岂肯长来宠我?你好不晓事也,直这般烦恼!"遂将出几盏儿淡酒来,与贾奕解闷。那贾奕那吃的下?又长嘘气。见笔砚在侧,用手拈起笔来,拂开花笺,便写作小词一章。词寄《南乡子》:

闲步小楼前,见个佳人貌类仙。暗想圣情浑似梦,追欢,执手兰房恣意□。   一夜说盟言,满掬沉檀喷瑞烟。报到早朝归去晚,回銮,留下绞绡当宿钱。

师师见了大惊,顺手将这曲儿收放妆盒内。贾奕道:"我从今后再不敢踏上你家门儿来。咱两个瓶坠簪折[47],恩断义绝!"

日色渐晡[48],女奴来报:"兀的夜来那个平章到来也!"师师闻之,着忙催贾奕交去不迭。说未罢,高平章早入来,贾奕不能躲。高俅见,大怒,遂令左右将贾奕绑了,使交送大理寺[49]狱中去。贾奕正是:

才离阴府凄惶难,又值天罗地网灾。

看贾奕怎结束?却有李妈妈急忙前来,上告平章:"这人是师师的一个哥哥,在西京洛阳住,多年不相见。来几日,也不曾为洗尘。今日办了几杯淡酒,与洗泥则个。恰限[50]今日专等天子来,那里敢接别人?交人道甚来?"高俅见婆子苦苦告说,遂放了贾奕。贾奕得脱便去。

(下略)

[注释]

[1] 中官:宦官。
[2] 九重:古代天子所居有九道门,后因以九重称帝王居住的地方。
[3] 出警入跸:帝王出入所经过的地方要加以警戒,禁止他人通行,叫作警跸。
[4] 言史:谏官。
[5] 勘合:出入宫门所用的符契,两半相合以勘验真假。
[6] 风范:风格规范。
[7] 箫韶:音乐声。
[8] 清楚:也写作"济楚"。整齐漂亮。
[9] 重瞳眼:传说帝舜眼睛有两个瞳仁,后世因此把帝王的眼睛称为重瞳眼。
[10] 一搾:也作一乍。拇指与中指伸直,其间的距离。
[11] 郑观音:未详。
[12] 两京:宋以开封府、河南府为两京。
[13] 烟花帐子头:妓女群中首领人物。
[14] 上停行首:即上厅行首。上厅即官厅,行首即妓女之首。上厅行首,官妓里的首领人物。
[15] 巴镘:"镘"原误作"谩"。巴镘,想法弄钱。

[16] 村沙子弟：村沙，村俗。"村沙子弟"与上文"富贵郎君"相对说。
[17] 坏：毁。
[18] 俊俏勤儿：俊俏，俊俏、漂亮。勤儿，浪荡子弟。
[19] 乞化："乞"原误作"吃"。
[20] 瞬星眸为两瞮：瞬，眼睛转动。两瞮，两道目光。
[21] 说着后：说时，说起来。
[22] 角妓：风流蕴藉的妓女。
[23] 双鬟：梳双髻的女僮。
[24] 吊窗：可以用棍棒支起来的窗扇。
[25] 夷门：汴梁古名大梁，大梁城东门叫夷门。此处当是取汴梁的古名。
[26] 三省并六部：三省，中书省、尚书省、门下省。六部，吏、户、礼、兵、刑、工六部。
[27] 御史与西台：宋制，御史台设御史大夫，是专司弹劾纠察的官员。西台，唐高宗改中书省为西台。此处泛指中央官署。
[28] 四京十七路：宋以汴梁为东京，洛阳为西京，大中祥符间以应天府为南京（今河南商丘），宋真宗以大名府为北京（今河北大名），合称四京。路，宋地方区域建制，相当于现今的省。
[29] 课语讹言：胡言乱语。元曲有"讹语讹言"的说法，与此义同。疑"课语"原指占课时所说的一套荒诞不经的话。
[30] 环刀：刀背上缀以铁环，挥舞砍杀时发声助威的一种大刀。
[31] 结束：了结。
[32] 平章：宋承唐制，以同平章事为宰相职。
[33] 巡掉："掉"疑是"绰"字之讹。巡绰，巡逻。
[34] 汤药：以茶和药物一起煮成的一种饮料。
[35] 直系：长袍。
[36] 浪舌：说谎。
[37] 可惜："惜"在这里是怜惜、爱怜的意思。
[38] 右相：即右厢。
[39] 便是樊哙也踏不开：樊哙，刘邦部将，以勇武有力著称。这里用的是樊哙"排闼直入"的典故。《史记·樊哙列传》："哙以吕后女弟吕须为妇，生子伉，故其比诸将最亲。先黥布反时，高祖尝病甚，恶见人。卧禁中，诏户者无得入群臣。群臣绛、灌等莫敢入。十余日，哙乃排闼直入，大臣随之。上独枕一宦者卧。"
[40] 管：必定。

[41] 制置并安抚:宋有制置使,掌管兵旅之事。并在各路设安抚使,以朝臣充任,掌管各路兵民之事。
[42] 眉势:身份。
[43] 匪人:即匪妓,妓女。
[44] 行踏:走动。
[45] 金瓜:卫士手持的兵仗。
[46] 拘捲:拘束。
[47] 瓶坠簪折:瓶,井上汲水器。水瓶掉落井底,簪子折断,比喻恩断义绝,从此脱离关系。
[48] 晡:申时,午后三时至五时。日色渐晡,也就是将近傍晚。
[49] 大理寺:司法机关。
[50] 恰限:正好,正是。

快嘴李翠莲记

快嘴李翠莲是在民间广为流行的一个故事。

《快嘴李翠莲记》与一般小说有所不同,韵文说唱部分在整个作品中占的比重较大,也可能它的前身是一种唱本。

它的时代颇不容易确定。从内容看,其中涉及的结婚礼节,如念诗赋及坐床撒帐等,与《东京梦华录》及《梦粱录》所载都相符。但从语言看,又有明显的元明语言特点,如"就"字用作关系副词(="便")等。大约这篇作品本来是以宋人作品为基础,经过元明人最后写定的。

本篇收入《清平山堂话本》,此据古今小品书籍印行会影印本转录。

入话:

出口成章不可轻,开言作对动人情;
虽无子路[1]才能智,单取人前一笑声。

此四句单道昔日东京有一员外,姓张名俊,家中颇有金银。所生二子,长曰张虎,次曰张狼。大子已有妻室,次子尚未婚配。本处有个李吉员外,所生一女,小字翠莲,年方二八,姿容出众。女红[2]针指,书史百家[3],无所不通。只是口嘴快些,凡向人前,说成篇,道成溜[4],问一答十,问十道百。有诗为证:

问一答十古来难,问十答百岂非凡;
能言快语真奇异,莫作寻常当等闲。

话说本地有一王妈妈,与二边说合。门当户对,结为姻眷,选择吉日良时娶亲。三日前,李员外与妈妈论议道:"女儿诸般好了,只是口快,我和你放心不下。打紧[5]他公公难理会,不比等闲的。婆婆又兜答[6],人家又大,伯伯、姆姆[7],手下许多人,如何是好?"婆婆道:"我和你也须分付他一场。"只见翠莲走到爹妈面前,观见二亲满面忧愁,双眉不展,就道:

"爷是天,娘是地,今朝与儿成婚配。男成双,女成对,大家欢喜要吉利。人人说道好女婿,有财有宝又豪贵。又聪明,又伶俐,双六象棋通六艺[8]。吟得诗,做得对[9],经商买卖诸般会。这们[10]女婿要如何?愁得苦水儿滴滴地。"

员外与妈妈听翠莲说罢,大怒曰:"因为你口快如刀,怕到人家多言多语,失了礼节,公婆人人不欢喜,被人笑耻,在此不乐。叫你出来,分付你少则声[11],颠倒[12]说出一篇来,这个苦怎的好[13]!"翠莲道:

"爷开怀,娘放意[14],哥宽心,嫂莫虑。女儿不是夸伶俐,从小生得有志气。纺得纱,绩得苎[15],能裁能补能绣刺。做得粗,整得细,三茶六饭[16]一时备。推得磨,捣得碓,受得辛苦吃得累。烧卖匾食[17]有何难,三汤两割我也会。到晚来,能[18]仔细,大门关了小门闭。刷净锅儿掩厨柜,前后收拾自用意[19]。铺了床,伸开被,点上灯,请婆睡,叫声'安置'[20]进房内。如此伏侍二公婆,他家有甚不欢喜?爹娘且请放心宽,舍此之外直[21]个屁!"

翠莲说罢,员外便起身去打。妈妈劝住,叫道:"孩儿,爹娘只因你口快了愁,今番只是少说些。古人云:'多言众所忌。'到人家只是谨慎言语,千万记着!"翠莲曰:"晓得!如今只闭着口儿罢!"妈妈道:"隔壁张大公是老邻舍,从小儿看你大,你可过去作别一声。"员外道:"也是。"翠莲便走将过去,进得门槛,高声便道:

"张公道,张婆道,两个老的听禀告:明日寅时[22]我上轿,今朝特来说知道。年老爹娘无倚靠,早起晚些望顾照。哥嫂倘有失礼处,父母分上休计较。待我满月回门来,亲自上门叫聒噪[23]。"

张大公道:"小娘子放心,令尊与我是老兄弟,当得早晚照管。令堂亦当着老妻过去陪伴,不须挂意。"

作别回家,员外与妈妈道:"我儿可收拾早睡休[24],明日须半夜起来打点[25]。"翠莲便道:

"爹先睡,娘先睡,爹娘不比我班辈。哥哥嫂嫂相傍我,前后收拾自理会。后生家熬夜有精神,老人家熬了打盹睡。"

翠莲道罢,爹妈大恼曰:"罢,罢,说你不改了!我两口自去睡也。你与哥嫂自收拾,早睡早起。"翠莲见爹妈睡了,连忙走到哥嫂房门口高叫:

"哥哥嫂嫂休推醉,思量你们忒没意[26]。我是你的亲妹妹,止有今晚在家中[27]。亏你两口下着得[28],诸般事儿都不理。关上房门便要睡,嫂嫂你好不贤惠!我在家,不多时,相帮做些道怎地?巴不得打发我出门,你们两口得伶俐[29]。"

翠莲道罢,做哥哥的便道:"你怎生还是这等的?有父母在前,我不好说你。你自先去安歇,明日早起。凡百事我自和嫂嫂收拾打点。"

翠莲进房去睡,兄嫂二人无多时前后俱收拾停当[30],一家都安歇了。

员外、妈妈一觉睡醒,便唤翠莲,问道:"我儿,不知甚么时节[31]了?不知天晴天雨?"翠莲便道:

"爹慢起,娘慢起,不知天晴是下雨。更不闻,鸡不语,街坊寂静无人语。只听得隔壁白嫂起来磨豆腐,对门黄公舂糕米。若非四更时,便是五更矣。且待奴家先起,烧火劈柴打下水。且把锅儿刷洗起,烧些脸汤洗一洗,梳个头儿光光地。大家也是早起些,娶亲的若来慌了腿。"

员外、妈妈并哥嫂一齐起来,大怒曰:"这早晚,东方将亮了,还不梳妆完! 尚兀子[32]调嘴弄舌!"翠莲又道:

"爹休骂,娘休骂,看我房中巧妆画。铺两鬓,黑似鸦,调和脂粉把脸搽。点朱唇,将眉画,一对金环坠耳下。金银珠翠插满头,宝石禁步[33]身边挂。今日你们将我嫁,想起爹娘撇不下。细思乳哺养育恩,泪珠儿滴湿了香罗帕。猛听得外面人说话,不由我不心中怕。今朝是个好日头,只管都噜都噜说甚么!"

翠莲道罢,妆办停当,直来到父母根前说道:

"爹拜禀,娘拜禀,蒸了馒头索了粉[34],果盒肴馔件件整。收拾停当慢慢等,看看打得五更紧。我家鸡儿叫得准,送亲[35]从头再去请。姨娘不来不打紧,舅母不来不打紧,可耐[36]姑娘没道理,说的话儿全不准。昨日许我五更来,今朝鸡鸣不见影。歇歇[37]进门没得说,赏他个漏风的巴掌[38]当邀请。"

员外与妈妈敢怒而不敢言。妈妈道:"我儿,你去叫你哥嫂及早起来,前后打点,娶亲的将次[39]来了。"翠莲见说,慌忙走去哥嫂房门口前,叫曰:

"哥哥、嫂嫂你不小,我今在家时候少。算来也用起个早,如何睡到天大晓? 前后门窗须开了,点些腊烛香花草。里外地下扫一扫,娶亲轿子将来了。误了时辰公婆恼,你两口儿讨分晓[40]!"

哥嫂两个忍气吞声,前后俱收拾停当。员外道:"我儿,家堂[41]并祖宗面前可去拜一拜,作别一声。我已点下香烛了。趁娶亲的未来,保你过门平安。"翠莲见说,拿了一炷,走到家堂面前,一边拜,一边道:

"家堂一家之主,祖宗满门先贤。今朝我嫁,未敢自专。四时八节[42],不断[43]香烟。告知神圣,万望垂怜。男婚女嫁,理之自然。有吉有庆,夫妇双全。无灾无难,永保百年。如鱼似水,胜蜜糖甜。五男二女,七子团圆。二个女婿,答礼通贤。五房媳妇,孝顺无边。孙男孙女,代代相传。金珠无数,米麦成仓。蚕桑茂盛[44],牛马捱肩[45]。鸡鹅鸭鸟,满荡[46]鱼鲜。丈夫惧怕,公婆爱怜。妯娌和气,伯叔忻然。奴仆敬重,小姑有缘。不上三年之内,死得一家干净。家财都是我掌管,那时翠莲快活几年。"

翠莲祝罢,只听得门前鼓乐喧天,笙歌聒耳,娶亲车马来到门道。张宅先生[47]念诗曰:

高卷珠帘挂玉钩,香车宝马到门头。
花红利市[48]多多赏,富贵荣华过百秋。

李员外便叫妈妈将钞来赏赐先生和媒妈妈,并车马一干人。只见妈妈拿出钞来,翠莲接过手便道:

"等我分!爹不惯,娘不惯,哥哥嫂嫂也不惯。众人都来面前站,合多合少等我散。抬轿的合五贯,先生媒人两贯半。收好些,休嚷乱,吊[49]下了时休埋怨。这里多得[50]一贯文,与你这媒人婆买个烧饼,到家哄你呆老汉。"

先生与轿夫一干人听了,无不吃惊曰:"我们见千见万,不曾见这样口快的!"大家张口吐舌,忍气吞声,簇拥翠莲上轿。

一路上,媒妈妈分付:"小娘子你到公婆门首,千万不要开口!"不多时,车马一到张家前门,歇下轿子。先生念诗曰:

鼓乐喧天响汴州,今朝织女配牵牛;
本宅亲人来接宝,添妆含饭[51]古来留。

且说媒人婆拿着一碗饭,叫道:"小娘子,开口接饭。"只见翠莲在轿中大怒,便道:

"老泼狗,老泼狗,交我闭口又开口。正是媒人之口无量斗[52],怎当你没的翻[53]做有。你又不曾吃早酒,嚼舌嚼黄胡张口。方才跟着轿子走,分付交我休开口。甫能[54]住轿到门首,如何又叫我开口?莫怪我今骂得丑,真是白面[55]老母狗!"

先生道:"新娘子息怒,他是个媒人,出言不可太[56]甚。自古新人无有此等道理。"翠莲便道:

"先生你是读书人,如何这等不聪明?当言不言谓之讷,信这虔婆[57]弄死人。说我婆家多富贵,有财有宝有金银。杀牛宰马做茶饭,苏木[58]檀香做大门。绫罗缎匹无算数,猪羊牛马赶成群。当门与我冷饭吃,这等富贵不如贫!可耐伊家恁㤟村[59],冷饭将来与我吞。若不看我公婆面,打得你眼里鬼火生!"

翠莲说罢,恼得那媒婆一点酒也没[60],一道烟先进去了;也不管他下轿,也不管他拜堂。

本宅众亲簇拥新人到了堂前,朝西立定。先生曰:"请新人转身向东,今日福禄喜神[61]在东。"翠莲便道:

"才向西来又向东,休将新妇便牵笼[62]。转来转去无定向[63],恼得心头火气冲。不知那个是妈妈,不知那个是公公。诸亲九眷闹丛丛,姑娘小叔乱哄哄。红纸牌儿在当中,点着几对满堂红[64]。我家公婆又未死,如何点盏随身灯[65]?"

张员外与妈妈听得,大怒曰:"当初只说娶选良善人家女子,谁想娶这个没规矩、没家法、长舌顽皮村妇!"诸亲九眷面面相睹,无不失惊。先生曰:"人家孩儿在家中惯了,今日初来,须慢慢的调理[66]他。且请拜香案,拜诸亲。"

合家大小俱相见毕,先生念诗赋[67],请新人入房坐床撒帐[68]:

新人那[69]步过高堂,神女仙郎入洞房;

花红利市多多赏,五方撒帐盛阴阳。

张狼在前,翠莲在后,先生捧着五谷,随进房中。新人坐床,先生拿起五谷念道:

"撒帐东,帘幕深围烛影红。佳气郁葱长不散,画堂日日是春风。

撒帐西,锦带流苏[70]四角垂。揭开便见姮娥[71]面,输却仙郎捉带枝。

撒帐南,好合情怀乐且耽[72]。凉月好风庭户爽,双双绣带佩宜男[73]。

撒帐北,津津一点眉间色。芙蓉帐暖度春宵,月娥苦邀蟾宫客[74]。

撒帐上,交颈鸳鸯成两两。从今好梦叶维熊[75],行见蠙珠[76]来入掌。

撒帐中,一双月里玉芙蓉。恍若今宵遇神女,红云簇拥下巫峰[77]。

撒帐下,见说黄金光照社。今宵吉梦便相随,来岁生男定声价。

撒帐前,沉沉非雾亦非烟。香里金虬[78]相隐映,文箫今遇彩鸾仙[79]。

撒帐后,夫妇和谐长保守。从来夫唱妇相随,莫作河东狮子吼[80]。"

说那先生撒帐未完,只见翠莲跳起身来,摸着一条面杖,将先生夹腰两面杖。便骂道:"你娘的臭屁!你家老婆便是河东狮子!"一顿直赶出房门外去,道:

"撒甚帐?撒甚帐?东边撒了西边样。豆儿米麦满床上,仔细思量像甚样?公婆性儿又莽撞,只道新妇不打当[81]。丈夫若是假乖张[82],又道娘子垃圾相[83]。你可急急走出门,饶你几下捍面杖。"

那先生被打,自出门去了。张狼大怒曰:"千不幸,万不幸,娶了这个村姑儿!撒帐之事,古来有之。"翠莲便道:

"丈夫丈夫你休气,听奴说得是不是。多想那人没好气,故将豆麦撒满地。倒不叫人扫出去,反说奴家不贤惠。若还恼了我心儿,连你一顿赶出去!闭了门,独自睡,晏起早眠随心意。'阿弥陀佛'念几声,耳畔[84]清宁倒伶俐。"

张狼也无可奈何,只得出去参筵劝酒。

至晚席散,众亲都去了。翠莲坐在房中自思道:"少刻丈夫进房来,必定手之舞之的,我须做个准备。"起身除了首饰,脱了衣服,上得床,将一条绵被裹得紧紧地自睡了。

且说张狼进得房就脱衣服,正要上床,被翠莲喝一声便道:

"堪笑乔才[85]你好差,端的是[86]个野庄家。你是男儿我是女,尔自尔来咱自咱。你道我是你媳妇,莫言就是你浑家[87]?那个媒人那个主?行甚么财礼下甚么茶[88]?多少猪羊鸡鹅酒?甚么花红到我家?多少宝石金头面?几匹绫罗几匹纱?镯缠冠钗有几付?将甚插戴我奴家?黄昏半夜三更鼓,来我床前做甚么?及早出去连忙走,休要恼了我们家!若是恼咱性儿起,揪住耳朵采[89]头发。扯破了衣裳抓碎了脸,漏风的巴掌顺脸括。扯碎了网巾[90]你休要怪,擒了你四[91]鬓怨不得咱。这里不是烟花巷[92],又不是小娘儿家。不管三七二十一,我一顿拳头打得你满地爬[93]。"

那张狼见妻子说这一篇,并不敢近前,声也不则,远远地坐在半边。将近三更时分,且说翠莲自思:"我今嫁了他家,活是他家人,死是他家鬼。今晚若不与丈夫同睡,明日公婆若知,必然要怪。罢,罢,叫他上床睡罢。"便道:

"痴乔才,休推醉,过来与你一床睡。近前来,分付你,叉手站着莫弄嘴。除网巾,摘帽子,靴袜布衫收拾起。关了门,下幔子,添些油在晏灯[94]里。上床来,悄悄地,同效鸳鸯谐[95]连理。休则声,慎言语,雨散云消脚后睡。缩[96]着脚,拳着腿,合着眼儿闭着嘴。若还蹬着我些儿,那时你就是个死!"

说那张狼,果然一夜不敢则声。睡至天明,婆婆叫言:"张狼,你可交娘子早起梳妆,外面收拾。"翠莲便道:

"不要慌,不要忙,等我换了旧衣裳。菜自菜,姜自姜,各样果子各样妆。肉自肉,羊自羊,莫把鲜鱼搅白肠。酒自酒,汤自汤,腌鸡不要混腊獐。目下[97]天色且是凉,便放五日也不妨。待我留些整齐的,三朝点茶[98]请姨娘。总然[99]亲戚吃不了,剩与公婆慢慢噇[100]。"

婆婆听得,半晌无言。欲待要骂,恐怕人知笑话,只得忍气吞声。耐到第三日,亲家母来完饭[101]。两亲相见毕,婆婆耐不过,从头将打先生、骂媒人、触夫主、毁公婆,一一告诉一遍。李妈妈听得,羞惭无地,径到女儿房中,对翠莲道:"你在家中,我怎生分付你来?交你到人家休要多言多语,全不听我!今朝方才三日光景,适间婆婆说你许多不是,使我惶恐千万,无言可答。"翠莲道:

"母亲你且休炒闹,听我一一细禀告。女儿不是材天乐[102],有些话你不知道。三日媳妇要上灶,说起之时被人笑。两碗稀粥把盐蘸,吃饭无茶将水泡。今日亲家初走到,就把话儿来诉告。不问青红与白皂,一迷[103]将奴胡厮闹。婆婆性儿忒急躁,说的话儿不大妙。我的心性[104]也不弱,不要着了我圈套。寻条绳儿只一吊,这条性命问他要!"

妈妈见说,又不好骂得,茶也不吃,酒也不尝,别了亲家,上轿回家去了。

再说张虎在家叫道:"成甚人家!当初只说娶个良善女子,不想讨了个五量店中过卖[105]来家,终朝四言八句,弄嘴弄舌,诚何以堪[106]!"翠莲闻说便道:

"大伯说话不知礼,我又不曾惹着你。顶天立地男子汉,骂我是个过卖嘴!"

张虎便叫张狼道:"你不闻古人云:'教妇初来。'虽然不致乎打他,必须早晚训诲;再不然,去告诉他那老虎婆知道。"翠莲就道:

"阿伯三个鼻子管[107],不曾捻着你的碗。媳妇虽是话儿多,自有丈夫与婆婆。亲家不曾惹着你,如何骂他'老虎婆'?等我满月回门去,到家告诉我哥哥。我哥性儿烈如火,那时交你认得我。巴掌拳头一齐上,着你旱地乌龟没处躲。"

张虎听了大怒,就去扯住张狼要打。只见张虎的妻施氏跑将出来道:"各人妻小各自管,干你甚事!自古道:'好鞋不踏臭粪。'"翠莲便道:

"姆姆休得要惹祸,这样为人做不过。尽[108]自伯伯和我嚷,你又走来添些个[109]。自古妻贤夫祸少,做出事比天来大。快快夹了里面去,窝风所在[110]坐一坐。阿姆我又不惹你,如何将我比臭污[111]?左右[112]百岁也要死,和你两个做一做[113]。我若有些长和短,阎罗殿前也不放过!"

女儿听得,来到母亲房中,说道:"你是婆婆,如何不管?尽着他放泼,象[114]甚模样?被人家笑话!"翠莲见姑娘与婆婆说,就道:

"小姑你好不贤良,便去房中唆调娘。若是婆婆打杀我,活捉你去见阎王。我爷平素性儿强,不和你们善商量。和尚道士一百个,七日七夜做道场[115]。沙板棺材罗木底,公婆与我烧钱纸。小姑姆姆戴盖头[116],伯伯替我做孝子。诸亲九眷抬灵车,出了殡儿从新起。大小衙门齐下状,拿着银子无处使。任[117]你家财万万贯,弄得你钱也无来人也死。"

张妈妈听得,走出来道:"早是[118]你才来得三日的媳妇,若做了二三年媳妇,我一家大小俱不要开口了!"翠莲便道:

"婆婆休得要水性[119],做大不尊小不敬。小姑不要恃侥幸[120],母亲面前少言论。謷些轻事重报□[121],老蠢听得便就信。言三语四把吾伤,说的话儿不中听。我若有些长和短,不怕婆婆不偿命!"

妈妈听了,径到房中,对员外道:"你看那新媳妇,口快如刀,一家大小,逐个个都伤过。你是个阿公,便叫将出来说他几句怕甚么!"员外道:"我是他公公,怎么好说他?也罢,待我问他讨茶吃,且看怎的。"妈妈道:"他见你,一定不敢调嘴[122]。"只见员外分付:"交张狼娘子烧中茶吃。"

那翠莲听得公公讨茶,慌忙走到厨下,刷洗锅儿,煎滚了茶。复到房中,打点各样果子,泡了一盘茶,托至堂前,摆下椅子,走到公婆面前,道:"请公公、婆婆堂前吃茶。"又到姆姆房中,道:"请伯伯、姆姆堂前吃茶。"员外道:"你们只说新媳妇口快,如今我唤他,却怎地又不敢说甚么?"妈妈道:"这番只是你使唤他便了。"

少刻,一家儿俱到堂前,分大小坐下。只见翠莲捧着一盘茶,口中道:

"公吃茶,婆吃茶,伯伯、姆姆来吃茶。姑娘、小叔若要吃,灶上两碗自去拿。两个拿着慢慢走,泡了手时哭喳喳。此茶唤作'阿婆茶',名实虽村趣味佳。两个初煁黄栗子,半抄[123]新炒白芝麻。江南橄榄连皮核,塞北胡桃去壳渣[124]。二位大人慢慢吃,休得坏了你们牙!"

员外见说,大怒曰:"女人家须要温柔稳重,说话安详,方是做媳妇的道理。那曾见这样长舌妇人！"翠莲应曰：

"公是大，婆是大，伯伯、姆姆且坐下。两个老的休得骂，且听媳妇来禀话：你儿媳妇也不村，你儿媳妇也不诈。从小生来性刚直，说完说了心无挂[125]。公婆不必苦憎嫌，十分不然休了罢。也不愁，也不怕，搭搭凤子[126]回去罢。也不招[127]，也不嫁，不搭胭粉不妆画。上下穿件缟素衣，侍奉双亲过了罢。记得几个古贤人：张良、蒯文通说话[128]。陆贾、萧何快调文[129]，子建、杨修也不亚[130]。张仪、苏秦说六国[131]，吴晏、管仲说五霸[132]。六计陈平、李左车[133]，十二甘罗并子夏[134]。这些古人能说话，齐家治国平天下。公公要奴不说话，将我口儿缝住罢！"

张员外道："罢！罢！这样媳妇，久后必被败坏门风，玷辱[135]上祖！"便叫张狼曰："孩儿，你将妻子休了罢！我别替你娶一个好的。"张狼口虽应承，心有不舍之意。张虎并妻俱劝员外："且从容教训。"翠莲听得便曰：

"公休怨，婆休怨，伯伯、姆姆都休劝。丈夫不必苦留恋，大家各自寻方便。快与纸墨和笔砚，写了休书随我便。不曾殴公婆，不曾骂亲眷。不曾欺丈夫，不曾打良善。不曾走东家，不曾西邻串。不曾偷人财，不曾被人骗。不曾说张三，不与李四乱。不盗不妒与不淫，身无恶疾能书算。亲操井臼与庖厨[136]，纺织桑麻拈针线。今朝随你写休书，搬去妆奁莫要怨。手印缝中七个字：'永不相逢不见面。'恩爱绝，情意断，多写几个弘誓愿。鬼门关上若相逢，别转了脸儿不厮见。"

张狼因父母做主，只得含泪写了休书，两边搭了手印。随即讨乘轿子，交人抬了嫁装，将翠莲并休书送至李员外家。父母并兄嫂都埋怨[137]翠莲嘴快的不是。翠莲道：

"爹休嚷，娘休嚷，哥哥嫂嫂也休嚷。奴奴不是自夸奖，从小生来志气广。今日离了他门儿,是非曲直俱休讲。不是奴家牙齿痒,挑描刺绣能绩纺。大裁小剪我都会,浆洗缝联不说谎。劈[138]柴挑水与庖厨,就有蚕儿也会养。我今年小正当时,眼明手快精神爽。若有闲人把眼观,就是巴掌脸上响。"

李员外和妈妈道:"罢! 罢! 我两口也老了,管你不得,只怕有些一差二误,被人耻笑。可怜! 可怜!"翠莲便道:

"孩儿生得命里孤,嫁了无知村丈夫。公婆利害由自可,怎当[139]姆姆与姑姑?我若略略开得口,便去搬唆与舅姑[140]。且是骂人不吐核,动脚动手便来□。生出许多情切话,就写离书休了奴。止望回[141]家图自在,岂料爹娘也怪吾。夫家娘家着不得,剃了头发做师姑。身披直裰[142]挂葫芦,手中拿个大木鱼。白日沿门化饭吃,黄昏寺里称念佛祖念南无,吃斋把素[143]用工夫。头儿剃得光光地,那个不叫一声:'小师姑!'"

说罢卸下浓妆,换了一套绵布衣服,向父母前合掌问讯[144]拜别,转身向哥嫂也别了。哥嫂曰:"你既要出家,我二人送你到前街明音寺去。"翠莲便道:

"哥嫂休送我自去,去了你们得伶俐。曾见古人说得好:'彼处不留有留处。'离了俗家门,便把头来剃。是处[145]便为家,何但明音寺?散诞[146]又逍遥,却不倒伶俐[147]。"
　　不恋荣华富贵,一心情愿出家。
　　身披一领绵[148]袈裟,常把数珠悬挂。
　　每日持斋把素,终朝酌水献花。
　　纵然不做得菩萨,修得个小佛儿也罢。

[注释]
[1]　子路:春秋时鲁人,孔子弟子。
[2]　女红:红,音 gōng。女红,女子所做的纺织、缝纫、刺绣等工作。

[3] 百家：古代各种学术流派。
[4] 溜：顺口溜。
[5] 打紧：要紧。
[6] 兜答：纠缠，麻烦。
[7] 伯伯、姆姆：伯伯，称丈夫的哥哥。姆姆，称丈夫的嫂子。
[8] "双六"句：双六，即双陆，古代的一种棋类游戏。六艺，原指礼、乐、射、御、书、数，此泛指各种技艺。
[9] 对：对联。
[10] 这们：同"这么"。这么样的。也可能是"这门"之讹，"这门女婿"犹言"这门亲事"。
[11] 则声：同"作声"。
[12] 颠倒："倒"原作"到"。颠倒，反倒、反而。
[13] 怎的好："怎"原作"恁"，今正。怎的好，怎么好。
[14] 放意：放心。
[15] 苎：苎麻布。
[16] 三茶六饭：统称一天内烹茶煮饭之类炊事。
[17] 烧卖匾食：烧卖，食品名。匾食，也写作扁食，即饺子。
[18] 能：如此，这样。
[19] 用意：注意。
[20] 安置：晚上请人休息、睡觉的一种应酬话。
[21] 直：同"值"。
[22] 寅时：清晨三时至五时。
[23] 聒噪：音 guō zào，本义是吵闹，引申而有打扰的意思。
[24] 休：句末语气助词，略同于"啊、吧"。
[25] 打点：收拾。此指梳妆打扮。
[26] 忒没意：太不讲情理。
[27] 中：此字疑误，疑应为"里"字。
[28] 下着得：下着，安睡。得，能够。此句意谓：亏你们两口子能够安睡。
[29] 伶俐：原作"零利"，今正。此指清静。
[30] 停当："当"原作"儅"，今正。停当，妥当。
[31] 时节：时候。元朝人多说"时节"或"时分"。
[32] 尚兀子：也写作"尚兀自"。"还在那儿一个劲儿地……"之意。
[33] 禁步：即步摇。古代妇女发饰名，插在发际。上有垂珠，行步则摇，故名。始于汉，宋代称为禁步。佩戴禁步的女子行步要从容不迫，使禁步上的翠

珠发出有节奏的声响。这里比喻翠莲不会打扮,上下颠倒,举止失仪。
[34] 索了粉:粉,一种面食,用手搓细煮食。做这种面食叫索粉。
[35] 送亲:女儿出嫁,娘家亲戚要来送上花轿,谓之送亲。此指来送亲的人。
[36] 可耐:不可耐之意,指下文所说之事不可容忍。
[37] 歇歇:一会儿。
[38] 漏风的巴掌:伸开五指打的巴掌。
[39] 将次:同"相次"。即将,即刻。
[40] 讨分晓:明白就里、知道利害之意。
[41] 家堂:家中供神的地方,在堂屋正中。
[42] 四时八节:四时为春夏秋冬。八节为立春、立夏、立秋、立冬、春分、秋分、夏至、冬至。
[43] 断:原作"段",今正。
[44] 茂盛:"盛"原作"胜",今正。
[45] 捱肩:"肩"原作"眉",今正。捱肩,犹今语挨肩擦背,言其众多。
[46] 荡:养殖水生菜蔬和鱼类的水池。
[47] 先生:阴阳先生。利用婚丧嫁娶从事迷信职业的人。
[48] 花红利市:喜庆时赏赐给有关人员的财物。
[49] 吊:即"掉"。
[50] 多得:即"多了"。得,动词词尾。
[51] 含饭:即"饭含",是古代丧仪之一,在死者口中放入米、贝、珠、玉之类,表示不忍见死者张着嘴的意思。这里本来是说婚礼,却故意插入丧礼的内容,是民间文学诙谐调侃的手法,用以表现李翠莲出嫁时连赞礼司仪都把喜事和丧事弄颠倒了。
[52] 无量斗:比喻没有准确性,不足凭信。
[53] 翻:原作"番"。
[54] 甫能:刚刚。
[55] 白面:捣乱。
[56] 太:原作"大",今正。
[57] 虔婆:詈辞。虔是贼的意思。
[58] 苏木:又称苏方。木材中心部红色,是一种珍贵木材。
[59] 村:粗野。
[60] 没:此下疑脱一"吃"字。
[61] 福禄喜神:迷信的说法认为,福禄喜三神每年所在的方位不同,新婚夫妇拜堂时要面对神所在的方向。

[62] 牵笼：笼指戴在牲口嘴上的笼嘴。现代俗称"嚼子"。这里比喻把翠莲当牲口一样牵来牵去。
[63] 向：原作"相"，今正。
[64] 满堂红：大号蜡烛。
[65] 随身灯：古时迷信习俗，人死后灵前点的灯叫随身灯，又名引魂灯。
[66] 调理：管教。
[67] 念诗赋：古代结婚时，赞礼人念诵庆祝的诗歌，俗称喜歌。
[68] 坐床撒帐：古代结婚仪式，男女拜堂以后坐床，男向右坐，女向左坐，妇女以金钱彩果散掷，叫作撒帐。
[69] 那：即"挪"。
[70] 流苏：帐幕下缘的穗状饰物。
[71] 姮娥：即嫦娥。
[72] 耽：音 dān，沉溺，入迷。
[73] 宜男：即萱草。旧时迷信的说法认为妇女怀孕佩带萱草花则生男，故名宜男。
[74] 蟾宫客：蟾宫，月宫。传说月中有桂树，而把科试得中喻为蟾宫折桂，考中入选的人便称为蟾宫客。
[75] 好梦叶维熊：语本《诗经·小雅·斯干》："吉梦维何？维熊维罴。"古人把梦见熊罴作为生男孩子的吉兆。叶，音 xié，和洽、相合。
[76] 蜄珠：蚌珠，比喻妇女怀孕。
[77] 巫峰：即巫山。宋玉《高唐赋》序说楚襄王与宋玉游云梦，宋玉说，昔先王游高唐，梦神女愿荐枕席，临别自谓居巫山之阳，朝为行云，暮为行雨。后世因以巫山为男女幽会之辞。
[78] 虬：音 qiú，古代传说中一种有双角的龙。此指焚香时烟雾缭绕有如虬龙。
[79] 文箫今遇彩鸾仙："今"原作"金"，今正。彩鸾，唐河南濮阳县吴猛女。大和末适文箫，家贫，日写孙缅《唐韵》一编，售之以度日。不知所终，道家附会称其成仙而去。见《宣和书谱》五。
[80] 河东狮子吼：河东，古郡名，柳姓郡望，此指宋陈慥的妻子柳氏，柳氏既利害又善妒。狮子吼，佛家语，喻威严。语本苏轼诗："龙邱居士（陈慥的号）亦可怜，谈空说有夜不眠；忽闻河东狮子吼，拄杖落手心茫然。"因陈慥喜谈佛，又惧内，所以苏轼写这首诗嘲笑他。事见洪迈《容斋三笔》卷三。
[81] 打当：收拾整理。
[82] 乖张：执拗古怪。
[83] 垃圾相：粗俗肮脏的样子。

[84] 畔：原作"伴"，今正。
[85] 乔才：骂词，类似今天所说的"坏家伙"。
[86] 端的是：真正是，的确是。
[87] 浑家：宋元时称妻子为浑家。
[88] 下甚么茶：送订婚礼叫作下定，又叫下茶。因男方送茶叶为礼。
[89] 采：揪扯。
[90] 网巾：用丝织成的巾子，用来拢住头发。
[91] 四：此字疑误。
[92] 烟花巷：妓院所在。
[93] 爬：原作"趴"，今正。
[94] 晏灯：即夜灯，终夜不熄灭的灯。
[95] 谐：原作"偕"，今正。
[96] 缩：原作"束"，今正。
[97] 目下：原作"日下"，今正。
[98] 三朝点茶：婚后第三天，女方家里送食物到男方家里，叫作馈女。男方以茶饭招待。下文"完饭"即指此而言。
[99] 总然：纵然。
[100] 噇：音 chuáng，无节制地吃。
[101] 完饭：见注[98]。
[102] 材天乐：依文义，疑"材天"为"村夫"之误。
[103] 一迷：也写作"一谜"。一味地，一个劲儿地。
[104] 心性：脾气。
[105] 五量店中过卖：五量店，卖盐酱酒醋的店铺。这些调料要用量器售卖，故名。过卖，堂倌、店里的伙计。
[106] 诚何以堪：原作"成何以看"，今臆改。
[107] 三个鼻子管：鼻子管，鼻孔。三个鼻子管，喻多管闲事。
[108] 尽：原作"谨"，今正。
[109] 个：原作"言"，失韵，今臆改。
[110] 窝风所在：背风的地方。
[111] 污：粪。
[112] 左右：反正。
[113] 做一做：拼一拼。
[114] 象：原作"相"，今正。
[115] 做道场：和尚道士拜忏、打醮以超度亡魂，是一种迷信活动。

[116] 盖头：此指办丧事时，家属孝服蒙头所用的一种白布手巾。
[117] 任：原作"认"，今正。
[118] 早是：幸亏，亏得。
[119] 水性：无主见，轻信别人。
[120] 侥幸：在这里当"狠毒"讲。
[121] 訾些轻事重报□：訾，音 zǐ，说别人坏话。此句疑脱一字。依韵及文义，末字似应为"应"字。
[122] 调嘴：耍嘴皮子。
[123] 半抄：半把。
[124] 渣：原作"柤"，疑应为"樝"，即"渣"。
[125] 说完说了心无挂："完"原作"儿"，"心"原作"必"，今正。
[126] 搭搭凤子：未详。据文义似为轿夫抬轿之意。
[127] 招：指离异之后另招女婿进门。
[128] 张良、蒯文通说话：张良，字子房，佐刘邦灭项羽，定天下。封留侯。蒯文通，应是汉蒯彻，史家避汉武帝讳而名彻为通。他曾劝说韩信背汉自立，韩信不听，后为吕后所杀，临死叹气说："悔不听蒯彻之言！"
[129] 陆贾、萧何快调文：陆贾，汉辩士，后为陈平画策除诸吕，著有《新语》二十篇。萧何，汉高祖时丞相，汉代典制律令多由他来制定。快，善于。调文，写文。
[130] 子建、杨修也不亚：子建，曹子建，名植，三国魏人，曹操之子，以文名重于当时。杨修，东汉人，曾为曹操主簿，有才学，以聪慧为操所忌，终被杀。
[131] 张仪、苏秦说六国：张仪、苏秦均战国时人。苏秦游说齐、楚、燕、韩、赵、魏六国合纵以抗秦。张仪为秦相，游说六国连横以事秦。
[132] 吴晏、管仲说五霸：吴晏，即晏婴，春秋时为齐景公大夫。此句说他"说五霸"，于史不合，晏婴与五霸无涉。管仲，名夷吾，字仲，事齐桓公为相，富国强兵，一匡天下。五霸，齐桓公、晋文公、秦穆公、宋襄公、楚庄王合称为春秋五霸。
[133] 六计陈平、李左车：六计陈平。陈平，曾佐汉高祖定天下，后来与周勃谋诛诸吕。他善于计谋，《汉书·陈平传》说他"凡六出奇计，辄益邑封。奇计或颇秘，世莫得闻也"。李左车，汉时人，初仕赵，韩信破赵，改事韩信。
[134] 十二甘罗并子夏："甘"原作"干"，今正。甘罗，战国秦下蔡人。12 岁时奉丞相吕不韦之命出使赵国，说服赵国割让五座城给秦，因而封为上卿。子夏，春秋卫人，姓卜名商，孔子弟子。
[135] 玷辱："玷"原作"估"，今正。

- [136] 亲操井臼与庖厨：井，指汲水。臼，指舂米。井臼与庖厨，泛指家务。"庖"原作"炮"，今正。
- [137] 埋怨："怨"原作"冤"，今正。
- [138] 劈：原作"擗"，今正。
- [139] 当：抵御。
- [140] 便去搬唆与舅姑：搬唆，搬弄是非，以达调唆的目的。与，给。舅姑，公婆。
- [141] 回：此字原缺坏，今臆补。
- [142] 直裰：此指僧尼所穿长袍。
- [143] 把素：持斋不吃荤腥。
- [144] 问讯：原作"闷信"，今正。一称"合十"。僧尼合掌当胸的一种常礼。
- [145] 是处：到处。
- [146] 散诞："诞"原作"旦"，今正。散诞，悠闲自在。
- [147] 伶俐：在这里当"清静"讲。
- [148] 绵：原作"锦"，今臆改。

刘知远诸宫调

诸宫调是一种讲唱文艺,相传是北宋民间作家孔三传所创。其所以叫作诸宫调,是因为每一部这类作品都用许多不同宫调的曲子来演唱故事。这部《刘知远诸宫调》发现于西夏黑水城遗址,一般研究者认为刊印在一二二七年成吉思汗攻克黑水城以前,其写作时间应该更早些,为金代作品无疑。因此,目前所能看到的诸宫调应以这本《刘知远诸宫调》为最早,时代约在十二世纪。此外,只有董解元《西厢记诸宫调》(通称"董西厢")是完整的作品。元代王伯成有《天宝遗事诸宫调》,只剩下残存在《雍熙乐府》等书里的几十支曲子。

《刘知远诸宫调》叙述刘知远和李三娘的悲欢离合故事,现在仅存的金刻本是一个残本。这里选录原书第二段的前半,据文物出版社1958年影印金刻本。这一段叙述刘知远(五代后汉朝开国皇帝)岳父母亡故以后受到妻兄李洪信和李洪义的凌逼,不得已离别妻子李三娘,到太原投军。

《刘知远诸宫调》的语言朴素自然,不事雕琢,比《西厢记诸宫调》更接近口语。

知远别三娘太原投事第二(节选)

天道[1]二更已后,潜身私入庄中来别三娘。

【仙吕调】【胜葫芦】 月下刘郎走一似烟,口儿里尚埋冤。只为牛驴寻不见,担惊忍怕,捻足潜踪[2],迤逦[3]过桃园。 辞了俺三娘入太原,文了面[4]再团圆。抬脚不知深共浅。只被[5]夫妻恩重,跳篱蓦案[6],脚一似线儿牵。

【尾】 恰才撞到牛栏圈,待躲闪应难躲闪,被一人抱住刘知远。

惊杀潜龙[7]！抱者是谁？回首视之,乃妻三娘也。"儿夫[8]来何太晚？兼兄嫂持棒专待你来。"知远具说因依:"今夜与妻故[9]来相别,不敢明白[10]见你。"

【正宫】【锦缠道】 转惊惧,认得是三娘扯住。告儿夫:"早来生活大段难做！自从你前辰去了,直等到日色昏暮。好忧虑,不知踪绪[11]。恼得兄嫂生嗔怒,等你来时节,没轻恕。" 甚情绪！知远闻言泪簌,告妻儿:"三教堂[12]中避他炎暑。正熟睡,盆倾也似雨降,觉来后不见牛驴。半陂泊[13],根寻到天晚,夜深不敢依门户,跳过墙来见新妇[14]。"

【尾】 沙陀[15]村里难为住,你且向庄中耐[16]辛苦,我待辞你往并州太原去。

三娘洒泪告曰:"夫往太原,如何过日？"知远却对[17]:"今有九州安抚,即日[18]招军,我去投事,特来与妻相别。"三娘闻语,心若刀剜:"妾已怀身,将近数月。"不免付嘱。

【中吕调】【木笪绥】 李三娘黛眉敛,愁容掬[19]。纤纤手,扯定刘知远破碎衣服:"若太原文[20]了面,早早来取。我怀身三个月,你咱[21]思虑。 李洪义,李洪信,如狼虎。棘针裩,倒上树[22],曾想他劣缺名目[23],向这懑[24]眉尖眼角上存住。神不和[25],天生是卯酉子午[26]。 我这口无虚语,道一句只一句[27]。生时节是你妻,便死也是贤[28]妇。任自任,交胡道[29],我谁瞅顾[30]？全不改贞洁性,效学姜女[31]。莫忧惧,待交我寻活路。嗔不肯,止不过将我打着皮肉。只吾怕底死难熬,他挣掤不去。刀自抹,绳自系,觅个死处。" 道罢后,垂珠泪,泪点将罗衣污。哭着告,告着哭,也不敢放声高哭。莫道是感血气[32]口餐五谷,石头镌,生铁铸,也伤情绪。

【尾】 似梨花一枝带春雨[33],如何见得月下悲啼皇后[34],便似泣竹底湘妃别了舜主[35]。"

愁锁眉尖,吴邦西子[36]不为娇;泪滴脸边,汉宫戚氏[37]非为媚。儿夫若是太原不来,妾当专倚柴门等候。刘郎略等,取些小盘费去。去移时不至,知远自来观觑。

【黄锺宫】【快活年】 冤家[38]尚未来,去了迭时饷[39]。交人候夜深,全然无影响[40]。蹑足潜踪,来到闺房。关上重门,窗眼里探头试望。见三娘,手携斫桑斧,岂顾他身丧！生时没两度,死来只一场,不顾危亡。

自古及今,罕有这婆娘,贞烈赛过孟姜。

【尾】 把头发披开砧子上,斧举处唬杀刘郎,救不迭"圪揷"地一声响。

> 长城姜女非为烈,垓下虞姬[41]未是贤。三娘性命如何?却元来是用斧截青丝一缕,并紫皂花绫团袄一领,开门付与刘郎,愿儿夫无得忘妾。相送到阶下。

【般涉调】【哨遍】 二仪[42]初分开地,也有聚散别离底。想料也不似这夫妻,今宵难舍难弃。谩更说:钱塘小卿双生两个,祖送邮亭驿[43]。徐都尉隋兵所逼,与乐昌公主分镜在荒陂[44]。霸王垓下别虞姬,织女牵牛过七夕。云雨轻分,感恨巫娥、宋玉惨凄[45]。 大花绫袄货卖,你且为盘费。恩义重如山,恰来[46]解开云髻。用斧截青丝一缕,付[47]与刘郎,此夜恩常记。欲去时,临行情绪。想世间烦恼,无可堪比。痛极时复[48]泪珠滴。地惨天愁日无辉,当阳佛见也攒眉[49]。

【尾】 鸳侣分,连理[50]劈,无端[51]洪信和洪义,阻隔得鸾孤共凤只。

> 洪信似通天板障,洪义如就地屏风。棘针裈有若圻[52]放同心锥,倒上树便是解开连理锯。终朝使计赶离门,致使夫妻分两处。正是相别,蓦闻人叫。

【歇指调】【耍三台】 李三娘刘知远两口儿难为相守。泪点儿多如雨点,旧愁难压新愁。若到并州早来取,休交人倚门专候。常记取此夜相别,凡百事刘郎念旧。 蓦听得人高叫,唬杀夫妻两口。打扮身分别样,生得脸道邹搜[53]。光皂头巾缀耍线[54],皮帮鞋兔儿先愁[55]。裹肚是三尺绯花,布衫是粗麻织就。 手中提荒桑棒[56],曾赢了五村教头。耳朵似枯干桑叶,鼻偃塞[57],眼脑呕呴[58]。胯大肕[59]高,决[60]片牛唇口,粗能饮村酒。骂:"斩娘打脊穷神,把小妹孩儿引逗!"

【尾】 张开吃葚子麻糖口[61],叫一声真同牛吼。休道是刘知远,便是麒麟[62]见后走。

> 弟兄两个,提短棒待把贵人伤;妯娌二人,扯衣襟欲将皇后打。可怜鸾凤不逢时,哀哉燕雀相欺负。

【南吕宫】【应天长】 李洪义弟兄嗔怒,势如狼虎。提短棒,振威呼:"无端穷鬼失了牛驴,更有何眼目[63],犹来庄院里迤逗[64]你咱妻女?好好地去后免残生;如不去,棒齐举。" 早是两个粗卤,更怎禁妯娌瀽言语?似倾下野鹊[65],把女婿扯辱。潜龙怎住得也?须索离他庄户。怒言道:"久后顺风雷[66],把三娘子却来取。"

【尾】 我去也,我去也,匆匆去。知远回顾三娘,三娘觑丈夫。一个悲感,一个心酸,两人放声哭。

　　知远临行怒叫:"夫妻四口,异日得志,终不舍[67]汝辈!"弟兄笑道:"你发迹后,俺向鼻内呷三斗三升酽醋!"两个妯娌也道:"俺吃三斗三升盐!"

【黄锺宫】【出队子】 知远高声道:"我时下遭困罚。若风雷稍遂显荣华,却来庄中取艳娃。仇底须仇,恩底报答。" 洪义洪信由然骂:"待你发迹,俺把三斗醋鼻内呷!"两个妯娌更乖角[68]:"待你久后身荣并奋发,把三斗咸盐须吃他!"

【尾】 "莫想青凉伞儿[69]打,休指望坐骑着鞍马,你不是冻杀须饿杀!"
　　道罢四口儿摔扯三娘归庄,刘知远独上太原古道。

[注释]
[1] 天道:天时。
[2] 捻足潜踪:蹑手蹑脚,隐藏踪迹。
[3] 迤逦:音 yǐ lǐ,曲折连绵。
[4] 文了面:文面,脸上刺字或其他记号。宋金时当兵的人要文面,以此防止军士逃跑。
[5] 被:在这里有"因为"的意思。
[6] 跳篱蓦案:篱,原作"离"。蓦,原作"陌",《刘知远诸宫调》"蓦"字多刻作"陌"字。蓦,跨越意。案,疑应为"岸"字。
[7] 潜龙:指刘知远。戏曲小说中每以潜龙指未发迹的帝王。
[8] 儿夫:儿,女子自称。儿夫,犹言"我夫"。
[9] 故:特故,特地。
[10] 明白:公然。
[11] 踪绪:绪,原作"序"字。
[12] 三教堂:三教指儒、道、释三教。当时有把三教调和,设庙以祭祀的。
[13] 半陂泊:"半"字疑有误。陂泊,水塘。
[14] 新妇:媳妇儿。唐宋口语称媳妇为新妇,自称他称均如此,这里称自己的妻子。
[15] 沙陀:北方民族。刘知远是沙陀族。
[16] 耐:原作"奈"。
[17] 却对:"却"有"回"的意思。却对,即回答。
[18] 即目:即刻,眼下。目,疑应为"日"字。

[19] 愁容掬：掬，双手捧。愁容显露，好像可以用手捧到一样，比喻愁容明显。
[20] 文：原作"闻"。
[21] 你咱：咱，在这里是语缀。你咱，即你。
[22] 棘针裩，倒上树：李洪义妻和李洪信妻的外号。裩：裤子。棘针裩喻意裤子里有荆棘刺；极言其恶毒。倒上树，比喻本事大，非比寻常。
[23] 劣缺名目：劣缺，凶狠。名目，面目。
[24] 这懑：这么。
[25] 神不和：神情不和顺。
[26] 卯酉子午：这是十二个时辰中的四个时辰。卯是日出时分，酉是日落时分，子是半夜，午是中午。这四个时辰都是对立的，常用以比喻不能相见，这里是不能相容的意思。
[27] 道一句只一句：说一句就是一句。喻说话算数。
[28] 贤：代词，第二人称敬语，犹现代的"您"。
[29] 任自任，交胡道：疑即"任交（＝教）胡道"，"任凭两个哥哥胡言纠缠（指逼迫改嫁事）"之意。
[30] 瞅顾：原作"秋故"。
[31] 姜女：即孟姜女。她给服役修筑长城的丈夫送寒衣，哭倒长城的故事，在民间广为流传，她本人也就成为"贞女"的典范。
[32] 感血气：有血有肉有生命的。
[33] 梨花一枝带春雨：白居易《长恨歌》诗句："玉容寂寞泪阑干，梨花一枝春带雨。"戏曲小说多用以形容妇女悲泣。
[34] 皇后：指李三娘。刘知远后来成为五代汉帝，所以这里称李三娘为皇后。
[35] 泣竹底湘妃别了舜主：相传舜的两个妃子是湘水之神，名娥皇、女英。舜死，妃子悲泣，泪水把竹子都洒成斑点。斑竹之名即由此得来，见晋张华《博物志》。
[36] 吴邦西子：吴王夫差的妃子西施。戏曲小说中每以之为美女的典型。
[37] 汉宫戚氏：汉高祖的宠妃戚夫人。高祖刘邦死后，她受到吕后的折磨以死。
[38] 冤家：原作"侥家"。今臆改。
[39] 迭时饷：迭，及、达到。时饷，片刻。迭时饷，在这里是超过了短时间，很长时间的意思。
[40] 影响：动静。
[41] 垓下虞姬：楚王项羽妃子虞姬，常随从项羽。项羽垓下被围，虞姬自刎。
[42] 二仪：古人称天地为二仪。
[43] "钱塘小卿双生两个"二句：戏曲中经常搬演的一个故事。大意说：宋庐州

妓女苏小卿与书生双渐相爱。双渐外出求官,久久不回,小卿母将她卖给江右茶商冯魁。小卿坐冯魁的茶船过金山寺时,题诗于壁,留给双渐,有"新诗写记金山寺,高挂云帆上豫章"之句。双渐后来成名,赴豫章上任,路过这里,读到这诗,因而找到小卿,复为夫妇。这里说"祖送邮亭驿"是说二人当初分别时,小卿饯送双渐。

[44] "徐都尉"二句:六朝陈后主时,太子舍人徐德言与后主妹乐昌公主结为夫妇。陈将亡于隋,德言怕战乱中夫妇离散,遂打破铜镜,与乐昌公主各执一半,作为日后重见时的凭证,并约定他年正月望日卖镜于都市,以求重圆。后来夫妇终于散而复聚。乐昌分镜是文学作品中常常写到的悲欢离合的典型故事,也是成语"破镜重圆"之所自。

[45] "云雨轻分"三句:宋玉《高唐赋》述说楚襄王游高唐,梦见巫山神女,两情欢爱。临别时神女说她"旦为行云,暮为行雨。朝朝暮暮,阳台之下"。后世因多以"云雨轻分"喻恩爱夫妻的分离。

[46] 恰来:恰才,刚才。

[47] 付:原作"附"字。

[48] 时复:时时,常常。

[49] 当阳佛见也攒眉:当阳佛,佛教认为佛的地位高于一切,坐北朝南。故称当阳。攒眉,皱眉头。

[50] 连理:白居易《长恨歌》诗句:"在天愿为比翼鸟,在地愿为连理枝。"后世因以连理枝喻恩爱夫妻。

[51] 无端:在这里作"平白无故"讲。

[52] 圢:疑应为"拆"字。

[53] 脸道邹搜:脸面凶狠。

[54] 耍线:头巾上垂下的两条带子。

[55] 兔儿先愁:未详。

[56] 荒桑棒:从后文看,大约是一种桑木棍棒小农具之属。元曲《遇上皇》中有"黄桑棍",应为同一物。桑木软硬适度,故多用以制作农具或小工具。

[57] 偃蹇:鼻梁塌下。

[58] 呕呴:音 ōu kōu,眼窝深陷。

[59] 肫:臀。

[60] 决:噘。

[61] 吃葚子麻糖口:葚子即桑葚,与麻糖都是黑色,比喻牙齿污黑。

[62] 麒麟:传说中的一种仁兽,"不履生虫,不折生草"。这句意思说,即使麒麟这样的仁兽,见到了也会吓跑。

[63] 眼目：脸面。
[64] 迤逗：挑逗，引诱。
[65] 似倾下野鹊：比喻辱骂的话如同鹊噪。
[66] 顺风雷：时来运转之意。
[67] 不舍：不放过。
[68] 乖角：乖张。
[69] 青凉伞儿：青绢制成的一种凉伞，本来一般士人都可通用，宋大中祥符年间规定除亲王外，一般人禁用。打青凉伞因而有贵显之意。在这里也有预言刘知远日后发迹之意。

西厢记诸宫调

董解元《西厢记诸宫调》是现存唯一首尾完整的一部诸宫调。董解元生平事迹不详,解元本来是乡试及第的第一名,金元时用作对读书人的一般尊称。元锺嗣成《录鬼簿》把他列在"前辈已死名公有乐府行于世者"之首,注云:"金章宗时人,以其创始,故列诸首。"明朱权《太和正音谱》说他"仕于金,始制北曲"。金章宗时期是公元1190年至1208年,董解元的主要活动大约就在这个时期。

《西厢记诸宫调》所述张生和崔莺莺的爱情故事,源出唐代诗人元稹的传奇小说《莺莺传》(又名《会真记》)。宋毛滂《调笑令》和赵令畤《商调蝶恋花鼓子词》所咏也是同一故事。《西厢记诸宫调》在人物形象与故事情节上更有新的创造,与后来王实甫的《西厢记》杂剧同为我国古典戏曲中的杰作。《西厢记诸宫调》称"董西厢",《西厢记》杂剧称"王西厢"。

由于诸宫调的听众主要是一般市民,所以它的语言必然接近人民的口语而保持着一种质朴自然的风格。《西厢记诸宫调》把诗词和俗曲、方言融合到一起,对人民的口语有提炼加工,但是白描仍然是它的长处。这里选录张生离别莺莺、进京赴试一段,是历来评论家推许的片段,读者可以与下面所选《西厢记》杂剧比较来看。

本书刻本很多,明嘉靖刊《古本董解元西厢记》八卷本是现存最早的本子。此据影印嘉靖本卷六钞录,同时参考了凌景埏校注本。凌校本题《董解元西厢记》,人民文学出版社,1962年。

卷六(节录)

【大石调】【玉翼蝉】 蟾宫客[1],赴帝阙。相送临郊野,恰俺与莺莺,鸳帏暂相守,被功名使人离缺。好缘业[2],空悒怏,频嗟叹,不忍轻离别。早是[3]恁凄凄凉凉受烦恼,那堪值暮秋时节! 雨儿乍歇,向晚风如漂洌[4],那闻得衰柳蝉鸣凄切!未知今日别后,何时重见也,衫袖上盈盈,揾[5]泪不绝。幽恨眉峰暗结。好难割舍,纵有千种风情,何处说?

【尾】 莫道男儿心如铁,君不见满川红叶,尽是离人眼中血。

【越调】【上平西缠令】 景萧萧,风淅淅,雨霏霏,对此景争忍分离?仆人催促,雨停风息日平西。断肠何处唱《阳关》[6]?执手临岐[7]。 蝉声切,蛩[8]声细,角声韵[9],雁声悲。望去程依约[10]天涯,且休上马,苦无多泪与君垂。此际情绪你争知?更说甚湘妃[11]!

【斗鹌鹑】 嘱付情郎:若到帝里[12],帝里酒酽花秾[13],万般景媚。休取次共别人便学连理[14]。少饮酒,省游戏。记取奴[15]言语,必登高第。 专听着伊家[16]好消好息,专等着伊家宝冠霞帔[17]。妾守空闺,把门儿紧闭。不拈丝管,罢了梳洗。你咱是必把音书频寄[18]。

【雪里梅】 莫烦恼,莫烦恼!放心地,放心地!是必是必,休恁做病做气!俺也不似别的,你情性俺都识。临去也,临去也!且休去,听俺劝伊。

【错煞】 我郎休怪强牵衣,问你西行几日归?著路里小心呵,且须在意。省可里[19]晚眠早起。冷茶饭莫吃,好将息[20]。我倚着门儿专望你。

生与莺难别。夫人劝曰:"送君千里,终有一别。"

【仙吕调】【恋香衾】 冉冉[21]征尘动行陌,杯盘[22]取次安排。三口儿连法聪,外更无别客。鱼水似夫妻正美满,被功名等闲离拆。然[23]终须相见,奈时下难捱。 君瑞啼痕污了衫袖,莺莺粉泪盈腮。一个止不定长吁,一个顿不开眉黛。君瑞道:闺房里保重。莺莺道:路途上宁耐[24]。两边的心绪,一样的愁怀。

【尾】 仆人催促,怕晚了天色。柳堤儿上把瘦马儿连忙解。夫人好毒害[25],道:孩儿每回取个坐车儿来。

生辞。夫人及聪皆曰:"好行!"夫人登车,生与莺别。

【大石调】【蓦山溪】 离筵已散,再留恋应无计。烦恼的是莺莺,受苦的是清河君瑞。头西下[26]控着马,东向驭坐车儿。辞了法聪,别了夫人,把樽俎收拾起。　临上马还把征鞍倚。低语使红娘,更告[27]一盏以为别礼。莺莺君瑞,彼此不胜愁,厮觑者[28],总无言,未饮心先醉。

【尾】　满酌离杯长出口儿气,比及道得个我儿将息,一盏酒里,白泠泠的滴㇐半盏来泪。

　　夫人道:"教郎上路,日色晚矣!"莺啼哭,又赋诗一首赠郎。诗曰:"弃置今何道,当时且自亲。还将旧来意,怜取眼前人。"

【黄钟宫】【出队子】　最苦是离别,彼此心头难弃舍。莺莺哭得似痴呆,脸上啼痕都是血,有千种恩情何处说?　　夫人道:天晚教郎疾去。怎奈红娘心似铁,把莺莺扶上七香车[29]。君瑞攀鞍空自撷[30],道得个冤家宁耐些。

【尾】　马儿登程,坐车儿归舍。马儿往西行,坐车儿往东拽。两口儿一步儿离得远如一步也!

[注释]

[1]　蟾宫客:谓张生。
[2]　好缘业:业,同"孽"。缘业,犹如说姻缘。把姻缘说成"缘业(孽)",有如把亲爱的人说成"冤家"一样。
[3]　早是:已经是。
[4]　向晚风如漂洌:向晚,天将晚,傍晚。漂洌,寒冷的水。
[5]　揾:音wèn,擦拭。
[6]　阳关:阳关在今甘肃省敦煌市之西,玉门关之南,为古代出塞必经之地。王维《送元二使安西》诗成为古人离别时所唱歌曲。唱到末句"西出阳关无故人"时,要反复歌咏,称"阳关三叠"。
[7]　执手临岐:在岔路口拉着手不忍分离。
[8]　蛩:音qióng,古书上指蟋蟀。
[9]　韵:悠扬动听。
[10]　依约:隐隐约约。
[11]　湘妃:晋张华《博物志》:"尧之二女,舜之二妃,曰湘夫人。舜崩,二妃啼,以涕挥竹,竹尽斑。"
[12]　帝里:京城。
[13]　酒酽花秾:酽,指酒稠而浓烈。秾,指花草茂盛。酒酽花秾,比喻京城长安繁华。也暗喻酒和色。

[14] "休取次"句：取次,轻易,随便。连理,白居易《长恨歌》有"在天愿作比翼鸟,在地愿为连理枝"之句,树枝连理而生,喻男女恩爱不可分离。此告诫张生不要与别人相爱。
[15] 奴：女子自称。
[16] 伊家：你。家,语缀。
[17] 宝冠霞帔：朝廷赐给官员及命妇的礼服。这句意思说专等你考中,好得到礼服。
[18] 是必：务必。
[19] 省可里：休得要。
[20] 将息：调养身体。
[21] 冉冉：风卷尘土渐渐远去的样子。
[22] 盘：原作"拌"。
[23] 然：虽然,纵然。
[24] 宁耐：忍耐。这里指忍耐着思念的情绪。
[25] 毒害：狠心,忍心。
[26] 头西下：头,即投,朝向。西下即西边。张生将要西出潼关,赴长安应试,所以马匹向西。
[27] 告：乞求。
[28] 厮觑者：互相看着。者,在这里同"着"。
[29] 七香车：用香草装饰起来的车辆。
[30] 撅：跺脚,着急而又无可奈何的样子。

西厢记杂剧

《西厢记》杂剧是金代董解元《西厢记》诸宫调以后写同一题材的一部杰出剧作。它的作者,过去的说法,有的说是元王实甫,有的说是关汉卿,有的说王实甫写的前四本,关汉卿续写的第五本,等等。看来,说王实甫所作是比较可靠的。

王实甫是大都(今北京)人,名德信。生卒年代不可考,大约略晚于关汉卿。就现有资料看,他写过十三个杂剧;其中完整保存下来的有《西厢记》和《破窑记》两种。王实甫是元代著名的杂剧作家,后来的人把他和同时代的关汉卿、马致远、郑德辉并称为"关王马郑"。

元代杂剧一般分四折一个楔子。《西厢记》杂剧则包括五本,每本又包括楔子和四折(第二本共五折,无楔子)。这里选录了第四本的三、四两折。

《西厢记》杂剧版本很多,这里根据吴晓铃校注本《西厢记》转录,作家出版社,1954年版。

第四本　草桥店梦莺莺

第三折

(夫人长老上云)今日送张生赴京,就[1]十里长亭[2]安排下筵席。我和长老先行,不见张生、小姐来到。(旦、末、红同上)(旦云)今日送张生上朝取应[3]。早是离人伤感,况[4]值那暮秋天气,好烦恼人也呵!悲欢聚散一杯酒,南北东西万里程。

【正宫】【端正好】　碧云天,黄花地[5],西风紧,北雁南飞。晓来谁染霜林醉?总是[6]离人泪。

【滚绣毬】 恨相见得迟,怨归去得疾。柳丝长玉骢[7]难系,恨不得倩[8]疏林挂住斜晖。马儿迍迍的[9]行,车儿快快的随,却[10]告了相思回避[11],破题儿[12]又早别离。听得道一声"去也",松了金钏;遥望见十里长亭,减了玉肌。此恨谁知!

(红云)姐姐今日怎么不打扮?(旦云)你那知我的心哩!

【叨叨令】 见安排著车儿、马儿,不由人熬熬煎煎的气。有甚么心情将花儿、靥儿[13],打扮的娇娇滴滴的媚?准备著被儿、枕儿,则索[14]昏昏沉沉的睡。从今后衫儿、袖儿,都搵[15]湿做重重叠叠的泪。兀的不闷杀人也么哥[16]!兀的不闷杀人也么哥!久已后书儿、信儿,索与我凄凄惶惶的寄。

(做到了科,见夫人了)(夫人云)张生和长老坐,小姐这壁坐,红娘将酒来。张生,你向前来,是自家亲眷,不要回避。俺今日将莺莺与你,到京师休辱末[17]了俺孩儿,挣揣[18]一个状元回来者。(末云)小生托夫人余荫,凭著胸中之才,觑官如拾芥[19]耳!(洁[20]云)夫人主张不差,张生不是落后的人。(把酒了,坐)(旦长吁科)

【脱布衫】 下西风黄叶纷飞,染寒烟衰草萋迷。酒席上斜签著坐的[21],蹙愁眉死临侵地[22]。

【小梁州】 我见他阁泪汪汪不敢垂,恐怕人知。猛然见了把头低,长吁气,推整素罗衣。

【幺篇】 虽然久后成佳配,奈时间[23]怎不悲啼?意似痴,心如醉,昨宵今日,清减了小腰围。

(夫人云)小姐把盏者!(红递酒了,旦把盏长吁科云)请吃酒!

【上小楼】 合欢未已,离愁相继。想著俺前暮私情,昨夜成亲,今日别离。我念知[24]这几日相思滋味,却元来比别离情更增十倍。

【幺篇】 年少呵轻远别,情薄呵易弃掷。全不想腿儿相压,脸儿相偎,手儿相携。你与俺崔相国做女婿,妻荣夫贵,但得个并头莲,煞强如状元及第。

(夫人云)红娘把盏者!(红把酒科)(旦唱)

【满庭芳】 供食太急[25],须臾对面,顷刻别离。若不是酒席间子母每当回避,有心待与他举案齐眉[26]。虽然是厮守得一时半刻,也合著俺夫妻每共桌而食。眼底空留意,寻思起就里[27],险化做望夫石[28]。

（红云）姐姐不曾吃早饭,饮一口儿汤水。

（旦云）红娘呵,甚么汤水咽得下!

【快活三】　将来的酒共食,尝著似土和泥;假若便是土和泥,也有些土气息、泥滋味。

【朝天子】　暖溶溶玉醅,白泠泠似水,多半是相思泪。眼面前茶饭怕不待要[29]吃,恨塞满愁肠胃。蜗角虚名,蝇头微利[30],拆鸳鸯在两下里。一个这壁,一个那壁,一递[31]一声长吁气。

（夫人云）辆起车儿[32],俺先回去,小姐随后和红娘来。（下）（末辞洁科）（洁云）此一行别无话说,贫僧准备买登科录[33]看,做亲的茶饭少不得贫僧的。先生在意,鞍马上保重者!从今经忏无心礼[34],专听春雷第一声。（下）（旦唱）

【四边静】　霎时间杯盘狼籍,车儿投东,马儿向西。两意徘徊,落日山横翠。知他今宵宿在那里?有梦也难寻觅。

张生,此一行得官不得官,疾早便回来。（末云）小生这一去,白夺[35]一个状元。正是:青霄有路终须到,金榜无名誓不归。（旦云）君行别无所赠,口占一绝,为君送行:弃掷今何在?当时且自亲。还将旧来意,怜取眼前人。（末云）小姐之意差矣!张珙更敢怜谁?谨赓[36]一绝,以剖寸心:人生长远别,孰与最关亲?不遇知音者,谁怜长叹人?（旦唱）

【耍孩儿】　淋漓襟袖啼红泪,比司马青衫[37]更湿。伯劳东去燕西飞[38],未登程先问归期。虽然眼底人千里,且尽生前酒一杯。未饮心先醉,眼中流血,心里成灰。

【五煞】　到京师服水土,趁程途节饮食,顺时自保揣[39]身体。荒村雨露宜眠早,野店风霜要起迟。鞍马秋风里,最难调护,最要扶持[40]。

【四煞】　这忧愁诉与谁?相思只自知,老天不管人憔悴。泪添九曲黄河溢,恨压三峰华岳低。到晚来闷把西楼倚,见了些夕阳古道,衰柳长堤。

【三煞】　笑吟吟一处来,哭啼啼独自归。归家若到罗帏里,昨日个绣衾香暖留春住,今夜个翠被生寒有梦知。留恋你别无意,见据鞍上马,阁不住泪眼愁眉。

（末云）有甚言语嘱付小生咱?（旦唱）

【二煞】 你休忧文齐福不齐,我则怕你停妻再娶妻。你休要一春鱼雁[41]无消息!我这里青鸾[42]有信频须寄,你却休金榜无名誓不归。此一节君须记:若见了那异乡花草,再休似此处栖迟。

(末云)再谁似小姐,小生又生此念?(旦唱)

【一煞】 青山隔送行,疏林不做美,淡烟暮霭相遮蔽。夕阳古道无人语,禾黍秋风听马嘶。我为甚么懒上车儿内,来时甚急,去后何迟!

(红云)夫人去好一会,姐姐,咱家去!(旦唱)

【收尾】 四围山色中,一鞭残照里。遍人间烦恼填胸臆,量这些大小车儿如何载得起?

(旦、红下)(末云)仆童赶早行一程儿,早寻个宿处。泪随流水急,愁逐野云飞。

(下)

[注释]

[1] 就:在这里同"在",引出地点的介词。
[2] 十里长亭:古人以"十里一长亭,五里一短亭"为送别之辞。十里长亭,设送行筵席之处。
[3] 取应:应试。
[4] 况:何况。
[5] 黄花地:黄花,即菊花。黄花地,遍地开着菊花的意思。此二句语本范仲淹《苏幕遮》词:"碧云天,黄叶地,秋色连波,波上寒烟翠。"
[6] 总是:都是。
[7] 玉骢:青白杂色毛的马叫作骢。这里泛指马。
[8] 倩:音 qiàn,请人代替自己做某事。
[9] 迍迍的:迍,音 zhūn。迍迍的,慢腾腾的样子。
[10] 却:恰,才。
[11] 回避:告退、躲开。这里的意思是,相思刚刚结束。
[12] 破题儿:古代诗赋开头的几句叫作破题。这里是开头、开始的意思。
[13] 靥儿:靥,音 yàn。靥儿,古代妇女贴在脸上的饰物。
[14] 则索:在这里是"只好,只得"的意思。
[15] 揾:音 wèn。又作"扽"。擦拭。
[16] 也么哥:曲子里用来表示语气的语词,没有实在的意思,犹如现代歌曲中的

"唉嗨哟"之类。

[17] 辱末：又作"辱没"。玷辱，使不光彩。
[18] 挣揣：在这里是经过一番努力而夺取的意思。
[19] 拾芥：芥，小草。拾芥，比喻轻而易举，毫不费力。语出《汉书·夏侯胜传》。
[20] 洁：元杂剧中称和尚为洁。
[21] 斜签著坐的：斜签著，斜插着。坐的，坐着。斜签著坐，表示坐得不正、不实在。这样的坐姿，或表示谦恭，或表示心情不安。
[22] 死临侵地：精神委顿的样子。
[23] 时间：在这里是时下、眼下、目前的意思。
[24] 念知：念，音 rěn，又作稔。念知，熟知。
[25] 供食太急：酒菜上得太快。
[26] 举案齐眉：后汉梁鸿的妻子孟光侍候他吃饭，总是把盛饭食的托盘举得高高的，以表示恭敬。后世遂以举案齐眉来比喻夫妻相敬相睦。这里是说崔莺莺本来有心对张珙表示夫妻之情，因有老夫人在而有所顾忌。
[27] 就里：其中的情由。
[28] 望夫石：民间传说，古代有个妇女送丈夫服役从军，在武昌北山饯行，站立遥望而死，身躯化为望夫石。
[29] 怕不待要：怎么不想要，难道不想要。
[30] 蜗角虚名，蝇头微利：《庄子·则阳》说：有两个国家，触氏在蜗牛左角，蛮氏在蜗牛右角，经常为争地而战，伏尸数万。蜗角，比喻细微。蜗角虚名，比喻微小而不实的名誉。蝇头微利，比喻苍蝇头那样微小的利益。此二句语本苏轼《满庭芳》词。
[31] 递：彼此相互接续不断。
[32] 辆起车儿：套上车辆。
[33] 登科录：科举时代登录考中科举的人的名簿。
[34] 礼：礼拜，顶礼膜拜。
[35] 白夺：白，容易，轻而易举。白夺，很容易就能夺到。
[36] 赓：继续。
[37] 司马青衫：唐元和十年，白居易被贬为江州司马。次年秋，在江岸送客，偶然听到船上有卖唱女子在弹琵琶。女子弹毕，自叙身世，原来她本是京城人，辗转流落在此。白居易联想到自己被迁谪，遭遇相似，很觉伤感，因而写成名作《琵琶行》，末二句说："座中泣下谁最多？江州司马青衫湿。"
[38] 伯劳东去燕西飞：伯劳，鸟名。古乐府："东飞伯劳西飞燕，黄姑织女时相

见。"见《艺文类聚》卷四十三。后世因而用劳燕分飞比喻离别。
[39] 揣:"囊揣"的省略。软弱,虚弱。指身体不健康而言。
[40] 扶持:即服侍。
[41] 鱼雁:古人有鱼腹藏书和雁足传书的说法,因以鱼雁指书信。
[42] 青鸾:传说西王母有青鸟作为使者。青鸟、青鸾均指使者。

第四折

(末引俫人[1]骑马上开)离了蒲东早三十里也。兀的前面是草桥,店里宿一宵,明日赶早行。这马百般的不肯走。行色一鞭催去马,羁愁万斛引新诗。

【双调】【新水令】 望蒲东萧寺[2]暮云遮,惨离情半林黄叶。马迟人意懒,风急雁行斜。离恨重叠,破题儿第一夜。

想著昨日受用,谁知今日凄凉!

【步步娇】 昨夜个翠被香浓薰兰麝,欹珊枕把身躯儿趄[3]。脸儿厮揾[4]者,仔细端详,可憎的别[5]。铺云鬓玉梳斜,恰便似初生月。

早到也,店小二哥那里?(小二哥上云)官人,俺这头房里下。(末云)琴童接了马者!点上灯,我诸般不要吃,则要睡些儿。(童云)小人也辛苦,待歇息也。(在床前打铺做睡科)(末云)今夜甚睡得到我眼里来也!

【落梅花】 旅馆欹单枕,秋蛩鸣四野,助[6]人愁的是纸窗儿风劣。乍孤眠被儿薄又怯,冷清清几时温热!

(末睡科)(旦上云)长亭畔别了张生,好生放不下。老夫人和梅香都睡了,我私奔出城,赶上和他同去。

【乔木查】 走荒郊旷野,把不住心娇怯,喘吁吁难将两气接。疾忙赶上者,打草惊蛇。

【搅筝琶】 他把我心肠撦[7],因此上不避路途赊[8]。瞒过俺能拘管的夫人,稳住俺厮齐攒[9]的侍妾。想著他临上马痛伤嗟,哭得我一似痴呆。不是我心邪[10],自别离已后,到西日初斜,愁得来陡峻,瘦得来阵嗟[11]。则离得半个日头,却早又宽掩过翠裙三四褶。谁曾经恁般磨灭[12]?

【锦上花】 有限姻缘,方才宁贴。无奈功名,使人离缺。害不了的忧怀,恰才较些[13]。撇不下的相思,如今又也。

【幺篇】 清霜浸碧波,白露下黄叶。下下高高,道路凹折。四野风来,左右乱跧[14]。我这里奔驰,他何处困歇?

【清江引】　呆答孩店房儿里没话说,闷对如年夜。暮雨催寒蛩,晓风吹残月,今宵酒醒何处也?

　　(旦云)在这个店儿里,不免敲门。(末云)谁敲门哩?是一个女人的声音,我且开门看咱。这早晚是谁?

【庆宣和】　是人呵疾忙快分说[15],是鬼呵合速灭!

　　(旦云)是我!老夫人睡了。想你去了呵,几时再得见,特来和你同去。(末唱)

听说罢将香罗袖儿拽,却元来是姐姐、姐姐!

　　难得小姐的心勤!

【乔牌儿】　你是为人须为彻[16],将衣袂不顾借[17]。绣鞋儿被露水泥沾惹,脚心儿管[18]踏破也!

　　(旦云)我为足下呵,顾不得迢递。(旦唧唧了[19])

【甜水令】　想著你废寝忘餐,香消玉减。花开花谢,犹自觉争些。便枕冷衾寒,凤只鸾孤,月圆云遮,寻思来有甚伤嗟。

【折桂令】　想人生最苦离别。可怜见千里关山,独自跋涉。似这般割肚牵肠,到不如义恩断绝。虽然是一时间花残月缺,休猜做瓶坠簪折[20]。不恋豪杰,不羡骄奢;自愿的生则同衾,死则同穴。

　　(外净一行扮卒子上叫云)恰才见一女子渡河,不知那里去了。打起火把者!分明见他走在这店中去也,将出来!将出来!(末云)却怎了?(旦云)你近后,我自开门对他说。

【水仙子】　硬围著普救寺下锹镢,强当住咽喉仗剑钺。贼心肠馋眼脑天生得劣。

　　(卒子云)你是谁家女子?贪夜渡河。(旦唱)

休言语!靠后些!杜将军你知道他是英杰,觑一觑著你为了醢酱[21],指一指教你化做脋血[22]。骑著匹白马来也!

　　(卒子抢旦下)(末惊觉云)呀!元来却是梦里。且将门儿推开看。只见一天露气,满地霜华,晓星初上,残月犹明。无端燕鹊高枝上,一枕鸳鸯梦不成。

【雁儿落】　绿依依墙高柳半遮,静悄悄门掩清秋夜。疏剌剌林梢落叶风,昏惨惨云际穿窗月。

【得胜令】　惊觉我的是颤巍巍竹影走龙蛇,虚飘飘庄周梦蝴蝶[23],絮叨叨促织儿无休歇,韵悠悠砧声儿不断绝;痛煞煞伤别,急煎煎好梦儿应难舍;冷清清的咨嗟,娇滴滴玉人儿何处也?

(童云)天明也。咱早行一程儿,前面打火[24]去。(末云)店小二哥,还你房钱,鞴[25]了马者!

【鸳鸯煞】 柳丝长咫尺情牵惹,水声幽仿佛人呜咽。斜月残灯,半明不灭。唱道是[26]旧恨连绵,新愁郁结;别恨离愁,满肺腑难淘泻。除纸笔代喉舌,千种相思对谁说?(并下)

【络丝娘煞尾】 都则为一官半职,阻隔得千山万水。

    题目 小红娘成好事 老夫人问私情
    正名 短长亭斟别酒 草桥店梦莺莺

[注释]
[1] 俫人:书僮。
[2] 萧寺:梁武帝萧衍笃信佛教,建造寺庙,命萧子云题额"萧寺",后世因称寺庙为萧寺。
[3] 趄:音 qiè。倾斜。此指斜倚枕上。
[4] 揾:这里是贴近的意思。
[5] 可憎的别:可憎,元曲中常反用为可爱的意思。别,特别。
[6] 助:助长,增长。
[7] 撦:音 chě。即"扯"。抓住。
[8] 赊:遥远。
[9] 齐攒:搅闹。
[10] 心邪:心思不正。
[11] 咔嗻:音 chē zhē。利害。这里表示极度消瘦。
[12] 磨灭:折磨。
[13] 较些:好些。一般指病体轻快些,此指愁绪略微减轻。
[14] 踅:音 xué。旋转。
[15] 分说:说明白,说清楚。
[16] 为人须为彻:这里有爱张珙爱到底的意思。
[17] 不顾借:顾借原为爱惜、怜惜意。此"不顾借"有不管、不顾的意思。
[18] 管:一定,估量之辞。
[19] 唧唧了:指崔莺莺在舞台上所做的不出声的表达感情的动作。

[20] 瓶坠簪折：见《大宋宣和遗事》注[47]。
[21] 醯酱：醯，音 xī，汁水。醯酱，在这里比喻把人砍为肉酱。
[22] 膋血：膋，音 liáo，肠间脂肪。膋血，在这里指血肉模糊的样子。
[23] 庄周梦蝴蝶：《庄子·齐物》说庄周梦见自己化为蝴蝶。后来常用以比喻做梦。
[24] 打火：打尖，旅途中吃饭。
[25] 鞴：音 bèi。把鞍鞴等马具套在马上，准备骑用。
[26] 唱道是：又作畅道是。"实在是，真正是"的意思。

诈妮子调风月

《诈妮子调风月》杂剧,元代关汉卿作。诈,是体面漂亮的意思;妮子,婢女;调风月,指做媒。

关汉卿是元代最重要的戏曲作家,但他的生平我们所知甚少,连生卒年也不易确定。据元锺嗣成《录鬼簿》的记载,关汉卿是"大都人,太医院尹,号已斋叟"。还有人称他"大金优谏""金之遗民",因此可以认为他是由金入元的人。根据研究者的意见,他的生年大致不会早于金哀宗正大四年(1227年),卒年当在1297年元成宗改元大德以后。

关汉卿的一生跟戏曲活动是分不开的,他是大都(今北京)人,可能到过汴梁,蒙古灭宋之后又到过杭州。这都是当时戏曲活动的中心。有的记载上说他"驱梨园领袖,总编修帅首,捻杂剧班头",他"至躬践排场,面傅粉墨,以为我家生活,偶优而不辞"。他流传下来的杂剧有十八种(包括不能肯定是否关氏所作的几种杂剧),其中有历史剧,有反映现实社会的剧本,也有以男女风情为主题的旦本戏。这里所选的《诈妮子调风月》是属于最后一类。这部作品的语言很清新活泼,接近当时的口语。

《调风月》只有《元刊杂剧三十种》一种版本。这个版本的优点是保存了元代语言的本来面貌而未经后人妄改。问题是只有曲文,宾白极少,给我们理解剧情带来一定的困难。根据研究者的意见,它的故事是这样的:

金代洛阳某贵族家侍婢燕燕极聪明能干,夫人叫她去服侍来此作客的小千户。小千户说要娶她为小夫人,引诱奸骗了她。以后数日,小千户去郊外踏青,又遇见并爱上了富家小姐莺莺。当晚燕燕服侍小千户换衣服,发现了莺莺赠给他的手帕,才知道自己受了欺骗。小千户还进一步让夫人叫燕燕到莺莺家去替他说亲。燕燕忍无可忍,想破坏这门亲事而未成,遂在小千户和莺莺成亲的当天晚上当众揭穿了小千户。结果由贵族主人做主,把燕燕给了小千户作二夫人了事。(还有一种可能:最后夫人把燕燕许配给了家里的一个仆役,燕燕还是不能摆脱奴婢的身份。)

据《古本戏曲丛刊》第四集影元刊本转录。元刊本不分折,此据吴晓铃等编校《关汉卿戏曲集》分为四折。转录时参考了吴晓铃等的校本、王季思的校本、徐沁君的校本和李崇兴校本(未刊)。

第 一 折

(老孤、正末一折)[1](正末、卜儿[2]一折)(夫人上,云住[3])(正末见夫人,住[4])(夫人云了[5]。下)(正末书院坐定)(正旦[6]扮侍妾上)夫人言语,道有小千户到来,交燕燕伏侍去。"别个不中,则你去!"想俺这等人好难呵!

【点绛唇】 半世为人,不曾交大人心困[7]。虽是搽胭粉,子争不裹头巾[8]。将那等不做人的[9]婆娘恨。

【混江龙】 男儿人若不依本分,不抢白是非两家分[10]。壮鼻凹硬如石铁,交满耳根都做了烧云[11]。普天下汉子尽□(教?)都先有意,牢把定自己休不成人[12]。虽然两家无意,便待一面成亲[13]。不分晓便似包着一肚皮干牛粪。知人无意[14],及早抽身。

【油葫芦】 大刚来妇女每常川有些没事哏[15],止不过人道村[16]。至如那"村"字儿有甚辱[17]家门?更怕我脚查虚地难安稳[18],心无实事自资隐[19]。即渐了[20]虚交做实假做真,直到说得交大半人评论。那时节旋洗垢,不盘根[21]。

【天下乐】 合下手休交惹议论[22]。(见末了)(末云了)哥哥的家门,不是一跳身[23]。(末云了)便似一团儿搦成官定粉[24]。燕燕敢道末?(末云了)和哥哥外名,燕燕也记得真,唤做磨合罗小舍人[25]。

(末云了)(捧砌末[26],唱)

【那吒令】 等不得水温,一声要面盆。恰递与面盆,一声要手巾。却执与手巾,一声解纽门。使的人无淹润,百般支分[27]。

(末云了)(笑云)量姊妹[28]房里有甚好?

【鹊踏枝】 入得房门怎回身?一个独卧房儿窄窄别别[29],有甚铺呈[30]？燕燕已身有甚末孝顺？拗不过哥哥行在意殷勤[31]。

【寄生草】 卧地[32]观经史，坐地对圣人[33]。你观国风雅颂[34]施诂训，颂的典谟训诰[35]居尧舜，(末云)说的温良恭俭行忠信[36]。燕燕子理会得龙蟠虎踞灭燕齐，谁会甚儿婚女聘成秦晋[37]？

(末云)这书院好。

【幺】 这书房存得阿马[38]，会得客宾。翠筠月朗龙蛇印[39]，碧轩夜冷灯香信[40]，绿窗雨细琴书润。每朝席上宴佳宾。抵多少十年窗下无人问[41]。

(云住)

【村里迓鼓】 更做道一家生女，百家求问。才说真烈[42]，那里取一个时辰[43]？见他语言儿裁排得淹润[44]。怕不待[45]言词硬，性格村。他怎比寻常世人？

(末云)

【元和令】 无男儿只一身，担寂寞受孤闷。有男儿意梦入劳魂，心肠百处分。知得有情人不曾来问肯[46]，便待要成眷姻。

【上马娇】 自勘婚[47]，自说亲，也是贱媳妇贵媒人。往常我冰清玉洁难侵近[48]，是他因，子管交话儿因[49]。我煞待嗔，我便恶相闻[50]。

【胜葫芦】 怕不依随蒙君一夜恩，争奈忒达地忒知根[51]。兼上亲上成亲好对门。觑了他兀的[52]模样，这般身分。若脱过这好郎君。

【幺】 交人道眼里无珍一世贫[53]；成就了又怕辜恩。若往常烈焰飞腾情性紧，若一遭儿恩爱再来不问，枉侵了这百年恩[54]。子末[55]你不志诚[56]？

(云了)

【后庭花】 我往常笑别人容易婚，打取一千个好噇喷[57]。我往常说真烈自由性，嫌轻狂恶尽人[58]。不争你话儿因，自评自论，这一交直是哏，亏拆了难正本[59]。一个个忒饮新[60]，一个个不是人。

【柳叶儿】 一个个背槽抛粪[61]，一个个负义忘恩。自来鱼雁无音信。自思忖，不审得[62]话儿真，枉葫芦提[63]了燕尔新婚。

(调让[64]了)许下我的，休忘了！(末云了)(出门科[65])

【尾】 忽地却掀帘，兜地[66]回头问。不由我心儿里便亲。你把那并枕睡的日头儿再定轮[67]，休交我逐宵价握雨携云过今春。先交我不系腰裙[68],便是半簸箕头钱扑个复纯[69],交人道眼里有珍。你可休言而无信。(云)许下我包髻、团衫、绌手巾[70]。专等你世袭千户的小夫人。(下)

[注释]

[1] 老孤、正末一折:孤,宋元时本用以称居官者,在戏曲中指扮演官人的脚色。老孤,就是老官人,在本剧中是小千户的父亲。正末,扮演男主角的脚色,在本剧中是小千户。千户是女真人的一种世袭军职。一折,一场、一节。
[2] 卜儿:扮演老年妇女的角色。元刊本戏曲"娘"字多简作"夘"字,去掉偏旁的"卜"也就是"娘"字的一种简体。在本剧中是小千户的母亲。
[3] 夫人上,云住:夫人,在本剧中是燕燕的女主人。云住,表示说完了一段话。
[4] 住:表示做完了一个动作。
[5] 云了:同"云住"。
[6] 正旦:扮演女主角的脚色,在本剧中是燕燕。
[7] 心困:烦恼不快。
[8] "子争"句:子,同"只"。子争,就差。本句意思说:就差不裹头巾这一点,别的方面并不弱于男子汉。
[9] 不做人的:在这里是"不争气"的意思。
[10] "不抢白"句:"不"字在这里不为义,"不抢白"就是"抢白",亦即指斥、争闹意。全句意谓:争闹起来,不分辨是非,认为是非要由双方来分担。
[11] "壮鼻凹"两句:鼻凹,鼻子与脸面交界处比较平,比较凹的部位,引申而指脸部。壮鼻凹指男人。这两句意思说:那些不守本分的男人尽管又臭又硬,我也要叫他满面羞惭,无地自容。
[12] "牢把定"句:拿定自己的主意,别不争气。
[13] 一面成亲:以一方的意愿成就婚事。
[14] 知人无意:知道对方没有真情实意。
[15] "大刚来"句:大刚来,大凡,大都。常川,平常、平时。没事哏,"事"原作"是",今正。没事哏,过分凶狠。
[16] 村:村俗。
[17] 辱:辱没、玷辱。
[18] "更怕"句:更,在这里起转折作用。更怕,犹言"就怕、怕的是"。脚查虚地,"查"即"踏","踏"的意思。脚查虚地即一脚踩空,意思是上了别人的当。
[19] "心无"句:心无实事与前句脚查虚地相对,是"心中无数,也只好自己隐忍"

的意思。
[20] 即渐了：时间长了，渐渐地。
[21] 旋洗垢，不盘根：旋，临时。盘根，追根究底。此二句承上文说，意思是：等到弄得大家纷纷议论的时候，临时来为自己洗刷，那就无法说清事情的根由了。
[22] "合下手"句：议，原作"意"，今正。合，应该。下手，一起头儿。本句意思是：应该一起头儿就别惹人议论。
[23] 一跳身：一下子发迹起家。类似今语"暴发户"。跳，鲤鱼跳龙门的跳。
[24] 官定粉：官宦人家用的一种上等搽脸粉。此处比喻皮肤白皙。
[25] 磨合罗小舍人：磨合罗，已见前《碾玉观音(上)》注[31]。舍人，官家子弟。
[26] 砌末：演剧时的道具总称砌末。在这里指脸盆。
[27] "使的人"二句：使，支使、差遣。淹润，宽余、宽闲。支分，差遣、支派。
[28] 姊妹：即妹妹。燕燕自称。
[29] 窄窄别别：狭窄逼仄。
[30] 铺呈：即铺陈。陈设、摆设。
[31] "拗不过"句：拗，原作"描"，今正。行，指称处所。哥哥行，指小千户那一边、那一方。在意，着意、经意。
[32] 卧地：地，助词，同现代汉语的"着"。
[33] "坐地"句：与上句意思相似，意谓：像小千户这样的官宦人家子弟，坐卧起居都离不开经史和圣贤。
[34] 国风雅颂：都是《诗经》里的类名。
[35] 典、谟、训、诰：五帝之书叫"五典"。后来把典或五典用作经籍的总称。谟，《尚书》有"大禹谟""皋陶谟"篇。训，古人称先王之书为训典。诰，古人称《尚书》里"康诰""盘庚"一类告谕文字为诰。"典、谟、训、诰"加上"誓、命"，合称《尚书》六体。
[36] 温良恭俭行忠信：这都是儒家提出的行动准则。语出《论语·学而》。
[37] 秦晋：春秋时秦晋两国世代结为婚姻，因此后用"秦晋之好"来称婚姻。
[38] 阿马：女真人称父亲为阿马。此指燕燕的家主。
[39] "翠筠"句：翠筠，翠竹。龙蛇，比喻月下竹影。
[40] "碧轩"句：深夜的书房里，只有灯光和焚香传出信息。
[41] "抵多少"句："十年窗下无人问，一朝成名天下知"，元曲中常语，意指苦读以求取功名。
[42] 真烈：即"贞烈"。宋元戏曲小说中多写作"真烈"。
[43] 取一个时辰：指选取成就婚姻的吉日良辰。

[44] 裁排得淹润：裁排，剪裁、安排。淹润，在这里当温文儒雅讲。这一句和下一句是说燕燕见小千户言语文雅，进而有点儿担心自己说话过于生硬，脾气村俗。这反映出在小千户甜言蜜语诱骗之下开始动摇。
[45] 怕不待：怕不会，怕不要。揣测的话。
[46] 问肯：宋元时男女订婚前的一种礼俗，女方同意婚事，即饮"肯酒"，又叫"许亲酒"。
[47] 勘婚：旧时婚姻在婚前对勘男女双方生辰八字、门第官职，叫作勘婚。这类事情照例都由媒人包办，而这里却说"自勘婚"，意思是自己做主嫁给小千户。
[48] 侵近：亲近、接近。
[49] "是他因"两句：未详。
[50] "我煞待嗔"两句：煞待，非常想做某事。两句意思说，我很想要发脾气，那可就要以恶名传闻于别人了。
[51] "怕不"二句：怕，在这里是表示假设之辞。达地、知根，知根知底的意思。两句意思说，如果不随顺他，成就了这门亲事，怎奈彼此都已非常了解。
[52] 兀的：指代词。这的，这样的。
[53] 眼里无珍一世贫：元曲中常语。意思说如果看到珍宝而视若无睹，就要一辈子受穷困。
[54] "若往常"三句：这三句费解。从上句意谓"想成就了这桩婚事又怕小千户将来辜恩忘义"来看，这三句大概是说：像小千户那样的性情，假如只是对我一时恩爱而不能长久，那我就白白地跟他结了这门亲了。
[55] 子末：在这里当"怎么"讲。
[56] 志诚：志向专一。
[57] 打取一千个好嚏喷：取，用在动词后的助词。俗语说有人念叨自己时，会打喷嚏。
[58] 嫌轻狂恶尽人：因为视他人轻易应允婚事为轻狂，得罪遍了人家。
[59] "不争"四句："不争"在这里当"只因为"讲。燕燕原先是不懂什么"儿婚女聘成秦晋"的事的，现在只因为小千户话说得甜蜜亲切，也自己考虑自己的终身大事了。过去嫌恶人家轻狂，现在自己也如此，这一跤摔得可不轻。要是这一次亏损了的话，可就难把本钱捞回来了。
[60] 忺新：忺，高兴、适意。忺新，喜新厌旧。这两句说谁要是喜新厌旧谁就不是人。
[61] 背槽抛粪：用牲口背向食槽拉屎来比喻人的忘恩负义。
[62] 不审得：分辨不清，弄不清。

[63]　葫芦提:糊里糊涂。元曲中常语。又写作"葫芦题""葫芦倒提"等。
[64]　调让:疑为"推让"意。
[65]　科:舞台上表演的动作。
[66]　兜地:突然地。
[67]　定轮:疑即"定论",因"论"字有平声一读。
[68]　不系腰裙:腰裙,奴婢所系的围裙。不系腰裙,谓不再当奴婢。
[69]　半簸箕头钱扑个复纯:赌博时以铜钱若干为头钱,抛掷以后,视钱的正面背面的多少而定输赢。全部掷成背面,叫浑纯或复纯。在这里指好运气。
[70]　包髻、团衫、绁手巾:包髻,女真妇女包头巾。团衫,女真妇女上衣。绁手巾即绸手巾。这里指妾的服饰。

第 二 折

(外孤[1]一折)(正末、外旦[2]郊外一折)(正末、六儿[3]上)(正旦带酒上)却共女伴每蹴罢秋千,逃席的走来家。这早晚小千户敢来家了也。

【粉蝶儿】 年例寒食[4],邻姬每斗来[5]邀会。去年时没人将我拘管收拾,打千秋,闲斗草[6],直到个昏天黑地。今年个不敢来迟,有一个未拿着性儿[7]女婿。

(做到书院见末)你吃饭末?(末不奈烦科)

【醉春风】 因甚把玉粳米牙儿[8]抵,金莲花攒枕倚?或嗔或喜脸儿多。哎!你,你!交我没想没思,两心两意。早晨古自一家一计[9]。

(旦云)我猜你咱。(末云)

【朱履曲】 莫不是郊外去逢着甚邪祟?又不风又不呆痴,面没罗,呆答孩,死堆灰[10]。这烦恼在谁身上?末不[11]在我根底,打听得些闲是非?

(末云了)(审住)是了。

【满庭芳】 见我这般微微喘息。语言恍惚,脚步儿查梨[12]。慢松松胸带儿频那系,裙腰儿空闲里偷提。见我这般气丝丝偏斜了鬏髻,汗浸浸折皱了罗衣。似你这般狂心记[13],一番家搓揉人[14]的样势。休胡猜人,短命黑心贼!

(末云了)你又不吃饭也,睡波!(末更衣科)

【十二月】 直到个天昏地黑,不肯更换衣袂。把兔胡[15]解开,纽扣相离。把袄子疏剌剌松开上拆,将手帕撒漾在田地[16]。

（末慌科）

【尧民歌】　见那厮手慌脚乱紧收拾,被我先藏在香罗袖儿里。是好哥刺和我做头敌[17],咱两个官司有商议[18]。休题[19],休题！哥哥撒下的手帕是阿谁的？

（末云了）

【江儿水】　老阿者[20]使将来伏侍你,展污了咱身起[21]。你养着别个的,看我如奴婢。燕燕那些儿亏负你！

（旦做住）（末告[22]科）

【上小楼】　我敢摔碎这盒子[23],玳瑁纳子[24]交石头砸碎[25]。剪了靴櫼,染了鞋面做铺持[26]。一万分好待你,好觑你。如今刀子根底,我敢割得来粉合麻碎[27]！

（末云了）直恁直钱！

【幺】　更做道你好处,打换来得[28],却怎看得非轻,看得直钱,待得尊贵？这两下里捻绡的[29],有多少功积？到重如细搋绒绣来胸背[30]。

（云了）

【哨遍】　并不是婆娘人把你抑勒招取[31],那肯心儿[32]自说来的神前誓。天果报,无差移,子争个来早来迟。限时刻,十王地藏[33],六道轮回[34],单劝化人间世。善恶天心人意。人间私语,天闻若雷[35]。但年高都是积善好心人,早寿夭都是辜恩负德贼。好说话清辰,变了卦今日,冷了心晚夕。

（末云）（出来科）

【耍孩儿】　我便做花街柳陌风尘妓,也无那则忺过三朝五日[36]。你那浪心肠看得我□(忒?)容易,欺负我是半良不贱[37]身躯。半良身情深如你那指腹为亲妇,半贱体意重似拖麻拽布妻。想不想在今日,都了绝爽利,休尽我精细[38]。

（云）我往常伶俐,今日都行不得了呵。

【五煞】　别人斩眉,我早举动眼,到头知道尾[39]。你这般沙糖般甜话儿多曾吃？你又不是残花酝酿蜂儿蜜,细雨调和燕子泥。自笑我狂踪迹[40]。我往常受那无男儿烦恼,今日知有丈夫滋味。

【四】　大[41]争来怎地争,待悔来怎地再？怎补得我这有气分[42]全身体?打也阿儿包髻[43],真加腰带与别人成美,况团衫怎能勾披?它若不在俺宅司内,便大家南北,各自东西。

【三】　明日索一般供与它衣袂穿,一般过与它茶饭吃。到晚送得他被底成双睡。他做成暖帐三更梦,我拨尽寒炉一夜灰。有句话存心记:则愿得辜恩负德,一个个荫子封妻。

【二】　出门来一脚高一脚低,自不觉鞋底儿着田地。痛怜心除他外谁根前说?气夯破肚,别人行怎又不敢提?独自向银蟾[44]底,则道是孤鸿伴影,几时吃四马攒蹄!

【尾】　呆敲才[45]敲才休怨天,死贱人贱人自骂你。本待要皂腰裙,刚待要蓝包髻,则这的是折桂攀高[46]落得的。(下)

[注释]

［1］　外孤:角色名称前加"外",表示配角。外孤是莺莺的父亲。
［2］　外旦:是莺莺。
［3］　六儿:女真人僮仆的通称。这里是小千户的仆人。
［4］　寒食:传说晋文公哀念介子推被烧死,从冬至后一百零五天起,三天内禁止举火而吃冷食,成为一年一度的节日,所以这里说"年例寒食"。
［5］　斗来:聚拢来。
［6］　斗草:妇女们的一种游戏,多于端午节郊游时进行。以所采集的草的多少、草质的坚韧程度和对草名等方式来比赛决定胜负。
［7］　未拿着性儿:没有摸透脾气。
［8］　玉粳米牙儿:形容牙齿的细白。
［9］　"早晨"句:晨,原作"辰",今正。古自,也写作"兀自",尚且。一家一计,一家人一个心思,同心合意。
［10］　面没罗,呆答孩,死堆灰:形容无精打采、发呆、没有生气的样子。
［11］　末不:即"莫不"。这二句意思说:难道听到了关于我的什么风言风语?
［12］　查梨:因慌张而脚步错乱。
［13］　心记:心计,心性。
［14］　搓揉人:犹现代所说的"挤对人"。
［15］　兔胡:即兔鹘。女真人称束带为兔鹘,又作吐鹘。下文玉兔胡是束带中品级最高的一种。
［16］　撇漾在田地:撇漾,甩。田地,地下。
［17］　"是好哥剌"句:哥剌,疑应为"哥哥"。头敌,也写作"敌头",对头或敌对,引

申而有相匹配的意思。在这里是双关语,意思说小千户你既要与我相匹配又要跟我作对。

[18] "咱两个"句:官司,指小千户和燕燕之间的矛盾。有商议,意谓还需计议。
[19] 休题:犹现代所说"别提了"。元曲"提"多作"题"。
[20] 老阿者:女真人称母亲为阿者。老阿者即老夫人。
[21] 展污了咱身起:展污,玷污。身起,身体。指燕燕被奸骗。
[22] 告:求告,告饶。
[23] 盒子:定情时赠送的信物。
[24] 纳子:盒子上的开关部件。
[25] 砸碎:砸,原作"杂"。
[26] 铺持:碎布或旧布,缝制布鞋时衬在里面。现代北方话还说"铺衬"或"铺持"。
[27] 粉合麻碎:王校本改"合"为令字,即"零"字,是。
[28] "更做道"句:更做道,就算是。打换,交换。换,原作"唤",今正。
[29] 两下里捻绡的:捻绡的,指手帕。小千户和莺莺用以两处传递消息的信物。
[30] 细挼绒绣来胸背:胸背都绣有花纹的贵重衣服。
[31] "并不是"句:婆娘人,燕燕谦称。抑勒招取,强迫对方招承。
[32] 肯心儿:犹言内心。此句说小千户曾向燕燕许愿设誓。
[33] 十王地藏:迷信传说冥间有十王。地藏,菩萨名,据说他常现身在地狱中,救众生苦难。
[34] 六道轮回:佛家以天道、人道、阿修罗道为三善道,以地狱道、饿鬼道、畜生道为三恶道。认为世间众生或行善,或行恶,生死于这六道之中,如车轮回转,所以叫作六道轮回。是一种因果报应的迷信说法。
[35] 人间私语,天闻若雷:意思说小千户对燕燕许下的誓愿虽则是两个人之间的私房话,但老天是听得一清二楚的。
[36] "我便做"二句:意谓即使我是个风尘中的妓女,(你)也不能只(让我)高兴个三五天,就把我甩了。忺,音xiān,高兴。
[37] 半良不贱:卑贱。
[38] 休尽我精细:别在我身上用尽了精细的手段。
[39] "别人斩眉"三句:斩眉,眨眉、抬眉动眼的意思。这三句是说别人一抬眉毛,我就明白他的全部用意了。是说自己聪明伶俐。
[40] "你这般"四句:上文极言自己的聪明伶俐,这四句是说:但是像小千户这样的甜言蜜语以前还没有听过,所以尽管小千户的手段并不像蜂儿酿蜜和燕子筑窠那么精细,可是自己太轻狂了,竟然看不出他的假心假意。踪迹,

原作"迹迹",今正。
[41] 大:同"待",想要。
[42] 有气分:有志气。
[43] 打也阿儿包髻:打包髻,系上头巾。也阿儿,衬字。
[44] 银蟾:月亮。
[45] 敲才:詈辞,犹如说"挨揍的家伙"。这里是燕燕自己骂自己的话。
[46] 折桂攀高:民间传说月宫中有桂树。这里用想上月亮去攀折桂树来比喻高攀。

第 三 折

(孤[1]一折)(夫人一折)(末、六儿一折)(正旦上,云)好烦恼人呵!(长吁了)
【斗鹌鹑】 短叹长吁,千声万声。捣枕捶床[2],到三更四更。便似止渴思梅,充饥画饼。因甚顷刻休?则伤我取次成[3]。好个个舒心,乾支剌没兴[4]。
【紫花儿序】 好轻乞列[5]薄命,热忽剌姻缘,短古取恩情!(见灯蛾科)哎,蛾儿!俺两个有比喻。见一个耍蛾儿来往向烈焰上飞腾,正撞着银灯,拦头送了性命。咱两个堪为比并:我为那包髻白身[6],你为这灯火清。
(云)我救这蛾儿。(做起身挑灯蛾科)哎,蛾儿!俺两个大刚来不省[7]呵!
【幺】 我把这银灯来指定,引了咱两个魂灵。都是这一点虚名。怕不百伶百俐,千战千赢,更做道能行怎离得影[8]?这一场了身不正[9],怎当那厮大四至[10]铺排,小夫人名称?
(末、六儿上)(开门了)(末云)
【梨花儿】 是交我软地上吃交,我也不共你争。煞是多劳重降尊临卑,有劳长者车马,贵脚查于贱地,小的每多谢承[11]。本待麻线道上[12]不和你一处行。(云)你依得我一件事。依得我愿随鞭镫[13]。
(云)你要我饶你咱,再对星月赌一个誓。(云了)(出门了)
【紫花儿序】 你把遥天指定,指定那淡月疏星,再说一个海誓山盟。我便收撮[14]了火性,铺撒[15]了人情。忍气吞声。饶过你那亏人不志诚,赚出门桯[16]。(入房科)呼的关上枑门,铺的吹灭残灯。

(末告。不开门了)(末怒云了。下)(旦闪下)(夫人上,住)(末上,见住)(云了)(夫人唤了)(旦上,见夫人了)(夫人云了)燕燕不会,去不得[17]。

【小桃红】 燕燕上覆传示煞曾经[18],谁会甚儿女成婚聘?甚的是许出羞[19],下红定[20]?向这洛阳城,少甚末能言快语[21]官媒证?燕燕怎敢假名托姓[22]?但交我一权为政,情取火上等冬凌[23]。

燕燕不去!(末云)(夫人怒云了)

【调笑令】 这厮短命,没前程[24]。做得个轻人还自轻,横死口里栽排定。老夫人随邪水性[25],道我能言快语说合成。我说波娘七代先灵[26]。

【圣药王】 然道户厮迎[27],也合再打听。两门亲便走一遭儿成。我若到那户庭,见那娉婷[28],若是那女孩儿言语没实成[29],俺这厮强风情[30]。(虚下)

(外孤上)(旦上,见孤云)夫人使来问小姐亲事,相公许不许?燕燕回去。(外孤云了)(闪下)(外上)(旦随上,见了)特地来问小姐亲事,许不许闻去。(外旦许了)(下)

【鬼三台】 女孩儿言着婚聘,则合低了胭颈,羞答答地禁声[31];划地[32]面皮上笑容生,是一个不识羞伴等[33]。俺那厮做事一灭行[34],这妮子更敢有四星[35]。把体面妆沉,把头梢自领[36]。

(旦背云)着儿句话,破了这门亲。(对外旦云)小姐,那小千户酒性歹。(外旦骂住)呀!早第一句儿,

【天净沙】 先交人掩扑了我几夜恩情[37]。来这里被它骂得我百节[38]酸疼,我便似窬墙贼蝎螫噤声[39]。空使心作倖[40],被小夫人引了我魂灵。

(外云)你道有铁脊梁的,你手里做媳妇[41]。

【东原乐】 我是你心头病,我是你眼内钉,都是那等不贤会的婆娘传槽病[42]。你子牢查着八字行[43],俺那厮陷坑[44],没一日曾干净。

【绵答絮】 我又不是停眠整宿,大刚来窃玉偷香,一时间宠幸。数月间伙过[45],俺那厮一日一个王魁负桂英[46]。你被人推,人推更不轻。俺那厮一霎儿新情,撒地腿脡麻,歇地脑袋疼。

【拙鲁速】 终身无簸箕星[47],指云中雁做羹[48]。时下且口口声声,战战兢兢,袅袅停停,坐坐行行。有一日孤孤另另,冷冷清清,咽咽哽哽。

觑着你个拖汉精。

【尾】 大刚来主人有福牙推[49]胜,不似这调风月媒人背厅[50]。说得他美甘甘枕头儿上双成。闪得我薄设设被窝儿里冷。(下)

[注释]

[1] 孤:应是燕燕所在家里的男主人。
[2] 捣枕捶床:捣,原作"倒",今正。戏曲中每以此比喻不能入睡。
[3] "因甚"二句:意谓为什么这因缘顷刻之间罢休了?坏就坏在轻率成事上。取次,轻率随便意。
[4] "好个舒心"二句:前一句指小千户和莺莺,后一句指自己。乾支剌,空、白白地。支剌,状字无义。没兴,倒霉。
[5] 轻乞列:轻薄。乞列,状字无义。下"忽剌""古取"并为状字。
[6] 白身:相对于奴婢的普通平民,身份略高于奴婢。
[7] 大刚来不省:大刚来,全都。不省,糊涂。
[8] "怕不"三句:不怕你多么伶俐,可是走路总离不开自己的身影。比喻逃脱不了奴婢的不幸命运。
[9] 了身不正:或校作"其身不正"不从。了身,整个身子。了身不正,名声不正之意。
[10] 大四至:大模大样。
[11] 谢承:表示感谢。以上几句表示感谢的言辞都是反话。
[12] 麻线道上:迷信说法称"阴司路""黄泉路"为麻线道。死人所走的路。
[13] 随鞭镫:追随鞍马前后,即服伺意。
[14] 收撮:收敛。
[15] 铺撒:铺展。
[16] 赚出门桯:赚,骗。桯,原作"程",今正。音 tīng,柱子。赚出门桯,意谓把小千户骗出门外去。
[17] 燕燕不会,去不得:从下文看,这应该是夫人差燕燕去莺莺家为小千户说亲,遭到燕燕的拒绝。
[18] 煞曾经:多曾经历,即善于做某事之意。
[19] 许出羞:羞,同"馐",指定婚的羊酒等物。许出羞,即传统婚姻中下红定这一程序,男方向女方赠送订婚礼物。
[20] 下红定:赠送订婚的礼物。
[21] 能言快语:能说会道。快,会、善于。

[22] 假名托姓：指冒充媒人。
[23] 情取火上等冬凌：情取，一定、必定。火上等冬凌，比喻很快失败、弄不成。
[24] 没前程：与上句所说"短命"义同。
[25] 随邪水性：指老夫人过于随顺小千户。
[26] 我说波娘七代先灵：波娘，多作"末娘、么娘"，怨骂时加重语势之词。七代先灵，犹如说祖宗。
[27] 然道户厮迎：虽然说门当户对。
[28] 娉婷：指莺莺。
[29] 没实成：没有真心实意。这句是指莺莺假如没有跟小千户成亲的意思。
[30] 强风情：指小千户强求成就婚事。
[31] 禁声：不作声。
[32] 划地：在这里当"反而"讲。
[33] 伴等：伴当，伙伴。
[34] 一灭行：完全不合道理。
[35] 更敢有四星：元曲中常以四星指下梢，即前程。本句意谓哪儿能有什么好前程、好结局。
[36] "把体面妆沉"二句：妆沉，装得很端庄持重。头梢，原指头发，此处引申而有"前程"意。二句意谓：莺莺装得很端庄持重，要是跟小千户成亲，将来会要自食其果的。
[37] "先交人"句：掩扑，输掉。几夜恩情，指燕燕与小千户间的私情。
[38] 百节：浑身的骨节。
[39] 窈墙贼蝎螫嗫声：窈，音 gǒng，挖洞。此为当时熟语，意谓挖墙洞的贼被蝎子螫了也不敢声张，比喻有苦难言。
[40] 使心作倖：倖，心计。使心作倖，设计机谋。
[41] "(外云)"二句：这二句应是燕燕的话，不是莺莺的话，"(外云)"疑应为"(外旦云了)"。盖外旦莺莺说完一段话以后，燕燕说了这两句。媳妇，奴婢谦称。
[42] "都是那等"句：贤会，即贤慧。传槽病，牲口间的传染病。这里用来骂人，意思说互相妒恨是不贤慧的妇女间的通病。
[43] 你子牢查着八字行：查，踏、踩着。八字，迷信的说法指一个人出生年月日时的干支，认为这是决定一生命运的。因此燕燕告诫莺莺一定要牢牢地以八字为行事的准则。
[44] 陷坑：陷害人的计谋。
[45] 忺过：忺，喜欢。忺过，指高兴喜欢的心情已成过去。

[46] 王魁负桂英：王魁未及第时与妓女桂英结识，誓不相负。后来桂英资助王魁赴试得中，位居高官。王魁以桂英地位卑微而背其盟，桂英遂自尽。她的鬼魂最后索要了王魁的命。本事见《醉翁谈录》辛集卷二。这个故事在南宋时已编为戏曲演唱，元代尚仲贤又有《海神庙王魁负桂英》杂剧。戏曲小说多用这个故事来讽喻男子变心。

[47] 簸箕星：戏曲中多指灾星。

[48] 指云中雁做羹：指望天上飞着的大雁会变成羹馔。比喻实现不了的事。

[49] 牙推：宋元时北方称医卜星算等术士为牙推，或衙推。

[50] 背厅：背时，不走运。

第 四 折

（老孤、外孤上）（众外上）（夫人上，住）（正末、正旦、外旦上，住）

【新水令】　双撒敦[1]是部尚书，女婿是世袭千户。有二百匹金勒马，五十辆画轮车。说得他儿女夫妻，似水如鱼。撇得我鳏寡孤独，那的是撮合山养身处[2]。

【驻马听】　官人石碾连珠[3]，满腰背无瑕玉兔胡。夫人每是依时按序，细搀绒全套绣衣服。包髻是缨络大真珠，额花是秋色玲珑玉[4]。悠悠的品着《鹧鸪》[5]，雁行般但举手都能舞舞。

（做与外旦插带了科）（外旦云）

【甜水令】　姐姐骨甜肉净，堪描堪塑。生得肌肤似凝酥。从小里梅香嬷嬷抬举[6]。问燕燕梳裹如何？

【折桂令】　他是不曾惯傅粉施硃。包髻不仰不合，堪画堪图。你看三插花枝，颤巍巍稳当扶疏。则道是[7]烟雾内初生月兔，元来是云鬟后半露琼梳。百般的观觑，一觑的[8]全无市井尘俗，压尽其余。

（夫人云了）（揪搜末科）

【水仙子】　推那领系[9]眼落处，采揪毛那系腰[10]行行恰跨骨。我这般拈拈恰恰[11]有甚难当处？想我那声冤不得苦痛处[12]，你不合先发头怒。你若无言语，怎敢将你觑付[13]？则索做使长郎主[14]。

（孤云了）

【殿前欢】　俺千户跨龙驹，称得上的敢望七香车[15]。愿得同心结，永挂合欢树。鸾凤娇雏,连理枝,比目鱼。千载相完聚,花发无风雨[16]。头白相守,眼黑[17]处全无。

（老孤问了）煞曾看婚来。

【乔牌儿】　勘婚处恰岁数,出家后有衣禄。若言招女婿,下财钱将他娶过去。

【挂玉钩】　是个破败家私铁帚帚[18],没些儿发旺夫家处,可使绝子嗣、妨公婆、克丈夫。脸上肇泪廗[19]无里数。今年见吊客临,丧门聚[20]。反阴复阴[21],半载其余。

【落梅风】　据着生的年月,演的岁数,不是个义夫节妇。休想得五男并二女,死得交灭门绝户。

（云了）（旦跪唱）

【雁儿落】　燕燕那书房中伏侍处,许第二个夫人做。他须是人身人面皮,人口人言语。

【得胜令】　到如今总是彻梢虚[22]。燕燕不是石头镌,铁头做。交我死临侵[23]身无措,错支刺[24]心受苦。（夫人云）瘫中着身躯,交我两下里难停住,气夯破胸脯。交燕燕两下里没是处[25]。

【阿古令】　满盏内盈盈绿醑。子合当作婢为奴。谢相公夫人抬举,怎敢做三妻两妇? 子得和丈夫,一处,对舞。□（便?）是燕燕花生满路。

　　正名　双莺燕暗争春　诈妮子调风月

[注释]
[1]　撒敦:蒙古语,亲戚。
[2]　"那的是"句:撮合山,媒人。养身处,安身立命的处所。这句意思说,我做媒人的孤苦零丁,哪儿是我安身立命的地方呢?
[3]　连珠:玉带顶端的搭扣。
[4]　额花是秋色玲珑玉:额花,即头花,珠翠头饰。秋色,淡青色。
[5]　《鹧鸪》:女真乐曲名。疑即"鹧鸪天"。
[6]　抬举:照料养育。
[7]　则道是:还以为是。
[8]　一般的:即一划的,一概。
[9]　领系:衣领。

[10] 系腰：系，原作"击"，今正。系腰，腰带。
[11] 拈拈恰恰：即捏捏掐掐。
[12] "想我那"句：指燕燕被小千户奸骗事。
[13] 觑付：对付。指上文所说的揪搜。
[14] 使长郎主：都是奴婢对主人的称呼。
[15] 七香车：宋人称芸草为七里香。七香车指用香草装饰起来的车辆。
[16] 花发无风雨：花开以后不受风雨摧残，比喻婚姻美满。
[17] 眼黑：比喻夫妻反目。
[18] 铁帚帚：疑应为铁扫帚。旧时以扫帚星为凶兆。
[19] 肇泪厴：肇，有的校本认为应作"承"。疑应为"擎"。此指妇女泪腺下的痣，迷信说法认为苦命的标志。
[20] 吊客临，丧门聚：吊客、丧门，均凶神星，主疾病哀泣事，是迷信的说法。
[21] 反阴复阴：星相家有所谓"伏吟反吟，涕泪淫淫"的说法。"反阴复阴"即"伏吟反吟"，指婚姻不吉利。
[22] 彻梢虚：也写作谎彻梢虚。完全是欺骗。
[23] 死临侵：因内心痛苦而半死不活的样子。
[24] 错支剌："错"也写作"措"。举止失措的样子。
[25] 没是处：怎么做也不对。

西游记杂剧

《西游记》杂剧,六本二十四出。据孙楷第考证,为元末杨景贤作。杨景贤名暹,后改名讷,号汝斋,蒙古族,以杂剧名于世。卒于金陵,卒年不详,约在明永乐年间。

《西游记》杂剧是杨景贤最重要的作品,其时间大约晚于《永乐大典》所收的古本《西游记》。全剧从陈光蕊的身世写起,写到他出家为僧,法名玄奘,去西天取经,遭遇许多妖魔神异,最后返回东土。像这样的长篇作品,在元杂剧中并不多见,只有王实甫《西厢记》能与它相比。这里选录原剧第二本描写玄奘离开长安,去西天取经的部分。

《西游记》杂剧有日本覆排明刊杨东来批评本,隋树森《元曲选外编》据此排印,此据《元曲选外编》(中华书局,1959年)选录。

第 二 本

绛坛[1]宝日丽璇霄,淑景当空午篆[2]高。
三殿[3]尽如灵宝界,诸天齐降紫宸[4]朝。

第五出　诏饯西行

(虞世南上云)物估人烟万里通,皇风清穆九州[5]同。未能奏上《甘棠赋》[6],先献商霖[7]第一功。小官虞世南[8],奉观音佛[9]法旨,荐陈玄奘于朝,小官引见天子。京师大旱,结坛场祈雨。玄奘打坐片时,大雨三日。天子赐金襕袈裟[10],九环锡杖。封经一藏[11]、法一藏[12]、轮一藏[13],号曰"三藏法师[14]"。奉圣旨,驰驲马赴西天,取经归东土,以保国祚安康,万民乐业。将陈光蕊十八年,都准了月日,授了中书门下平章事,特进楚国公;殷氏封楚国夫人；赐公田四十顷，归老为农。今日奉圣旨，着百官有司都至霸桥[15]，设祖帐[16]排筵会，诸般社火[17]，送三藏西行。（秦叔宝[18]上云）龙战河山二十秋，腰悬双锏觅封侯。老君堂上逢真主，四海风尘一鼓收。某秦叔宝是也。（房玄龄[19]上云）卸却征衣换紫袍[20]，万年勋业半生劳。今朝已入瀛州[21]选，怕向边廷见斗刀。某房玄龄是也。（相见科）（乐器鼓板众父老随唐僧上）（唐僧云）奉敕西行别九天[22]，袈裟犹带御炉烟。祇园[23]请得金经至，方报皇恩万万千。小僧自父母报仇之后，父母显荣还乡。师父回金山圆寂，小僧断送[24]了，持心丧[25]三年，未果所愿。至京祈雨，感天神相助，大雨三日。天子大喜，赐金襕袈裟、九环锡杖，封三藏法师，着往西天取经。我想来：小僧性命也是佛天相保。今日报了父仇，荣显了父母，报答了祖师，我舍了性命，务要西天取得经来，平生愿足。今日辞了天子，便索登程去也。（众相见科）（唐僧云）小僧有何德能，敢劳百官耆老亲送！（虞云）奉圣旨，着小官等霸桥祖帐。请师父下马，受了筵席便行。尉迟总管[26]也待来送，这早晚怎生不见来？（尉迟恭上云）虎眼鞭麾动紫烟，龙鳞剑出倚青天。曾骑滑马诛雄信[27]，稳奠唐基一万年。某乃十六大总管尉迟恭是也。俺闻得三藏法师往西天去取经，合当早去送，争奈身疮举发，不能行动。今日奉圣旨，率领百官前往，须索要走一遭。你看僧尼道俗、百官父老、诸杂社火都到。又值着春间天气，郊外好景物也呵！（唱）

【仙吕点绛唇】　梅绽南枝。已经春事，三之二。桃杏参差。拂嗅香风至。

【混江龙】　今日个早朝班次，公侯宰相会同时。亲传圣旨，总命诸司。赤羽诏传青彩凤，御炉香喷紫金狮。亲王驸马，国戚皇族，更和那商贾农工士。马停玉勒，酒泛金卮。

　　　唐国江山，若非俺焉得太平？今日落得一身症候，为官待作何用？

【油葫芦】　想俺那兴唐出战时，一日知他几个死！如今老来也憔悴鬓如丝。都将定国安邦志，改为养性修身事。往常时领大军，今日个拜国师。英雄将生扭得称居士[28]。怎禁那天子自相辞。

【天下乐】　这和尚伏虎降龙信有之。京师，诸弟子，焚香点烛齐叩齿[29]。社火每鬼间着神，乐器中竹间着丝。闹起一座霸陵桥上市。

　　　左右，接了马者！

【醉中天】　幢幡上泥金字，写着道三藏是大唐师。钟鼓铙钹夹道施，求法语的挨着咨次。都是骏马雕鞍的健儿，读那孔夫子文字。着他们拜如来节外生枝。

(见科)(唐僧云)兀那年老的军官是谁?(尉迟云)弟子乃尉迟敬德,见居十六大总管之职。今奉圣旨来送法师。因金疮举发,不能乘骑,所以来迟。口占送行诗一章,望老师斤削[30]:十万里程多少难,沙中弹舌授降龙。五天到日头应白,月落长安半夜钟。(唐僧云)好诗,好诗!小僧勉和咱:禅心善伏山中虎,慧性能降海内龙。直下[31]顿然成一悟,浑如梦觉五更钟。(尉迟唱)

【金盏儿】 才吟罢送行诗,似歌彻断肠词。生离别便与死相似。死呵三十气断更无思。生呵一心怀远恨,千丈系游丝。死呵如梦幻泡影,那有再来时?

(唐僧云)多闻老将军英雄,愿对小僧说一遍者。(尉迟唱)

【赏花时】 只是俺立国安邦志广施,杀将驱兵心不慈。若两阵对圆时,提着尉迟恭的名字,他每早魂不附其尸。

门旗开处,两阵对圆。

【幺】 不剌剌却是战马拖缰敌将死。今日似困虎藏牙守洞时。因老病不能辞,奉圣旨勉强行之。问师父求取法名儿。

(唐僧云)军官如此言语,却便是诸佛种子。久后我之法律仗你阐扬。真乃是禅林中大宝也。可名曰宝林。与你摩顶受记[32]者。(尉迟云)多谢师父!

【尾声】 从今后演佛法领三宗[33],掌戒律兴诸寺,但依着吾师教旨。此去西行十万里,急回来两鬓如丝。本是一个五陵儿[34],他道我有佛子容姿。

(唐僧云)从今后灭火性消豪气,发善心脱名利。(尉迟唱)

师父着我将豪气消磨,将善心来使。

(唐僧云)众官军民人等听着:小僧折一枝松,插在此道傍要他活。我去后,此松朝西。如朝东,小僧回也。(虞云)师父,无根如何得活?(唐僧云)小僧无根要有根,有相若无相[35]。我若取经回,松枝往东向。朝西呵是去时,朝东呵回至。(尉迟云)师父沿路保重了。

俺众人年年来此看松枝。(下)

(虞云)求了法语的便先回去。我辈为臣子者,问师父求法语儆戒。(唐僧云)众官听小僧一句言语:为臣尽忠,为子尽孝;忠孝两全,余无所报。(杂云)师父,小人是个做斛斗的,求师父说咱。(唐僧云)咦!十合一升,十升一斗。量尽大仓[36]粟,人心犹未朽。万事休将一概看,自然寿算能长久。(杂云)小人是个钉秤的,求说法咱。(唐僧云)二八春秋分,一斤十六两。星星要见利,物物喜腾长。一权到手便均平,自然天地长培养。(妇云)小人是个开洞[37]的,求法语咱。(唐僧云)怎生唤做开洞?(发科)(唐僧云)阴无阳不生,阳无阴不长。阴阳配合,不分霄壤。豆有豆畦,麦有麦垄;豆麦齐栽,号曰杂种。咦!能将夫妇人伦合,免使傍人下眼看。(众云)拜谢了师父!(并下)(唐僧云)驿子那里?打起驼垛马[38],趁早行一程。一点虔心从此发,五千妙法[39]必须来。(下)

[注释]

[1] 绛坛:古代称天为绛霄,这里是祭天的坛,故称绛坛。
[2] 篆:焚香时,烟曲折上升如篆字,篆即指焚香的烟。
[3] 三殿:唐代麟游殿有三面,故谓之三殿。
[4] 紫宸:唐代大内有紫宸殿,是皇帝听政的地方。
[5] 九州:古代分中国为九州,包括扬、荆、豫、青、兖、雍、幽、冀、并九州。这里即指中国。
[6] 《甘棠赋》:甘棠是《诗经》"召南"里的篇名。据说周武王时,召公巡行南国,德化教著为百姓所崇敬。因召公曾住在甘棠树下,所以后来百姓们写了"甘棠"这首诗。这里的"甘棠赋"是指歌颂皇帝的文字。
[7] 商霖:宋徽宗时,张商英曾任丞相。久旱喜雨,徽宗写了"商霖"两个大字赐给张商英。按本剧写的是唐朝的事,原不应将宋朝的事写进去。
[8] 虞世南:唐余姚人,书法家。初仕陈隋,唐太宗时为秘书监。
[9] 观音佛:菩萨名,又作观世音。佛经上说他观众生音声,解脱众生,故名。
[10] 金襕袈裟:襕,长衣服。袈裟,梵语迦沙曳(Kasaya)的略称,一般用以称佛教法衣。原意是一种颜色的名称,指青黄赤白黑五种"正色"以外的"不正色"。因僧人所服的法衣用不正色(杂色)布制成,故名法衣为袈裟。
[11] 经一藏:即经藏。佛家认为结集佛说之经典包括无遗,谓之经藏。
[12] 法一藏:即法藏。佛家认为佛所说的教法含藏多义,故名法藏。
[13] 轮一藏:佛家谓藏经之架。因设有机轮,可以旋转,故名轮藏。
[14] 三藏法师:法师是佛教里一种学位,通达佛法并能讲法者始得称法师。三藏法师指遍通经律论三藏者的学位。
[15] 霸桥:应作灞桥,在长安东灞水上,唐人多在此送别。
[16] 祖帐:古时称道路神为祖神,出远门先要祭祀祖神,以求保佑一路平安。后来因称饯行为祖送或祖饯,称饯行筵席为祖帐。
[17] 社火:乡间演出的社戏。因成群结伙演出,故称社火。
[18] 秦叔宝:秦琼,字叔宝,唐历城人。唐太宗的名将。

[19] 房玄龄：唐临淄人。屡随唐太宗征伐,后居相位十五年之久。
[20] 紫袍：贵官的服装,唐制三品以上官员服用。
[21] 瀛州：本神山之名。唐太宗设文学馆,收聘贤才,被收聘者得到大家的羡慕,叫作登瀛州。
[22] 九天：在这里指皇帝所居。
[23] 祇园：梵语 Jetavana-vihāra 的意译。全称"祇树给孤独园"或"祇园精舍"。释迦牟尼成道后,给孤独长者购置舍卫城南祇陀太子园地,建筑精舍,请释迦说法。祇陀奉献园内树木,因以二人名字命名。释迦牟尼在此宣扬佛法二十余年。
[24] 断送：发送,殡殓死者。
[25] 心丧：古代礼节,老师死去,弟子要持心丧三年,如同父母逝去一样,只是不穿孝服而已。
[26] 尉迟总管：即尉迟恭,字敬德。曾随唐太宗征战,作战勇猛,屡著战功,封鄂国公。
[27] 雄信：即单雄信。为李密部将,后降王世充。王世充原为隋杨广郡丞,后自立为王。世充兵败,单雄信被杀。
[28] 生扭得称居士：生扭得,硬改成。居士,梵语迦罗越的意译,指在家(相对于出家)信佛的人。
[29] 叩齿：未详。
[30] 斤削：斤,斧子。斤削,指正之意,犹斧之斫木。
[31] 宿下：立刻。
[32] 摩顶受记：接受佛教所定戒律。摩顶,已见《祖堂集·慧忠国师》注[19]。
[33] 三宗：指华严宗、法相宗、三论宗。这里泛指佛家各派。
[34] 五陵儿：汉代长安有长陵、安陵、阳陵、茂陵、平陵等五陵,都是汉代帝王陵墓。当时贵族富豪多居住于此,五陵儿因指富家子弟。
[35] 有相若无相：佛教认为可以看见和可以显现的法相都是有相,认为凡有相者皆是虚妄。无相是佛教所谓达到真理的境界。这时已经断绝了色、声、香、味、触等各种相,所以叫作无相。
[36] 大仓：疑应为"太仓"。
[37] 开洞：亵词,谓卖淫。洞,指女阴。
[38] 驼垛马：驼,音 tuó,动词;垛,音 duò,名词。现在这两个字都写成"驮"。驼垛马,负载行李物件的马匹。
[39] 五千妙法：唐代收藏佛经近五千卷。

第六出　村姑演说

　　（老张上云）县令廉明决断良,吏胥不诈下村乡。连年麻麦收成足,一炷清香拜上苍。老张祖在长安城外住,生是个老实的傍城庄家。今日听得城里送国师唐三藏西天取经去,我庄上壮王二、胖姑儿都看去了。我也待和他们去,老人家赶他不上,回来了。说道好社火,等他们来家,教他敷演[1]与我听,我请他吃分合落儿[2]。（村厮儿先上）（胖姑儿上云）王留胖哥,等我等儿。（唱）。

【双调豆叶黄】　胖哥王留,走得来偏疾。王大张三,去得便宜[3]。胖姑儿天生得我忒认得。中表相随。壮王二离了官厅,直到家里。

　　（做见科）（张云）恁[4]来家了。看甚么社火,对我细说一遍。（姑云）王留。你说与爷爷听。（张云）胖姑儿,则有你心精细,你说者。（姑唱）

【一绺儿麻】　不是胖姑儿偏精细。官人每簇捧着个大榾椿,榾椿上天生得有眼共眉。我则道瓠子头葫芦对。这个人也索是跷蹊[5]。

　　甚么唐僧唐僧,早是不和爷爷去看哩! 枉了这遭。
恰便似不敢道的东西,枉惹得傍人笑耻。

　　（张云）官人每怎么打扮送他?（姑云）好笑! 官人每不知甚么打扮!

【乔牌儿】　一个个手执白木植[6],身穿着紫搭背[7]。白石头黄铜片去腰间系。一对脚似踏在黑瓮里[8]。

　　（张云）那是个皂靴。（姑唱）

【新水令】　官人每腰屈共头低[9],吃得醉醺醺脑门着地。

　　（张云）拜他哩!（姑唱）

咿咿呜呜吹竹管,扑扑通通打牛皮[10]。见几个无知[11],叫一会闹一会。

【雁儿落】　见一个粉搽白面皮。红拴着油髭。笑一声打一棒椎。跳一跳高似田地。

　　（张云）这是做院本[12]的。（姑唱）

【川拨棹】　更好笑哩! 好着我笑微微。一个汉木雕成两个腿。见几个回回,舞着面旌旗,阿刺刺口里不知道甚的妆着鬼。人多我看不仔细。

【七弟兄】　我钻在这壁,那壁,没安我这死身已。滚将一个碡碌在根底,脚踏着才得见真实,百般打扮千般戏。

爷爷,好笑哩!一个人儿将几扇门儿,做一个小小的人家儿。一片绸帛儿,妆着一个人。线儿提着木头雕的小人儿。

【梅花酒】 那的他唤做甚傀儡,黑墨线儿提着,红白粉儿妆着,人样的东西。飕飕胡哨起,冬冬地鼓声催。一个摩[13]着大旗。他坐着吃堂食,我立着看筵席。两只脚板僵直,肚皮里似春雷。

【收江南】 呀!正是坐而不觉立而饥,去时乘兴转时迟。

说了半日,我肚皮里饥也。

籸子面[14]合落儿带葱韲。霎时间日平西,可正是席间花影坐间移。

看了一日,误了我生活[15]也。

【随煞】 雨余匀罢芝麻地,咱去那沤麻池里澡洗。唐三藏此日起身,他胖姑儿从头告诉了你。

[注释]
[1] 敷演:铺叙演述。
[2] 合落儿:也写作"合酪、河漏"等。荞麦面制的食品,在汤水中煮食。
[3] 便宜:便,音 biàn。便宜,方便利落。
[4] 恁:同"您"。
[5] 跷蹊:音 qiāo qī,奇怪,可疑。
[6] 木植:原指木料,此指木棍。
[7] 搭背:此指袈裟。
[8] 一双脚似踏在黑瓮里:指脚穿皂靴。
[9] 腰屈共头低:又弯腰,又低头。
[10] 牛皮:牛皮鼓。
[11] 无知:傻瓜。
[12] 院本:此为戏剧歌曲的通称。
[13] 摩:也写作"磨",摇动旗帜。
[14] 籸子面:籸,也写作"糁",音 shēn。谷子之类磨成的碎粒。
[15] 生活:此指农活。

第七出　木叉售马

(神将引龙君上)(龙云)偃甲钱塘万万春,祝融[1]齐驾紫金轮。只因误发烧空火,险化骊山顶上尘。小圣南海火龙。为行雨差迟,玉帝要去斩龙台上施行[2]小圣。谁人救我咱!(观音上云)来者是谁?(龙叫云)我佛慈悲,救弟子咱!(观音云)你为甚来?(龙云)小圣南海沙劫驼老龙第三子。为行雨差迟,法当斩。我佛怎生救弟子咱!(观音云)神将且留人!老僧与你同见玉帝,救此龙君去来。(下)(观音上云)恰才路边逢火龙三太子,为行雨差迟,法当斩罪。老僧直上九天,朝奏玉帝,救得此神。着他化为白马一匹,随唐僧西天驮经,归于东土,然后复归南海为龙。传吾法旨:着木叉行者化作一个卖马的客商,送了龙君与唐僧护经。火龙护法西天去,白马驮经东土来。(下)(唐僧引驿夫上云)善哉,善哉!离了长安,行经半载,于路有站。如今无了马站,只有牛站。近日这牛站也少。到化外边境,向前去不知甚么站?(驿夫云)师父,再行一月,前面是驴站。驴站再行一月,西番侊钹地面,是狗站。狗站再行一月,是炮站。(唐僧云)如何唤做炮站?(驿夫云)六根木柱,做一个架子。一根长木做炮梢。梢上一个大皮兜。长木根上坠铁锤一万斤。使臣到一交摔番[3],把绳子绑了入炮兜,一榔椎打动关楗子,一炮送十里远。师父,与你那秃头做主[4]咱!(唐僧云)说得怕起来!怎得一匹长行马?不拣[5]几钱,罄其衣钵,买来驼载,省得打炮送了小僧!(驿夫云)这里那得卖马的来!(木叉行者上云)我乃是观音弟子木叉行者的便是。奉我佛法旨,将火龙化作白马,送与唐僧去。好马呵!(唱)

【南吕一枝花】 大宛国[6]天产才,渥洼水龙媒种[7]。带轻云,一块雪[8],走落日,四蹄风。玉尾银鬃。驮双将无嫌重,出群驽立大功。胜普贤[9]白象身高,赛师利[10]青狮性勇。

【梁州第七】 非伯乐谁知良马,有刘累方豢真龙。奉天佛牒玉帝敕将君送。又不比秦宫指鹿[11],晋代成功[12]。与高僧代步,又不换美妓[13]将从。且休言九逸[14]还宫,更休论八骏[15]腾空。这马跳青溪[16]曾救蜀主,到紫陌还归塞翁[17]。至乌江曾弃重瞳[18]。离了普陀寺中。云行千里乘飞鞚。听一派乐音声动。遥望尘寰人一丛,元来是三藏师兄。

　　卖马,卖马!(唐僧云)客人从那里来?(木叉云)从长安来。要回去,没盘缠,卖这匹马。(唐僧云)这马中[19]么?(木叉唱)

【牧羊关】 这马你看一丈长,头至尾,八尺高,蹄至鬃。但一嘶,凡马皆空。比豹月乌[20]别样精神,比忽雷驳[21]争些徒勇。又不是五色毛斑点,浑则是一片玉玲珑。影见在白云底,声传在明月中。

　　(唐僧云)不知性子如何?(木叉云)我说与你听者。

【隔尾】 白日莫摘青丝鞘。黑夜何须水草笼。料糟[22]铡刷不须用。他要行呵紧促,要歇时放松。又不比十二天闲耍簇捧。

(唐僧云)这马有长力远行么?(木叉唱)

【牧羊关】 他曾到三足金乌窟[23],四蹄玉兔宫[24]。他有吃天河水草神通。晋支遁[25]性命也似承,周姬满[26]心肝一般敬重。

(唐僧云)请个价钱,要几多?(木叉唱)

联城璧休言买,千金价岂相容!

(唐僧云)恁的小僧买不成!那得许多钱来?(木叉云)我赊与你如何?

载你权离此,驮经却向东。

(唐僧云)素来不曾相识,如何赊与我?(木叉云)你认的我么?(唐僧云)不认得。(木叉云)我非凡人,乃观音佛上足徒弟木叉的便是。这马亦非凡马,乃南海火龙三太子。为行雨差迟,法当斩罪。我佛奏知玉帝[27],着他化为白马,与你代步驮经来。(唐僧云)焉有是理!(木叉云)你若不信,着你见本来面目者。(马下)(扮龙王上云)我佛见弟子么?(木叉唱)

【斗虾蟆】 金甲白袍灿,银装宝剑横,显恶姹的仪容。冲天入地势雄。撼岭拔山威重。离岩出洞雾蒙。搅海翻江风送。变大塞破太空,变小藏入山缝。云气笼,雨气从。溪源潭洞,江河淮孟,显耀神通。常言道最恶者无过龙。哎!吾兄从今后不必把眉头纵。骑着龙马,引着部从。摩奢[28]。松枝向东,来此相逢。

上告师兄,小心去。俺师父预先与你寻着一个徒弟,在花果山等哩!

【尾】 你西行似入游仙梦,我南往重归沧海中。到前途,吴惊恐。有山精,有大虫。有猿猴,有马熊。见放着龙君将老师奉。到花果山乱峰,相遇着悟空。取经卷回来受恩宠。

[注释]

[1] 祝融:火神名。
[2] 施行:此指执行死刑。
[3] 摔番:"番"即"翻"。
[4] 与……做主:保护。
[5] 不拣:不论,不管。
[6] 大宛国:汉代西域国名,以产良马著称。
[7] 渥洼水龙媒种:渥洼水,河流名,在今甘肃省安西县,为党河支流。《史记·

乐书》:"又尝得神马渥洼水中。"集解:"李斐曰:南阳新野有暴利长,当武帝时遭刑屯田敦煌界。人数于此水旁见群野马,中有奇异者与凡马异,来饮此水傍。利长先为土人持勒鞯于水傍,后马玩习久之,代土人持勒鞯收得其马献之。欲神异此马,云从水中出。"龙媒种,骏马。《汉书·礼乐志》:"天马徕(来),龙之媒。"颜师古注引应劭:"言天马者,乃神龙之类。今天马已来,此龙必至之效也。"

[8] 一块雪:形容白马奔跑时如一团白雪。
[9] 普贤:菩萨名。与文殊菩萨同侍如来佛左右,以白象为坐骑。
[10] 师利:即文殊菩萨,以狮子为坐骑。
[11] 秦宫指鹿:秦相赵高企图篡位,指鹿为马,以试群臣,看哪些人附和自己。
[12] 晋代成功:晋朝皇帝姓司马。
[13] 换美妓:古乐府有爱妾换马一题,古辞已亡,有梁简文帝等人的拟作。见《乐府诗集》卷七十三。唐人笔记中也有类似的故事,李冗《独异志》卷中:"后魏曹彰,性倜傥。偶遇骏马,爱之,其主惜也。彰曰:'余有美妾可换,唯君所选。'马主因指一妓,彰遂换之。"可见这是古代比较流行的一个题材。
[14] 九逸:汉文帝有良马九匹,号为九逸。
[15] 八骏:周穆王有八匹骏马。
[16] 马跳青溪:蔡瑁设计杀害刘备,刘备乘的卢马逃到檀溪,马跳过几丈宽的檀溪,使刘备幸免于难。
[17] 还归塞翁:《淮南子·人间训》说,住在边塞的一个老翁丢失了马,别人对他说,这怎么就不算是好事呢。数月之后,丢失的马果然又带回了一匹好马。
[18] 至乌江曾弃重瞳:据说楚霸王项羽有双瞳子。他兵败到乌江,以坐骑乌骓赐给亭长,自刎而死。
[19] 中:行,可以。
[20] 豹月乌:名马。
[21] 忽雷驳:名马。
[22] 料糟:马料。
[23] 三足金乌窟:指太阳。传说太阳里有三足金乌。
[24] 四蹄玉兔宫:指月亮。传说月亮里有玉兔。
[25] 支遁:字道林,晋代高僧。《世说新语·言语》:"支道林常养数匹马,或言道人畜马不韵,支曰:'贫道重其神骏。'"
[26] 周姬满:当是王孙满,周定王大夫。
[27] 玉帝:即玉皇大帝。传说中的天帝。
[28] 摩奢:即磨砟。折磨,磨难。

第八出　华光署保

（观音引揭帝[1]上云）老僧为唐僧西游，奏过玉帝，差十方保官，都聚于海外蓬莱三岛。第一个保官是老僧，第二个保官李天王，第三个保官那吒[2]三太子，第四个保官灌口二郎[3]，第五个保官九曜[4]星辰，第六个保官华光天王[5]，第七个保官木叉行者，第八个保官韦驮天尊，第九个保官火龙太子，第十个保官回来大权修利，都保唐僧沿路无事。写了文书，要诸天画字。都画字了，则有华光未至，此时想必来也。（华光上云）释道流中立正神，降魔护法独为尊。驱驰火部三千万，正按南方位丙丁[6]。某乃佛中上善[7]，天下正神。观音佛相请，须索走一遭。（唱）

【正宫端正好】　差十大保官来，同九曜星君降。把唐僧于路提防。天佛牒玉帝敕都交往。西天路收魔障。

【滚绣毬】　宣灵王将火部驱，胡总管将火律掌。火鸦鸣振惊天上。火瓢倾卒律律四远光芒。火丹袖五百，火轮踏一双。火葫芦紧缚师旷。使离娄拖定金枪。神中号作华光藏，佛会称为妙吉祥，正受天王。

【倘秀才】　玉皇殿金砖是我藏，后土祠琼花是我赏。炒闹起天宫这一场，枪撞番四揭帝，砖打倒八金刚，众神祇索纳降。

【滚绣毬】　上天宫闹玉皇，下人间保帝王。保得他国无灾庶民无恙。因此上感威灵岁岁烧香。我将那五岳欺，五气掌，五瘟神遣之于霄壤。五音中徵为偏长。五星中让我在南天上坐，五方内将咱离位[8]藏。谁不知五显[9]高强！

（做见科）（观音云）天王，老僧今日为头，会十大保官，保唐僧西游去。恁诸仙圣众，如何主意？（华光唱）

【呆古朵】　观音佛作保书名字，会诸天一处商量。则为宝藏在灵山，着这真僧离大唐。山水广，多妖怪，途路远，多魔障。因此上着众仙离阆苑，诸神往下方。

【笑和尚】　二郎神神通广，五显圣驱兵将。顿剑摇环显出那英雄相。一路上保护唐三藏。轰雷掣电从天降，压伏定魔王。

【伴读书】　我我我使金枪法力强，恁恁恁持宝杵威风壮。众神祇齐保护他无恙。恁恁离了上方，他他往了西方，俺程程保护他消灾障。

【尾】　诸佛众神多谦让，全在吾师做主张。保金经福无量，向花果山中再相访。

  正名 唐三藏登途路 村姑儿逞嚣顽
     木叉送火龙马 华光下宝德关

[**注释**]

[1] 揭帝：佛教护法神名。
[2] 那吒：神名，毗沙门天王的太子，常以拥护佛法为事。
[3] 灌口二郎：相传是秦守李冰的次子，协助李冰治水，后人在灌县立庙祭祀。到元明以后，戏曲小说中的灌口二郎神名字又变为杨戬。
[4] 九曜：梵历以日、月、火、水、木、金、土、罗睺、计都为九曜，认为这九个星辰照耀世间。
[5] 华光天王：佛教护法神名。下文木叉、韦驮等均护法神。
[6] 丙丁：丙丁在五行中属火，丙丁遂成火的代用语。此承上句"驱驰火部三千万"而言。
[7] 上善：至善。
[8] 离位：离，八卦之一，方位在南。离位，指南方。
[9] 五显：又叫五显灵君、五通神，民间传说的火神。

元 人 散 曲

散曲是继宋词以后,金、元两代新兴的一种歌曲,是当时流行于人民群众和文人学士之中的一种北曲。散曲和杂剧是元代最重要的文学样式,统称为元曲。

散曲从体裁上可以分为小令和套数两类。小令通常以一支曲子为一篇,套数则联合几个曲子为一套,通常附有尾声。这里所选四篇都是套数。

散曲从语言上说,有比较典雅和比较俚俗的两类。这里的四篇都是很接近当时口语的。

《庄家不识构阑》,杜仁杰撰。杜仁杰字仲梁,号止轩,原名之元,字善夫,济南长清人。金正大中隐居不出,元至元中屡征不起,以诗名于当时。

《不伏老》,关汉卿撰。关汉卿号己斋叟,大都人,曾为太医院尹。生卒年不详,近人有认为他生于金宣宗兴定年间,卒于元成宗大德初年的。著有杂剧六十余种,今存十八种;散曲创作亦复不少。是元曲著名作家。

《借马》,马致远撰。马致远号东篱,大都人,任江浙行省务官。与关汉卿等齐名。著有杂剧十五种,今存七种,散曲也很多。

《高祖还乡》,睢景臣撰。睢景臣字景贤,或作嘉贤。有杂剧三种,今佚。本篇是他的名作。

这四篇散曲都录自隋树森《全元散曲》,中华书局,1964年。

【般涉调】 耍孩儿

庄家[1]不识构阑

风调雨顺民安乐,都不似俺庄家快活。桑蚕五谷十分收,官司无甚差科[2]。当村许下还心愿,来到城中买些纸火。正打街头过,见吊个花碌碌纸榜[3],不似那答儿闹穰穰人多[4]。

【六煞】　见一个人手撑着椽做的门,高声的叫请请,道迟来的满了无处停坐。说道前截儿院本[5]《调风月》,背后幺末[6]敷演《刘耍和》。高声叫,赶散[7]易得,难得的妆哈[8]。

【五】　要了二百钱放过咱,入得门上个木坡。见层层叠叠团圞坐。抬头觑是个钟楼模样,往下觑却是人旋窝。见几个妇女向台儿上坐。又不是迎神赛社[9],不住的摇鼓筛锣。

【四】　一个女孩儿转了几遭,不多时引出一伙。中间里一个央人货[10],裹着枚皂头巾,顶门上插一管笔,满脸石灰更着些黑道儿抹[11]。知他待是如何过?浑身上下,则穿领花布直裰[12]。

【三】　念了会诗共词,说了会赋与歌。无差错。唇天口地无高下,巧语花言记许多。临绝末[13],道了低头撮脚,爨罢将幺拨[14]。

【二】　一个妆做张太公,他改做小二哥。行行行说向城中过。见个年少的妇女向帘儿下立,那老子用意铺谋[15]待取做老婆。教小二哥相说合。但要的豆谷米麦,问甚布绢纱罗[16]。

【一】　教太公往前那不敢往后那,抬左脚不敢抬右脚。翻来复去由他一个。太公心下实焦躁,把一个皮棒槌则一下打做两半个[17]。我则道脑袋天灵破。则道兴词告状[18],划地大笑呵呵。

【尾】　则被一胞尿,爆的我没奈何。刚捱刚忍更待看些儿个[19]。枉被这驴颓[20]笑杀我。

[注释]

[1]　庄家:庄户人家。
[2]　差科:差,徭役。科,征税。
[3]　花碌碌纸榜:宋元演戏,在剧场(构阑)外悬挂彩色"招子",揭示伶人名字、剧目和演出时间。
[4]　"不似"句:指别处不如剧场那里热闹。
[5]　院本:金元时代的一种杂剧。所谓院本即行院(妓女、乐工、伶人等)所用的演唱底本。院本这一名称,始见于杜仁杰这篇散曲,因此它特别为戏剧史研究者所重视。

[6] 幺末：北曲杂剧的别称。
[7] 散：疑即"散乐"，曲艺杂技之类。
[8] 妆哈：又作妆喝。因演出精彩，观众喝彩。
[9] 迎神赛社：旧时逢年过节或迎神还愿，往往由村民组成的社团表演各种游艺，叫迎神赛社。
[10] 央人货：未详。
[11] "满脸石灰"句：这一句反映当时演剧化装涂面的情形。
[12] 花布直裰：直裰，同直掇，古燕居之服。宋人郭思《画论》："晋处士冯翼，衣中大袖，缘以皂，下加襕，前系大带。隋唐朝服之，谓之冯翼之衣。今呼为直掇。"在这里是指花花绿绿的戏衣。
[13] 绝末：结末，末尾。
[14] 爨罢将幺拨：爨，音 cuàn。各家对此解释颇不一致，有人认为指院本的前段（"幺"指院本的后段），有人认为不是院本的前段而是一种可以单独上演的杂剧。从这篇散曲所描写的情况看，【四煞】和【三煞】演的应该是一个节目，【二煞】以下演的则是另一个节目。或许前者就是爨，后者就是幺。拨，演奏。
[15] 用意铺谋：想方设法以谋取。
[16] "但要的"两句：意思说张太公想娶年少妇女为妻，不论她要豆谷米麦还是布绢纱罗都可以。
[17] "教太公"五句：这是说张太公因为要小二哥去替他说合而一任小二哥摆布，闹了许多笑话。那，即"挪"。
[18] 则道兴词告状：还以为要诉诸词讼。
[19] "刚捱"句：强憋硬忍着尿想再看一会儿。
[20] 驴㞗：詈词。㞗，生殖器、男阴。

【南吕】 一枝花

不伏老

攀出墙朵朵花，折临路枝枝柳。花攀红蕊嫩，柳折翠条柔。浪子[1]风流。凭着我折柳攀花手，直煞得[2]花残柳败休。半生来折柳攀花，一世里眠花卧柳。

【梁州】 我是个普天下郎君[3]领袖，盖世界浪子班头。愿朱颜不改常依旧。花中消遣,酒内忘忧。分茶㧑竹[4],打马藏阄[5]。通五音六律[6]滑熟,甚闲愁到我心头?伴的是银筝女,银台前、理银筝、笑倚银屏,伴的是玉天仙,携玉手、并玉肩、同登玉楼,伴的是金钗客,歌《金缕》[7]、捧金樽、满泛金瓯[8]。你道我老也,暂休。占排场风月功名首[9],更玲珑又剔透。我是个锦阵花营都帅头,曾玩府游州。

【隔尾】 子弟[10]每是个茅草岗沙土窝初生的兔羔儿,乍向围场[11]上走。我是个经笼罩受索网[12]苍翎毛老野鸡,踏踏的阵马儿熟。经了些窝弓冷箭镴枪头[13],不曾落人后[14]。恰不道[15]"人到中年万事休",我怎肯虚度了春秋?

【尾】 我是个蒸不烂、煮不熟、捶不匾、炒不爆、响珰珰一粒铜豌豆[16]。恁子弟每,谁教你钻入他锄不断、斫不下、解不开、顿不脱、慢腾腾千层锦套头[17]?我玩的是梁园[18]月,饮的是东京酒;赏的是洛阳花[19],攀的是章台柳。我也会围棋、会蹴鞠[20]、会打围[21]、会插科[22];会歌舞、会吹弹、会咽作[23]、会吟诗、会双陆[24]。你便是落了我牙、歪了我嘴、瘸了我腿、折了我手,天赐与我这几般儿歹症候[25],尚兀自不肯休。则除是阎王亲自唤,神鬼自来勾,三魂归地府,七魄丧冥幽,天哪!那其间才不向烟花路儿上走。

[注释]

[1] 浪子:浮浪子弟。
[2] 煞得:在这里有"弄到……的地步"之意。
[3] 郎君:眠花卧柳的公子。
[4] 分茶㧑竹:分茶,用沸水冲茶,使茶乳变幻成图形或字迹的一种技巧。㧑竹,未详。
[5] 打马藏阄:打马,即打双陆。因双陆的棋子称为马,所以叫打马。藏阄,阄,音jiū。藏阄又名藏钩。手里握着玉钩,让对方猜的一种游戏。见唐·段成式《酉阳杂俎》续集卷之四。
[6] 五音六律:宫、商、角、徵、羽为五音,十二律中的阳声律为六律。五音六律指音乐。
[7] 《金缕》:唐宋时流行《金缕衣》曲。
[8] 金瓯:金杯。
[9] "占排场"句:在风月场中取得第一功名。与下文"锦阵花营都帅头"义近。

[10] 子弟：宋元时称嫖客为子弟。
[11] 围场：打猎时的猎场。此处以幼兔陷入围场来比喻子弟们初次涉足风月场所。
[12] 经笼罩受索网：笼罩、索网都是捕捉鸟雀禽鸟的网罗。这句是经历过许多网罗,阅历很深之意。
[13] 经了些窝弓冷箭镴枪头：镴,原误作"蠟",今正。镴,一名白镴,锡铅合金。镴枪头,不能伤人的枪头。这句意思说受到过别人的暗算。
[14] 不曾落人后：意谓不曾吃亏。
[15] 恰不道：可不是说。反问语气。
[16] 铜豌豆：当时勾阑里对于老狎客的切口说法。
[17] 锦套头：比喻羁绊。
[18] 梁园：西汉梁孝王筑兔园,极精致,又称梁园。
[19] 洛阳花：宋代洛阳有许多著名园林,花事很盛,尤以牡丹最出名。
[20] 蹴鞠：踢毯。
[21] 打围：打猎。
[22] 插科：插科打诨,演剧中穿插滑稽动作与言语。
[23] 咽作：唱曲。是一种切口说法。
[24] 双陆：古代一种棋类游戏。
[25] 歹症候：坏毛病。

【般涉调】 耍孩儿

借马

近来时买得匹蒲梢[1]骑,气命儿般看承爱惜[2]。逐宵上草料数十番,喂饲得膘息[3]胖肥。但有些秽污[4]却早忙刷洗,微有些辛勤便下骑。有那等无知辈,出言要借,对面难推。

【七煞】 懒设设牵下槽,意迟迟背后随,气忿忿懒把鞍来鞴。我沉吟了半响语不语,不晓事颓人[5]知不知。他又不是不精细,道不得"他人弓莫挽,他人马休骑"。

【六】 不骑呵西棚下凉处拴,骑时节拣地皮平处骑。将青青嫩草频频的喂。歇时节肚带松松放,怕坐的困尻包儿[6]款款移。勤觑着鞍和辔,牢踏着宝镫,前口儿[7]休提。

【五】 饥时节喂些草,渴时节饮些水。着[8]皮肤休使粗毡屈。三山骨[9]休使鞭来打,砖瓦上休教稳着蹄。有口话你明明的记:饱时休走,饮了休驰。

【四】 抛粪时教干处抛,尿绰时教净处尿,拴时节拣个牢固桩橛上系。路途上休要踏砖块,过水处不教践起泥。这马知人义。似云长赤兔,如益德乌骓[10]。

【三】 有汗时休去檐下拴,渲[11]时休教浸着颏。软煮料草铡底细。上坡时款把身来耸,下坡时休教走得疾。休道人忒寒碎[12]。休教鞭彪[13]着马眼,休教鞭擦损毛衣[14]。

【二】 不借时恶了弟兄,不借时反了面皮。马儿行嘱付叮咛记。鞍心马户将伊打,刷子去刀莫作疑[15]。则叹的一声长吁气,哀哀怨怨,切切悲悲。

【一】 早晨间借与他,日平西盼望你。倚门专等来家内。柔肠寸寸因他断,侧耳频频听你嘶。道一声"好去",早两泪双垂。

【尾】 没道理,没道理。忒下的[16],忒下的。恰才说来的话君专记。一口气不违借与了你。

[注释]

[1] 蒲梢:又作蒲捎,古代大宛国骏马名,这里指良马。
[2] "气命儿"句:气命儿,性命。看承,照料。
[3] 膘息:膘情。
[4] 污:粪。
[5] 颏人:詈词。
[6] 尻包儿:兜在马臀上的粪兜,接粪污用。
[7] 前口儿:笼住马头、勒住马嘴的用具。
[8] 着:贴。
[9] 三山骨:驴马后背近尾巴处的骨,又称胯骨。
[10] 似云长赤兔,如益德乌骓:三国时关羽的赤兔马和张飞的乌骓马都是名马。
[11] 渲:擦洗。
[12] 寒碎:啰嗦絮叨。
[13] 彪:音 biāo,甩。

[14] 毛衣：马的毛皮。
[15] "鞍心"二句：元曲中一种"拆白道字"式的隐语。"马户"即"驴"字，"刷子去刀"即"尸"字。全句义未详。
[16] 忒下的：太忍心。

【般涉调】 哨遍

高祖还乡

社长排门告示[1]：但有的差使无推故[2]，这差使不寻俗[3]。一壁厢纳草也根[4]，一边又要差夫[5]。索[6]应付。又言是车驾，都说是銮舆[7]，今日还乡故[8]。王乡老执定瓦台盘，赵忙郎[9]抱着酒胡芦。新刷来的头巾，恰[10]糨来的绸衫，畅好是[11]妆幺[12]大户。

【耍孩儿】 瞎王留引定火乔男女[13]，胡踢蹬[14]吹笛擂鼓。见一彪[15]人马到庄门，匹头[16]里几面旗舒：一面旗白胡阑[17]套住个迎霜兔。一面旗红曲连[18]打着个毕月乌[19]。一面旗鸡学舞[20]。一面旗狗生双翅[21]。一面旗蛇缠胡芦[22]。

【五煞】 红漆了叉，银铮了斧。甜瓜苦瓜黄金镀。明晃晃马镫枪尖上挑[23]，白雪雪鹅毛扇上铺。这几个乔人物，拿着些不曾见的器仗，穿着些大作怪衣服。

【四】 辕条上都是马，套顶上[24]不见驴。黄罗伞柄天生曲。车前八个天曹判[25]，车后若干递送夫[26]。更几个多娇女，一般穿着，一样妆梳。

【三】 那大汉下的车，众人施礼数。那大汉觑得人如无物[27]。众乡老展脚舒腰拜，那大汉那身[28]着手扶。猛可里抬头觑。觑多时认得，险气破我胸脯。

【二】 你须[29]身姓刘，您妻须姓吕。把你两家儿根脚[30]从头数：你本身做亭长[31]耽几盏酒[32]。你丈人教村学读几卷书。曾在俺庄东住。也曾与我喂牛切草，拽坝扶钼[33]。

【一】 春采了桑，冬借了俺粟。零支了米麦无重数。换田契强秤了麻三秤，还酒债偷量了豆几斛。有甚胡突处[34]？明标着册历[35]，见放着文书。

【尾】 少我的钱差发内旋拨还[36],欠我的粟税粮中私准除。只道刘三谁肯把你揪摔住?白[37]甚么改了姓、更了名、唤做汉高祖。

[注释]

[1] 社长排门告示:社是古代地方区域名,二十五户为一社,置社长一人。排门,挨门挨户。
[2] 推故:借故推托。
[3] 寻俗:寻常。
[4] 根:此字疑误。
[5] 差夫:差役。
[6] 索:须。
[7] 车驾、銮舆:皇帝乘坐的车,借指皇帝本人。
[8] 乡故:即故乡。这里因叶韵而倒文。
[9] 忙郎:即芒郎,村童。已见前《宋四公大闹禁魂张》注[69]。
[10] 恰:刚,才。
[11] 畅好是:真正是。
[12] 妆幺:装模作样,装腔作势。
[13] 乔男女:乔的本义是假。这里的乔男女有"装模作样的家伙"的意思。
[14] 胡踢蹬:胡乱踢脚蹬腿,不合节拍。
[15] 一彪:彪,音 biāo。一彪,一帮、一伙。
[16] 匹头:劈头。
[17] 白胡阑:白环。"胡阑"切成"环"字。本句是说月旗。传说月亮里有玉兔。
[18] 红曲连:红圈。"曲连"切成"圈"字。本句是说日旗。
[19] 毕月乌:二十八宿之一。这里是指乡民眼中的"日中三足乌"。
[20] 鸡学舞:指凤旗。
[21] 狗生双翅:指飞虎旗。
[22] 蛇缠胡芦:指龙戏珠旗。
[23] "红漆了叉"四句:指金瓜、钺斧、朝天镫等仪仗。
[24] 套顶上:指套的上面。
[25] 天曹判:断狱的神道。
[26] 递送夫:押解犯人的差役。"递送夫"和"天曹判"实为护卫官兵,村民不识,故云。

[27] 觑得人如无物：目空一切的样子。
[28] 那身：挪动身躯。
[29] 须：本来。
[30] 根脚：根底，出身经历。
[31] 亭长：秦汉时十里一亭，设亭长，掌管追捕盗贼。
[32] 耽几盏酒：爱喝几杯酒。
[33] 拽坝扶钽：坝即耙，钽即锄。
[34] 有甚胡突处：反问句，意思说：明明白白，没有糊涂不清的地方。
[35] 册历：账册、契约。
[36] 差发内旋拨还：差发，官府摊派下来的无偿劳役。旋，"当时"的意思。旋拨还，指以目前的差发来顶过去所欠的钱。
[37] 白：平白无故。

孝 经 直 解

　　孝经直解,原题《新刊全相成斋孝经直解》,一卷,元刊本。元贯云石至大元年(1308年)撰。贯云石,畏吾儿族人。原名小云石海崖,因父名贯只哥,遂以贯为姓。自号酸斋。精通汉文,以散曲名于当时。大德末年袭父官为两淮万户府达鲁花赤,镇永州。仁宗时官拜翰林侍读学士。后称疾辞还江南,定居杭州。泰定元年卒,年三十九岁(1286—1324年)。

　　本书是元代"白话讲章"性质的书。元朝皇帝要了解汉文典籍,由汉人大臣用当时的口语来诠释讲解,写下来就成为这种白话讲章。例如许衡的《大学要略》《大学直解》(见《许文正公遗书》),吴澄的《经筵进讲》(见《吴文正公集》)。贯云石的《孝经直解》是给《孝经》所作的白话译注,于至大年间进呈太子爱育黎拔力八达(后为元仁宗)。这部书语言很通俗,与元曲、《元典章》、元代白话碑,乃至于后来的《元朝秘史》、明代的《正统临戎录》都有语言上的一脉相承的关系。

　　此据来薰阁书店1938年影印本选录第一章。原书以《孝经》原文作大字,直解部分作小字。现在把原文和直解分列左右。

开宗明义章第一	开发本宗[1],显明[2]义理的一章。
仲尼居	仲尼是孔夫子的表德[3],居是孔子闲住的时分[4]。
曾子侍	孔子徒弟,姓曾名参,根前奉侍来。
子曰	孔子说:
先王有至德要道	在先的圣人有至好的德、紧要的道理。
以顺天下	以这个勾当顺治天下有[5]。
民用和睦	百姓每自然和顺[6]有。

上下无怨	上下人都无怨心有。
汝知之乎	你省得[7]么？
曾子避席曰	曾子起来说道是：
参不敏何足以知之	我不省得，怎能知道着[8]？
子曰	孔子说：
夫孝德之本也	孝道的勾当是德行的根本有。
教之所由生也	教人的勾当先从这孝道里生出来。
复坐吾语汝	你再坐地，我说与你。
身体发肤受之父母不敢毁伤孝之始也	身体、头发、皮肤，从父母生的，好生爱惜者[9]，休教伤损者，么道[10]。阿的是孝道的为头儿合行的勾当有[11]。
立身行道扬名于后世以显父母孝之终也	卓立身己[12]，行的好勾当，留得好名听[13]，着后人知道呵[14]，这般上头[15]显得咱每父母名听有。这般呵，是一生的孝道了也。
夫孝	这孝道的勾当，
始于事亲	在起初时，在意[16]扶持父母；
中于事君	中间里在意扶侍官里[17]；
终于立身	这孝顺父母的、扶侍官里的两件儿勾当了呵，自家身里[18]自然立者也。
大雅云	孔子再把《毛诗》里言语说：
无念尔祖聿修厥德	休道不寻思你祖上，依着你祖上行好勾当着[19]。

[注释]

[1]　开发本宗：揭示根本宗旨。

[2]　显明：阐明。

[3]　表德：《颜氏家训·风操》："古者，名以正体，字以表德。"表德就是一个人的"字"，又称"表字"。

[4]　时分：时候。元人多称时候为"时分"或"时节"。

[5]　以这个勾当顺治天下有：勾当，事情。顺治，安抚治理。有，蒙古语助动词，

用于句末,略如汉语的语气助词"啊"。
[6] 和顺:和睦顺从。
[7] 省得:省,音 xǐng,懂得。
[8] 着(1):语气助词,略如"呢"。
[9] 者:表示命令的语气助词。
[10] 么道:蒙古语引语动词的直译,"说着、这样说着"的意思,用于直接引语或间接引语后,略如汉语的"云、云云"。
[11] "阿的是"句:阿的是,又作"兀的是、兀底是"等,指示的说法,等于"这个是"。为头儿,第一、最重要。合行,应该实行。
[12] 卓立身己:身己,身体。卓立身己,持身要正的意思。
[13] 名听:名声。
[14] 着后人知道呵:着,教、让。呵,表示假设的语气助词。
[15] 这般上头:在这方面,在这一点上。
[16] 在意:元人语常说"小心在意",即留心,经心。
[17] 官里:指皇帝。
[18] 自家身里:自己。
[19] 着(2):表示命令的语气助词。

元代白话碑

元代白话碑的碑文大都译自元代蒙古语的公牍,其中又有相当部分是元朝皇帝颁布给道观寺院的圣旨。元代各种公牍大都先用蒙古文写成,再译成汉文白话。这种白话,虽然由于翻译水平的限制,还不能与当时的汉语口语完全一致,但它在一定程度上仍然反映了元代口语的实际状况。与元代其他白话材料(如元代杂剧的宾白、《孝经直解》)相比较,它们的语言是很接近的。可以说,元代白话碑是我们今天了解当时语言实际的很好的资料。

这里抄录的《一二六八年周至重阳万寿宫圣旨碑》,系据蔡美彪《元代白话碑集录》(科学出版社,1955年)。《一二七七年交城玄中寺圣旨碑》,系据原碑抄录,原碑正面为八思巴文,碑阴为汉文白话。

一二六八年周至重阳万寿宫圣旨碑

长生天气力里、大福荫护助里[1]皇帝圣旨
管军官人每根底[2],军人每根底,管城子达鲁花赤[3]官人每根底,过往使臣每根底宣谕的圣旨:
成吉思皇帝[4]、哈罕皇帝[5]圣旨里:"和尚、也里可温[6]、先生[7]、达失蛮[8],不拣甚么差发休着[9],告天祝寿者"么道有来[10]。如今依着已前的圣旨体例:"不拣甚么差发休着,告天祝寿者"么道,李道谦,高真人替头里做提点陕西五路西蜀四川有的先生每根底为头儿行者么道[11]。这李提点把着行的圣旨与来。这的每[12]宫观里房舍里,使臣休安下者;不拣甚么人倚气力休住坐者。宫观里休断公事者,休顿放官粮者,不拣甚么休放者。铺马[13]祗应[14]休与者,地税商税休着者。但属宫观的水土、竹苇、水磨、园林、解典库[15]、浴堂、店舍、铺席、麹[16]

醋等，不拣甚么差发休要者。更没俺每的明白圣旨推称诸投下，先生每根底不拣甚么休索要者；先生每也休与者。更先生每不拣有甚么公事呵，这李提点依理归断者。你每这众先生每，依着这李提点言语里，依理行踏者。更俗人每有争告的言语呵，倚付了的先生每的头儿与管民官一同理问归断者。不依体例行做，觧[17]勾当的做呵，说谎的先生每，管城子达鲁花赤官人每根底分付与者。这李提点倚付来么道，无体例勾当休行者；行呵，俺每根底奏者。不拣说甚么呵，俺每识也者。

圣旨俺每的[18]。

龙儿年[19]十一月初五日，大都有的时分写来。

[注释]

[1] 长生天气力里、大福荫护助里：元代白话圣旨，加在皇帝前的套语，由蒙古语译来；在汉语文言体圣旨中多译作"上天眷命皇帝圣旨"。

[2] 根底：蒙古语格助词的意译。一般用于名词或代名词的与格（第三格），略相当于汉语的介词"对、对于、给"。有时也用来翻译蒙古语领格（第二格），略相当于汉语的"属于"。

[3] 达鲁花赤：蒙古语音译。原意为掌管者、看守者，后变为路府州县地方官的专名。

[4] 成吉思皇帝：1206年，蒙古孛儿只斤部铁木真（1162—1227年）统一蒙古各部，建立蒙古国，在斡难河源作了蒙古大汗，被各部尊称为成吉思汗。

[5] 哈罕皇帝：哈罕原为突厥语及蒙古语中"皇帝"的通称，因蒙古皇帝自窝阔台始正式用此称号，故蒙古人又用"哈罕皇帝"一词专指太宗窝阔台。哈罕又译作"匣汗"，与汉唐时代的可汗同源。

[6] 也里可温：指景教徒。

[7] 先生：元人专指道士。

[8] 达失蛮：或译答失蛮、达实密、大石马，波斯语音译，指回教徒。

[9] 不拣甚么差发休着：不论什么赋税徭役都免除。

[10] 么道有来：么道，已见前《孝经直解》注[10]。有来，蒙古语助动词"有"的过去时。么道有来，"曾经这样说过"之意。

[11] "李道谦，高真人"句：此圣旨给予接替高真人做陕西五路西蜀四川所有道士总管的李道谦。

[12] 这的每：这些人，他们，指道士。

[13] 铺马：驿站上的马。

[14] 祗应：差役。
[15] 解典库：典当铺。
[16] 麯：字书无此字。疑应为"麯"字。
[17] 歹："歹"字的较早写法。
[18] 圣旨俺每的：类似汉文圣旨的"钦此"。
[19] 龙儿年：元人以辰属纪年，此龙儿年蔡美彪氏定为1268年，即元世祖至元五年戊辰。

一二七七年交城玄中寺圣旨碑

长生天气力里、大福荫护助里皇帝圣旨

管军的官人每根底，军人每根底，城子里达鲁花赤官人每根底，往来的使臣每根底宣谕的圣旨：

成吉思皇帝圣旨里："和尚每、也里可温每、先生每、答失蛮每，不拣甚么差发休教当者，拜天祝寿者"道有来么道。如今呵，依着在先圣旨里："不拣甚么差发休当，拜天祝寿者"么道。太原府里石壁寺[1]有的安僧录根底，执把圣旨与了也。这寺院房子里，使臣休□(要?)[2]安下者，铺马、祗应休要者，税粮休纳□(者?)。地土、园林、水碾，不拣甚么物件，他每的休夺要者么道。更这和尚每，圣旨与了也。没体例的[3]勾当休做；做呵，他每不怕那甚么[4]？

圣旨了也。

牛儿年[5]正月二十五日大都有时分写来。

[注释]
[1] 太原府里石壁寺：交城当时属太原府。玄中寺在唐代原名石壁永宁寺，元代才改名玄中寺。
[2] 要：原碑此字泐，此据文义补。下"者"字同。
[3] 没体例的：不合规定的。
[4] 不怕那甚么：难道不知道害怕吗？
[5] 牛儿年：此牛儿年据山西省文物工作委员会定为1277年，即元世祖至元十四年丁丑。

元 典 章

《元典章》,全名《大元圣政国朝典章》。正集六十卷,新集不分卷。包括诏令、圣政、朝纲、台纲、吏部、户部、礼部、兵部、刑部、工部十个部分。正集元大德七年颁行,共 2 155 条。新集至正二年颁行,共 241 条。分门胪列,采掇很详,是元代法令文书的总汇集。

本书不仅在研究元史和元代法制方面很有价值,作为元代语言的研究资料也极可宝贵。书中文字,大体上可以分为吏牍体、白话体、蒙古语直译体等几种,后两类材料比较接近当时口语。这些材料,一方面数量多,一方面又有明确的年代标记,是我们研究元代白话的极好材料。

本书有元刊本。另有清末沈家本刻本。此据沈刻本和陈垣《沈刻元典章校补》抄录。

杂例·碾死人移尸
(刑部卷四,典章四十二)

看碾子人李镇抚家驱口[1]阎喜僧状招:至元三年八月初八日,本宅后碾黍间,有小厮四个于碾北四五步地街南作耍。至日高碾儴[2],前去本家取垫碾油饼回来。到碾上,见作耍小厮一个,在西北碾槽内,手脚动但挣揣[3]。其余三个小厮碾北立地。喜僧向前抱出小底[4],觑得头上有血,抱于西墙下卧地;恐驴踏着,移于碾东北房门东放下,倚定麻秸坐定,手动气出[5]。喜僧委是[6]不知怎生碾着,避怕本使问着,走往阜城县周家藏闪,在后却行还家。干证人[7]殷定僧等三人状称:崔中山于碾内弄米来,俺三个碾外耍来,赶碾的人无来。法司拟:既是殷定僧等称崔中山自来弄米,别无定夺[8]。止据阎喜僧不合移尸出碾,不告身死人本家得知,合从不应[9],为事轻,合笞四十。部拟三十七下,呈省准拟。

[注释]
[1] 驱口：奴仆。
[2] 㑹：此字不识,据前后文义,似应为"讫"字。
[3] 动但挣搒：动弹挣扎。
[4] 小底：底,后来多写作"的"。底,本是宋代的写法。宋亡以后,这种写法还延续了不太长的一段时间。
[5] 手动气出：手动,指抽搐。气出,指气绝身死。
[6] 委是：委实是,确实是。
[7] 干证人：干,有关的。干证人,有关的证人。
[8] 定夺：对事情作出判断或决定。
[9] 合从不应：此句不可解,疑有误。

侵盗·侵盗官钱·配役

（刑部卷九,典章四十七）

至元二十三年四月二十三日中书省[1]奏过事内一件："系官的库里仓里钱物,偷了来的,少了来的,拿着底人多有。钱赔不起呵,他底田产、人口、头匹[2]的,不拣甚么,准折属官。地不勾[3]呵,保人根底交赔者。更不勾呵,本人根底交配役[4]。他每工钱算着,那钱数到呵,放呵。怎生？"么道来,奏呵。"交保人每赔底,知它怎生有[5]？然那般,依着您的言语者[6]。偷了钱物来的贼每根底不合放。"么道,圣旨有呵。回奏："为去年行了来的诏书,圣旨已前,偷了官钱的,侵使了来的根底,那般道来[7]。"么道,奏呵。"索甚么那般者道有[8]？赦放么道,贼每哏[9]多了也。钱赔不起呵,他每根底交担着粮食步行的,交种田去者。"么道,圣旨了也。钦此。

[注释]
[1] 中书省：元代中央行政机构。
[2] 头匹：牲畜。

[3] 不勾：即不够。
[4] 交配役：交，教、令。交配役，罚劳役。
[5] "交保人每赔底"二句：意思说，让保人们赔偿的那一份，他们怎么拿得出来？
[6] "然那般"二句：是那样的话，就照着你们所说的办吧。
[7] "为去年行了来的诏书"五句：大意说，根据去年颁行的诏令和以前的圣旨，对于偷了官家银钱和占用了官家银钱的人，是那么规定的。
[8] 索甚么那般者道有：此句承上文说，意谓：什么"那么规定的"？
[9] 哏：同"很"。

元朝秘史

《元朝秘史》原书为蒙古文,著者不详,明初洪武年间译成汉文。

《元朝秘史》所述的是元人入主中国之前,帖木真(即元太祖成吉思汗)、斡歌歹(即元太宗窝阔台)事迹,很多不见于正史,有的近于神话传说。汉文译本包括三部分内容:一是用汉字对译蒙文的字音;二是用汉语词对译蒙语词;三是总译各段内容。总译是采用当时生动活泼的口语。这里选录的一段即出于第二卷的总译。

本书版本很多,卷数也不相同。据以转录的是四部丛刊三编影印本,并以渐西村舍丛书本参校。四部丛刊影印本所据的底本称"影元钞本"(?),凡十卷,又续集二卷。渐西村舍丛书本,清李文田校注,题《元朝秘史注》,凡十五卷。

卷二(节录)

塔儿忽台乞邻秃黑将帖木真拿去[1],于他百姓内传了号令,教每营里住一宿。徇[2]著行时,正当四月十六日,泰亦赤兀惕[3]每于斡难河[4]岸上做筵会。日头落时散了。此时教一个年小软弱的人守著帖木真。帖木真见人散了,将那年小弱的人,用枷梢于头上打倒,走了。走到斡难河边林内卧著。恐怕人见,又入斡难河水的溜道[5]里仰卧著。身在水里,但[6]露出面来。那个失了人的人,大声叫著说:"拿住的人脱走了!"么道。叫时,散了的泰亦赤兀惕聚来著,白日般月明里,斡难河边树林里,挨排著寻。帖木真在溜道里卧著,速勒都孙姓氏锁儿罕失剌名字的人经过寻时,正见著,说道:"正为你这般有见识了,所以上泰亦赤兀惕兄弟每妒害你。你谨慎!只那般卧著,我不告[7]你。"那般说了,过去了。

泰亦赤兀惕每再回排寻[8]共说时，锁儿罕失剌再说："你每白日里失了人，如今黑夜里如何寻得？再回原行的路上去，将不曾见处仔细排寻了，散著。明日再聚著寻。这带枷的人那里去？"这般说了，再回去寻时，锁儿罕失剌再经过，对帖木真说："我每只这一遍排寻，回去了，明日再来寻。如今我每散了后，你自寻你母亲兄弟去。若见人时，休说我见你来。"说讫，过去了。他每散了后，帖木真心里想著说："昨前每营里轮流著教看守我时，锁儿罕失剌家里宿呵，他的沉白、赤老温名字的两个儿子，心里怜悯我，夜里与我脱了枷，教散宿[9]来。如今锁儿罕失剌将我见了，又不肯对人说，几次经过去了。如今只他那里去[10]，必救了我。"所以顺著斡难河寻锁儿罕失剌去了。

他家的记号打马奶子自夜到明。听着这记号行呵，听得打马奶子声，到他家里入去呵，锁儿罕失剌说："我教你寻你母亲兄弟去，你如何又来？"他的沉白、赤老温两个名字的儿子说："雀儿被龙多儿[11]赶入丛草去呵，丛草也能救他性命。草尚能如此，咱每行来的[12]人不能救他呵，反不如丛草。"所以将帖木真枷开著，烧了，于他后面盛羊毛的车子里藏了。分付他合答安名字的妹儿看著，说："任谁行休对他说。"

第三日，泰亦赤兀惕兄弟每说："帖木真莫是人藏了他？将俺自火里[13]搜一搜！"于是搜到锁儿罕失剌家，房里、车里、床下都搜遍了。落后上[14]到载羊毛的车上，将车门内的羊毛掀出。掀到车后时，锁儿罕失剌说："似这般热天气，羊毛里若有人，如何当得？"搜的人所以下车去了。搜的人去了后，锁儿罕失剌对帖木真说："你险些将我断送得烟消火灭！如今你母亲兄弟行寻去。"与了他一个无鞍子甘草黄白口不生驹的骒马[15]。再煮熟了一个吃两母乳的肥羔儿。皮桶里盛着与了马奶子，更与了一张弓、两只箭，不曾与他火镰。这般打发教去了。

帖木真去了，到他原把的寨子处踪迹，逆著斡难河踏将去了。有乞沐儿合[16]名字的河，西通著斡难河。见那小河边有行的踪迹，就逆那小河寻将去。那小河边有别帖儿名字的山，那山根前有豁儿出恢[17]名字的孤山，那里与他母亲兄弟每相遇著了。

帖木真那里相遇著了，又去不儿罕山前，有古连勒古[18]名字的山，那山里有桑古儿河[19]。河边有合刺只鲁格名字的小山，有个青海子[20]，做营盘住其间，打捕土拨鼠[21]、野鼠吃著过活了。

一日，帖木真的惨白骟马[22]八匹，在家被贼劫将去了。又有一个甘草黄马，他兄弟别勒古台骑著捕土拨鼠去了。到晚，驮著土拨鼠回来。帖木真说："我的马被人劫去了！"说了，别勒古台说："我赶去！"合撒儿说："你不能，我赶去！"帖木真又说："您都不能，我去！"就骑著那甘草黄马，踏著那八个马的扫道[23]袭将去。

行了三宿，那一日清早，路上多马群中见一个爽利后生挤马乳。问他："你曾见惨白骟马等八匹来么？"那后生说："今早日未出时，有这样八匹马自这里赶过去了。去的踪迹我指与你。"说了，他将帖木真骑的马放了，换与他一个黑脊白马骑了。他也不去自家里，将他挤乳的皮桶、皮斗著草盖了，对帖木真说："你来好生艰难！男子的艰难都一般，我与你做伴一同赶去。我的父名字唤做纳忽伯颜，止有我一个儿子，我的名唤作孛斡儿出。"说了后，踏著踪迹，又行了三宿。至日晚时，到一个百姓圈子行，见他那八个马在圈子外立著。帖木真说："伴当[24]，你这里立著，我去把这马赶出来。"孛斡儿出说："我既与做伴来了，如何我这里立？"一同跑著马入去，将马赶出来了。随后人每陆续赶将来。一个骑白马的人，手里执著套马竿，将次赶到根前。孛斡儿出说："你弓箭将来，我与他厮射！"帖木真说："为我的上头[25]，恐伤著你，我与他厮射！"便回去与他厮射。那骑白马的人，将套马竿指著帖木真说："立住了！"随后那贼每的伴当也都赶将来。见日落黄昏，天色黑了，那后来的人都立住著，落后了。

那夜兼行了三昼夜，回到纳忽伯颜处。帖木真对孛斡儿出说："不是你呵，我这马如何得？咱两人可以分。你要多少？"孛斡儿出说："我见你辛苦著来，所以济助做伴去，如何做外财般要你的？我父亲只我一个儿子，置的家财与我尽勾[26]，我不要你的。若要你的呵，与你做伴来的济甚事？"说了。到纳忽伯颜家里，见他为失了儿子孛斡儿出垂著泪哭。忽然见他每到了，将他儿子看著，一边厢哭，一边厢怪他儿子。孛斡儿出说："我不知为甚么，见这好伴当艰难著来，便与他做伴去了来。如今来了也。"说讫，走著马去，将他原盖下的挤乳的皮桶、皮斗来了。杀了一个吃二母乳的肥羔儿，又皮桶里盛了马奶子，驮的般整治了[27]，与帖木真做行粮[28]。纳忽伯颜说："你两个年小的常相顾盼[29]，明后休相弃。"帖木真辞去，行了三昼夜，到桑古儿河边家里。

他母亲诃额仑,并合撒儿兄弟每,正愁间,见他回来,好生欢喜了。

初,帖木真九岁时,与德薛禅[30]的女儿孛儿帖兀真相离了来,此时与弟别勒古台顺著客鲁涟河[31]寻去。到扯克彻儿赤忽儿忽山两间,寻著德薛禅家。德薛禅见了帖木真,好生大欢喜,说:"知得泰亦赤兀兄弟每嫉妒你,我好生愁著,绝望了来。今日仅得见你。"说了,将孛儿帖女儿与帖木真做了妻。德薛禅与他妻搠坛同送帖木真夫妻回去了。到客鲁涟河兀剌黑啜勒的边隅,德薛禅回家来了,搠坛直送他女儿到帖木真家里。

搠坛送他女儿到帖木真家,回去了后,帖木真欲要孛斡儿出做伴,使别勒古台唤去。孛斡儿出见了别勒古台,又不对他父说,骑著个拱脊黄马,驮着个青毛袄子,与别勒古台一同来了。自那里作伴,再后不曾相离。自桑古儿河边起了,到客鲁涟河源头不儿吉名字的地,岸根前,做下营盘住了。搠坛的女孛儿帖兀真行上见公姑的礼物,将一个黑貂鼠袄子有来。帖木真说:"在前俺的父也速该皇帝,与客列亦惕种姓的王罕契合[32],便是父一般。他如今在土兀剌河边,黑林里住著。我将这袄子与他。"于是帖木真兄弟三个将着那袄子送去。见了王罕,帖木真说:"在前日子你与我父亲契合,便是父亲一般。今将我妻上见公姑的礼物将来与父亲。"随即将黑貂鼠袄子与了。王罕得了袄子,大欢喜著,说道:"你离了的百姓,我与你收拾;漫散了的百姓,我与你完聚。我心下好生记著。"说了。

[注释]

[1] 将帖木真拿去:帖木真,元朝开国皇帝(1162—1227年)。原属蒙古孛儿只斤部,1206年统一各部,结束了蒙古长期分裂的局面,建立蒙古国,并为各部尊为成吉思汗。元世祖忽必烈建立元朝后,成吉思汗庙号太祖。拿,捉拿。

[2] 徇:巡行示众。

[3] 泰亦赤兀惕:泰亦赤,蒙语"太子"。兀惕,蒙语"种类"。泰亦赤兀惕即"太子辈"之意。此当为部落名。

[4] 斡难河:黑龙江上游之一,源出蒙古肯特山,帖木真崛起于此。今译鄂嫩河。

[5] 溜道:河道。

[6] 但：仅仅，只。
[7] 告：告发。
[8] 排寻：即上文"挨排著寻"。挨个儿寻找。
[9] 散宿：宽散着睡，不带枷。
[10] 只他那里去：就到他那里去。
[11] 龙多儿：蒙语"鹰"。
[12] 行来的：能走路的。
[13] 自火里：自己这一伙里。
[14] 落后上：最后。
[15] 骒马：骒，音 kè。骒马，母马。
[16] 乞沐儿合：又译齐母尔哈河，在别帖儿山南。
[17] 豁儿出恢：又译活拉灰图山。
[18] 古连勒古：在不儿罕山前，桑沽儿河东，与青海子相近，今巴尔哈岭。
[19] 桑古儿河：克鲁伦河下游有桑古儿河。又译僧库尔河，桑沽儿河。
[20] 青海子：蒙语喀喇诺尔。喀喇，黑，诺尔，泊。青海子水青似黑，故名。
[21] 土拨鼠：一名旱獭。啮齿类，体长，善掘地为窠，产于蒙古。古书上又称"貔貅"。
[22] 骟马：骟，音 shàn。骟马，割去睾丸或卵巢的马。
[23] 扫道：指马匹踩出来的路。
[24] 伴当：伙伴，伙计。
[25] 上头：这里当"原故"讲。
[26] 勾：够。
[27] 驮的般整治了：把上面所说的东西按照牲口驮子那样收拾好。
[28] 行粮：旅途所用的干粮。
[29] 顾盼：这里当"照顾、照应"讲。
[30] 薛禅：蒙古语，"贤者"，系部落贵族。
[31] 客鲁涟河：额尔古纳河上游，源出大肯特山东南。今译克鲁伦河。
[32] "与……王罕契合"句：王罕，蒙古客亦列部受金封爵为王，即以王为汗号，称王罕。罕为汗的别写。契合，交好、投合。

老 乞 大

《老乞大》和《朴通事》是旧时朝鲜人学习汉语的两部会话书。原著者已不可考,成书时期也没有记载。根据研究者的意见,成书在元朝末年,约在至正六年(1346年)到至正二十八年(1368年)元朝灭亡之间。

关于这两部书的最早记载,见于朝鲜《世宗实录》世宗五年(即明永乐二十一年,1423年)六月壬申条:"礼曹据司译院牒呈启:'《老乞大》《朴通事》《前后汉》《直解小学》等书,缘无板本,读者传写诵习,请令铸字所印出。'从之。"可见这两部书早已编定,但没有印本,印成书是世宗五年至十六年(1423—1434年)间的事。可以想象,这两部书在传抄和刊板的过程中一定会有所改动,以适应发展变化了的语言;并且,在印成书之后也还有随时改订的需要。朝鲜《李朝实录》成宗十一年(1480年)就有这样的记载:"此乃元朝时语也。与今华语顿异,多有未解处。即以时语改数节,皆可解读。请令能汉语者尽改之。……选能汉语者删改《老乞大》《朴通事》。"我们现在看到书中的语言风格并不很一致,有的地方还提到"古本"如何如何,可见原先是不止一个本子的,现在比较容易见到的是收在《奎章阁丛书》里的《老乞大谚解》(1670年刊)和《朴通事谚解》(1677年刊)这两种本子。这是1480年以后删改过的本子。"谚解"的作者是朝鲜著名的语言学家崔世珍(十六世纪前半叶人),加上"谚解"是为了学习的方便。

这两部书内容丰富,几乎涉及社会生活的各个方面。《老乞大》以旅行、商业交易方面的会话为主要内容。它们是采用当时的口语写成的,利用对话的形式教给读者大量的各类词语。书中所反映的是宋元以来的北方共同语,也有少数元代蒙古语成分。

下面选录《老乞大》里四段文字。第一、二、三段是对话(对话中的

"甲、乙"为原书所无,是选录时加上的),第四段像是一种"劝善"文字。风格不尽相同。第四段的时代可能早一些。

(一)

甲:大哥,你从那里来?
乙:我从高丽王京[1]来。
甲:如今那里去?
乙:我往北京去。
甲:几时离了王京?
乙:我这月初一日离了王京。
甲:既是这月初一日离了王京,到今半个月,怎么才到的[2]这里?
乙:我有一个伙伴落后了来,我沿路上慢慢的行着等候来,因此上来的迟了。
甲:那火伴如今赶上来了不曾?
乙:这个火伴便是,夜来才到。
甲:你这月尽头[3]到的北京么,到不得?
乙:知他[4]?那话怎敢说?天可怜见[5],身己安乐[6]时也到。
甲:你是高丽人,却怎么汉儿言语[7]说的好?
乙:我汉儿人上[8]学文书,因此上些少汉儿言语省的[9]。
甲:你谁根底学文书来?
乙:我在汉儿学堂里学文书来。

(二)

甲:咱们今夜那里宿去?
乙:咱们往[10]前行的十里来田地里,有个店子,名唤瓦店;咱们到时,或早或晚[11],只[12]那里宿去。若过去了时,那边有二十里地没人家。
甲:既那般时,前不着村,后不着店,咱们只投那里宿去。
乙:到那里便早时[13]也好,咱们歇息头口[14],明日早行。

甲：这里到京里有几程地？

乙：这里到京里还有五百里之上。天可怜见，身子安乐时，再着五个日头到了。

甲：咱们到时，那里安下好？

乙：咱们往顺城门[15]官店里下去来。那里就便投马市里去却近些。

甲：你说的是，我也心里这般想着，你说的恰和我意同，只除[16]那里好。

乙：但是[17]辽东去的客人们，别处不下[18]，都在那里安下。我年时[19]也在那里下来，十分便当。

（三）

甲：客人们，你打火[20]那不打火？

乙：我不打火喝风那？你疾快做着五个人的饭着。

甲：你吃甚么饭？

乙：我五个人，打着三斤面的饼着。我自买下饭[21]去。

甲：你买下饭去时，这间壁肉案[22]上买猪肉去。是今日杀的好猪肉。

乙：多少一斤？

甲：二十个钱一斤。

乙：你主人家就与我买去，买一斤肉着。休要十分肥的，带肋条的肉买着。大片儿切着，炒将来着。主人家迭不得[23]时，咱们火伴里头，教一个自炒肉。

丙：我是高丽人，都不会炒肉。

乙：有甚么难处？刷了锅着。烧的锅热时，着上半盏香油。将油熟了时，下上肉[24]，着些盐，着筯子搅动。炒的半熟时，调上些酱水生葱料物[25]拌了，锅子上盖覆了，休着出气。烧动火，一霎儿熟了。这肉熟了，你尝看，咸淡如何？

丙：我尝得微微的有些淡。

乙：再着上些盐着。主人家，饼有了不曾？

甲：将次[26]有了，你放卓儿先吃。比及[27]吃了时，我也了了。

（四）

　　大概[28]人的孩儿，从小来，好教道[29]的成人时，官人前面行着[30]。他有福分时，官人也做了[31]；若教道他，不立身成不得人，也是他的命也。咱们尽了为父母的心，不曾落后[32]。你这小孩儿，若成人时，三条路儿中间里行着：别人东西休爱，别人折针也休拿，别人是非休说。若依着这般用心[33]行时，不拣几时[34]，成得人了。常言道："老实常在，脱空常败。"休做贼说谎，休奸猾懒惰。官人们前面出不得气力行时，一日也做不得人。

　　火伴中间，自家能处[35]休说，休自夸；别人落处[36]休笑。船是从水里出，旱地里行不得，须要车子载着。车子水里去时，水里行不得，须用船里载着。一个手打时响不得，一个脚行时去不得。咱们人厮将就厮附带[37]行时好；又这火伴们，好的歹的，都厮扶助着行。人有好处扬说着，人有歹处掩藏着。常言道："隐恶扬善。"若是隐人的德，扬人的非，最是歹勾当。

　　咱们做奴婢的人，跟着官人们行时，这里那里下马处，将官人的马牵着，好生拴着，肥马凉着，瘦马鞍子摘了，绊了脚，草地里撒[38]了，教吃草。布帐子疾忙打起着，铺陈[39]整顿着，房子里搬入去着。鞍子辔头，自己睡卧房子里放着，上头着披毡盖着。那的之后，锣锅安了着，疾忙茶饭做着。肉熟了，捞出来。茶饭吃了时，碗子家具收拾了。官人们睡了时，教一个火伴伺候着。若这般谨慎行时，便是在下人扶侍官长的道理。

　　咱们结相识行时，休说你歹我好，朋友的面皮，休教羞了。亲热和顺行时，便是一个父母生的弟兄一般，相待相顾盼[40]着行。朋友们若困中没盘缠时，自己钱物休爱惜，接济朋友们使着。朋友若不幸，遭着官司口舌时，众朋友们向前救济着。若不救时，傍人要唾骂。有些病疾时，休回避，请太医[41]下药看治着；早起晚夕，休离了；煎汤煮水，问候着。若这般相看时，便有十分病也减了五分。朋友有些病疾，你不照觑他，那病人想着没朋友的情分，凄惶时，纵有五分病，添做十分了。

　　咱们世上人，做男儿行时，自己祖上的名声休坏了，凡事要谨慎行时,卓立[42]的男子。父母的名声,辱[43]了时,别人唾骂也。父母在生时,家法名声好来[44],田产家计有来,挚畜[45]头口有来,人口奴婢有来。爷娘亡没之后,落后下[46]的孩儿们,不务营生[47],教些帮闲的泼男女[48],狐朋狗党,每日穿茶房,入酒肆,妓女人家胡使钱。众亲眷街坊老的们劝说:"你为甚么省不得,执迷着心?"回言[49]道:"使时使了我的钱,坏时坏了我的家私,干你甚么事?"因此上,众人再不曾劝他,随着他胡使钱。每日十数个帮闲的家里,媳妇孩儿,吃的穿的,都是这呆厮的钱。骑的马三十两一匹好窜行[50]马,鞍子是时样减银事件[51]的好鞍辔,通是四十两银。

穿衣服时,按四时穿衣服,每日脱套换套[52]。春间好青罗衣撒[53],白罗大搭胡[54],柳绿罗细摺儿。到夏间,好极细的毛施布[55]布衫,上头绣银条纱[56]搭胡,鸭绿纱直身。到秋间是罗衣裳。到冬间,界地纻丝袄子,绿绸袄子,织金膝栏袄子,茶褐水波浪地儿四花袄子,青六云袄子,茜红毡段蓝绫子裤儿,白绢汗衫,银褐纻丝板摺儿[57],短袄子,黑绿纻丝比甲[58]。这般按四时穿衣掌。

系腰时也按四季。春里系金绦环。夏里系玉钩子,最低的是菜玉[59],最高的是羊脂玉。秋里系减金钩子,寻常的不用,都是玲珑花样的。冬里系金厢宝石闹装[60],又系有综眼的乌犀系腰。

头上戴的好貂鼠皮披肩,好缠棕[61]金顶大帽子。这一个帽子,结裹[62]四两银子。又有纻丝刚叉帽儿[63],羊脂玉顶子。这一个帽子,结裹三两银子。又有天青纻丝帽儿,云南毡[64]帽儿,又有貂鼠皮狐帽,上头都有金顶子。

穿靴时,春间穿皂麂皮靴,上头缝着倒提云[65]。夏间穿猠皮[66]靴。到冬间穿嵌金线蓝条子白鹿皮靴。毡袜穿好绒毛袜子,都使大红纻丝缘巾子。一对靴上都有红绒雁爪。那靴底都是两层净底。上的线,蜡打了,锥儿细,线粗,上的分外的牢壮,好看。

吃饭时,拣口儿[67]吃。清早晨起来,梳头洗面了,先吃些个醒酒汤[68],或是些点心。然后打饼熬羊肉,或白煮着羊腰节胸子。吃了时,骑着鞍马,引着伴当,着几个帮闲的盘弄着,先投大酒肆里坐下。一二两酒肉吃了时,酒带半酣,引动淫心,唱的人家里[69]去。到那里,教那弹弦子的谎厮[70]们捉弄着,假意儿叫几声"舍人公子",早开手使钱也。那钱物只由那帮闲的人支使,他只妆孤[71],正面儿坐着,做好汉。那厮们将着银子花使了,中间克落[72]了一半儿,养活他媳妇孩儿。一个日头,比及到晚出来时,至少使三四两银子。后来使的家私渐渐的消乏[73]了,人口头匹家财金银器皿都尽卖了,田产房舍也典当了。身上穿的也没,口里吃的也没,帮闲的那厮们,更没一个肯偢保[74]的。如今跟着官人拿马,且[75]得暖衣饱饭。

[注释]

[1] 王京:都城。高丽王朝的都城是开城。1392年,李成桂覆灭高丽王朝,建立朝鲜国,改都汉城。
[2] 到的:的,同"得",动词词尾,表示完成。
[3] 尽头:末尾。此指月末。
[4] 知他:反问语气,犹现代所说:"谁知道他呢?"
[5] 天可怜见:元人常语,犹如说"老天保佑"。
[6] 身己安乐:身己,身体。安乐,平安。
[7] 汉儿言语:汉儿,元朝蒙古人对汉人的一种称呼。汉儿言语,指当时汉人所说的口头语言。不仅《老乞大》《朴通事》的语言属于这种性质,《元典章》里的一些白话体文章和译自蒙古语的文章,以及元代白话碑,也都可以看作"汉儿言语"。
[8] 上:方位词,跟前。
[9] 省的:省,音xǐng。省的,懂得。
[10] 往:表示朝着某个方向的介词,本来写作"望",去声,唐宋时仍如此。什么时候开始写作"往",现在还不清楚。《老乞大》作"往"而不作"望",是比较后起的写法。
[11] 或早或晚:不论早晚。
[12] 只:就。
[13] 便早时:即使时间还早的话。
[14] 头口:牲口。
[15] 顺城门:应作顺承门。今北京宣武门在元代叫顺承门,明代始改称宣武门。
[16] 只除:只有。
[17] 但是:只要是。
[18] 下:住旅店。
[19] 年时:以前。

[20] 打火：旅途中休息下来吃东西。
[21] 下饭：菜肴。
[22] 间壁肉案：间壁，隔壁。肉案，肉铺子。
[23] 迭不得：迭，及。迭不得，赶不上，来不及。
[24] 下上肉：把肉下到锅里。上，趋向动词。
[25] 料物：佐料。
[26] 将次：即将，即刻。
[27] 比及：等到。
[28] 大概：大凡，一般。
[29] 教道：教导，教育。
[30] 官人前面行着：在当官的人跟前行事（当差之类）。
[31] "他有福分时"二句：他假如有福的话，将来也能做官。
[32] 不曾落后：此指在尽心教育孩子方面不比别人差。
[33] 用心：尽心。
[34] 不拣几时：不管什么时候。也就是"总有一天"之意。
[35] 能处：长处。
[36] 落处：短处。
[37] 厮将就厮附带：互相提携，互相关照。
[38] 撒：即撒和。马匹在骑乘之后，除去鞍辔，使慢步蹓跶，得到休息，元朝人称之为撒和。
[39] 铺陈：铺盖。
[40] 顾盼：这里当照顾讲。
[41] 太医：对医士的尊称，不专指御医。
[42] 卓立：直立。指行为正直。
[43] 辱么：即辱没。玷辱。
[44] 来：语助词，此处表示过去之事。
[45] 孳畜：牲畜。
[46] 落后下：遗留下。
[47] 营生：营运生计。
[48] 帮闲的泼男女：此指帮着纨袴子弟寻欢作乐的人。泼男女，犹言坏家伙。
[49] 回言：回答。
[50] 窜行：快跑。
[51] 时样减银事件：时样，时新的样式。减银，未详，大约是镀银一类的工艺。事件，也写作"什件"，在这里指各种花样。

[52] 脱套换套：整套地更换衣服。

[53] 衣撒：未详。

[54] 搭胡：未详。

[55] 毛施布：苎麻布。又称木丝布、没丝布，讹而为毛施布。

[56] 绣银条纱：以白纱作底，绣上白绒线。

[57] 板摺儿：一种有褶的长袍。

[58] 比甲：一种无领无袖前短后长的衣服，便于骑射，武士所服。

[59] 菜玉：浅绿色的玉。

[60] 金厢宝石闹装：以金为底子，镶嵌宝石的腰带。

[61] 缠棕：用棕榈树的纤维编织成的。

[62] 结裹：本义是装束，在这里有因穿戴装束而耗费钱财的意思。

[63] 刚叉帽儿：军人所戴的一种大帽。

[64] 云南毡：元代云南所产的毡，以细密著称。

[65] 倒提云：一种图案。画成云朵状，云头向下，云尾向上，缀于靴头为装饰。

[66] 狱皮：羊皮去毛，熟制使软，用来制靴。

[67] 拣口儿：挑食。

[68] 醒酒汤：一种加了椒醋等佐料的肉汤，酒后饮以解酒。

[69] 唱的人家里：歌妓人家。

[70] 谎厮：不老实的家伙。

[71] 妆孤：装着做官人，装做富贵的样子，摆阔。

[72] 克落：中饱，侵吞。

[73] 消乏：消耗竭尽。

[74] 偢保：瞅睬，理睬。

[75] 且：暂且，姑且。

朴 通 事

关于本书的概况,见前《老乞大》的说明。

《朴通事》所涉及的内容比《老乞大》更广泛。举凡名物制度、社会习尚、饮食起居、文化娱乐等等,都利用对话形式编入书中。这部书,与《老乞大》一样,是研究当时口语的极好材料。

这里选录了一段述说《西游记》的文字。原文取对话形式,选录时加上"甲、乙"的字样,以资醒目。据这一段的文句看来,这大概是话本《唐三藏西游记》(今佚)中的一部分,不过已是经过《朴通事》编者转述而非作品的本来面目了。这段车迟国斗圣的故事后来为吴承恩写入长篇小说《西游记》,读者可以与后面选录的《西游记》第四十六回参看。

甲:我两个部前买文书去来。

乙:买甚么文书去?

甲:买《赵太祖飞龙记》《唐三藏西游记》去。

乙:买时买四书六经也好,既读孔圣之书,必达周公之理[1],怎么要[2]那一等平话?

甲:《西游记》热闹,闷时节好看有[3]。唐三藏引孙行者到车迟国,和伯眼大仙斗圣的你知么?

乙:你说我听。

甲:唐僧往西天取经去时节,到一个城子,唤做车迟国。那国王好善,恭敬佛法。国中有一个先生[4],唤伯眼,外名唤"烧金子道人"。见国王敬佛法,便使黑心,要灭佛教,但见和尚,便拿着曳车解锯[5],起盖三清大殿,如此定害[6]三宝。一日先生们做罗天大醮[7]。唐僧师徒二人,正到城里智海禅寺投宿。听的道人们祭星,孙行者师傅上说知。到罗天大醮坛场上藏身,夺吃了祭星茶果,却把伯眼打了一铁棒;小先生到前面教点灯,又打了一铁棒。伯眼道:"这秃厮好没道理!"便焦躁起来。到国王前面告未毕,唐僧也引徒弟去到王所[8]。王请唐僧上殿,见大仙打罢问讯[9],先生也稽首[10]回礼。先生对唐僧道:"咱两个冤仇不小可[11]里!"三藏道:"贫僧是东土人,不曾认的你,有何冤仇?"大仙睁开双眼道:"你教徒弟坏了我罗天大醮,更打了我两铁棒,这的[12]不是大仇?咱两个对君主面前斗圣[13],那一个输了时,强的上拜为师傅。"唐僧道:"那般着?"伯眼道:"起头坐静[14],第二柜中猜物,第三滚油洗澡,第四割头再接。"说罢,打一声钟响,各上禅床坐定,分毫不动,但动的便算输。大仙徒弟名鹿皮,拔下一根头发,变做狗蚤[15],唐僧耳门后咬,要动禅[16]。孙行者是个胡孙,见那狗蚤,便拿下来磕死了。他却拔下一根毛衣,变做假行者,靠师傅立的[17]。他走到金水河里,和将一块青泥来,大仙鼻凹里放了;变做青母蝎,脊背上咬一口,大仙叫一声,跳下床来了。王道:"唐僧得胜了。"又叫两个宫娥,抬过一个红漆柜子来,前面放下,着两个猜里面有甚么。皇后暗使一个宫娥,说与先生柜中有一颗桃。孙行者变做个焦苗虫儿,飞入柜中,把桃肉都吃了,只留下桃核,出来说与师傅。王说:"今番着唐僧先猜。"三藏说:"是一个桃核。"皇后大笑:"猜不着了!"大仙说:"是一颗桃。"着将军开柜看,却是桃核,先生又输了。鹿皮对大仙说:"咱如今烧起油锅,入去洗澡。"鹿皮先脱下衣服,入锅里。王喝保的其间,孙行者念一声"唵"字,山神、土地、神鬼都来了。行者教千里眼、顺风耳等两个鬼,油锅两边看着。先生待要出来,拿着肩膀扢在里面[18]。鹿皮热当不的,脚踏锅边待要出来,被鬼们当住出不来,就油里死了。王见多时不出时,莫不死了么?教将军看。将军使金钩子搭出个烂骨头的先生。孙行者说:"我如今入去洗澡。"脱了衣裳,打一个跟斗,跳入油中;才待洗澡,却早不见了。王说:"将军,你搭去。行者敢死了也!"将军用钩子搭去,行者变做五寸来大的胡孙,左边搭右边躲,右边搭左边去,百般搭不着。将军奏道:"行者油煎的肉都没了!"唐僧见了啼哭,行者听了跳出来,叫:"大王,有肥枣[19]么?

与我洗头。"众人喝保:"佛家赢了也!"孙行者把他的头先割下来,血沥沥的腔子立地。头落在地上,行者用手把头提起,接在脖项上依旧了。伯眼大仙也割下头来,待要接。行者念"金头揭地[20],银头揭地,波罗僧揭地"之后,变大黑狗,把先生的头拖将去。先生变做老虎赶,行者直拖的王前面虒了。不见了狗,也不见了虎,只落下一个虎头。国王道:"元来[21]是一个虎精,不是师傅,怎生拿出他本像!"说罢,越敬礼佛门,赐唐僧金钱三百贯、金钵盂一个,赐行者金钱三百贯打发了。

乙:这孙行者正是了的[22]!那伯眼大仙那里想胡孙手里死了!古人道:"杀人一万,自损三千。"

[注释]

[1] 周公之理:"理"应为"礼"。
[2] 怎么要:原作"要怎么",今正。
[3] 闷时节好看有:时节,时候。有,蒙古语助动词的直译,用于句末,相当于汉语的语气助词。《朴通事》和《老乞大》印成书虽在明代初年,但编定流传却比这要早,所以书中不免有元代汉语或蒙古语的成分。
[4] 先生:元朝人称道士为先生。
[5] 曳车解锯:曳车,木工画线用的工具,今称墨斗。解锯,即锯。
[6] 定害:扰害。
[7] 罗天大醮:僧道设坛祈祷叫作醮(音 jiào)。这里指道士祭天。
[8] 王所:国王所在的地方。
[9] 问讯:出家人合掌行礼叫作问讯。
[10] 稽首:跪拜,头俯至地。
[11] 小可:寻常。
[12] 这的:这个。"这个"相当于一个名词时,元代多用"这的"。
[13] 斗圣:斗法。
[14] 坐静:即坐禅。坐禅时要求静心息虑,结跏趺坐,不动不摇,所以又称坐静。
[15] 狗蚤:即现代北方话的"狗鳖虱"。形状似鳖,藏于狗毛下,咬住狗的皮肉吸血。
[16] 动禅:坐禅时动了身体。
[17] 立的:的,多写作"地"。立的,即站着。
[18] 拿着肩膀虒在里面:指抓住鹿皮的肩膀,把他甩在里面。虒,音 biāo。

[19] 肥枣:肥皂。
[20] 揭地:这三句是由《多心经》咒语变化而来,咒语的原文是"揭谛,揭谛,波罗揭谛,波罗僧揭谛,娑婆诃"。揭谛是梵语音译,"去、往"的意思。
[21] 元来:即原来。明朝以前都写作"元来",明朝推翻元朝以后,就避免用"元来"这类写法而改作"原来"。《朴通事》是在朝鲜刊行的,所以没有改过来。
[22] 了的:了得。

中书鬼案

"中书鬼案"记述王万里妖术害人供状,性质近似《元典章》里所记的刑事案例,语言风格也比较接近。

本文选自陶宗仪《南村辍耕录》卷之十三。陶宗仪字九成,号南村,元末明初浙江黄岩人,后来居住松江,《南村辍耕录》即在松江时作。书中记载元代社会掌故、典章、文物,还论及文学艺术,是笔记性质的著作。一般笔记文字中虽然不时可以发现零星的白话词语,但成篇的白话文章并不多见。"中书鬼案"所记虽然怪诞,但通篇纯用白话,在笔记文字中比较难得。

《南村辍耕录》有元刊本,中华书局 1958 年有校印本,此据校印本选录。

中书省准陕西行省[1]咨[2],察罕脑儿宣慰司[3]呈,八匝街礼敬坊王弼告:

至正三年九月内,到义利坊平易店,见有算卦王先生,因问来历致争。当月廿九日夜,睡房窗下,似风吹葫芦声,不时有之。请到李法师遣送[4]。虚空人言:"算卦先生使我来。"哭声内称:"冤枉!"弼祝之曰:"尔神?尔鬼?明以告我!"鬼云:"我是丰州黑河村周大亲女月惜。至正二年九月十七日夜,因出后院,被这王先生将我杀了,做奴婢使唤。如今教在尔家作怪,哭者索要衣服。"

抄写所说,赴官陈告。差卢捕盗等,与社长吴信甫于王先生房内,搜获木印二颗,黑罗绳二条,上钉铁针四个,魇镇[5]女身;小纸人八个,五色彩,五色绒,上俱有头发相缠;又小葫芦一个,上拴红头绳一条,内盛琥珀珠二颗,外包五色绒;朱书符命[6]一沓[7]。

又告:

十二月初三日,有鬼空中言:"我是奉元路[8]南坊开张机房耿大第二男顽驴,这先生改名顽童。我年一十八岁,被那老先生引三个伴当杀了我。"二十二日,又有鬼空中云:"我是察罕脑儿李帖家孩儿延奴,又名抢灰。那老贼杀了我,改名买卖。我被杀时,年一十四岁。"

勘问得犯人王万里,即王先生,状招:

年五十一岁,江西省吉安路民,于襄阳周先生处习会阴阳课命。至顺二年三月内到兴元府,逢见刘先生,云:"我能使术法迷惑人心,收采生魂[9],使去人家作祸,广得财物。我有收下的,卖与你一个。"随于身畔取出五色彩帛,并头发相结一块,言称:"这个小名唤延奴。我课算,拣性格聪明的童男童女,用符命、法水、咒语迷惑,活割鼻、口唇、舌尖、耳朵、眼睛,咒取活气,剖腹,掏割心肝各小块,晒干,捣罗为末,收裹;及用五色彩帛,同生魂头发相结;用纸作人形样,符,水,咒,遣往人家作怪。"根随到伊下处[10]。至夜,刘先生焚香,念咒,烧符。听得口言,不见形影。问师父:"你教我谁家里?索甚去?"刘先生分付李延奴:"你与这先生做伴去。"说罢,将咒语收禁[11]。万里与讫钞七十五两,买得五色彩帛,头发相结一块,称说:"我改名买卖。"传教采生[12],遣使,收禁符命咒水。又云:"牛、狗肉破法,休吃。"续后于房州山地面经过,逢见广州旧识邝先生,云:"我亦会遣使鬼魂,我有收下的生魂,卖与你。"万里与讫钞一锭,邝先生取出五色彩帛头发相结纸人儿一个,云:"此名耿顽童。"万里将与李买卖一处遣使,以课算为由,前到大同路[13]丰州黑河村地面往来。至正二年八月内,到於周大家课命,将伊女周月惜八字看算,性格聪慧,要将杀害,收采生魂。至九月十七日夜,於周大住宅后院墙下黑影内潜藏间,见一人往后院内来,认得系是月惜。在彼出后,万里密念咒语,向前拖拽,往东奔走。将月惜禁止端立[14],脱下沿身衣服,用原带鱼刀,将其额皮割开,扯下悬盖眼胆,及将头发割下一缕,用纸人并五色彩帛绒线结成一块,如人形样;然后割下鼻、口唇、舌、耳尖、眼睛、手十指梢、脚十趾梢,却剖开胸腹,才方倒地气绝。又将心、肝、肺、各割一块,晒干捣末,装于小葫芦内。至正三年九月内,来到察罕脑儿平易店安下,开张卦肆,与王弼相争挟仇,令生魂周月惜等三名前往伊家作祸。为买马肉食,因店内将牛肉作马肉卖与,因此不能收禁,事发到官。及责得李福宝,即李帖,状结:生到孩儿延奴,常有疾病,于五岳观口许出家,落在纸灰内,改名抢灰。天历二年二月内,令其赶牛牧放,不归。此时饥荒,想得被人亏害,不曾根寻[15]。及行移奉元路咸宁县,并大同路丰州,照勘耿顽童、周月惜致死缘由相同,呈乞咨请施行。准此,送据刑部,拟得王万里残忍不道,合令凌迟处死,其妻子迁徙海南安置。

[注释]

[1]　行省:元代以中书省为中央政府,地方设行中书省,简称行省。
[2]　咨:音 zī。咨文,平行机关之间的公文。
[3]　宣慰司:元代于行省之下、郡县之上设宣慰司。
[4]　遣送:采取法术使鬼魂离开。
[5]　魇镇:魇,音 yǎn,发生梦魇。魇镇,使神智不清而镇住。
[6]　朱书符命:用朱笔书写的符。符命,道士所画的图形或线条,声称能驱使鬼神,给人以祸福。与下文"法水""咒语"同为迷信用具。
[7]　一沓:沓,音 dá。一沓,表示重叠的纸张的数量。
[8]　奉元路:元代改京兆府为奉元路,陕西行省治此。约有今陕西中部长安县以东地,治咸宁,即今长安县。
[9]　收采生魂:摄取活人灵魂。是一种迷信说法。
[10]　下处:旅居之处,一般指旅店。
[11]　收禁:作法完毕后,收起作法的一套法术。
[12]　采生:即上文所谓"收采生魂"。
[13]　大同路:唐宋时的大同府,元代改为大同路,辖雁北一带。
[14]　禁止端立:用法术不使行走而站立。
[15]　根寻:跟踪寻找。

李善长狱词

李善长是明太祖朱元璋手下的重要人物。朱元璋起兵时,李是他的幕府书记;朱称王以后,李是右相国;朱称帝以后,李是左相国、左丞相,在朝中位列第一。李善长一狱,是朱元璋为了加强中央集权而与官僚集团作斗争的结果。

朱元璋建立明朝后,跟他同时起事的一批安徽籍元勋逐渐在政治上、军事上、经济上占有压倒优势而形成一个官僚集团,中心人物便是李善长。胡惟庸是李的同乡和亲戚,本是朱元璋的帅府奏差,后来由李善长的推荐,从中书省参知政事升任右丞相,最后接替李善长做了左丞相。他曾深得朱元璋信任,因而权势日盛。后来朱元璋又觉得大权旁落,遂在洪武十三年以擅权枉法的罪名杀了胡惟庸,受牵连被杀的达三万余人,其中包括御史大夫陈宁、中丞涂节等。这以后,朱元璋取消了控制大权的中书省和丞相的职务。

李善长当时也牵涉到胡惟庸一案里去,但朱元璋并没有马上杀掉他,而说李是"吾初起腹心股肱,吾不忍罪之,其勿问!"后来,到洪武二十三年,又有人提出胡惟庸北通朔漠,并牵连到李善长,朱元璋遂杀了李善长及其全家。

这里所录的李善长狱词,是有关李案的一些供词、证词,看来都是当时的实地记录,所以都是白话写成的。古代文献里,狱词一类的文字常常保存了不少白话材料,李善长狱词可以说是材料比较集中的一种。

这份材料收入钱谦益《牧斋初学集》卷一〇四。钱谦益,号牧斋,明万历进士,官至礼部尚书,后降清为礼部右侍郎。他搜集李善长狱词,是为了给李翻案。我们这里据四部丛刊初编影印《牧斋初学集》选录,抄录时略去了钱谦益的议论文字。

《实录》[1],善长家奴卢仲谦等发[2]善长与惟庸往来状:惟庸为宁国知县,善长荐为太常少卿[3],惟庸以黄金三百两谢之。及惟庸欲谋反,善长阴遣家奴耿子忠等四十人从惟庸,惟庸皆厚与金帛,以古剑谢善长,且言此回回国所献者。又以玉酒壶、玉刻龙盏、蟠桃玉杯奉善长。

按《昭示奸党录》[4]所载招辞有云:"龙凤年间举荐惟庸为太常司丞,以银一千两、金三百两为谢"者,此太师[5]火者[6]不花之招也。

有云:"洪武八年,太师在凤阳盖宫殿。三月间,胡丞相来点[7]凤阳城池。丞相解剑赠太师,云:'是回回国所出,名木樨花并铁剑,不问甚么甲,层层透。'十三年六月,太师命不花碎此剑。"亦不花之招也。

有云:"洪武十二年八月,丞相家二舍[8]以千金宝剑送太师。至第三日,二舍人令人抬木匣一个:有小玉壶瓶一个、玉盘盏二副、玉龙头大盏一个、玉马盂一个、玉盘一个、桃样玉盏二个,摆起来恰好一卓子。太师朝回,逐件看过,喜欢收了。至第二日,太师朝回,往谢酒间,丞相说:'玉器不打紧[9];我明日淮西地面盖起王府,拨五十家行院与你做家乐[10],那时才是富贵!'十三年胡党事发,太师令脱脱火者将玉器并剑打碎,掷在河里。"此火者来安之招也。

有云:"洪武九年秋间,太师早朝回,唤家人卢仲谦及仪仗户陈进兴、耿子忠等四十人,各赏钞七十贯。至晚,太师又说:'胡丞相要几个人用,你们去根[11]他,重赏赐你。'即令金火者引仲谦等去细柳坊,门首李四官人引见丞相,丞相每人与银十两。又说:'你每是太师家里有用的人,尝根我做贴身伴当,扶助我成得事业,教你每都做大官人。'仲谦等喜允,一向跟随本官出入,时尝与李太师家商量事务。十三年,胡党事发,仲谦与陈仲良逃回太师家躲避。"此卢仲谦等之招也。

(中略)

太师妻朱氏招云:"洪武十二年十月,听得李六十即李仁和太师说:'我有得多少人,和汤大夫处借些人。'太师自去请汤大夫前厅饮酒。太师说:'你的军借三百名与我打柴。'汤大夫说:'上位[12]的军,不是我的军,我如何敢借与你!'酒散,太师对李六十说:'上位气数大,便借得军,也无军器,且慢慢理会。'"

太师妻樊氏招云:"洪武十一年六月,太师为救仪仗户事,上位恼李太师,著人在本家门楼下拿去察院衙门。丞相奉旨发落归家,爷儿三个在前厅哭,发狠:'我做著一大太师,要拿便拿!'当月第三日,丞相来望太师,说:'不是我来发落你,上位怎么肯饶你?'"

火者不花招云:"洪武七年十月,李太师钦差往北平点树,回到瓜州[13],胡丞相差省宣使来说:'圣旨教你回凤阳住。'太师抱怨说:'我与上位做事,都平定了,到教我老人家两头来往走。若是这等[14],事业也不久远!'八年三月,钦取太师回京。不数日,太师往告诉胡丞相:'上位如今罚我这等老人,不把我做人!'"

太师管田户潘铭招云:"太师于洪武八年凤阳盖造宫殿,差往兴原[15]转运茶,与陈进兴说:'许大年纪,教我运茶!想只是罚我。'九年三月回家,对胡丞相说:'许大年纪,教我远过栈道去,想天下定了,不用我。'"

《俞本纪事录》:"七年十二月,善长奉旨差诣汉中府清理茶政,秦州[16]、河州[17]访察马政。"上嘱曰:"卿到陕西,使曾跟朕小厮两个跟前用,不要使宣使奏差。朕与汝银二百五十两,买酒肉与小厮吃。只教也支廪给,休扰那驿家。"

太师仪仗户孙本招云:"洪武九年七月,李太师对延安侯[18]说:'我为盖凤阳府宫殿不好,上位好生怪我,教我无处安身。'吉安侯[19]说:'我每都去胡丞相家商量。'"

仪仗户闻保儿招云:"十年三月,丞相对太师说:'上位这几日有些恼,为凤阳盖宫殿不如法[20]。'太师说:'这等教我怎么好?'丞相说:'太师,我这等事也觑的小可[21]!'"

太师火者来兴招云:"洪武九年六月,胡丞相教人送一柜钞与太师。丞相云:'我抬这钞不是与别人,你收拾些好伴当与我。'太师说:'我与你这伴当,不要与人知道。'当日太师拨伴当陈进兴、耿子忠等四十名送胡丞相,丞相云:'你尝尝跟著我,等至十二年二月初一日下手。'"

又招:"六年三月,胡左丞问太师:'我和你说的话,如今怎的?'太师说:'已知道了。明日有淮安侯[22]管各门,约四月十二日点定人马下手。'"

又招:"洪武九年二月,胡丞相问梳头待诏许贵:'我要使你和太师老官人说些话,你敢说么?'许贵说:'我敢说。'丞相说:'我要和太师商量大逆的勾当。'"

太师妻攀氏招云:"洪武七年,胡丞相到太师家拜年节,丞相说:'天下的事都在我手里掌著,我如今要作歹,你爷儿从不从?'太师说:'看丞相几时下手,我每爷儿也从。'九年十月,丞相约太师二十日下手,'你著两个儿子四官人、六官人爷儿各自领人。'"

又招:"八年八月十五日,胡二舍对太师说:'如今事都成了,有李四还在江那边。取他爷儿五个回来,交付人与他领。'太师即便使人取回。"

太师妻朱氏招云:"洪武八年六月,太师伴当陈千户斫了胡丞相淮西坟上树,上位宣太师来问,脑擎[23]太师赤脚走一遭。太师归家,说:'我跟了上位许多年,听胡丞相说,便这等擎我!'李四说:'却又我说不差[24],你听我说,从了他,那里有这等事!'太师点头。"

李四妻范氏招云:"洪武五年十一月,男李佑回家说:'今日早,我父亲和太师、延安、吉安四人在胡丞相家板房里吃酒,商量要反。'范氏道:'可是真个?你吓杀我!'李佑回说'是真'了。"

又招:"八年九月,李四回家说:'我早起和汪丞相、太师哥在胡丞相家板房吃酒,商量谋反,我也随了他。'范氏骂李四:'你发风!你怎么随他!'李四说:'我哥哥随了,我怎么不从他?'"

太师仪仗户周文通招云:"洪武十六年五月初五日,太师坐前厅,叫火者、家人、小厮都来,听我发放。'已前事务不成了,你每大小休要出去唱言,如今暗行人[25]多。我好时,小厮每都好;不好时,都不好。出外小心,在家勤谨。休要说闲话!小厮每都起去!'"

卢仲谦招云:"洪武二十一年,仲谦到定远看太师新盖房子。仲谦跪说:'别公侯家都盖得整齐,大人如何不教盖得气象著?'太师说:'房子虽盖得好,知他可住得久远!'仲谦说:'大人有甚么事?'太师说:'你不见胡党事至今不得静办[26]?我家李四每又犯了,以此无心肠去整理。'仲谦回说:'好歹不妨。'"

仪仗户孙本招云:"十九年十月,孙本去定远县,见太师房屋不整齐。太师说:'李四见在崇明,胡党不息,不知我如何?'孙本说:'有甚么事?'"

家人倪定住招云："十三年十月,太师在家饮酒,六官人和太师说:'已前和胡家商量的事,怕久后牵连我一家。'李二官人说:'父亲做太师,哥哥做驸马,料著我家无这等事。'"

仪仗户赵猪狗招云:"十六年六月,太师请延安侯饮酒。延安侯说:'我每都是有罪的人,到上位根前小心行走。'太师说:'我每都要小心。若恼著上位时,又寻起胡党事来,怕连累别公侯每。'十七年五月,太师说:'上位寻胡党又紧了,怎么好!'吉安侯说:'上位不寻著我,且繇[27]他!'"十四年正月,平凉侯[28]请太师饮酒。平凉侯说:"'我每都是胡丞相作反的人,若上位寻起来,性命都罢了!'太师说:'早是也不来寻我。'平凉侯说:'若不寻著,我每且躲一躲,不要出头罢了。'"

封绩招云:"绩系常州府武进县人,幼系神童。大军破常州时,被百户掳作小厮,拾柴使唤。及长,有千户见绩聪明,招为女婿,后与妻家不和,被告发迁往海南住坐。因见胡、陈擅权,实封言其非为。时中书省凡有实封到京,必先开视,其有言及己非者,即匿不发,仍诬罪其人。胡丞相见绩所言有关于己,匿不以闻,诈传圣旨,提绩赴京,送刑部鞠问坐死。胡丞相著人问说:'你今当死,若去北边走一遭,便饶了你。'绩应允。胡丞相差宣使送往宁夏耿指挥、居指挥、於指挥、王指挥等处,耿指挥差千户张林、镇抚张虎、李用转送亦集乃地面。行至中路,遇达达[29]人爱族保哥等,就与马骑,引至火林,见唐兀不花丞相,唐兀不花令儿子庄家送至哈剌章蛮子处,将胡丞相消息备细说与,著发兵扰边。我奏了,将京城军马发出去,我里面好做事[30]。"

[注释]

[1] 《实录》:即《明实录·太祖实录》。
[2] 发:告发。
[3] 太常少卿:太常,官名。秦设奉常,汉代改为太常,是九卿之一,掌管宗庙礼仪。北齐设太常寺,有卿和少卿各一人,历代沿袭下来。
[4] 《昭示奸党录》:朱元璋杀了胡惟庸后,将胡党罪状编成此书。
[5] 太师:即李善长。
[6] 火者:伙伕。

[7] 点：稽查，视察。
[8] 二舍：舍即舍人，本是官名，后来用以称呼达官贵人的子弟。二舍是胡惟庸的次子。
[9] 不打紧：在这里有不算什么、不算一回事的意思。下文疑有脱误，因在淮西地面（凤阳）盖造王府的是李善长而非丞相胡惟庸，且"与你做家乐"云云也不应是胡对李说话的口气。
[10] 家乐：私家所蓄伎乐。
[11] 根：同"跟"。宋、元以迄明初，根、跟常通用。
[12] 上位：指皇帝朱元璋。
[13] 瓜州：在今江苏扬州南。
[14] 这等：这么，这样。
[15] 兴原：即汉中府，今陕西汉中。
[16] 秦州：今甘肃天水一带。
[17] 河州：今甘肃兰州一带。
[18] 延安侯：即唐胜宗。因为与胡惟庸一案有牵连，于洪武二十三年被杀。
[19] 吉安侯：即陆仲亨。因为与胡惟庸一案有牵连，于洪武二十三年被杀。
[20] 不如法：不合乎标准的格式。
[21] 觑的小可：看得很轻，不拿它当一回事。
[22] 淮安侯：即华云龙。
[23] 脑擎：擎，同揪。脑揪，揪着头发。
[24] 却又我说不差：还是我说的不错。
[25] 暗行人：暗地察访的人。
[26] 静办：清静。"不得静办"在这里指不能了结。
[27] 繇：由。
[28] 平凉侯：即费聚。因为与胡惟庸一案有牵连而被杀。
[29] 达达：指蒙古。
[30] 做事：造反的隐晦说法。

刘仲璟遇恩录

　　刘仲璟是明太祖朱元璋辅佐之臣刘基的次子。刘基字伯温,青田人,是协助朱元璋起事的浙东地主阶级知识分子代表,后来受封为诚意伯。朱元璋称帝以后,大权一度掌握在安徽派李善长、胡惟庸手里,刘基受到他们的排挤。洪武四年,朱元璋听信了李善长的话,让刘基罢官回乡。后来胡惟庸又在朱元璋面前攻击刘基,刘因而忧愤得疾。洪武八年,刘基终于为胡毒死。

　　《刘仲璟遇恩录》是洪武二十年至二十四年间,朱元璋多次接见刘仲璟等人,加以抚慰的谈话实录。它反映了明朝初年口语的一些情况。原文收入《诚意伯文集》卷一,此据四部丛刊影明刊本《诚意伯文集》抄录。

　　洪武二十年十二月十五日早,仲璟、胡伯机于奉天门见,钦蒙圣旨:"到歇处去,每日来见。"十六日早朝奉天门,钦蒙圣旨:"你叔叔的儿子,着他快完了图来见。章三益有甚么人?"回奏:"有子。"圣旨:"你明年带得来。叶景渊家有甚么人?你去寻问。有人时,与他带将来。"圣旨:"你如今年年来见我,各人与你钞一百锭,做盘缠回去。"十七日早朝,谢恩奉天门,宣谕:"你如今回去,寻师问友,但是有见识人,师问于他。你学得高了,人皆师问于你,便不做官也高尚了。你每父亲都是志气的人,说的言语,都说得是,人都听他。那时与我安了一方,至有今日,我的子孙享无穷天下,你老子的子孙享无穷爵禄。男子汉家,学便学似父亲样做一个人,休要歪歪搭搭的过了一世。你每趁我在这里,年年来叩头。你每还是挨年这歇[1]来。你每小舍人,年纪少,莫要花街[2]柳市里去。你父亲都是秀才好人家,休要学那等泼皮[3]的顽。"

　　洪武二十一年十二月二十四日,同胡伯机、章允载、叶永道于奉天门早朝,钦奉圣旨:"教他每日日随班朝见,过节了着他回去。"二十五日早朝奉天门,再面见,钦奉圣旨:"你那刘当粮长的,在这里多时,他家里粮谁与他办?"回奏讫。钦奉圣旨:"每人与他伍锭钞过节。你每这几个也年纪小里[4],读书学好勾当。你每学尔的老子行[5]。我来这里时,浙东许多去处,只有你这几个老子来到,如今也只有你这几个。每每和那士大夫翰林院说呵,也只把你这几个老子来说。你每家里也不少了穿的,也不少了吃的,你每如今也学老子一般般,做些好勾当,乡里取些和睦。你每老子在乡里,不曾用那小道儿捉弄人。他与人只是诚义,所以人都信服他。大丈夫多是甚么做,便死也得个好名。歪歪搭搭,死了也乾[6]着了个死。叶景渊虽然这般死,他死在官,我也常念他。刘伯温,他在这里时,满朝都是党,只是他一个不从,他吃他每蛊[7]了。他大的儿子,这小的[8]也利害,不从他,也吃他每害了。这起反臣,都吃我废了[9],坟墓发掘了。那胡仲渊,他若早依着我说,也不到这上,他只性紧了些。恁父亲到是有见识人,便做[10]先吃些亏,到底也得个好名。胡家这小的痴,早自将得这诰[11]来。我道那里得些诰来,原来是他的,我随即赶得他回来。他那哥泼皮,又不至诚,又要害我的军,我发他在云南金齿呵。"关钞了,再叩头。圣旨:"我年时不筵席了,这钞你每将去,买些酒吃过节。再见我了去。"叩头。二十六日早朝奉天殿谢恩。二十九日,随班。

  洪武二十二年正月朔旦[12],随班行朝贺礼。初四日,早朝奉天殿,再于华盖殿面见。钦奉圣旨:"你这几个小的,雨下里!天晴了回去,等我郊祀天地了去。"十三日晴,上御殿宣制:"洪武二十二年正月十六日,大祀天地于南郊。你文武百官,自十三日为始,致斋三日,各供尔职,随班行礼。"十五日早朝奉天殿。午后大驾御南郊。十六日晴,郊礼毕,驾回宫。上御殿,随班行礼庆成。十七日晴,上御殿赐宴,行礼谢恩。宴毕,出。十八日晴,早朝奉天殿,再于武英殿面见。圣旨:"礼科给事中那里,那中间小的是胡仲渊的儿子,他父亲阵亡了。这个叶家,他公公在江西做府官,吃陈家[13]废了。这刘伯温是个好秀才,吃胡、陈[14]蛊了。那胡家吃我杀得光光的了。这三个父亲都是好男子,各与他伍拾锭钞。那东边长的是章三益的儿子,与他贰拾锭。这个是胡仲渊的侄儿,与他拾锭关钞。"再于武英殿叩头,钦蒙宣谕:

"你家去种田的种田,有庄佃的使佃仆,有伴当的使伴当。你每还好学里! 一日便学三句,学到四五十岁也好了。你每父亲便吃些亏呵,如今朝廷也留个好名。你每自不知道。胡你早将得这诰来,我才知道是你家,便赶你回来。尔那哥泼皮,在那里且由他去。"十九日,谢恩辞奉天殿,再于奉天殿御道东边面见,钦奉圣旨:"你每回去行着好勾当,休污了父亲的好名。你休道父亲吃他每蛊了,他只是有分晓的[15],他每便忌着他。若是那等无分晓的呵,他每也不忌他里! 到如今我朝廷是有分晓在,终不亏他的好名。你每大的教着那小的,学着父亲每行去。"

洪武二十二年十二月二十六日,于华盖殿面见,钦奉圣旨:"呵!这几个小的也来了! 各与他两锭钞,过正了去。"于礼科领钞,再于华盖殿谢恩,钦奉圣旨:"恁每都在这里歇着,过正了去时,再见我去。"

洪武二十三年正月初四日,于华盖殿面辞,钦蒙赐钞,再于奉天门左暖房内谢恩,钦奉圣旨:"恁每回去至诚着! 恁老子都是君子人。这章三益是个善善良良一个老儿,回家去好好的死了! 刘伯温他父子两人,都吃那歹臣每害了。我只道他老病,原来吃蛊了! 这胡仲渊,他乡里都信服他,与我带将许多人来。只他那大的子不才。他在金齿呵,等他在那里。锦衣卫[16]官,尔引他这几个去见东宫[17],与殿下说:这几个都是有大功的,我如今老了,怕他不知道,恐民间有是非,伤着他,殿下记着。"当令锦衣卫官同内官引去文华殿见。锦衣卫官传旨讫,敬奉令旨[18]:"我知道了。"

洪武二十三年,复获山贼吴再起等三名。六月初六日见,奏闻,钦奉圣旨:"锦衣卫官与他收了人。你带几个伴当来,明日带得里头来见了去。"初七日见,钦奉圣旨:"那三个是舍人的伴当,各赏钞伍锭。舍人是刘伯温的儿子,赏钞壹百锭,做盘缠回去。长解的[19]在那里?着他入来,赏钞各壹锭关钞。"谢恩。钦奉圣旨:"刘伯温在这里时,胡家结党,只是老子说不倒。"圣旨:"你父兄做一世好人,都停停当当的了,你父亲吃胡家下了蛊药,哥也吃他害了。你老子虽然吃些苦么,你如今恰光荣。"

洪武二十三年,为冒名提取卖军事,十二月二十二日见,奏闻。钦奉圣旨:"这是刘伯温的儿子,你那里是军罢再见[20]。"钦奉圣旨:"你记得父亲的诰么？你带得来么？"回奏："带得来。"圣旨："便[21]取得来。"取诰进。钦奉圣旨："宣吏部官，圣旨：我到婺州[22]时，得了处州[23]。他那里东边有方谷珍[24]，南边有陈友谅[25]，西边有张家[26]，刘伯温那时挺身来随着我。他的天文，别人看不着。他只把秀才的理来断，到强如他那等鄱阳湖里到处厮杀[27]，他都有功。后来胡家结党，他吃他下了蛊。只见一日来和我说：'上位，臣如今肚内一块硬结，怛谅[28]着不好。'我着人送他回去家里，死了。后来宣得他儿子来问，说道：'胀起来紧紧的，后来泻得鳖鳖的[29]却死了。'这正是着了蛊。他大儿子在江西，也吃他药杀了。如今把尔袭了老子爵，与他五百担俸。"回奏："臣出力气，事尽死向前报本，欲在袭封伯爵的事，哥哥有儿子在。"钦奉圣旨："他终是秀才人家孩儿，知理熟，大功爵让与哥的儿子。好呵！"当宣刘鹰进见袭爵。二十三日，具服谢恩。钦蒙各赐金绣衣服壹套，全辔鞍马壹匹，拨赐南门内房屋壹处。钦奉圣旨："取得胡仲渊、章三益、叶景渊三家来。"二十四日谢恩，就往所赐房。钦奉圣旨："你如今休去，我也与你个小职名儿，与朝廷办些事，只着报喜的家人稍着书子去着他每来。"二十五日，钦奉圣旨："我考宋制，除尔做阁门使[30]。夜来翰林院考了，这衙门正似如今仪礼司一般。不着你管仪礼司事；只要跟着驾，但是我在处，尔便有，着传旨意，发放事呵。我如今着你叔侄两个都回家去走一遭，把你老子祭一祭，祖公都祭一祭，便来。"二十六日，谢恩。二十七日，吏部官引奏，授正六品。钦奉圣旨："与实授。"三十日，辞回乡祭祖。

洪武二十四年二月回京。二十日，早朝奉天门见。二十八日，钦奉圣旨："着记事有不是我口里说的说话，他每胡添上时，尔便来说。传旨宣唤人。"三月初十日早，华盖殿奏事，袁都御史[31]为车牛事不明白，蒙宽宥，不叩头，继即出班奏闻讫。有顷，都御史出班服罪。钦奉圣旨："阁门使奏尔里！"十一日晚朝奉天门，钦奉圣旨："今后尔每往来照管着朝班。但有这等的，便来说。我虽不罪他，也着他警省着。已前胡、陈在这里，无人敢说他，后来惹得不好里！"六月十日，奉圣旨："为雨泽愆期事，着同众官人到都察院刑部审录，竟滞囚人。"七月二十七日，充赞引官，肃、辽、庆、宁四王行冠礼。八月初一日午，于奉天门御道上，钦升谷王府左长史实授。

[注释]

[1] 挨年这歇：每年这时候。指每年春节前后。
[2] 街：原作"堦"，今正。
[3] 泼皮：无赖，流氓。
[4] 里：同"哩"。
[5] 行：行事。
[6] 乾：白白地。
[7] 蛊：音 gǔ，下毒药毒害。
[8] 小的：年轻人。
[9] 废了：杀了。
[10] 便做：就算。
[11] 诰：即诰命。皇帝颁赐爵位的诏令。
[12] 朔旦：初一。
[13] 陈家：即陈友谅。
[14] 胡、陈：胡惟庸是当时的左丞相，陈宁是当时的左御史大夫。
[15] 有分晓的：能明辨是非的。
[16] 锦衣卫：洪武十五年设立的保卫皇帝的禁卫军，后来变成从事巡察侦缉活动的机构，有自己的监狱和法庭。
[17] 东宫：太子朱标。他死在朱元璋之前，他的儿子允炆继承帝位，即建文帝。
[18] 令旨：称皇太子的话为令旨。
[19] 长解的：这里指刘仲璟等的仆从。
[20] 你那里是军罢再见：此句疑有脱误。
[21] 便：即刻。
[22] 婺州：婺，音 wù。婺州，今浙江金华。元至正十八年，朱元璋率兵克婺州。
[23] 处州：今浙江丽水。至正十九年，朱元璋攻克处州。
[24] 方谷珍：应为方国珍。原为浙东佃农，至正八年率众抗元，后为统治者收买，转而与农民起义军为敌。最后兵败归降朱元璋。
[25] 陈友谅：元末农民起义军"红巾军"领袖之一徐寿辉的部将。至正二十年，杀徐寿辉，自立为王，国号大汉。后为朱元璋击败，战死。
[26] 张家：即张士诚。张士诚原以操舟运盐为业，后起兵反元。与方国珍同为统治者所收买，转而与农民起义军为敌。至正二十七年与朱元璋所部作战，被俘自缢而死。
[27] 鄱阳湖里到处厮杀：至正二十三年，陈友谅与朱元璋会战于鄱阳湖，陈友谅战败死。次年，其子陈理投降。

[28] 怛谅：担心。
[29] 鳖鳖的：即"瘪瘪的"。
[30] 阁门使：宋代有东上阁门使、西上阁门使，掌管朝会、宴幸、供奉、赞相、礼仪之事。
[31] 都御史：明代设都察院，相当于以前的御史台，专司察勘之事，以都御史为长官。

正统临戎录

明代杨铭撰,记明英宗正统十四年"土木之变"的经过。

明朝初年,北方蒙古族分鞑靼、瓦剌和兀良哈三大部。到了英宗正统年间,瓦剌部首领脱欢统一了蒙古诸部。脱欢死后,其子也先继续扩充实力,到正统十四年(1449年)七月,大举南犯,进攻明朝,大同告警。

当时,明朝宦官王振专权,面对这种危急情况,王振不得不挟英宗亲征。明军到了大同,未曾交兵就打算从蔚州撤退,中途又折往宣化。行至土木堡(今河北省怀来县附近),为瓦剌军所袭,英宗被俘,王振被杀,明军全军覆没。十月,也先驱兵直趋北京城下。兵部侍郎于谦率众拒敌,也先兵败,不得不送回英宗,与明朝议和。

英宗回到北京以后,又勾结宦官,趁景泰帝病危之际复辟,于谦遇害。

英宗在土木堡被俘这一事件,史称"土木之变"。杨铭原名哈铭,蒙古人,幼年随父在明朝为通事(翻译),当时正跟随在英宗左右,这篇《正统临戎录》是他根据所见所闻用白话记录下来的(其中也掺杂了一些蒙古语,如句末多用蒙语助动词"有")。这里据《丛书集成初编》影印"纪录汇编"卷十九转录。

锦衣卫指挥使杨铭[1],正统十三年二月内,同父杨只,随同金吾左卫[2]指挥使王喜,往瓦剌公干回还。十四年二月内,随父同指挥使吴良赉送赏赐,往瓦剌地回[3]也先太师处。五月内到于地名边克哈扎儿。本月内有,也先行营[4],叫我每使臣都近前,说道:"你每为大道理来,不曾来作反有。我这里差去买卖回回,把我的大明皇帝前去的使臣数内留下了。我每奏讨物件也不肯与,我每去的使臣做[5]买卖的锅、鞍子等物都不肯着买了。既两家做了一家,好好的往来。把赏赐也减了。因这等上,我告天会同脱脱不花王众头目每,将你每使臣存留,分散各爱马[6]养活着。我领人马到边上着一看,比先大元皇帝一统天下,人民都是大元皇帝的来。我到边上看了,大明皇帝知道我回来,打发你每回去。"众人啼哭。当日待我每分散,又将我每自己带去辎重、驼马等物,各爱马分用了。有把郎苦使平章那哈台分去的使臣吴俊等得脱,拐马去出到边,赴京奏报。七月内有,也先领大众人马犯边,将我每各使臣脚带木枷,每人着四个达子[7]看守,夜晚绑缚有。也先到边,将大同等处人马杀抢回来。又于八月复领人马犯边。至本月二十六日转到金山哨马处,见我每使臣,叫靠前来,说道:"你每都好了。如今天的气候上,大明皇帝来了,亲自见你每的这每[8]苦楚,也不罪你每了。皇帝若不见时,我便放你每回去,皇帝也不信。大明皇帝到来我这里聚会了,差使臣和你每一同送皇帝回去。"众人听说了,与也先磕头有。也先传说将我每木枷开放,往各原养活的主人家去。

次日,在金山,我父子二人与原看守达子取讨马乳一皮袋,寻看爷爷[9]朝见。爷爷见了,问使臣纪信:"那里来的是谁?"纪信回奏:"是原做使臣来的老哈父子。"近前叩头进马乳毕有,伯颜帖木儿那营往东行有,纪信、李虎、袁彬随驾。我父子当为达子营。奉圣旨:"再来看我。"后铭父子寻取米面,又去朝见。后又将自己穿的衣服换羊一只,又去朝见。进羊毕,奉圣旨:"着老哈你回达子营去,着哈铭在这里答应[10]我。"铭自此昼夜随侍,间闻圣旨,备说"本年八月内,我领人马到于大同覆回,也先太师等追袭我到宣府[11],不见人住扎有。伯颜帖木儿来时摆下,着传报马传说:'今遇见大明皇帝驾了,着也先作急[12]领人马前来对敌有!'也先当时就领人马,各自分路将官军围困杀败,后在土木扎营。也先领人马直至土木,我差大吉、马亮前去与也先答话讲和。也先差使臣同大吉前来,未到我营,我起营了,差来使臣察毡就将大吉杀了。也先来将我营乱了。我下马蟠膝[13]面南坐。有一达子来剥我衣甲,我不服他剥,达子要伤害我有。达子兄到来,问说:'怎么的?'达子回说:'我要他的衣甲,不肯与我。'达子兄说:'这个人不是等闲的人,动静不像个小人儿[14]。'就将我拿去见也先弟赛刊王。我就问:'你是也先么?你是伯颜帖木儿么?你是赛刊王么?你是大同王么?'

赛刊王惊惧。不花就上马去见也先说：'我的爱马的拿将一个人来见我，问那颜[15]名字，问我的名字，问大同王的名字，怕不是大明皇帝？我来报得那颜知道。'也先说：'这个人在那里？领来我看。'当时也先就在帐房内叫原来我每处做使臣的哈巴国师、哈者阿里平章来看，是大明皇帝也不是。我见了他，就叫他二人名字。二人惊惧，与我磕头，回也先说：'是大明皇帝。'当[16]时也先聚众大小头目说道：'我每问天上求讨大元皇帝一统天下来。今得了大明皇帝到我每手里，你每头目怎么计较？'数中有一达子名唤乃公，言说：'大明皇帝是我每大元皇帝仇人，今上天可怜见那颜上，恩赐与了到手里。'口发恶言伤害。当有伯颜帖木儿忿怒言说：'那颜要这等反狗似的人在跟前开口说话！'当时把乃公面上捶了两拳，说道：'那颜只万年的好名头；大明皇帝是云端里的皇帝，上天不知因那些怪怒他，推下来。数万的人马，着刀的，着箭的，踩死的，压死的；皇帝身上，怎么箭也不曾伤他？刀也不曾砍他？怎么人也不踩着他？他的洪福还高还[17]在里！拿住他时，怎么就问那颜的名字？怎么问我每的大小头目的名头？他不曾做歹，我每也曾受他的好赏赐。好九龙蟒龙，天地怪怒上[18]，今日到我每的手里。上天不曾着他死，我每怎么害他性命？那颜图万年的好名头落在书册上，差人去报他家里知道，着差好人来取。那颜这里差好人送去，复在宝位上坐着，却不是万年的好名？'众头目听说了，齐说道：'那颜，特知院[19]说的是！'也先说：'伯颜帖木儿，你就把皇帝领了去养活他有！'伯颜帖木儿回说：'是！我养活他。'就领了我去。当有也先寻得我在前差去和番的使臣梁贵来见，我就差梁贵同达子的使臣到家奏报。又有回子撒夫剌对梁贵说：'你替我皇帝前奏：我在营里拿了一个识字的人，我进与皇帝伏侍。'我就着他领来看有。撒夫剌把袁彬领来，我问他：'你是甚么人？'袁彬说：'我是识字的人。'后有也先起营，行至宣府，着袁彬等叫城有。城上总兵、太监等官不认，放枪要打。次日，起营往西行大同，着袁彬叫城有。总兵等官广宁伯等亲自出城来朝见，将大同库内银两、表里[20]等物进来赏赐也先等众头目每。往北行，我与也先同差太监喜宁等同达子使臣赴京奏报去"等语。爷爷说的话与伯颜帖木儿等言语相同。

后朝里差都指挥岳谦等同太监喜宁赍送赏赐与也先处，见爷爷奏说：" 家里如今要立郕王[21]做皇帝，我再三言说：'也先诚心要送皇帝回来，你且不要立。'朝里不肯信，只要立郕王做皇帝。"

十月初三日有，也先聚会众头目，杀马筵席，复立爷爷做皇帝，庆贺了，进大白马一匹。初五日领人马起营送爷爷回京。铭父子见圣驾马生骑不得，进良马一匹。初七日到大同，在东门外答话，城里总兵等官不差人迎接。当日到阳和城外馆驿，有守备等官赍捧羊酒米面进。次日有，太监喜宁就与爷爷说，"今也先领人马不往大路去，往紫荆关[22]进腹里到北京有。"太监喜宁、忠勇伯把台同也先弟大同王领前哨马，行至广昌[23]，也先传说："不许抢杀有！"部下达子私下抢杀。铭随圣驾，不离左右，寻来面做干粮，预备答应。

次日，在于广昌，进山行走。山深路险，步行随圣驾拿马，鼻孔流血。圣驾见铭不忍，教人替换。到于紫荆关外，夜晚山空宿歇。夜至四更，圣驾宣叫哈铭去寻喜宁，不敢推却，当时去寻有。也先起营了。听得吹号头铮锣响，铭跟随扒山。到天明，也先忽回头问："是谁？"铭回说："是我。"也先吃惊说："你在那里来？"我说："奉圣旨，差来寻喜宁太监。"也先说："早里！太监在后头里！你的马坏了。"到于关里，天亮。辰时牌，喜宁太监到，问说："哈铭，你在那里来？"铭说："爷爷差我来寻老爷说话。"太监回说："罢了！你去爷爷前奏：到前头下营处说话。"太监前去了，行至关里馆驿边等候。圣驾到，问喜宁太监。铭将太监前言回奏。圣驾说："哈铭，你上马。"铭回奏："马乏了。"后父亲到，同父步行，到于易州[24]，圣驾扎营。差铭等："你去寻些果子送与伯颜帖木儿吃。"有易州百姓收放各样果子，抬至圣驾前，送与伯颜帖木儿特知院[25]。

当夜三更后，有季铎同去达子那哈赤等赶上，赍敕来朝里事情。当时宣铭去寻太监喜宁、岳谦、张官保、吴良、梁贵，铭回奏："马乏了，没马骑有。"余志敬不从，圣驾怪怒，方才与马去寻。有大势[26]达子，身披衣甲，手拿弓箭，坐令邀喝："甚么人？那里去？"应说："是哈铭。圣旨差来寻喜宁太监去。"又问左右达子："太师在那里下营？"达子回说："太师在塔底下下营。你往塔底下寻去。"铭沿途跟问至塔，见岳谦等。岳谦问说："你在那里来？"铭说："今有季铎、那哈赤后头来赶上，圣旨差我来寻太监及众大人去计议。"岳谦回说："罢了！有家难奔，有家难逃[27]投。差我每赏赐来取上位,今也先领大势达子把关打破了来到腹里,有甚么面目见家里!早里,待天[28]亮会同喜太监见圣驾去。"

往东行,到于涿州[29],有官吏人等进羊酒等物来见。奉圣旨,差铭送羊酒与也先处。次日到于果园扎营,有管园官员将果品等物来见。又奉圣旨,差铭送果品与也先处。当又同喜宁太监计议,赍敕入城。奉圣旨,吴良、梁贵去有。张官保当时说:"我是家里差送赏赐来的,到不差去,到差他每去!"爷爷听说,就差岳谦、张官保,尽行杀了。后又差季铎同那哈赤到彰义门,见官军擒获得紧,脱走回营了。

十三日又差指挥吴良赍敕入城。当晚在于德胜门外北边猪房,有达子捉到看坟内使阮旷,送至驾前。当日奉圣旨:"差谁同内使赍敕入城去有?"多人不应。铭回奏:"我去。"奉圣旨说道:"你年小,在这里答应我。"铭回奏:"不要我去时,着我父亲去有。"伯颜帖木儿说:"他年纪小,他的忠心为皇帝。空有这些人在,没个开口为皇帝舍性命去!是教他老子去。"次日差父亲同内使入城。

十五日有,也先同圣驾领人马到于德胜门外土城。朝里将吴良升都指挥,阮旷升内官,父亲升正千户,差同鸿胪寺卿[30]赵荣等赍送羊酒,俱见圣驾前说话。奉圣旨:"家里怎么没大官人出来?"也先问:"这个都是甚么职事?"爷爷回说:"这个都是小官人有!"季铎说:"是中书舍人。"也先亦说:"大臣怎么不出来接皇帝进去?养狗还认得主人,我把皇帝送到门口,都不来接皇帝进去有!"圣旨:"你每都回去!到家里说,教大臣每出来见太师,接我进去!"当时赵荣等就回有。也先怪恼,不待回报就同圣驾出土城往北行。也先传说:"但是[31]跟皇帝身边闲杂人,都教他进城去。"当日尽陆续进城。至晚,驾在猪房宿歇。

十六日早,也先起营,传说:"教皇帝起马有!"太监喜宁同忠勇伯把台等跟随也先前去,不知那里下营。止有袁彬同铭二人随圣驾当日早起营有。袁彬放声哭说:"罢了!我家里母年老无人侍养,怎么好?"铭劝:"哥不必烦恼,你我如草木沙土一般,有甚么打紧?爷爷的金身在这里,只管收拾备马驮行李。"铭说:"没人牵这驮马。"奏说:"问达子讨一两个被房的小厮牵驮垛马。"奉圣旨:"是。"问达子讨时,问达子铭安讨得被房人汉小厮两个牵马,就起营往西行。着铭在左右手下,笼马并行。过沟涧山崖,是铭下马扶持圣驾。过到平地上马,依旧笼马并行。夜晚到于小村驻扎有。铭将驮垛卸下,搭了帐房,寻取马草回还,奉圣旨:"哈铭你去寻马草去了。你不在时,我教袁彬去寻水来我吃,被达子名敏安说他逃走,将袁彬打了几刀背,将银一条十两与了他。"

次日收拾往西行,奉圣旨:"你去寻太师在那里,教喜太监来说话。"至卯时,见人马一字摆着,往西行。是铭见来得势重,想必是也先,夹马紧走有。也先差伯颜帖木儿同弟大同王、太监喜宁、忠勇伯把台等前来。铭传说:"爷爷着我来叫太监说话有。"伯颜帖木儿等同太监亲见圣驾,奏说:"太师诚心送皇帝来到你的城门前;你的家里兄弟做了皇帝,你的臣宰悖了你的恩,不肯出来认你,接你进去做皇帝。因此太师领人马回了。太师说道:待到阳和城里,那里着使臣送皇帝顺大路往居庸关上回去。着皇帝宽心,不要见了京城想娘娘,忧戚出病来。有些好歹,到坏了我的名头。"等语。

到于易州,夜晚住歇。使刘婆儿取水做饭,进毕,又煮肉,带将皮袋,防备爷爷充饥。

次日过关,铭奏说:"到大同有我的亲戚在,爷爷教我去时,我进城去。"奉圣旨:"哈铭,你怎么舍得撇了我去!"铭回奏:"爷爷不着我去时,至死粉骨碎身也不敢去。"夜晚到关外歇了。至五更有喜太监声叫:"上位在那里有?"铭与袁彬、把台听,应说:"在这里有!"喜太监放声大哭:"罢了有!我家人伴当将我的驮垛行李尽行拐去了!"是铭请圣驾起,收拾前行。

二日到阳和,有达子遇见打柴草使车的人,都杀了,将柴草车辆都抢了有。喜宁同把台及也先弟大同王言说:"太师说,到阳和往大路上,要差使臣送皇帝回往居庸关进去来。如今把打柴草的人都杀了,车牛抢了,怎么差人送去有?"忠勇伯说谓:"这里中[32],不差人送皇帝去;还到营里,差使臣到朝里讨得使臣来接皇帝回去,才是礼。这等就差人送去,也轻易了!"因此次日往西北,出阳和后口。

夜晚下雪,铭等将雪拨开,搭帐房歇子[33]一夜。次日往北行,猫儿庄里边歇一夜,出大边墙。次日往即宁海子东岸。行二日,至达子营。夜晚铭等搭帐房了,有原抢汉人逃走,达子拿出要杀,铭因此劝,达子[34]舞手将刀要砍。圣驾看见,奉圣旨:"哈铭你进来罢!"铭回奏:"爷爷,不妨事,且过一夜。"起营往西北行至地名小黄河东,到于伯颜帖木儿家小营内有。伯颜帖木儿的妻何搭剌哈荒忙令使女搭毡帐,请圣驾住歇,佳[35]饭进膳。

住了几日,那营往西行住扎。后十一月十一日遇圣节有,也先亲来与爷爷上寿。进黄蟒龙貂鼠皮袄,杀马做筵席,计议差人讨使臣。奉圣旨:"就差人受送去罢,不必讨使臣。"后太监喜宁与忠勇伯把台说:"都是袁彬这厮每年纪小,想家里,拨置[36]皇帝,将这厮每都杀了!"铭说与袁彬有,袁彬慌了,哀奏。奉圣旨:"哈铭,你去与太监说,不干袁彬事。"是铭传:"奉圣旨:饶了!"后差使臣计安、苏斌等赴京,奏讨使臣,到宣府地方,尽行杀了。

后起营往西行,到于地名牛头山,后又那营到地名闸上。奉圣旨:"袁彬、哈铭到家俱升千户。"铭等叩头谢恩。外有爷爷思想水吃。天道[37]寒冷,冰冻无水,着铭寻水。直去寻得向阳暖泉,将冰打开,取水进上。又行营到于八宝山、大青山、沈塔处,太监喜宁来与爷爷计议,"要和也先领人马请爷爷同去到甘州[38],教刘马太监、毛忠都督等接了爷爷,将一带人马收拾,夺了陕西,爷爷坐了,去取南京"等语。后太监去后,是铭奏说:"天道寒冷,着不得马。冻了头脸手脚时,到那里他也不肯出来迎接。"奉圣旨:"是。"当时就差铭:"你将这话对伯颜帖木儿说,着与太师说去,便去到那里,他也不认。"后太监说:"都是哈铭这厮每打搅,把这厮每都杀了才没人打搅。"是铭见天道寒冷,与伯颜帖木儿讨车一辆、骆驼一只,但行营爷爷坐车内,将猫皮褥襌坐遮盖。后又差使臣张能等来京取讨使臣不回。腊月内有,伯颜帖木儿亲领人马,同大同王等众头目往宁夏高桥儿一带抢掠去了有。李铎、喜宁带去使臣,段匹、衣服等物被伯颜帖木儿家人达子强分用了有。喜宁来说:"多人的东西被他分用了。"爷爷着哈铭去与他娘子说,追究出来与他每。太监去后,是铭回奏:"爷爷,不中!他各人俱用了,去虎口夺食去一般。我每如今见在困中,就与娘子说了,讨出来时,他各人拿去了,达子每不和我每致怨?"袁彬说:"爷爷使你不动,你强!"爷爷因怪怒,将铭打了几下,铭啼哭了,进毡帐与爷爷磕头。爷爷说:"我打你,你怎么又来磕头?"铭回奏:"我撇了父母兄弟家道,只为爷爷上来,如何不磕头？"后伯颜帖木儿妻知觉，将家人分散段子等物一一追出，送到圣驾前。后太监喜宁得知，都来一一讨去了。爷爷谓哈铭曰："你前番强到强得是，今果然都来拿去了。"

至正月初一日，爷爷烧表告天。烧表已毕有，也先差人来请圣驾，到于地名断头山营里做年，同妻并大小头目递皮条庆贺。

本月内，圣驾赏铭网巾一顶，金圈一付。奉圣旨："哈铭，这圈儿你不要使了。"叩头谢恩。

二月内在于地名东胜州[39]地方，爷爷差铭往太监喜宁处，看太监做甚么。铭到太监处，太监问铭："那里来？"铭回说："爷爷教我来看老爹来。"问："爷爷说甚么？"铭说："爷爷说：'差去家众人，去的人不来，没个信，怎么好？几时得回去？'"太监说："差去的人，家里不放来。"铭说："家里不说有爷爷，只说老爷在这里。如今差了人到家里也不信，如今只得老爹到边上才得个虚实好歹。"太监说："我如今要去时，也先太师也不肯着我去。"铭说："老爷为爷爷上来，爷爷教老爹去，太师不肯留你。老爹不要到朝里，只到边上。今见有季铎带来送赏赐的高旺、李成在这里，老爹带一个去。讨了达子使臣，到边上，打发他进京去，讨了信息回来。老爹肯去时，我如今回去爷爷上奏，央伯颜帖木儿特知院转与太师说。"

铭当时回去，将前情一一奏说。爷爷说道："你先去与伯颜帖木儿处，说我就来与他说话。"当时有伯颜帖木儿同妻出毡帐迎接到帐内，爷爷将前情对伯颜帖木儿说有。伯颜帖木儿回奏："皇帝着太监去时，太师怎么留他？他是皇帝的人，他是谁的狗？皇帝着他去，他怎么敢不去？皇帝着我去时，我也只得去。哈铭，你今日拿下马，明日我同你两个早去太师跟前说。"当时圣驾回。

次日伯颜帖木儿同铭到太师处说前情。当有太师叫喜太监说："皇帝着你去送使臣到边上去，你去不去？"太监回说："太师要差人，着我去时我去。"太师说道："你愿去时，我不留你；你不愿去时，不强教你去；有些好歹时，你也不要怨我。"太监说道："我去。"铭当时回还，奏说："今有太师着伯颜帖木儿差人和太监去，我每这里伏侍爷爷的，也着一个人去。"奉圣旨："哈铭，着那个去？"铭回奏："着高旺去。"铭当与高旺说："你有年纪了，走过世路，你到边上着[40]家里事情。如今这里凡事都是太监主张,没他时我每才好说话。你到边上仔细小心,自讨分晓!"再三嘱他去有。伯颜帖木儿当时就差那哈赤同太监去有。

太监在爷爷毡帐内歇了一夜。次日早,奉圣旨:"差袁彬、哈铭两个去送。"铭等送至东南二三十里。回还时,落微雨。奉圣旨:"哈铭、袁彬,你两个知道么?"铭等回奏:"不知。"爷爷说:"这雨不是好雨。喜宁这去不好,这雨是洗尸的雨。"后过五七日,有达子传说:"去的太监,口子上拿了!"爷爷不信,怪那说的达子。又过三两日,是以有太监家人北京奴走回,说:"太监到在此,于野狐岭住扎有。"高旺到边,与墩台上军人答话。往来设计罢,野狐岭台上放炮,将太监并家人猛充都拿了。北京奴脱走回了。爷爷差去使臣那哈赤,北京奴回奏:"他[41]的元剌马乏了,去换马,我每先到关上。拿了太监他才到,因此走回了。"爷爷说:"喜宁这去不好,这雨是洗尸的雨,果然后太监无了!"差铭也先处往来说话,才的自任听信。

又于本月内有,也先亲自来帐殿望看,言说:"皇帝日头出至日头落处,往来的人多,吃了皇帝的盐米茶饭。许多的臣宰听见前番宫里皇帝领出米,大小四十万人,天地的怪怒上,皇帝上都不得济。你如今只得了哈铭的济了,你的饥饱冷热,他不说,我每怎的知道?他和你的身口一般,我两个坐着,不得他,我说的你也不知道,你说的我也不知道。我有个比谕皇帝上说,哈铭,你不要怕,你说是我说的话。一日一朝,皇帝也为自家人烟上,与歹人两个相争,落在歹人手里,止则有他本国[42]一个人做伴。一日天意回了,皇帝不得回他本国,坐了皇帝位儿,还管他的人烟。那时止得了这个人的济。做了皇帝时,把这个人忘了,他不寻这个人,也不抬举他,十分亏了这个人的心。一日皇帝早朝,多官众会闻这个人把一只手抬起,伸出一个指头来。皇帝在金台上坐着,说道:'那两个人是甚么人?拿了有!'这个人回说:'彼时只有我一个人来。'后皇帝与了他官做了。皇帝你若回朝时,天可怜见你的洪福大,皇帝位子坐时,把哈铭不要忘了,好生抬举。"皇帝回说:"官人说的是,我不忘了,我抬举他。"也先说:"这每便好。"也先又说:"皇帝你没下饭,我送四十只大羊来。"令头目字来进羊四十只。后行营有被虏女人大小怨哭烦恼。

一日,铭与袁彬及达子也先、帖木儿等同在爷爷前奏说:"吃金一心愿忠朝廷。若驾有好歹时,铭等务要奉金身归朝廷;如铭等有好歹时,亦愿爷爷深埋着,不要触污天地,使鸦鸟残吃。"

又三月内,大同边上,也先太师发去哨马捉来的汉人,送至御前审问,说有石总兵领人马巡边,见在大同住扎。也先会同大小头目计议:"差赛刊王等领三千哨马在大同地方,昼夜好生巡哨着。如今青草还少,马又不得马饱;待马饱时,就同皇帝多众人马到大同和他答话。他若接了皇帝去罢[43];他若不接皇帝,围在大同,不要放他出去。"后石总兵领人马回往雁门关进,也先弟知觉,领三千人马直追杀至代州,抢掠回了。也先听得石总兵脱了,要将弟以军法杀斩,众头目再三哀告饶了。

后四月内行营间,铭奏说:"爷爷,怎么好？几时得家去？"爷爷说:"如今不得回去。我若得回去,便去'逍遥府'也去坐去。"铭不思啼哭回奏:"爷爷为天下出来,不曾来打围看景,怎么说去'逍遥府'坐？皆是天意未回,爷爷宽心。"

又于本月内,在于丰州[44]地方,有伯颜帖木儿妻令使女阿失加问铭:"你每天道暖和,夜晚烧火做甚么？"铭回说:"我每无甚么做,早煮肉吃就睡了。我每五七人在一毡帐睡,那里有地方烧火有？"使女说:"我每只见你毡帐上有火光,只说道你每烧火。"后伯颜帖木儿妻等说道:"是皇帝洪福光现。"

后伯颜帖木儿不在,奉圣旨:"着铭和他娘子说：特知院来家,着方便说送我每回去罢有！"伯颜帖木儿妻阿挞剌阿哈言说:"皇帝上去奏,我是个女人,我的言语到得那里？我的官人洗手时,递着揩手的手帕时,好歹也说得一句话。"后伯颜帖木儿放鹰,得了一个野鸡回来,将酒一瓶来爷爷毡帐里进,叫铭皇帝上奏:"我今日放鹰,得了一个野鸡。我若得两个,特进一个来。我得了一个,我自家特来皇帝上进酒散闷。"进酒间,又叫铭,说道:"我有比喻,你皇帝上奏：大海里水潮时,一个大鱼随潮水落在浅水滩里。大海里的鱼怎么在浅水里住得？这个鱼急了,还要归大海里去。潮水时候不到,怎么得到浅水根前？潮水时候到时,接着浅水,这个鱼还归大海里去了。皇帝你宽心,你不要心急。你得时候到了时,留不住,自然回去了,好歹见娘娘。你心憔,忧出病来,有些好歹没人替你。皇帝宽心！"

五月内,送铭伴送李成贽敕到大同,铭复回,随侍在于金山。差铭又来大同,讨信回还复奏。次日早,奉圣旨:"哈铭,你知道?"铭叩首回奏:"不知道。""你昨夜一只手压在我胸前,我不曾推下你的去,直待你醒了翻身抬下去。是你为我辛苦困了,不知道。汉时光武皇帝与严子陵[45]同宿,严子陵脚压在光武皇帝身上,也只等他自翻身抬下去。你到比他一般!"铭回奏:"该万死!"奉圣旨:"到家与你都指挥做,钦此!"叩头谢恩。

(下略)

[注释]

[1] 锦衣卫指挥使杨铭:哈铭随英宗回到北京后,赐姓名杨铭,封为锦衣卫指挥使。
[2] 金吾左卫:明代有左右金吾卫,是皇帝的亲军。
[3] 瓦剌地回:"回"疑应为"面"。
[4] 行营:行军。
[5] 做:原作"故",今正。
[6] 爱马:蒙语"部落"。
[7] 达子:明朝称蒙古人。
[8] 这每:这么。
[9] 爷爷:指英宗。
[10] 答应:听使唤,侍候。
[11] 宣府:今河北省宣化市,明代为宣府镇。
[12] 作急:急忙。
[13] 蟠膝:盘腿。
[14] 动静不像个小人儿:动静,举止。小人儿,普通人。
[15] 那颜:疑是蒙语王公称号。指也先。
[16] 当:原作"尝",今正。
[17] 还:此"还"字疑衍。
[18] 天地怪怒上:"上"是说明原因的,本句意谓"因天地怪罪的原故"。
[19] 特知院:"知"原作"却"。"特知院"似是官名。明袁彬《北征事迹》内有"得知院"之称。
[20] 表里:疑是绸缎之类。
[21] 郕王:英宗之弟。英宗被俘后,于谦在北京请郕王监国,后为明代宗,年号

景泰。

[22] 紫荆关：在今河北省蔚县东南，易县西。

[23] 广昌：当时属易州，今河北省涞源县。

[24] 易州：今河北省易县。

[25] 特知院："特"原作"时"，今正。

[26] 大势：人多势众。

[27] 逃：此字疑衍。

[28] 天：原作"太"，今正。

[29] 涿州：今河北省涿县。

[30] 鸿胪寺卿：掌管朝贺庆吊仪礼的赞礼官。

[31] 但是：凡是。

[32] 中：行，可以。

[33] 子：疑应为"了"字。

[34] 子：原作"了"，今正。

[35] 佳：疑应为"做"字。

[36] 拨置：挑拨。

[37] 天道：天气。

[38] 甘州：今甘肃省张掖市。

[39] 东胜州：在今内蒙古包头市南。

[40] 着：疑应为"看"字。

[41] 他：原作"地"，今正。

[42] 他本国：原作"本他国"，今正。

[43] 罢：此字上疑脱一"便"字。

[44] 丰州：今内蒙古呼和浩特市附近。

[45] 严子陵：东汉严光，字子陵。本姓庄，避汉明帝讳改。少与光武同游学，光武即位后，他改变姓名隐居不见。

古本《西游记》残文

古本《西游记》残文,残存《永乐大典》第一三一三九卷"送"字韵"梦"字条下,篇名"魏徵梦斩泾河龙",引书标题作《西游记》。胡士莹《话本小说概论》(中华书局,1980年)认为:"可能是元人的作品,为吴承恩《西游记》的蓝本。"但从这段残文的语言来看,它的时代当不会很早。究竟是什么时候的作品,颇不易肯定。吴承恩《西游记》第九回"袁守诚妙算无私曲,老龙王拙计犯天条"所述情节与此相同。

这是残存的一段话本,原书篇幅应该不止于此,而且可能是分段的。这段文字中插入一句"玉帝差魏徵斩龙",就像是原来的一段的题目。这段话本与《朴通事》里提到的《唐三藏西游记》是否同属一本,也不容易确定。

魏徵梦斩泾河龙

长安城西南上有一条河,唤作泾河。贞观十三年,河边有两个渔翁,一个唤张梢,一个唤李定。张梢与李定道:"长安西门里有个卦铺,唤神言山人。我每日与那先生鲤鱼一尾,他便指教下网方位。依随着百下百着[1]。"李定曰:"我来日也问先生则个。"这二人正说之间,怎想水里有个巡水夜叉[2]听得二人所言。"我报与龙王去。"龙王正唤做泾河龙,此时正在水晶宫正面而坐。忽然夜叉来到言曰:"岸边有二人却是渔翁,说西门里有一卖卦先生,能知河中之事。若依着他算,打尽河中水族。"龙王闻之大怒,扮作白衣秀士入城中。见一道布额[3],写道:"神相袁守成于斯讲命。"老龙见之就对先生坐了,乃作百端磨问[4],难道[5]先生,问何日下雨。先生曰:"来日辰时[6]布云,午时[7]升雷,未时[8]下雨,申时[9]雨足。"老龙问:"下多少?"先生曰:"下三尺三寸四十八点。"龙笑道:"未必都由你说。"先生曰:"来日不下雨,剉[10]了时,甘罚五十两银。"龙道:"好,如此来日却得厮见。"辞退。直回到水晶宫。须臾,一个黄巾力士言曰:"玉帝[11]圣旨道:'你是八河都总泾河龙。教来日辰时布云,午时升雷,未时下雨,申时雨足。'"力士随去。老龙言:"不想都应着先生谬说。剉了时辰,少下些雨,便是问先生要了罚钱。"次日,申时布云,酉时降雨二尺。第三日,老龙又变为秀士,入长安卦铺,问先生道:"你卦不灵,快把五十两银来!"先生曰:"我本算术无差;却被你改了天条,错下了雨也!你本非人,自是夜来降雨的龙,瞒得众人瞒不得我。"老龙当时大怒,对先生变出真相。霎时间,黄河摧两岸,华岳振三峰,威雄惊万里,风雨喷长空。那时走尽众人,唯有袁守成巍然不动。老龙欲向前伤先生。先生曰:"吾不惧死。你违了天条,刻减了甘雨,你命在须臾!剐龙台上难免一刀!"龙乃大惊悔过,复变为秀士,跪下告先生道:"果如此呵,却望先生明说与我因由。"守成曰:"来日你死,乃是当今唐丞相魏徵来日午时断你。"龙曰:"先生救咱!"守成曰:"你若要不死,除是见得唐王,与魏徵丞相行[12]说,劝救时节或可免灾。"老龙感谢,拜辞先生回也。

玉帝差魏徵斩龙。天色已晚,唐皇宫中睡思半酣,神魂出殿,步月闲行。只见西南上有一片黑云落地,降下一个老龙,当前跪拜。唐王惊怖曰:"为何?"龙曰:"只因夜来错降甘雨,违了天条,臣该死也。我王是真龙,臣是假龙,真龙必可救假龙。"唐皇曰:"吾怎救你?"龙曰:"臣罪正该丞相魏徵来日午时断罪。"唐皇曰:"事若干魏徵[13],须教你无事。"龙拜谢去了。天子觉来,却是一梦。次日设朝,宣尉迟敬德总管上殿曰:"夜来朕得一梦,梦见泾河龙来告寡人道:'因错行了雨违了天条,该丞相魏徵断罪。'朕许救之。朕欲今日于后宫里宣丞相与朕下棋一日,须直到晚乃出。此龙必可免灾。"敬德曰:"所言是矣。"乃宣魏徵至。帝曰:"召卿无事,朕欲与卿下棋一日。"唐王故迟延下着[14]。将近午,忽然魏相闭目笼睛,寂然不动。至未时,却醒[15]。帝曰:"卿为何?"魏徵曰:"臣暗风[16]疾发,陛下恕臣不敬之罪。"又对帝下棋。未至三着,听得长安市上百姓喧闹异常。帝问何为。近臣所奏:"千步廊南,十字街头,云端吊下一只龙头来,因此百姓喧闹。"帝问魏徵曰:"怎生来?"魏徵曰:"陛下不问,臣不敢言。泾河龙违天获罪,奉玉帝圣旨令臣斩之。臣若不从,臣罪与龙无异矣。臣适来合眼一霎,斩了此龙。"正唤作"魏徵梦斩泾河龙"。唐皇曰:"本欲救之,岂期有此!"遂罢棋。

[注释]

[1] 百下百着:着,音 zháo,表示达到目的,取得结果。
[2] 夜叉:梵语 Yaksa 的音译,又作药叉,意译为捷疾鬼。印度神话中一种半神的小神灵。有时是一种恶魔的名称。
[3] 布额:布制的横幅。
[4] 磨问:纠缠细问。
[5] 难道:为难,刁难。
[6] 辰时:上午七时至九时。
[7] 午时:上午十一时至下午一时。
[8] 未时:下午一时至三时。
[9] 申时:下午三时至五时。
[10] 剉:同"错"。
[11] 玉帝:即玉皇大帝,道教称天上最高的神。
[12] 行:音 háng,处。
[13] 若干魏徵:假若与魏徵有关。干,与……有关。
[14] 着:音 zhāo。下棋时下一子叫一着。
[15] 却醒:"却"在这里有返回的意思。却醒,醒过来。
[16] 暗风:头痛一类的病。

三遂平妖传

《三遂平妖传》，元末明初罗贯中撰。罗贯中名本，钱塘人，所著小说很多，最有名的是《三国志演义》。相传《水浒传》也是施耐庵著、罗贯中编的。《三遂平妖传》原本不可见，今所见最早的本子是马廉旧藏四卷二十回本。卷首题"冯犹龙先生增定"，很可能已是经过修改的本子。但也有人认为卷首这个扉页是后来加上去的。冯犹龙，名梦龙，"三言"的编者。他后来又把《三遂平妖传》改编为四十回本，题《平妖传》，面目又与二十回本大不相同。

《三遂平妖传》写北宋贝州（今河北清河）王则、胡永儿夫妇率领农民起义的故事。王则，《宋史·明镐传》说他在宋仁宗庆历七年（1047年）曾自立为东平郡王，旋即被统治者镇压。但是《三遂平妖传》着重描写的是神怪妖术，可以说开了明代神魔小说之端。

《三遂平妖传》的语言是流畅而自然的明代口语。按罗贯中的时代来说，他的语言应属明朝初年，但反映在《三遂平妖传》里的语言风格又与明初其他白话材料（如本书所收《李善长狱词》《刘仲璟遇恩录》）有所不同，可见本书确是经过后人改动的。另一方面，书中也有一些宋元时期的早期用语，如"打一抖""我们归去休"之类。也许这部小说并非出于一人之手，也不是某一时期内写成的。

这里选录本书第二回。南宋《绿窗新话》"永娘配翠云洞仙"所述情节与此相似，可见胡永儿遇圣姑姑故事来源很早。这在全书中虽不是主要内容而有如杂剧中的"楔子"，但比较可以自成段落，叙述也委曲有致。我们选录所据底本是马廉旧藏的四卷二十回本，今藏北京大学图书馆。

这里还选录了一段《灯花婆婆》，出自四十回本《平妖传》卷首。四十回本《平妖传》里并没有"灯花婆婆"的标题，研究者根据《宝文堂书目》里"子杂类"和《也是园书目》里"宋人词话"类有《灯花婆婆》的篇名,以及一百二十回本《水浒传》发凡第六条所说"古本有罗氏致语,相传有灯花婆婆等事,既不可复见",天都外臣《忠义水浒传序》所说"为此书共一百回,各以妖异之语引于其首,以为之艳。……余犹及见灯花婆婆数种,……",考定《平妖传》第一回卷首这段文字正是现存各本《水浒传》所没有的致语《灯花婆婆》。这个故事出自唐段成式《酉阳杂俎》前集卷十五"诺皋记下"。《太平广记》卷三百六十三引,题"刘积中"。现在我们所看到的这段文字大约是以宋代作品作基础的,但不会是它的本来面貌而是已经冯梦龙删改过了的。

四十回本《平妖传》有上海古典文学出版社1956年据清刻本排印本,上海古籍出版社1980年重印本。此据重印本转录。

第二回　胡永儿大雪买炊饼[1]
　　　　圣姑姑传授玄女法

诗曰:

　　近日厨中乏短供,婴儿啼哭饭箩空。
　　母因低说向儿道:"爹有新诗谒相公。"

当夜胡员外与张院君[2]、永儿三口儿正在后花园中八角亭子上赏中秋饮酒,只见门公慌慌忙忙来报道:"员外,祸事!"员外道:"祸从何来?事在那里?"门公道:"外面中间这个解库里火起!"员外和妈妈、永儿吃那一惊不小,都立下亭子来看时,果然是好大火。怎见得这火大?

　　初如萤火,次[3]若灯光。然后似千条腊烛焰难当,万个生盆[4]敌不住。骊山顶上,料应褒姒逗英雄;夏口三江,不弱周郎施妙计。烟烟焰焰卷昏天地[5],闪烁红霞接火云。一似:丙丁扫尽千千里,烈火能烧万万家。

这火正把房屋烧着,员外交妈妈与永儿且不要慌:"便烧尽了也穷我们下半世不得。"只见那火焰腾腾,刮刮匝匝,只顾烧着。风又大得紧,地方许多人都救不灭,直烧了一夜。三口儿只得在八角亭子上权歇。等天晓起来,叫人去扒火地盘。众人去扒看,开了口合不得,睁了眼闭不得。胡员外不想被这场天火烧得寸草皆无,前厅、后楼、过路、当房[6]、侧屋都烧净了。只指望金银器皿、铜锡动用什物虽然烧洋[7]了也还在地下,交人扒看时,不料都被天收了去。上半世有福受用,如今福退了,满火地盘扒看,并没寻处。就在亭子上住下,早晚饭食皆无,亲邻朋友处送了几食[8],又不免去借些柴米,只好一遭两次。一日三,三日九,半年周岁,口内吃的,身上穿的,件件皆无。将空地央人卖,又无人要。看看穷得篮缕,去求相识,在家里只说不在。日常里认得的,只做[9]不看见。自古道:贫居闹市无人问,富在深山有远亲。又道:百万豪家一焰穷。那胡员外在亭子上一住,四下又无壁落[10],风雨雪下,怎地安身?不免搬去不厮求院子[11]里住,就似于今孤老院一般。时逢仲冬,彤云密布,朔风凛列,纷纷洋洋,下一天好大雪。怎见得这雪大?

> 严冬天道,瑞云交飞,江山万岭尽昏迷。桃梅斗艳,琼玉争辉。江上群鹭番复,空中鸥鹭纷飞。长空六出满天垂。野外鹅毛乱舞,檐前铅粉齐堆。不是贫穷之辈,怎知寒冷之时?正是:尽道丰年瑞,丰年瑞若何?长安有贫者,宜瑞不宜多。

爱雪的是高楼公子,嫌雪的是陋巷贫民。在东京城里,这个才落薄[12]的胡员外夫妻二人,并女儿叫做永儿,原是大财主,只因天火烧得落难,荡尽了家私,搬在不厮求院子里住。正逢冬天雪下,三口儿厮守着地炉子坐地,日中兀自没早饭得吃。妈妈将指头向员外头上指一指,胡员外抬起头来看见,道:"妈妈没甚事?"妈妈道:"怎的没甚事?大雪下,屋里没饭米,我共你[13]忍饥受饿便合当,也曾吃过来。"指着永儿道:"他今年只得十五岁,曾见甚么风光来?交我儿忍饥受饿!"胡员外道:"没计奈何!交我怎生是好?"妈妈道:"你是养家的人,外面却才雪下,若一朝半日冻柱了,急切出去不得,终不成我三口儿直等饿死?你趁如今出去,见一两个相识,怕赚得三四伯文钱归来,也过得几日。"员外道："我出去见兀谁是得？"妈妈道："你不出去，终不成我出去？"胡员外吃妈妈逼不过，起身道："且把腰系紧些个。"开了门出去，走得两步，到退了三步，口里道："好冷！"劈面冷风似箭，侵人冷气如刀，被西北风吹得到退几步。欲复回来，妈妈又把门来关上了。没计奈何，只得冒着风雪了走，走出不斯求院子来告人，不在话下。

且说妈妈共女儿冷冷清清坐着，永儿道："爹爹出去告[14]人，未知如何？"永儿又道："妈妈，雪又下得大，风又冷，爹爹去告谁的是？"妈妈道："我儿，家中又没钱，不交爹爹出去，终不成我出去？我儿，你且去床头边寻几文铜钱，将去买几个炊饼来做点心。待你的爹爹回来，却又作道理。"当时永儿去床头寻得八文铜钱。娘道："我儿出巷去买几个炊饼来，你且胡乱吃几个充饥。"永儿将衣襟兜着头，踏着雪走出不斯求院子，来到大街卖炊饼处。永儿便与卖炊饼的道个万福，道："哥哥，买七文铜钱炊饼。"小二哥接了铜钱，看那女孩儿身上好生蓝缕。永儿剩一文钱，把来系在衣带上。小二哥把一片荷叶包了炊饼，递与永儿。永儿接了，取旧路回来。也是未牌时分，沿着屋檐正走之间，只见一个婆婆从屋檐下来，拄着一条竹棒，胳膊上挂着一个篮儿。那婆婆腰跎背曲，眉分两道雪，髻挽一窝丝；眼如秋水微浑，发似楚山云淡；形如三月尽头花，命似九秋霜后菊。却原来是个教化婆子。看着永儿道个万福，永儿还了礼。婆婆道："你买甚么来？"永儿道："家中母亲交奴家买炊饼来。"那婆婆道："我儿，好交你知道，我昨日没晚饭，今日没早饭，你肯请我吃个炊饼么？"永儿口中不道，心下思量，"我妈妈也昨日没晚饭，今日没早饭，这婆婆许多年纪，好不忍见。"解开荷叶包来，把一个炊饼递与婆婆，婆婆接得在手，看了炊饼，道："好却好了，这一个如何吃得我饱？何不都与了我？"永儿道："告婆婆，奴家却不敢都把与你。家中三口儿两日没饭得吃，妈妈交爹爹出去告人，止留得八文铜钱，交奴家出来买炊饼。大的妈妈吃，小的是奴奴吃的。因见婆婆讨，奴奴只得让一个与婆婆吃。"婆婆道："你妈妈问炊饼如何买得少了，你却说甚的？"永儿道："妈妈问时，只说奴奴肚饥，就路上吃了一个。"婆婆道："难得我儿好心，我撩拨你要子[15]。我不肚饥，我不要吃，还了你。"永儿道："我与婆婆吃的，如何还了奴奴？"婆婆道："我试探你则个！难得你这片好慈悲孝顺的心。你识字么？"永儿道："奴奴识得几个字。"婆婆道："我儿，恁地却有缘法。"伸手去那篮儿内取出一个紫罗袋儿来，看着永儿道："你收了这个袋儿。"永儿接了袋儿道："婆婆，这是甚么物事[16]？"婆婆道："这个唤做如意册儿，有用他处。若有急难时，可开来看。你可牢收了。册儿上倘有不识的字，你可暗暗地唤：'圣姑姑！'其字自然便识。切勿令他人知道！"永儿把册儿揣在怀里，谢了婆婆，婆婆自去了。

　　永儿拿着炊饼到家，娘问道："我儿如何归来得迟？"永儿道："妈妈，街上雪滑难行。"娘儿两个吃了炊饼。不多时，只见员外归来。妈妈道："你去这半日，见甚人来？"员外道："好交你知道，外面见个相识，请我吃了酒饭，又与我三伯足钱。"妈妈欢喜，交员外道："你去籴些米，买些柴炭，且过两三日又作区处[17]。"免不得做些饭吃，到晚去睡。

　　永儿却睡不着，自思："日间的那婆婆与我册儿时说道：'有急难便可开来看。'如今没饭得吃，也是一个急难，我且将去开来看一看。"永儿款款地起来，轻轻的穿了衣裳，惊觉娘，道："我儿那里去？"永儿道："我肚疼了，要去后[18]则个。"下床来，着了鞋儿，到厨下，雪光如同白日。永儿去怀中取出紫罗袋儿来，打一抖，抖出一个册儿来看时，只因胡永儿看了这个册儿，会了这般法术，直使得自古未闻，于今罕有。正是：

　　　　数斛米粮随手至，百万资财指日来。

毕竟永儿变得钱米么？且听下回分解。

[注释]

[1] 炊饼：亦称燕饼，即馒头。据说蒸字与宋仁宗的名字赵祯音近，因避讳而改称炊饼。

[2] 院君：宋元时对富贵人家主妇的尊称。

[3] 次：原作"穴"字，今正。

[4] 生盆：即椮盆。注已见前《碾玉观音（上）》注[39]。

[5] 烟烟焰焰卷昏天地：疑应为"烟焰□卷昏天地"。与下句字数同。

[6] 当房：正房。

[7] 洋：字又作"烊"。熔化。
[8] 食：疑应为"飡"，即"餐"。
[9] 做：假装。
[10] 壁落：墙壁。
[11] 不厮求院子：收容所之类。
[12] 落薄：即落泊、落魄。
[13] 你：原作"尔"。
[14] 告：求告，央告。
[15] 耍子：玩儿。
[16] 物事：物件，东西。
[17] 区处：打算，安排。
[18] 后：此下疑脱一字。

灯 花 婆 婆

生生化化[1]本无涯，但是含情总一家。
不信精灵能变幻，旋风吹落活灯花。

话说大唐开元年间，镇泽[2]地方有个刘直卿官人，曾做谏议大夫[3]，因上文字劾宰相李林甫[4]不中，弃职家居。夫人曾劝丈夫莫要多口，到此未免抢白[5]几句。那官人是个正直男子，如何肯伏气[6]？为此言语往来上，夫人心中不乐，害成一病。请医调治，三好两歉，不能痊可。

忽一日夜间，夫人坐在床上，吃了几口粥汤，唤养娘收过粥碗。只见银灯昏暗，养娘道："夫人，且喜好个大灯花！"夫人道："我有甚喜事？且与我剔去则个，落得眼前明亮，心上也觉爽快。"养娘向前，将两指拈起灯杖打一剔，剔下红焰，俄的灯光明了，落在桌上。就灯背后起阵冷风，吹得那灯花左旋右转，如一粒火珠相似。养娘笑道："夫人，好耍子，灯花儿活了！"说犹未了，只见那灯花三四旋，旋得像碗儿般大一个火球滚下来地。"砭"的一响，如爆竹之声，那灯花爆开，散作火星满地，登时不见了。只见三尺来长一个老婆婆，向着夫人叫万福："老媳妇闻知夫人贵恙，有服仙药在这里与夫人吃。"那夫人初时也惊怕，闻他说出这样话来,认做神仙变现,反生欢喜。正是:药医不死病,佛度有缘人。当时吃了他药,虽然病得痊可,后来这婆子竟缠住了夫人,要做个亲戚往来。抬着一乘四人轿,前呼后拥,时常来家聒噪。遣又遣他不去,慢[7]又慢他不得。若有人一句话儿拗着他,他把手一招,其人便扑然倒地。不知什么法儿,血沥沥一副心肝,早被他擎在手中。直待众人苦苦哀求,他才把心肝望空一掷,自然向那死人的口中溜下去,那死人便得苏醒。

因此一件怕人,刘谏议合家烦恼,私下遣人踪迹[8]他住处,却见他钻入莺脰湖水底下去了。你想莺脰湖是什么样水?那水底下怎立得家?必然是个妖怪!屡请法官书符念咒,都禁他不得,反吃了亏。直待南林庵老僧请出一位揭谛[9]尊神,布了天罗地网,遣神将擒来,现其本形,乃三尺长一个多年作怪的狝猴。那揭谛名为龙树王菩萨,刘谏议平时供养这尊神道,极其志诚。所以今日特来救护,斩妖绝患。诗曰:

人生切莫畜狝猴,野性奔驰不可收。
莫说灯花成怪异,寻常可耐[10]是淫偷。

[注释]

[1] 生生化化:犹言生生死死。
[2] 镇泽:由下文莺脰湖推知,应是震泽,在今江苏省吴江县境内大市镇。
[3] 谏议大夫:唐官职名,属门下省,掌管侍从规谏之事。
[4] 李林甫:唐宗室,玄宗时累官兵部尚书,兼中书令,为相十九年,结党营私,独揽大权。
[5] 抢白:指斥。
[6] 伏气:服气。
[7] 慢:怠慢。
[8] 踪迹:跟踪追寻。
[9] 揭谛:也写作"揭地"。见309页注[20]。
[10] 可耐:疑应为"叵耐"。

水 浒 传

《水浒传》是我国最著名的以农民起义为题材的长篇白话小说。

北宋徽宗宣和年间,宋江领导农民起义。起义虽被镇压,宋江也受了招安,但有关这次起义的水浒故事自南宋以来就在民间流传,"见于街谈巷语",而且也有以此为题材的话本出现。不过今天所能见到的只是《大宋宣和遗事》里"梁山泊聚义本末"那一段了。

元杂剧里也有不少以水浒故事为题材的作品,故事和人物都比《宣和遗事》有所发展。

《水浒传》的作者施耐庵就是在这样的基础上写成这部小说的。作者明显地受到宋元话本的影响,语言明白如话。这里节录的第五十一回里"插翅虎枷打白秀英"一段,在全书中更是相当接近口语的。

施耐庵的生平事迹无可靠记载,大约生活在明代初年。

选录所据底本为明容与堂刊本。

插翅虎枷打白秀英

再说雷横离了梁山泊,背了包裹,提了朴刀,取路回到郓城县。到家参见老母,更换些衣服,赍[1]了回文,径投县里来,拜见了知县,回了话,销缴公文批帖,且自归家暂歇。依旧每日县中书画卯酉[2],听候差使。因一日行到县衙东首,只听得背后有人叫道:"都头[3]几时回来?"雷横回过脸来看时,却是本县一个帮闲[4]的李小二。雷横答道:"我却才前日来家。"李小二道:"都头出去了许多时,不知此处近日有个东京新来打踅的行院[5],色艺双绝,叫做白秀英。那妮子[6]来参都头,却值公差出外不在。如今见在构栏[7]里,说唱诸般品调。每日有那一般打散[8],或有戏舞,或有吹弹,或有歌唱,赚得那人山人海价[9]看。都头如何不去睃[10]一睃？端的[11]是好个粉头[12]！"

雷横听了，又遇心闲[13]，便和那李小二径到勾栏里来看。只见门首挂着许多金字帐额，旗杆吊着等身靠背[14]。入到里面，便去青龙头上[15]第一位坐了。看戏台上却做笑乐院本[16]。那李小二人丛里撇了雷横，自出外面赶碗头脑[17]去了。院本下来，只见一个老儿裹着磕脑儿头巾，穿着一领茶褐罗衫，系一条皂绦，拿把扇子，上来开呵[18]道："老汉是东京人氏白玉乔的便是。如今年迈，只凭女儿秀英歌舞吹弹，普天下伏侍看官。"锣声响处，那白秀英早上戏台，参拜四方。拈起锣棒，如撒豆般点动。拍下一声界方[19]，念了四句七言诗，便说道："今日秀英招牌上明写着这场话本，是一段风流酝藉的格范[20]，唤做'豫章城双渐赶苏卿'。"说了开话[21]又唱，唱了又说，合棚[22]价众人喝采不绝。雷横坐在上面，看那妇人时，果然是色艺双绝。但见：

　　罗衣叠雪，宝髻堆云。樱桃口杏脸桃腮，杨柳腰兰心蕙性。歌喉宛转，声如枝上莺啼；舞态蹁跹，影似花间凤转。腔依古调，音出天然。舞回明月坠秦楼，歌遏行云遮楚馆。高低紧慢，按宫商吐雪喷珠；轻重疾徐，依格范铿金戛玉。笛吹紫竹篇篇锦，板拍红牙字字新。

那白秀英唱到务头[23]，这白玉乔按喝[24]道："虽无买马博金艺，要动聪明鉴事人。看官喝采，道是过去了，我儿且回一回，下来便是衬交鼓儿的院本。"白秀英拿起盘子指着道："财门上起，利地上住；吉地上过，旺地上行；手到面前，休教空过。"白玉乔道："我儿且走一遭，看官都待赏你。"白秀英托着盘子，先到雷横面前。雷横便去身边袋里摸时，不想并无一文。雷横道："今日忘了，不曾带得些出来，明日一发赏你。"白秀英笑道："头醋不酽彻底薄。官人坐当其位，可出个标首[25]。"雷横通红了面皮道："我一时不曾带得出来，非是我舍不得。"白秀英道："官人既是来听唱，如何不记得带钱出来？"雷横道："我赏你三五两银子也不打紧，却恨今日忘记带来。"白秀英道："官人今日见一文也无，提甚三五两银子？正是教俺望梅止渴，画饼充饥。"白玉乔叫道："我儿，你自没眼！不看城里人村里人，只顾问他讨甚么！且过去自问晓事的恩官告个标首。"雷横道:"我怎地不是晓事的?"白玉乔道:"你若省得这子弟门庭[26]时,狗头上生角!"众人齐和[27]起来。雷横大怒,便骂道:"这忤奴怎敢辱我!"白玉乔道:"便骂你这三家村使牛的,打甚么紧!"有认得的喝道:"使不得! 这个是本县雷都头。"白玉乔道:"只怕是驴筋头[28]!"雷横那里忍耐得住,从坐椅上直跳下戏台来,揪住白玉乔,一拳一脚,便打得唇绽齿落。众人见打得凶,都来解拆开了,又劝雷横自回去了。勾栏里人一哄尽散了。

原来这白秀英却和那新任知县旧在东京两个来往,今日特地在郓城县开勾栏。那娼妓见父亲被雷横打了,又带重伤,叫一乘轿子,径到知县衙内诉告:"雷横殴打父亲,搅散勾栏,意在欺骗奴家。"知县听了,大怒道:"快写状来!"这个唤做"枕边灵"。便教白玉乔写了状子,验了伤痕,指定证见。本处县里有人都和雷横好的,替他去知县处打关节。怎当那婆娘守定在衙内,撒娇撒痴,不由知县不行;立等知县差人把雷横捉拿到官,当厅责打,取了招状,将具枷来枷了,押出去号令示众。那婆娘要逞好手[29],又去知县行说了,定要把雷横号令[30]在勾栏门首。第二日那婆娘再去做场[31],知县却教把雷横号令在勾栏门首。这一班禁子人等,都是和雷横一般的公人,如何肯掤扒[32]他? 这婆娘寻思一会:"既是出名[33]奈何了他[34],只是一怪。"走出勾栏门,去茶坊里坐下,叫禁子过去,发话道:"你们都和他有首尾[35],却放他自在。知县相公教你们掤扒他,你倒做人情! 少刻我对知县说了,看道奈何得你们也不!"禁子道:"娘子不必发怒,我们自去掤扒他便了。"白秀英道:"恁地时,我自将钱赏你。"禁子们只得来对雷横说道:"兄长,没奈何且胡乱[36]掤一掤。"把雷横掤扒在街上。

人闹里[37],却好雷横的母亲正来送饭,看见儿子吃他掤扒在那里,便哭起来,骂那禁子们道:"你众人也和我儿一般在衙门里出入的人,钱财直这般好使? 谁保的常没事!"禁子答道:"我那老娘,听我说:我们却也要容情,怎禁被原告人监定在这里要掤,我们也没做道理处[38]。不时[39]便要去和知县说,苦害我们,因此上做不的面皮[40]。"那婆婆道:"几曾见原告人自监着被告号令的道理!"禁子们又低低道:"老娘,他和知县来往得好,一句话便送了我们,因此两难。"那婆婆一面自去解索,一头口里骂道:"这个贼贱人直恁的倚势! 我且解了这索子,看他如今怎的!"白秀英却在茶房里听得,走将过来,便道:"你那老婢子却才道甚么!"那婆婆那里有好气,便指着骂道:"你这千人骑、万人压、乱人入的贱母狗! 做甚么倒骂我!"白秀英听得,柳眉倒竖,星眼圆睁,大骂道:"老咬虫! 吃贫婆! 贱人怎敢骂我!"婆婆道:"我骂你待怎的! 你须不是郓城县知县!"白秀英大怒,抢向前只一掌,把那婆婆打个踉跄。那婆婆却待挣扎,白秀英再赶入去,老大耳光子只顾打。这雷横是个大孝的人,见了母亲吃打,一时怒从心发,扯起枷来,望着白秀英脑盖上打将下来。那一枷梢打个正着,劈开了脑盖,扑地倒了。众人看时,那白秀英打得脑浆迸流,眼珠突出,动掸不得,情知[41]死了。有诗为证:

　　玉貌花颜俏粉头,当场歌舞擅风流。
　　只因窘辱雷横母,裂脑横尸一命休。

　　众人见打死了白秀英,就押带了雷横,一发来县里首告,见知县备诉前事。知县随即差人押雷横下来,会集相官,拘唤里正邻佑人等,对尸检验已了,都押回县来。雷横一面都招承了,并无难意。他娘自保领回家听候。禁子都监下了,把雷横枷了,下在牢里。当牢节级[42]却是美髯公朱仝,见发下雷横来,也没做奈何处,只得安排些酒食管待,教小牢子打扫一间净房,安顿了雷横。少间,他娘来牢里送饭,哭着哀告朱仝道:"老身年纪六旬之上,眼睁地只看着这个孩儿。望烦节级哥哥可看日常间弟兄面上,可怜见我这个孩儿,看觑看觑。"朱仝道:"老娘自请放心归去。今后饭食不必来送,小人自管待他。倘有方便处,可以救之。"雷横娘道:"哥哥救得孩儿,却是重生父母。若孩儿有些好歹,老身性命也便休了!"朱仝道:"小人专记在心,老娘不必挂念。"那婆婆拜谢去了。朱仝寻思了一日,没做道理救他处。朱仝自央人去知县处打关节,上下替他使用人情。那知县虽然爱朱仝,只是恨这雷横打死了他表子白秀英,也容不得他说了;又怎奈白玉乔那厮,催并叠成文案,要知县断教雷横偿命。因在牢里六十日限满断结,解上济州。主案押司抱了文卷先行,却教朱仝解送雷横。

　　朱仝引了十数个小牢子,监押雷横,离了郓城县。约行了十数里地,见个酒店。朱仝道:"我等众人就此吃两碗酒去。"众人都到店里吃酒。朱仝独自带过雷横,只做水火[43],乘后面僻净处开了枷,放了雷横,分付道:"贤弟自回,快去家里取了老母,星夜去别处逃难。这里我自替你吃官司。"雷横道:"小弟走了自不妨,必须要连累了哥哥,恐怕罪犯深重。"朱仝道:"兄弟,你不知。知县怪你打死了他表子,把这文案却做死了,解到州里,必是要你偿命。我放了你,我须不该死罪。况兼我又无父母挂念,家私尽可赔偿。你顾前程万里自去。"雷横拜谢了,便从后门小路奔回家里,收拾了细软包裹,引了老母,星夜自投梁山泊入伙去了。不在话下。

[注释]

[1] 赍:音 jī,赍字的俗写,交付。
[2] 书画卯酉:卯酉是旧时计时方法中的两个时辰,卯时相当于上午五点至七点,酉时相当于下午五点至七点。书画卯酉指公衙里查点到班人员的制度。
[3] 都头:宋代禁军在指挥使下设都头和副都头。雷横是郓城县的军吏,并不在禁军中。当时"都头"大约已成为对一般军吏的尊称。
[4] 帮闲:没有正当职业而依附他人生活。
[5] 打踅的行院:踅,音 xué。打踅,本来是来回走动的意思,在这里引申而指四出流动卖艺。行院,在这里作妓女讲。
[6] 妮子:本来用以称婢女,元明时又用以泛称年轻妇女而带有贬义。这里当是后一义。
[7] 构栏:艺人卖艺的地方。见前《史弘肇龙虎君臣会》注[92]。
[8] 打散:曲艺杂技的总称。
[9] 价:样子,……那样的。
[10] 睃:音 suō,看,望。
[11] 端的:真的。
[12] 粉头:妓女。
[13] 心闲:心情闲适。
[14] 等身靠背:等身,像人的身长那样。靠背,大约是一种旗帜。
[15] 青龙头上:《礼记·曲礼》说:"左青龙而右白虎。"青龙指左面,"青龙头上"指左面第一个座位,是尊贵的席位。
[16] 笑乐院本:亦称耍笑院本,一种以逗乐为主要内容的杂剧。

[17] 头脑：以羊肉和多种配料做成并注以热酒的一种食品。
[18] 开呵：说开场白。
[19] 界方：界尺。拍击以引起观众注意。
[20] 格范：表演所依据的范本。
[21] 开话：又称"入话"。演唱本题之前先表演的一段小故事。
[22] 合棚：棚，勾栏内有棚。合棚，整个戏棚子。
[23] 务头：指曲里"平上去入三音联串之处"。（吴梅《顾曲麈谈》）
[24] 按喝：截断喝彩声。
[25] 标首：第一注钱。
[26] 子弟门庭：子弟，宋元时称嫖客，这里指听歌妓演唱的客人。门庭，指某一行的规矩。子弟门庭，到勾栏里听歌妓演唱的规矩。
[27] 和：即和哄，起哄的意思。
[28] 驴筋头：猥亵的骂人的话。
[29] 逞好手：表现自己的手段不同于一般人。
[30] 号令：示众。
[31] 做场：演出。
[32] 捆扎：捆绑。
[33] 出名：指白秀英本人出面。
[34] 奈何了他："对付了他"的意思。
[35] 有首尾：有关系，有瓜葛。
[36] 胡乱：这里当"随便、马虎"讲。
[37] 人闹里：人群纷乱之中。
[38] 没做道理处：没有办法，无可奈何。
[39] 不时：要不然的话。
[40] 做不的面皮：无法顾全脸面。
[41] 情知：明知。
[42] 节级：本是下级军官的职称，这里是狱吏。
[43] 水火：大小便。

西　游　记

　　《西游记》,明代吴承恩著,一百回,是以唐僧西天取经为背景的一部神话小说。

　　取经故事在宋代已流传于民间。本书选录的《大唐三藏取经诗话》是宋代说话人所用话本;古本《西游记》残文可能是元人所述的《西游记》话本;《朴通事谚解》里转述的《唐三藏西游记》平话已经具有复杂的故事情节;元末明初杨景贤的《西游记》杂剧更把取经故事搬到了舞台上。(当然不自杨景贤始;金院本有《唐三藏》,元代吴昌龄有《唐三藏西天取经》杂剧,均已失传。)吴承恩继承并发展了民间有关取经故事的题材,写成了这部长篇小说《西游记》。

　　吴承恩,字汝忠,号射阳山人。淮安府山阳县(今江苏淮安)人。他生活在明代中叶,约在1500年至1582年间。《西游记》用白话写成,而且用了不少江淮方言,使本书接近口语而富于表现力。

　　这里选录的是原书第四十六回"外道弄强欺正法　心猿显圣灭诸邪",据黄肃秋校注本,人民文学出版社,1979年。校注本所据底本是明刊世德堂本。

第四十六回　外道弄强欺正法
　　　　　　　心猿显圣灭诸邪

　　话说那国王见孙行者有呼龙使圣之法,即将关文[1]用了宝印,便要递与唐僧,放行西路。那三个道士,慌得拜倒在金銮殿上启奏。那皇帝即下龙位,御手忙搀道:"国师今日行此大礼,何也?"道士说:"陛下,我等至此,匡扶社稷,保国安民,苦历二十年来,今日这和尚弄法力,抓了丢去[2],败了我们声名,陛下以一场之雨,就恕杀人之罪,可不[3]轻了我等也？望陛下且留住他的关文，让我兄弟与他再赌一赌，看是何如。"那国王着实昏乱，东说向东，西说向西，真个收了关文，道："国师，你怎么与他赌？"虎力大仙道："我与他赌坐禅[4]。"国王道："国师差矣。那和尚乃禅教[5]出身，必然先会禅机[6]，才敢奉旨求经；你怎与他赌此？"大仙道："我这坐禅，比常不同：有一异名，教做'云梯显圣'。"国王道："何为'云梯显圣'？"大仙道："要一百张桌子，五十张作一禅台，一张一张迭将起去，不许手攀而上，亦不用梯凳而登，各驾一朵云头，上台坐下，约定几个时辰不动。"

国王见此有些难处，就便传旨问道："那和尚，我国师要与你赌'云梯显圣'坐禅，那个会么？"行者闻言，沉吟不答。八戒道："哥哥，怎么不言语？"行者道："兄弟，实不瞒你说。若是踢天弄井，搅海翻江，担山赶月，换斗移星，诸般巧事，我都干得；就是砍头剁脑，剖腹剜心，异样腾那[7]，却也不怕；但说坐禅，我就输了。我那里有这坐性？你就把我锁在铁柱子上，我也要上下爬蹉，莫想坐得住。"三藏忽的开言道："我会坐禅。"行者欢喜道："却好！却好！可坐得多少时？"三藏道："我幼年遇方上禅僧讲道，那性命根本上，定性存神，在死生关里，也坐二三个年头。"行者道："师父若坐二三年，我们就不取经罢；多也不上二三个时辰，就下来了。"三藏道："徒弟呀，却是不能上去。"行者道："你上前答应，我送你上去。"那长老果然合掌当胸道："贫僧会坐禅。"国王教传旨，立禅台。国家有倒山之力，不消半个时辰，就设起两坐台，在金銮殿左右。

那虎力大仙下殿，立于阶心，将身一纵，踏一朵席云，径上西边台上坐下。行者拔一根毫毛，变做假象，陪着八戒、沙僧，立于下面，他却作五色祥云，把唐僧撮起空中，径至东边台上坐下。他又敛祥光，变作一个蟭蟟虫，飞在八戒耳朵边道："兄弟，仔细看着师父，再莫与老孙替身说话。"那呆子笑道："理会得！理会得！"

却说那鹿力大仙在绣墩上坐看多时，他两个在高台上，不分胜负，这道士就助他师兄一功：将脑后短发拔了一根，捻着一团，弹将上去，径至唐僧头上，变作一个大臭虫，咬住长老。那长老先前觉痒，然后觉疼。原来坐禅的不许动手，动手算输。一时间疼痛难禁，他缩着头，就着衣襟擦痒。八戒道："不好了！师父羊儿风[8]发了。"沙僧道："不是，是头风发了。"行者听见道："我师父乃志诚君子,他说会坐禅,断然会坐;说不会,只是[9]不会。君子家,岂有谬乎?你两个休言,等我上去看看。"好行者,嘤的一声,飞在唐僧头上,只见有豆粒大小一个臭虫叮他师父。慌忙用手捻下,替师父挠挠摸摸。那长老不疼不痒,端坐上面。行者暗想道："和尚头光,虱子也安不得一个,如何有此臭虫?……想是那道士弄的玄虚,害我师父。——哈哈!枉自也不见输赢,等老孙去弄他一弄!"这行者飞将去,金殿兽头上落下,摇身一变,变作一条七寸长的蜈蚣,径来道士鼻凹里叮了一下。那道士坐不稳,一个筋斗,翻将下去,几乎丧了性命;幸亏大小官员人多救起。国王大惊,即着当驾太师领他往文华殿里梳洗去了。行者仍驾祥云,将师父驮下阶前,已是长老得胜。

那国王只教放行。鹿力大仙又奏道："陛下,我师兄原有暗风疾,因到了高处,冒了天风,旧疾举发,故令和尚得胜。且留下他,等我与他赌'隔板猜枚'。"国王道："怎么叫做'隔板猜枚'?"鹿力道："贫道有隔板知物之法,看那和尚可能彀?他若猜得过我,让他出去;猜不着,凭陛下问拟罪名,雪我昆仲之恨,不污了二十年保国之恩也。"

真个那国王十分昏乱,依此谗言。即传旨将一朱红漆的柜子,命内官抬到宫殿。教娘娘放上件宝贝。须臾抬出,放在白玉阶前,教僧道："你两家各赌法力,猜那柜中是何宝贝。"三藏道："徒弟,柜中之物,如何得知?"行者敛祥光,还变作蟭蟟虫,钉在唐僧头上道："师父放心,等我去看看来。"好大圣,轻轻飞到柜上,爬在那柜脚之下,见有一条板缝儿。他钻将进去,见一个红漆丹盘,内放一套宫衣,乃是山河社稷袄,乾坤地理裙。用手拿起来,抖乱了,咬破舌尖上,一口血哨喷将去,叫声"变!"即变作一件破烂流丢[10]一口钟[11],临行又撒上一泡臊溺,却还从板缝里钻出来,飞在唐僧耳朵上道："师父,你只猜是破烂流丢一口钟。"三藏道："他教猜宝贝哩,流丢是件甚宝贝?"行者道："莫管他,只猜着便是。"

唐僧进前一步,正要猜,那鹿力大仙道："我先猜,那柜里是山河社稷袄,乾坤地理裙。"唐僧道："不是,不是,柜里是件破烂流丢一口钟。"国王道："这和尚无礼!敢笑我国中无宝,猜甚么流丢一口钟!"教："拿了!"那两班校尉就要动手,慌得唐僧合掌高呼："陛下,且赦贫僧一时,待打开柜看,端的是宝,贫僧领罪;如不是宝,却不屈[12]了贫僧也?"国王教打开看。当驾官[13]即开了,捧出丹盘来看,果然是件破烂流丢一口钟。国王大怒道:"是谁放上此物?"龙座后面,闪上三宫皇后道:"我主,是梓童[14]亲手放的山河社稷袄,乾坤地理裙,却不知怎么变成此物。"国王道:"御妻请退,寡人知之。——宫中所用之物,无非是缎绢绫罗,那有此甚么流丢?"教:"抬上柜来,等朕亲藏一宝贝,再试如何。"

那皇帝即转后宫,把御花园里仙桃树上结得一个大桃子——有碗来大小——摘下,放在柜内,又抬下叫猜。唐僧道:"徒弟啊,又来猜了。"行者道:"放心,等我再去看看。"又嘤的一声,飞将去,还从板缝儿钻进去;见是一个桃子,正合他意,即现了原身,坐在柜里,将桃子一顿口啃得干干净净,连两边腮凹儿都啃净了,将核儿安在里面。仍变蟭蟟虫,飞将出去,钉在唐僧耳朵上道:"师父,只猜是个桃核子。"长老道:"徒弟啊,休要弄我。先前不是口快,几乎拿去典刑。这番须猜宝贝方好。桃核子是甚宝贝?"行者道:"休怕,只管赢他便了。"

三藏正要开言,听得那羊力大仙道:"贫道先猜,是一颗仙桃。"三藏猜道:"不是桃,是个光桃核子。"那国王喝道:"是朕放的仙桃,如何是核? 三国师猜着了。"三藏道:"陛下,打开来看就是。"当驾官又抬上去打开,捧出丹盘,果然是一个核子,皮肉俱无。国王见了,心惊道:"国师,休与他赌斗了,让他去罢。寡人亲手藏的仙桃,如今只是一核子,是甚人吃了? 想是有鬼神暗助他也。"八戒听说,与沙僧微微冷笑道:"还不知他是会吃桃子的积年[15]哩!"

正话间,只见那虎力大仙从文华殿梳洗了,走上殿道:"陛下,这和尚有搬运抵[16]物之术,抬上柜来,我破他术法,与他再猜。"国王道:"国师还要猜甚?"虎力道:"术法只抵得物件,却抵不得人身。将这道童藏在里面,管教他抵换不得。"这小童果藏在柜里,掩上柜盖,抬将下去,教那和尚再猜,这三番是甚宝贝。三藏道:"又来了!"行者道:"等我再去看看。"嘤的又飞去,钻入里面,见是一个小童儿。好大圣,他却有见识。果然是腾那天下少,似这伶俐世间稀!

他就摇身一变,变作个老道士一般容貌。进柜里叫声"徒弟"。童儿道:"师父,你从那里来的?"行者道:"我使遁法来的。"童儿道:"你来有么教诲?"行者道:"那和尚看见你进柜来了,他若猜个道童,却不又输了？是特来和你计较计较，剃了头，我们猜和尚罢。"童儿道："但凭师父处治，只要我们赢他便了。若是再输与他，不但低了声名，又恐朝庭不敬重了。"行者道："说得是。我儿过来。赢了他，我重重赏你。"将金箍棒就变作一把剃头刀，搂抱着那童儿，口里叫道："乖乖，忍着疼，莫放声，等我与你剃头。"须臾，剃下发来，窝作一团，塞在那柜脚纥络[17]里。收了刀儿，摸着他的光头道："我儿，头便像个和尚，只是衣裳不趁[18]。脱下来，我与你变一变。"那道童穿的一领葱白色云头花绢绣锦沿边的鹤氅，真个脱下来，被行者吹一口仙气，叫"变！"即变做一件土黄色的直裰儿，与他穿了。却又拔下两根毫毛，变作一个木鱼儿，递在他手里道："徒弟，须听着。但叫道童，千万莫出去；若叫和尚，你就与我顶开柜盖，敲着木鱼，念一卷佛经钻出来，方得成功也。"童儿道："我只会念《三官经》《北斗经》《消灾经》，不会念佛家经。"行者道："你可会念佛？"童儿道："阿弥陀佛，那个不会念？"行者道："也罢，也罢，就念佛，省得我又教你。切记着，我去也。"还变蟭蟟虫，钻出去，飞在唐僧耳轮边道："师父，你只猜是个和尚。"三藏道："这番他准赢了。"行者道："你怎么定得？"三藏道："经上有云：'佛、法、僧三宝。'和尚却也是一宝。"

正说处，只见那虎力大仙道："陛下，第三番是个道童。"只管叫，他那里肯出来。三藏合掌道："是个和尚。"八戒尽力高叫道："柜里是个和尚。"那童儿忽的顶开柜盖，敲着木鱼，念着佛，钻出来。喜得那两班文武，齐声喝采；唬得那三个道士，拑口[19]无言。国王道："这和尚是有鬼神辅佐！怎么道士入柜，就变做和尚？纵有待诏[20]跟进去，也只剃得头便了，如何衣服也能趁体，口里又会念佛？国师啊！让他去罢！"

虎力大仙道："陛下，左右是[21]'棋逢对手，将遇良材'。贫道将钟南山幼时学的武艺，索性与他赌一赌。"国王道："有甚么武艺？"虎力道："弟兄三个，都有些神通。会砍下头来，又能安上；剖腹剜心，还再长完[22]；滚油锅里，又能洗澡。"国王大惊道："此三事都是寻死之路！"虎力道："我等有此法力，才敢出此朗言[23]，断要与他赌个才休。"那国王叫道："东土的和尚，我国师不肯放你，还要与你赌砍头剖腹，下滚油锅洗澡哩。"

行者正变作蟭蟟虫,往来报事。忽听此言,即收了毫毛,现出本相,哈哈大笑道:"造化!造化!买卖上门了!"八戒道:"这三件都是丧性命的事,怎么说买卖上门?"行者道:"你还不知我的本事。"八戒道:"哥哥,你只像这等变化腾那也彀了,怎么还有这等本事?"行者道:"我啊:

砍下头来能说话,剁了臂膊打得人。
扎去[24]腿脚会走路,剖腹还平妙绝伦。
就似人家包匾食,一捻一个就圆囵。
油锅洗澡更容易,只当温汤[25]涤垢尘。"

八戒、沙僧闻言,呵呵大笑。行者上前道:"陛下,小和尚会砍头。"国王道:"你怎么会砍头?"行者道:"我当年在寺里修行,曾遇着一个方上[26]禅和子[27],教我一个砍头法,不知好也不好,如今且试试新。"国王笑道:"那和尚年幼不知事。砍头那里好试新?头乃六阳之首,砍下即便死矣。"虎力道:"陛下,正要他如此,方才出得我们之气。"那昏君信他言语,即传旨,教设杀场。

一声传旨,即有羽林军三千,摆列朝门之外。国王教和尚先去砍头。行者欣然应道:"我先去!我先去!"拱着手,高呼道:"国师,恕大胆,占先了。"拽回头,往外就走。唐僧一把扯住道:"徒弟呀,仔细些。那里不是耍处。"行者道:"怕他怎的!撒了手,等我去来。"

那大圣径至杀场里面,被刽子手挝住了,捆做一团。按在那土墩高处,只听喊一声:"开刀!"飕的把个头砍将下来。又被刽子手一脚踢了去,好似滚西瓜一般,滚有三四十步远近。行者腔子中更不出血。只听得肚里叫声:"头来!"慌得鹿力大仙见有这般手段,即念咒语,教本坊土地神祇:"将人头扯住,待我赢了和尚,奏了国王,与你把小祠堂盖作大庙宇,泥塑像改作正金身。"原来那些土地神祇因他有五雷法,也服他使唤,暗中真个把行者头按住了。行者又叫声:"头来!"那头一似生根,莫想得动。行者心焦,捻着拳,挣了一挣,将捆的绳子就皆挣断,喝声:"长!"飕的腔子内长出一个头来。唬得那刽子手个个心惊,羽林军人人胆战。那监斩官急走入朝奏道:"万岁,那小和尚砍了头,又长出一颗来了。"八戒冷笑道:"沙僧,那知哥哥还有这般手段。"沙僧道:"他有七十二般变化,就有七十二个头哩。"

说不了,行者走来,叫声"师父"。三藏大喜道:"徒弟,辛苦么?"行者道:"不辛苦,倒好耍子。"八戒道:"哥哥,可用刀疮药么?"行者道:"你是摸摸看,可有刀痕?"那呆子伸手一摸,就笑得呆呆睁睁道:"妙哉!妙哉!却也长得完全,截疤儿也没些儿!"

兄弟们正都欢喜,又听得国王叫领关文:"赦你无罪。快去!快去!"行者道:"关文虽领,必须国师也赴曹砍砍头,也当试新去来。"国王道:"大国师,那和尚也不肯放你哩。你与他赌胜,且莫唬了寡人。"虎力也只得去,被几个刽子手也捆翻在地,幌一幌,把头砍下,一脚也踢将去,滚了有三十余步,他腔子里也不出血,也叫一声:"头来!"行者即忙拔下一根毫毛,吹口仙气,叫"变!"变作一条黄犬,跑入场中,把那道士头一口衔来,径跑到御水河边丢下不题。

却说那道士连叫三声,人头不到,怎似行者的手段,长不出来,腔子中骨都都红光迸出。可怜空有唤雨呼风法,怎比长生果正仙?须臾倒在尘埃,众人观看,乃是一只无头的黄毛虎。

那监斩官又来奏:"万岁,大国师砍下头来,不能长出,死在尘埃,是一只无头的黄毛虎。"国王闻奏,大惊失色,目不转睛,看那两个道士。鹿力起身道:"我师兄已是命到禄绝了,如何是只黄虎!这都是那和尚念赖[28],使的掩样法儿[29],将我师兄变作畜类!我今定不饶他,定要与他赌那剖腹剜心!"

国王听说,方才定性回神,又叫:"那和尚,二国师还要与你赌哩。"行者道:"小和尚久不吃烟火食,前日西来,忽遇斋公[30]家劝饭,多吃了几个馍馍;这几日腹中作痛,想是生虫,正欲借陛下之刀,剖开肚皮,拿出脏腑,洗净脾胃,方好上西天见佛。"国王听说,教拿他赴曹。那许多人,挽的挽,扯的扯。行者展脱[31]手道:"不用人挽,自家走去。但一件,不许缚手,我好用手洗刷脏腑。"国王传旨,教莫绑他手。

行者摇摇摆摆,径至杀场。将身靠着大桩,解开衣带,露出肚腹。那刽子手将一条绳套在他膊项上,一条绳札住他腿足,把一口牛耳短刀,幌一幌,着肚皮下一割,搠个窟窿。这行者双手爬开肚腹,拿出肠脏来,一条条理毂多时,依然安在里面。照旧盘曲,捻着肚皮,吹口仙气,叫"长!"依然长合。国王大惊,将他那关文捧在手中道:"圣僧莫误西行,与你关文去罢。"行者笑道:"关文小可[32],也请二国师剖剖剜剜,何如?"国王对鹿力说:"这事不与寡人相干,是你要与他做对头的。请去,请去。"鹿力道:"宽心,料我决不输与他。"

你看他也像孙大圣,摇摇摆摆,径入杀场,被刽子手套上绳,将牛耳短刀,嗙喇的一声,割开肚腹,他也拿出肝肠,用手理弄。行者即拔一根毫毛,吹口仙气,叫:"变!"即变作一只饿鹰,展开翅爪,飕的把他五脏心肝,尽情抓去,不知飞向何方受用。这道士弄做一个空腔破肚淋漓鬼,少脏无肠浪荡魂。那刽子手蹬倒大桩,拖尸来看,呀!原来是一只白毛角鹿!

慌得那监斩官又来奏道:"二国师晦气,正剖腹时,被一只饿鹰将脏腑肝肠都刁去了,死在那里。原身是个白毛角鹿也。"国王害怕道:"怎么是个角鹿?"那羊力大仙又奏道:"我师兄既死,如何得现兽形?这都是那和尚弄术法坐害我等。等我与师兄报仇者[33]。"国王道:"你有甚么法力赢他?"羊力道:"我与他赌下滚油锅洗澡。"国王便教取一口大锅,满着香油,教他两个赌去。行者道:"多承下顾。小和尚一向不曾洗澡,这两日皮肤燥痒,好歹荡荡[34]去。"

那当驾官果安下油锅,架起干柴,燃着烈火,将油烧滚,教和尚先下去。行者合掌道:"不知文洗,武洗?"国王道:"文洗如何? 武洗如何?"行者道:"文洗不脱衣服,似这般叉着手,下去打个滚就起来,不许污坏了衣服;若有一点油腻算输。武洗要取一张衣架,一条手巾,脱了衣服,跳将下去,任意翻筋斗,竖蜻蜓,当耍子洗也。"国王对羊力说:"你要与他文洗,武洗?"羊力道:"文洗恐他衣服是药炼过的,隔油。武洗罢。"行者又上前道:"恕大胆,屡次占先了。"你看他脱了布直裰,褪了虎皮裙,将身一纵,跳在锅内,翻波斗浪,就似负水[35]一般顽耍。

八戒见了,咬着指头,对沙僧道:"我们也错看了这猴子了! 平时间剿言讪语[36],斗他耍子,怎知他有这般真实本事!"他两个唧唧哝哝,夸奖不尽。行者望见,心疑道:"那呆子笑我哩! 正是'巧者多劳拙者闲'。老孙这般舞弄,他倒自在。等我作成他捆一绳,看他可怕。"正洗浴,打个水花,淬[37]在油锅底上,变作个枣核钉儿,再也不起来了。

那监斩官近前又奏:"万岁,小和尚被滚油烹死了。"国王大喜,教捞上骨骸来看。刽子手将一把铁笊篱,在油锅里捞,原来那笊篱眼稀,行者变得钉小,往往来来,从眼孔漏下去了,那里捞得着!又奏道:"和尚身微骨嫩,俱札[38]化了。"

国王教拿三个和尚下去,两边校尉,见八戒面凶,先揪翻,把背心捆了。慌得三藏高叫:"陛下,赦贫僧一时。我那个徒弟,自从归教,历历有功;今日冲撞国师,死在油锅之内,奈何先死者为神,——我贫僧怎敢贪生!正是天下官员也管着天下百姓。陛下若教臣死,臣岂敢不死。——只望宽恩,赐我半盏凉浆水饭[39],三张纸马[40],容到油锅边,烧此一陌纸,也表我师徒一念,那时再领罪也。"国王闻言道:"也是,那中华人多有义气。"命取些浆饭、黄钱[41]与他。果然取了,递与唐僧。

唐僧教沙和尚同去。行至阶下,有几个校尉,把八戒揪着耳朵,拉在锅边。三藏对锅祝曰:"徒弟孙悟空!

　　自从受戒拜禅林,护我西来恩爱深。
　　指望同时成大道,何期今日你归阴!
　　生前只为求经意,死后还存念佛心。
　　万里英魂须等候,幽冥做鬼上雷音!"

八戒听见道:"师父,不是这般祝了。沙和尚,你替我奠浆饭,等我祷。"那呆子捆在地下,气呼呼的道:

　　"闯祸的泼猴子,无知的弼马温[42]!该死的泼猴子,油烹的弼马温!猴儿了帐,马温断根!"

孙行者在油锅底上,听得那呆子乱骂,忍不住现了本相。赤淋淋的,站在油锅底道:"馕糟的夯货!你骂那个哩!"唐僧见了道:"徒弟,唬杀我也!"沙僧道:"大哥干净[43]推佯死惯了!"慌得那两班文武上前来奏道:"万岁,那和尚不曾死,又打油锅里钻出来了。"监斩官恐怕虚诳朝廷,却又奏道:"死是死了,只是日期犯凶,小和尚来显魂哩。"

行者闻言大怒,跳出锅来,揩了油腻,穿上衣服,掣出棒,挝过监斩官,着头一下,打做了肉团,道:"我显甚么魂哩!"唬得多官连忙解了八戒,跪地哀告:"恕罪! 恕罪!"国王走下龙座。行者上殿扯住道:"陛下不要走,且教你三国师也下下油锅去。"那皇帝战战兢兢道:"三国师,你救朕之命,快下锅去,莫教和尚打我。"

羊力下殿,照依行者脱了衣服,跳下油锅,也那般支吾洗浴。

行者放了国王,近油锅边,叫烧火的添柴,却伸手探了一把,——呀!——那滚油都冰冷,心中暗想道:"我洗时滚热,他洗时却冷。我晓得了,这不知是那个龙王在此护持他哩。"急纵身跳在空中,念声"唵[44]"字咒语,把那北海龙王唤来:"我把你这个带角的蚯蚓,有鳞的泥鳅!你怎么助道士冷龙护住锅底,教他显圣赢我!"唬得那龙王喏喏连声道:"敖顺不敢相助。大圣原来不知。这个孽畜,苦修行了一场,脱得本壳,却只是五雷法真受,其余都蹭了傍门[45],难归仙道。这个是他在小茅山学来的'大开剥'。那两个已是大圣破了他法,现了本相。这一个也是他自己炼的冷龙,只好哄瞒世俗之人耍子,怎瞒得大圣! 小龙如今收了他冷龙,管教他骨碎皮焦,显什么手段!"行者道:"趁早收了,免打!"那龙王化一阵旋风,到油锅边,将冷龙捉下海去不题。

行者下来,与三藏、八戒、沙僧立在殿前,见那道士在滚油锅里打挣,爬不出来。滑了一跌,霎时间骨脱皮焦肉烂。

监斩官又来奏道:"万岁,三国师煠化了也。"那国王满眼垂泪,手扑着御案,放声大哭道:

"人身难得果然难,不遇真传莫炼丹。
空有驱神咒水术,却无延寿保生丸。
圆明混,怎涅槃? 徒用心机命不安。
早觉这般轻折挫,何如秘食稳居山!"

这正是:点金炼汞成何济,唤雨呼风总是空! 毕竟不知师徒们怎的维持,且听下回分解。

[注释]

[1] 关文:官厅向别的机构发出的通知或查询事情的公文。这里指把唐僧西去

取经一事通知沿途各地的文书。
[2] 抓了丢去：抢了先。
[3] 可不：岂不。
[4] 坐禅：佛家称坐而修行。坐禅要求静虑凝心,不挪动身躯。虎力大仙要与唐僧赌赛的也正是不动不摇这一点。
[5] 禅教：佛教。
[6] 禅机：佛家的道理规矩。
[7] 腾那：那,音 nuó,现在写作"挪"。腾那,指变换位置。
[8] 羊儿风：羊角风,癫痫。
[9] 只是：就是。
[10] 破烂流丢：破烂不堪。
[11] 一口钟：斗篷。
[12] 屈：这里当冤枉讲。
[13] 当驾官：皇帝近侍。
[14] 梓童：本来是皇帝对皇后的称呼,这里是皇后自称。
[15] 积年：老手,行家。
[16] 抵：对换,调换。
[17] 纥络：角落。
[18] 不趁：不相称。
[19] 拑口：缄默不语。《史记·秦本纪》引贾谊《过秦论》："故使天下之士,倾耳而听,重足而立,拑口而不言。"
[20] 待诏：此指剃头待诏,即剃头工匠。
[21] 左右是：横竖是,反正是。
[22] 长完：生长齐全。
[23] 朗言：大话。
[24] 扎去：截去。
[25] 温汤：热水。
[26] 方上：指和尚云游四方。
[27] 禅和子：禅宗称参禅的人。和子,亲如伙伴之意。简称禅和。
[28] 念赖：即痞赖,耍赖。
[29] 掩样法儿：又作掩眼法,一种变幻形象以欺骗人的法术。
[30] 斋公：对道人的称呼。
[31] 展脱：挣脱。
[32] 小可：小事儿,无关紧要的事。

[33] 者：句末语气助词。
[34] 荡：在水中来回摆动。
[35] 负水：浮水，游泳。
[36] 劖言讪语：劖，音 chán，嘲讽，挖苦。
[37] 淬：音 cuì，大约是方言词，意指水花附在油锅底上。
[38] 札：同"炸"或"煠"。
[39] 凉浆水饭：祭奠死者的饭食。
[40] 纸马：又称甲马。迷信习俗画神佛像在纸上，并涂上颜色，用来烧化祭奠用。
[41] 黄钱：纸钱。
[42] 弼马温：民间传说猴子可以避马瘟。《西游记》第四回说玉皇大帝封孙行者为御马监的"弼马温"官。弼谐避，温谐瘟。
[43] 干净：干脆，索性。
[44] 唵：音 ǎn，佛教咒语多以"唵"字起头。
[45] 蹦了傍门：入了傍门。傍门是道教术语，指修行正道以外的门径。

词语索引

本索引编录本书注释部分所收的一些近代词语以便检索。人、地名,官职名,典故,文言词语一般不收。词目后第一个数码表示页数,点儿后的数码表示注码。例如:

　　虔婆　201·57

表示"虔婆"这个词见于 201 页注[57]。

　　有时候同一页上有两个注码相同,例如 25 页两首曲子词,注释中都有[3]:

　　比拟　25·3

表示"比拟"这个词见于 25 页第一个注[3];

　　努力　25·下 3

表示"努力"这个词见于 25 页上两个注[3]的下面的那个注[3]。

　　词目按照汉语拼音方案的字母顺序排列。字书所无、读音不明的少数几个字附在最后。

A

呵 286·14
阿鼻 42·5
阿閦如来 50·40
阿的是 286·11
阿堵 3·4
阿郎 50·50
阿罗汉 111·14
阿马 250·38
阿莽 33·16,36·87
阿师 43·34
阿谁 5·下 3
挨查 163·45
挨获 166·129
挨年 323·1
捱肩 221·45
艾火 38·140
爱马 335·6

安乐 190·93, 303·6
安置 163·57, 220·20
暗风 339·16
暗行人 318·25
按喝 352·24
熬 163·62
鏖糟 191·125

B

巴歌 21·18
巴毁 35·76
巴镘 204·15
八字 259·43
拔头 36·87
把素 225·143
掰 74·11
掰拨 88·11
掰开胸 74·11
白 283·37
白夺 241·35
白胡阑 282·17
白健 37·118
白面 221·55
白身 258·6
白雪 21·18
白纻 139·2
摆番 162·28
百方做计 78·5
百家 220·3
百节 259·38
百年 38·149

败盟 103·4
般若 62·2
搬唆 225·140
昄项 142·75
板摺儿 305·57
半抄 224·123
半良不贱 255·37
半折 121·18
伴当 297·24
伴等 259·33
帮闲 351·4
帮总 121·16
谤 35·59
包髻 252·70
宝冠霞帔 236·17
保见 22·7, 50·41
保正 190·106
豹尾 33·23
豹月乌 272·20
卑逊 37·121
北斗 23·3
陂泊 229·13
北珠 166·133
鞴 245·25
被 50·47, 229·5
被卧 163·65
背儿 163·49
背槽抛粪 251·61
背厅 260·50
悖赖 363·28
奔星 34·41

本典 37·115
坌土 36·88
绷 193·175
绷扒 352·32
鼻凹 249·11
比个大哥二哥 192·142
比及 304·27
比甲 305·58
比来 34·44
比拟 26·3
比似 122·50
彼此生命 74·5
壁落 345·10
壁牙 128·12
蹩 56·18
碧纱厨 194·195
碧油幢 194·194
毕月乌 282·19
边 15·中 2,34·25,63·19
边子 191·125
鞭镫驱使 51·81
编管 142·83
匾食 220·17
变 63·34
变豹 191·130
便 323·21
便如 96·4
便宜 269·3
便早时 303·13
便做 323·10
彪 282·15

标榜 72·36
标首 352·25
膘息 280·3
表德 285·3
表里 335·20
表丈人 34·29
鳖鳖的 324·29
别 244·5
蠙珠 222·76
丙丁 274·6
并 88·30
病癞 18·15
拨置 336·36
拨还 283·36
波罗蜜 62·2
波娘 259·26
波逃 49·7
波吒苦 43·41
簸箕星 260·47
晡 206·48
薄 51·74
薄干 141·31
薄落 57·37
伯伯 220·7
博戏 18·10
卜胜 33·8
逋逃落籍 34·27
不 36·97,67·6
不按君臣 162·27
不趁 363·18
不成 77·14

不打紧 318·9
不当不对 198·5
不当稳便 122·54
不道 49·21,97·8
不道得 191·120
不到 78·3
不到少欠 77·11
不得生容易 22·4
不迭 192·153
不妨 57·48
不分 34·31
不改间无 50·53
不勾 292·下 3
不顾借 244·17
不好看相 165·123
不藉 58·60
不拣 271·5
不拣几时 304·34
不近道理 190·108
不怕那甚么 289·4
不叵耐 128·29
不如法 318·20
不舍 232·67
不审 72·33
不审得 251·62
不时 352·39
不是莫 42·16
不首 142·82
不厮求院子 345·11
不消 198·18
不销得 89·43

不相应 96·7
不省 258·7
不争 94·30,251·59
不知高低 142·74
不赀 96·2
不走作 76·6
不做人的 249·9
步度 33·2
卜儿 249·2
布额 339·3
布施 56·3
部署 191·135

C

擦卓儿的 164·72
裁排 251·44
菜玉 305·59
采 223·89
采生 312·12
残 35·69
伧父 3·9
藏阄 278·5
曹溪 69·14
曹司 37·117
册历 283·35
侧 21·25
插科 276·2,279·22
叉手 121·35
查梨 254·12
䠡 33·21
钗 36·108

差发 283·36
差科 17·4
差夫 282·5
蟾宫客 222·74,235·1
禅和子 363·27
禅机 363·6
禅教 363·5
剗言讪语 364·36
缠椶 305·61
铲地 191·114
刬地 259·32
猖猖狂狂 140·27
常川 249·15
长解的 323·19
长生天气力里、大福荫护助里 288·1
偿 51·61
长行 103·2
唱道是 245·26
唱的人家里 305·69
唱喏 49·4
唱说 56·15
畅好是 282·11
朝庭 18·8
车驾 282·7
阵嗏 244·11
撦 244·7
撦擘 34·33
彻梢虚 262·22
瞋恚 6·1
呈似 72·19

辰时 339·6
趁 49·27
赪尾 186·3
承 3·14
承吏 193·174
承望 43·42
成持 72·30
成群结队价 198·4
丞局 163·66
澄心用意 63·31
逞好手 352·29
秤锤 23·1
吃 189·73
吃荁子麻糖口 231·61
赤椎 36·98
敕 57·23
充傔 38·139
充众 11·30
重瞳眼 204·9
虫蚁 165·103
抽 35·55
惆怅 57·40
酬 15·2
酬谢 128·8
偢保 305·74
丑差 56·8
出警入跸 204·3
出离 64·36
出名 352·33
出适 11·6
出脱 193·178

出性 22·6
除是 94·14
处 42·22
处分 56·14,63·30
褚公 2·1
触长 80·6
炊饼 344·1
垂垂 72·29
揣 242·39
擩 33·19
传槽病 259·42
噇 223·100
春笋柔荑 187·14
踧 192·152
辞违 64·46
辞谢 37·131
词状 165·117
次 67·2
次第 35·78,69·6
从 15·4
趣 94·19
蹴 279·20
簇豆梅 127·2
爨 277·14
窜行 304·50
摧残 43·28
淬 364·37
村 221·59,249·16
村沙 205·16
村瞳 190·97
皴 56·18

撮合山 261·2
撮头 34·32
搓揉人 254·14
剉 339·10
措大 20·12
错支剌 262·24

D

搭背 269·7
搭飒 165·105
答应 335·10
达达 318·29
达地 251·51
达鲁花赤 288·3
达失蛮 288·8
达子 335·7
怛谅 324·28
打板精神 58·51
打当 222·81
打点 220·25
打换 163·46,255·28
打火 245·24,304·20
打紧 220·5
打勘 141·47
打马 278·5
打扮 58·51
打散 351·8
打围 279·21
打香油钱 142·61
打踅 351·5
打硬 36·96

大 256·41
大段 103·5
大夫 121·20
大概 304·28
大刚来 249·15,258·7
大惊小怪 189·70
大理寺 206·49
大姆子 189·68
大晒 58·64
大师 62·1
大势 336·26
大四至 258·10
大小大 77·12
大小大事 79·11
呆答孩 254·10
𫛢 289·17
歹症候 279·25
待到是 100·19
待诏 121·21,363·20
贷死 198·11
丹青 56·12
耽 36·89,222·72
噇 20·6
但 51·72,69·16,297·6
但是 303·17,336·31
但知 36·103
淡薄 24·中3
当 3·6,96·8,225·139
当房 344·6
当驾官 363·13
当头 17·7

当阳佛 231·49
当直 162·14
荡 221·46,364·34
忉怛 103·11
倒 43·37
倒断 141·52
倒提云 305·65
道是 12·33
道一句只一句 230·27
到的 303·2
到头 33·17
倒上树 230·22
得 220·28
得也磨 15·3
得意 81·16
登科录 241·33
登时 74·13
等身靠背 351·14
迭不得 304·23
迭时饷 230·39
抵 363·16
的 50·56
递 241·31
递送夫 282·26
递相 72·14
地方 189·72
地分 198·7
地理脚色 128·18
地狱 42·5
帝里 235·12
帝释 51·62

弟子 190·92
颠倒 220·12
掂 113·1, 236·30
掂脚 192·151
掂扑 193·179
点 121·19, 318·7
典座 72·32
店都知 191·136
殿司 193·184
调发 6·5
调嘴 224·122
吊 221·49
吊窗 205·24
吊客 262·20
瞓眝 57·38
顶老 164·75
定夺 291·8
定害 308·6
定轮 252·67
定窑 165·102
东都 49·28
东君 121·24
东司 189·79
东西回避 49·6
动禅 308·16
动但挣揣 291·3
动静 335·14
动使 162·19
兜答 220·6
兜地 252·66
都来 57·35

都统 108·29
都无 111·5
斗来 254·5
斗草 254·6
斗巧 128·25
斗圣 308·13
毒害 236·25
度 12·39, 67·17, 69·8
度脱 72·14
妒害 35·61
端的 351·11
端的是 223·86
断 221·43
断送 120·6, 267·24
对 220·9
顿法 64·40
多得 221·50
多样时 163·67
堕根 72·17
垛 25·5

E

额花 261·4
恶发 35·55, 50·48
恶衣 20·4
遏 172·20
儿夫 229·8
儿子 69·4
二舍 318·8
二仪 230·42

词语索引 373

F

发 317·2
发付 193·189
发迹变泰 188·37
发脾寒 164·93
发遣 89·41
法藏 266·12
番人 108·17
凡言 21·26
氾毓 10·2
反悔 43·39
反阴复阴 262·21
犯滥铺模 142·85
范阳 62·7
方寸 140·25
方上 363·26
方朔饿 21·17
坊佐 190·105
房奁 190·99
房卧 57·44
防闲 80·8
放对 192·150
放钝 37·120
放慢 27·4
放意 220·14
匪人 206·43
肥枣 309·19
废了 323·9
分白 88·15
分茶 278·4

分付 165·106
分际 192·147
分前奴 11·8
分疏 35·64
分说 244·15
分析 34·25
分雪 34·37
芬芳 58·55
纷纭 38·150
粉头 351·12
风范 204·6
佛法不在僧俗 71·11
佛性 63·23
不(＝否) 3·11
敷演 269·1
扶持 242·40
祓 17·5
符命 312·6
福禄喜神 221·61
福田 63·26
伏气 346·6
幞头 71·10, 89·42
襥子 31·89
府干 121·22
甫能 193·181, 221·54
负水 364·35
覆藏 7·2
夫直 11·31

G

盖头 224·116

胲 141·48
干 339·13
干证人 291·7
干净 364·43
乾 323·6
乾颡 190·96
乾支剌 258·4
赶趁 190·102
感血气 230·32
干办 163·37
刚叉帽儿 305·63
高凤 12·52
告 111·12,236·27,255·22,297·7,345·14
告首 108·28
诰 323·11
哥哥 162·15
纥络 363·17
割舍 192·162
格范 352·20
隔勒 50·32
隔是 43·45
獦獠 63·22
个 20·12
根 198·17,318·11
根底 164·73,288·2
根脚 283·30
根寻 312·15
更被 33·17
更怕 249·18
更做道 255·28

赓 241·36
公事 188·49
蚣 259·39
共 3·13
供过 187·12
供食太急 241·25
供养 56·2,111·3
构栏 190·92,351·7
狗生双翅 282·21
狗蚤 308·15
勾(=够) 297·26
勾当 26·上4,285·5
估客船 3·上2
蛊 323·7
餶飿儿 140·24
古自 254·9
故 42·11,63·20,229·9
故事 93·3
顾盼 297·29,304·40
纶 12·42
乖角 232·68
乖张 222·82
关闭 162·22
关天 37·123
关文 362·1
官定粉 250·24
官家 121·28
官里 286·17
观察 162·35
观音佛 266·9
管 205·40,244·18

光着眼 166・132
规 11・28
归朝官 99・12
鬼慌 189・75
聒 187・28
聒噪 220・23
国清 21・22
国风 250・34
国信 89・34
裹肚 121・25
果圆 51・79
过 15・中 2
过处 187・23
过卖 192・159
过与 24・中 2

H

哈哈 58・50
害 164・94
含饭 221・51
寒碎 280・12
汉儿言语 303・7
汗火 164・84
行 339・12
行院 163・53
蒿恼 165・125,190・89
好手 22・8
好在 41・2
好住 43・38
号令 352・30
耗 97・7

和 57・20,189・71,352・27
和人民要 96・6
和顺 286・6
合 78・4,250・22
合棚 352・22
合儿 164・85
合苦 128・26
合溜 162・25
合落儿 269・2
合行 286・11
何等 3・12
何事 140・8
何似 96・5
何似生 49・29
何物人 3・8
阁行 3・3
盒子 255・23
覅 12・40
姮娥 222・71
红曲连 282・18
虹梁 33・9
后 95・31
后命 107・6
忽雷驳 272・21
忽律 35・63
忽时 49・2
葫芦提 252・63
胡乱 128・14,163・56,190・111,352・36
胡踢蹬 282・14
花布直裰 277・12

花红 221·48
花项 192·144
话 48·1
坏 205·17
欢呼啰唣 127·4
还 69·14,162·9,198·13
还钱 189·63
环刀 205·30
荒说 18·13
黄花 240·5
黄荆 193·170
黄钱 364·41
黄沙 36·109
谎厮 305·70
回避 240·11
回定 191·124
回言 304·49
回雁 120·1
会钱 164·89
会取 72·24
会事 189·66
会遭 36·98
浑家 17·8,128·17,223·87
火上等冬凌 259·23
火者 317·6
货 11·13
或早或晚 303·11

J

赍 5·下 2
唧唧了 244·19

即渐 250·20
机谋 50·55
积年 363·15
积祖 162·7
稽首 308·10
鸡学舞 282·20
急缓 15·下 3
嫉 3·下 2
偈 22·1
籍草 33·6
计 57·29
计会 50·42
计甚利害 78·9
寄物 42·9
季春 120·5
家 236·16
家处 17·3
家活屋舍 76·8
家人 51·80
家人团座头 51·83
家生 18·14
家堂 221·41
家乐 318·10
枷分三等 193·172
枷梢 141·49
袈裟 266·10
夹杖 11·19
加诸 35·66
价 351·9
驾上人 162·5
间 56·4

词 语 索 引　377

间壁 304・22
尖头 36・99
监院 142・65
检才 164・76
拣口儿 305・67
箭簳子竹 141・37
江州 49・3
将 56・16,62・11,122・48
将次 221・39,304・26
将军 33・3
将来 121・30
将为 111・11
将谓 74・13
将息 236・20
将养 69・11
将作 35・77
绛坛 266・1
交 15・上 1
交关 51・75,141・55
交加 141・57
交配役 292・4
交通 15・下 2
较些 244・13
角妓 205・22
僬掠 33・10
侥幸 224・120
叫噉 111・7
教道 304・29
教化 162・12
教授师 63・32
轿番 128・27

揭地 309・20
揭谛 346・9
节 108・23
洁 241・20
结裹 305・62
结束 205・31
解典库 289・15
解锯 308・5
解库 165・127
解射 74・4
解书人 64・38
解卸 37・130
界方 352・19
界至 88・27
金笸儿 140・12
金城 191・134
金刚 21・28,57・26
金瓜 206・45
金落索 187・27
金牌玉简 43・35
金瓯 278・8
金鱼带 165・115
金厢宝石闹装 305・60
今见 35・65
斤削 267・30
锦套头 279・17
紧执定 89・38
禁林 187・9
禁步 220・33
禁声 259・31
禁止端立 312・14

尽头 303·3
精进 49·24
经笼罩、受索网 279·12
经藏 266·11
经论 67·11
荆子 141·51
井 225·136
静办 318·26
静鞭 188·46
九重 204·2
九陌 191·133
九天 267·22
九曜 274·4
九州 266·5
酒酽花秾 235·13
臼 225·136
臼直 16·3
舅姑 225·140
就 71·12,240·1
就里 241·27
就取 57·43
拘捲 206·46
居 33·4
居士 267·28
掬 229·19
局蹐 56·11
弆 17·12
举身自扑 43·44
具足凡夫 50·39
遽 3·15
卷帐 191·126

倦压鳌头 186·1
决 231·60
绝 12·46
绝末 277·13
俊倬 205·18

K

开洞 267·37
开发本宗 285·1
开呵 352·18
开话 352·21
开眼尿床 38·147
凯 128·14
勘合 204·5
勘婚 251·47
輷轲 21·16
看 51·71
看承 280·2
看街 193·187
看觑 198·19
尻包儿 280·6
科 252·65
科责 34·36
磕牙 128·32
壳漏子 71·8
克落 305·72
可不 363·3
可共语 3·13
可奈 165·124
可耐 221·36
可煞 187·17

词语索引　379

可惜 205·37
可笑 22·5
可憎 244·5
可知 193·177
可知道 140·9
可中 38·149
骒马 297·15
课语讹言 205·29
肯心儿 255·32
空 5·上 4
空门 50·34
口伴 111·9
口马行头 50·59
口中衔铁 51·78
苦行 142·64
快 224·129,258·21
款 13·59
况 50·52
亏我 190·110
裩 162·11,230·22
髡 142·86
裈 17·6

L

垃圾相 222·83
镴枪头 279·13
来 304·44
俫人 244·1
勒 13·57
郎 12·37,34·47
郎官 67·5

郎君 278·3
朗言 363·23
浪道 34·52
浪舌 205·36
浪子 278·1
老阿者 255·20
老孤 249·1
嬴 72·29
离位 274·8
醨 164·70
犛 7·1
礼 241·34
里 89·36,188·51,191·114,
　　323·4
理长 71·12
理会 80·2,89·4
理会不下 188·43
理会数 89·45
理绝通问 12·50
例 18·2
例总 49·7
立地 18·12,308·17
利市 221·48
连二连三的 164·81
连理 231·50,236·14
连珠 261·3
莲花 20·7
脸道邹搜 231·53
梁窭 33·5
梁园虽好,不是久恋之家 162·33
凉浆水饭 364·39

量酒 163・68,189・64
量口 51・65
两膊成"山"字 18・3
两部脉 128・31
两瞄 205・20
两上领布衫 122・59
辆 241・32
辆起车儿 241・32
辽丁 198・20
撩乱 34・34
撩治 36・85
撩治家常 34・50
膋血 245・22
了 142・59
了当 88・6
了的 309・22
了身不正 258・9
料物 304・25
料糟 272・22
列 11・5
劣缺 230・23
烈士 198・15
邻并 15・下 1
伶俐 220・29,225・147
领系 261・9
岭南 62・8
令旨 323・18
溜 220・4
溜道 296・5
流 34・28
流苏 222・70

六部 205・26
六出 189・53
六道轮回 255・34
六丁神 122・40
六儿 254・3
六街 191・131
六艺 220・8
六祖 68・2
龙多儿 297・11
龙虎榜 140・7
龙媒种 271・7
龙牵 11・20
娄 33・16
喽啰 33・12
偻㑩 58・64
漏风的巴掌 221・38
漏风掌 191・118
露柱 57・21
虏 107・11
驴筋头 352・28
驴颓 277・20
銮舆 282・7
闾阎阛闠 12・45
律师 67・13
瘰瘰拳拳 72・28
略 12・41
略绰口 140・20
轮藏 266・13
论 14・中 1
论竟 35・84
论理 36・94

词语索引　381

啰唣 127・4
罗唣 166・131
罗城 163・54
罗汉 56・2
罗刹 193・171
罗天大醮 308・7
落薄 345・12
落草 79・16
落处 304・36
落后上 297・14
落后下 304・46
落忽 164・92
落人后 279・14
落宿 165・111
洛阳花 279・19
诔谎 36・96

M

麻线道 258・12
马援 10・1
买 190・101
卖归 198・16
瞒 21・21,26・上1
瞒语 26・上1
谩 20・11,35・70
谩语 42・18
满日 122・46
满堂红 222・64
漫 34・45
慢 346・7
芒郎 164・69

忙郎 282・9
莽路 57・42
茅柴酒 127・1
茅茨 80・1
毛施布 305・55
毛衣 281・14
卯酉子午 230・26
磨（＝么）15・上3
磨砡 80・11
没摆拨 163・58
没奈何 122・47
没前程 259・24
没甚事 189・58
没实成 259・29
没是处 262・25
没事哏 249・15
没体例的 289・4
没兴 190・88
没做道理处 352・38
眉势 206・42
每 198・10
门庭 352・26
孟春 120・2
懑 141・42
眯目 35・60
密呧相骸 37・125
冕旒 188・47
面没罗 254・10
面首 20・3
觅曲 36・100
缗 99・11

明白 229·10
鸣榔板 122·61
名目 230·23
名听 286·13
摩 69·14,269·13
摩顶 69·20
摩顶受记 267·32
摩侯罗儿 121·31
摩诃 62·2
摩瞎 272·28
磨 24·下3
磨合罗 250·25
磨勘 38·141
磨灭 244·12
磨问 339·4
某甲 69·9
莫 42·16
莫且 96·10
蓦 35·71,229·6
么道 286·10,288·10
末不 254·11
末梢 164·90
没(＝么)事 42·17
牟 58·56
姆姆 220·7
木瓜心 162·13
木植 21·19,269·6

N

拿 296·1
拿着性儿 254·7
那 222·69,277·17
那得在 2·3
纳子 255·24
乃可 58·59
妳子 189·77
奈何 352·34
难道 339·5
难停往复 88·7
男女 17·10,140·23,162·31,192·140
脑擎 318·23
脑子 37·128
闹竿儿 164·95
内 57·45
内不自足 76·2
内官 165·126
内人 58·57
恁 269·4
恁地 190·100
能 220·18
能处 304·35
嫩凉 139·2
泥丸 20·10
泥梨 43·30
妮子 351·6
拟 51·82
儞 64·35
你门 164·98
你咱 230·21
拈拈恰恰 262·11
年时 303·19

词 语 索 引　383

捻绡的 255・29
捻足潜踪 229・2
念诗赋 222・67
嬢 12・36
嗫嚅 33・17
嶭斫 33・16
涅槃经 49・8
您 198・3
宁耐 236・24
牛头 193・170
牛皮 269・10
牛屋 3・7
佞人 6・1
弄 141・39
那 222・69
那借 161・4
那身 283・28
奴 57・34, 236・15
努力 27・3, 64・43
努眼 17・13
女红 219・2
搦 141・28
掿 18・16

O

呕呴 231・58

P

怕 122・53, 198・2
怕不待 251・45
怕不待要 241・29

排门 282・1
排军 128・7
排寻 297・8
潘安 43・27
攀陪 141・53
盘缠斋供 49・13
盘根 250・21
蟠膝 335・13
傍夫 5・下 1
傍门 364・45
庞眉节级 193・169
抛箱 165・118
蓬瀛 187・18
匹头 282・16
披寻 22・3
偏脱 33・15
陂泊 229・13
骈阗 191・132
漂冽 235・4
瞥倒 198・6
撇漾 254・16
频 15・中 1
贫道 41・1
平章 18・10, 33・1, 205・32
凭仗 15・下 3
瓶坠簪折 206・47
泼皮 323・3
泼男女 304・48
婆娘人 255・31
破 25・中 2, 191・115
破分 128・23

破烂流丢 363·10
破题儿 240·12
迫划 192·139
麰夒 20·5
叵耐 26·1,128·9
扑 190·90
扑过了 191·138
扑鱼 191·137
铺陈 304·39
铺呈 250·30
铺持 255·26
铺谋 277·15
铺撒 258·15
蒲梢 280·1
铺马 288·13
铺屋 190·87
铺寨 88·31

Q

七代先灵 259·26
七香车 236·29,262·15
欺负 35·67
其 12·35
齐攒 244·9
祇园 267·23
祇应 187·11,289·14
乞 11·24
麒麟 231·62
气出 291·5
气命儿 280·2
蕲州 62·14,188·33

契合 297·32
砌末 250·26
起末 193·165
恰 282·10
恰不道 279·15
恰来 231·46
恰限 206·50
千户 249·1
牵笼 222·62
愆 43·29
前件 99·9
前口儿 280·7
前奴 11·8
前头 51·66
前行 141·44
拑口 363·19
潜龙 229·7
乾颡 190·96
虔婆 221·57
钤束 108·24
前代外戚 12·47
钱数 50·49
遣送 312·4
倩 240·8
跄 142·76
抢白 346·5
敲才 256·45
跷蹊 269·5
乔才 223·85
乔男女 282·13
且 305·75

且如 108·16
趄 244·3
窃言 35·57
怯 25·下 2
侵近 251·48
清楚 204·8
青蚨 21·15
青凉伞儿 232·69
青史 188·36
青龙头上 351·15
轻乞列 258·5
勤儿 205·18
情取 259·23
情知 352·41
请给 121·36
穷 80·5
蛩 235·8
穹崇 56·11
秋色 261·4
求 15·上 3
虬 222·78
鸲鹆 34·30
区处 345·17
趋跄 188·48
趋奉 121·23
趋事 121·34
觑得人如无物 283·27
觑的小可 318·21
觑付 262·13
驱口 291·上 1
曲躬 35·64,57·47

屈 142·73,363·12
屈请 58·53
渠 20·1
取 17·2,33·4,122·52,128·28
取次 21·26,236·14
取覆 193·188
取一个时辰 250·43
取应 240·3
去 12·36
去得 89·35
佉(＝弄)17·12
拳 163·52
劝 188·29
劝杯 121·29
却 17·11,26·下 4,34·43,62·12,188·50,240·10
却对 229·17
却入 42·12
却是 121·23
却是恁地 142·63
却醒 339·15
榷 94·27
逡巡 142·60

R

然 34·39,58·61,111·6,111·10,236·23
冉冉 236·21
攘拳 11·17
热牢 164·74

热乱 193・183
人从 191・113
人定 18・6
人间私语，天闻若雷 255・35
人闹里 352・37
恁地 190・100
喏 189・57
念(＝稔)知 241・24
仍 11・11,12・34
仍仍 38・144
日 189・60
日西 18・6
日早晚 162・30
日逐 122・58,190・95
柔橹 24・3
肉案 304・22
肉身菩萨 67・15
褥 20・8
辱 249・17
辱末 241・17
辱么 304・43
如来佛 43・43
孺人 140・10
入话 139・1
入舍 198・21
入众 11・9
搵 141・28
偌大 190・109
若个 192・156
若也 49・10
弱事 58・58

S

撒 304・38
撒敦 261・1
三宝 42・15
三茶六饭 220・16
三殿 266・3
三个鼻子管 223・107
三家村 69・10
三教堂 229・12
三山骨 280・9
三省 205・26
三涂 42・25
三朝点茶 223・98
三藏 67・14
三藏法师 266・14
三宗 267・33
三足金乌窟 272・23
散 277・7
散诞 225・146
散宿 297・9
桑家瓦 165・107
丧门 262・20
扫 187・15
扫道 297・23
扫一只词 187・15
色目 121・17
僧行 111・4
沙数 20・9
沙陀 229・15
煞 96・12

煞曾经 258·18
煞待 251·50
煞得 278·2
煞近上底 96·12
㬠有 88·29
衫襖 165·113
衫褙 165·120
骟马 297·22
善女 56·1
善知识 62·6,69·15
上 303·8,304·24
上件 141·36
上名 141·41
上人 64·37
上善 274·7
上停行首 204·14
上头 297·25
上位 318·12
上下 35·60,163·41
上行 190·104
上灶 165·112
上足弟子 49·22
上座 63·32
尚尔 5·3
尚兀子 220·32
烧卖 220·17
韶州 62·4
赊 244·8
奢遮 128·19
蛇缠胡芦 282·22
阇梨 72·18

社火 266·17
舍人 250·25
摄检 11·22
摄受 69·7
身己 142·70,286·12,303·6
身起 255·21
参辰 23·2
糁盆 122·39
籸子面 269·14
申时 339·9
深切仰思,未尝少替 141·30
神不和 230·25
沈充 3·5
什摩 67·12,69·13
甚闲事 94·13
甚次第 187·13
渗 141·48
生 51·68,51·69
生分 27·2
生活 122·57,269·15
生扭得 267·28
生盆 344·4
生生化化 346·1
生受 128·21,198·22
生缘 69·18
生杖 42·21
省可里 236·19
圣旨俺每的 289·18
尸骸 33·22
尸丧 35·72
师 67·16

施行 271·2
失张失志 141·54,189·80
十 18·9
十地 51·79
十方 50·36
十里长亭 240·2
十善五戒 42·4
十王地藏 255·33
拾芥 241·19
食店 192·158
时分 285·4
时复 231·48
时间 241·23
时节 220·31,308·3
时样 304·51
实大声宏 81·19
使 11·11,250·27
使长郎主 262·14
使臣房 162·34
使下 51·63
使心作倖 259·40
是 49·11
是必 236·18
是处 225·145
是事 190·84
事 50·35
事件 304·51
事力 97·9
事人 57·28
事须 57·43
适间 140·26

世尊 42·8
侍卫司 193·191
收 163·44
收采生魂 312·9
收撮 258·14
收禁 312·11
手动 291·5
手力 49·16
兽头 56·13
受持 5·下4
受戒 67·15
授无相戒 62·3
书画卯酉 351·2
书会先生 142·84
疏阔 163·50
叔郎 11·7
熟白绢 162·11
数中 121·33
蜀魄 120·13
庶 96·3
庶息 11·14
束脩 35·54
耍线 231·54
耍子 345·15
摅 141·35
櫋 189·69
双鬟 205·23
双六 220·8
双陆 279·24
爽 5·5
水火 352·43

水性 224·119
睡觉 140·14
顺风雷 232·66
顺治 285·5
瞬 205·20
说脱空 95·32
说喻 89·37
说着后 205·21
斯须 25·6
司房 193·176
司理院 142·80,193·166
厮赶 188·42
厮将就厮附带 304·37
厮殢 189·65
厮觑 236·28
死堆灰 254·10
死临侵 241·22,262·23
死临侵地 241·22
死雀不就上弹 36·86
似 72·19
似倾下野鹊 232·65
四川十样锦 192·145
四时八节 221·42
四司六局 187·10
四蹄玉兔宫 272·24
四星 259·35
嗣 68·2
松 162·8
擞 33·20
送故 3·下3
送亲 221·35

送喜 26·2
颂 250·34
苏木 221·58
苏文 80·7
俗云 43·40
宿业因 57·32
宿业有缘 63·18
酸馅 162·18
随鞭镫 258·13
随身灯 222·65
随邪水性 259·25
䐈 351·10
索 58·63,142·78,282·6
索粉 221·34
所由 141·40
镲 42·20

T

他 20·11
他家 5·上1
他门 57·36
踏 164·77
踏地 33·18
榻 21·20
挞尾 165·116
台 11·4
抬举 261·6
太杀 74·8
太煞 71·6
太岁 33·3
太尉 161·3

太医 304・41
汤店 164・100
汤药 205・34
唐 6・下 2
涛汰 72・37
讨 122・56,163・59
讨个下落 165・108
讨分晓 221・40
套顶上 282・24
天道 229・1
天曹判 282・25
特骨地 164・88
忒没意 220・26
忒下的 281・16
腾那 363・7
踢突 38・142
提刑 164・86
提辖官 127・6
天道 229・1
天花乱坠 49・30
天可怜见 303・5
天监 11・29
田地 254・16
甜鞋净袜 140・22
填置 35・81
迢 42・13
调 35・79
调发 191・119
调理 222・66
调让 252・64
桯 258・16

廷尉 13・58,193・167
停当 220・30
贴 11・26
通判 186・7
铜豌豆 279・16
投 3・上 4,108・15
头 236・26
头敌 254・17
头风 163・40
头回 188・34
头口 303・14
头面 141・56
头脑 352・17
头梢 259・36
头匹 50・57,291・下 2
头踏 192・149
头西下 236・26
突踢 34・35
秃膝 164・97
徒少问辩 37・116
土拨鼠 297・21
土床 164・70
土地 49・5
土库 162・23
土馒头 16・下 1
兔胡 254・15
团衫 252・70
团头 37・132
推故 282・2
推官 193・168
推敲 78・8

词 语 索 引 391

颓 277·20
颓人 280·5
腿花 142·79
退顿 37·120
退静 38·146
肫 231·59
脱膊 192·143
脱套换套 305·52
托生 56·5
脱头 34·53
驼垛马 267·38

W

瓦 190·91
外旦 254·2
外道 5·6
外孤 254·1
弯跧 189·78
完饭 223·101
纨袴 12·48
万福 164·71
王所 308·8
往 303·10
网巾 223·90
望风 37·132
隈地 38·143
围场 279·11
微 107·7
为当 37·120,49·17
为复 51·70
为头儿 286·11

尾 142·71
委 74·14,88·8,99·5
委的 165·122
委决 165·109
委是 291·6
䁖䁖 80·9
未别火食 11·27
未时 339·8
温汤 363·25
文面 229·4
闻已 5·上2
稳审 57·39
揾 235·5,240·15,244·4
吻边 120·10
问 198·14
问头 37·126
问肯 251·46
问讯 41·3,225·144,308·9
唵 364·44
窝风所在 223·110
污 223·111,280·4
兀的 251·52
兀发眉齐 50·33
兀自 128·20
无 50·44,72·35
无端 231·51
无揩洗 43·35
无量斗 221·52
无量圣贤 50·37
无明睡著 50·38
无情 164·78

无图 79·12
无上 67·16
无相 267·35
无知 269·11
五服 43·33
五音六律 278·6
五戒 142·62
五量 24·1
五量店 223·105
五陵儿 267·34
五男二女 17·上1
五逆 18·17
五通神 122·44
五显 274·9
五阴 69·19
午时 339·7
勿交涉 72·25
务头 352·23
物事 81·14,164·83,345·16

X

息 11·12
西手 162·26
醯酱 245·21
锡杖 264·10
细揍绒绣来胸背 255·30
细人 142·58
系腰 262·10
下 303·18
下茶 223·88
下处 312·10

下饭 304·21
下红定 258·20
下甚么茶 223·88
下世 188·52
下手 250·22
下头 76·4
下着 220·28
下走 35·82
邪磨 36·104
先来 49·12
先生 221·47,288·7,308·4
饮 140·15,255·36
饮过 259·45
饮新 251·60
贤 230·28
贤会 259·42
挦剥 190·112
显明 285·2
线道 164·79
陷坑 259·44
见今 63·16
见事 13·56
献状 121·26
相次 111·15
相当 57·41
相光 49·15
相看一切 71·5
相问动静 190·94
相亚 37·133
相仪 56·10
向 17·下1

向今 57·31
向来 34·46
向晚 235·4
萧墙 189·76
箫韶 204·7
萧寺 244·2
消乏 305·73
消停 107·12
小番子 162·17
小的 323·8
小底 291·4
小可 308·11,363·32
小年夫妻 141·45
小人儿 335·14
小师 142·66
笑乐院本 351·16
歇泊 128·22
歇歇 221·37
斜签著 241·21
叶 222·75
挟纩 103·6
谢承 258·11
屑一撮 141·29
新妇 58·54,111·8,229·14
新州 62·9
心记 254·13
心困 249·7
心丧 267·25
心闲 351·13
心邪 244·11
心性 223·104

信禀 64·41
信道 191·117
信善 112·1
衅稔 12·49
惺惺 26·上 3,80·3
行 250·31,323·5
行缠 122·60
行来的 297·12
行粮 297·28
行货 50·58,164·80
行遣 89·39
行踏 206·44
行营 335·4
行在 120·14
行者 63·25,111·1
省 21·13,72·23
省的 303·9
省得 286·7
醒酒汤 305·68
休 103·10,220·24
休题 255·19
修剌 3·16
绣银条纱 305·56
臭味 35·83
虚沾 57·25
须 43·32,188·45,189·62,
　191·123,283·29
须有商量 99·8
许出羞 258·19
许大 97·4
旋 49·13,250·21,283·36

选 21·14
渲 280·11
穴白 33·11
薛包 12·51
薛禅 297·30
趋 244·14
血泺 192·148
寻 6·下 1
寻常 17·9
寻常间 121·32
寻闹 192·160
寻俗 282·3
徇 296·2
巡绰 205·33
噀水 111·13

淹润 250·27, 251·44
咽作 279·23
恹 25·上 2
言史 204·4
阎浮提 42·6
演 67·16
眼黑 262·17
眼里无珍一世贫 251·53
眼慢 165·104
眼目 231·63
眼脑 35·61
眼睍 34·42
偃蹇 231·57
掩扑 259·37
掩样法儿 363·29
魇镇 312·5
餍儿 240·13
晏灯 223·94
验写 37·114
洋 345·7
羊儿风 363·8
仰 6·3
仰答 37·127
养身处 261·2
养娘 121·27
漾 164·87
漾了手 163·61
糕糜 189·67
邀勒 36·106
幺末 277·6
腰裙 254·68

Y

押铺 190·86
押取 99·7
压 21·25
压膝道伴 72·34
压衣刀 192·164
押燕 88·3
牙将 193·186
牙人 51·64
牙推 260·49
衙内 192·161
雅 250·34
雅尚玄远 3·下 1
烟花巷 223·92
烟花帐子头 204·13

词语索引　395

峣崎 79·14
窑变 165·102
咬啃 36·101
要自 35·70
爷爷 335·9
也里可温 288·6
也么哥 240·16
业 56·6
夜叉 339·2
曳车 308·5
一般 22·2,77·13
一壁 140·11
一彪 282·15
一程 193·190
一 261·8
一寸肠娇子 42·19
一沓 312·7
一道 163·38
一和 163·60
一家 162·24
一家一计 254·9
一口钟 363·11
一块雪 272·8
一迷 223·103
一灭行 259·34
一纳 57·30
一硕 16·2
一跳身 250·23
一向 43·31
一榨 204·10
一折 249·1

一种 20·3
衣法 63·29
依约 235·10
伊 141·32
伊轧 187·22
伊家 236·16
遗漏 122·38,193·182
宜男 222·73
以 38·151,49·18
已 77·9
已尔 12·38
已否 41·2
迤逗 232·64
迤逦 229·3
亦 38·153,67·4
抑勒招取 255·31
诣实 51·76
意思 79·15
意甚不足 99·6
意似 107·9
意休不休 163·42
因此 121·27
因依 89·46
银蟾 256·44
寅时 220·22
应当 198·1
应干 108·30
应是 49·9,94·11
应有内人 190·98
迎神赛社 277·9
寅亡后 11·25

营生 304·47
影响 230·40
应副 88·19,108·19
应洗之源 12·43
用心 304·33
用意 220·19,277·15
悠悠 78·6
由 111·2
邮亭 191·129
繇 318·27
有 51·67,88·25,285·5,308·3
有道路 163·51
有分晓的 323·15
有分 189·81
有酒色 3·10
有来 288·10
有立 10·3
有气分 256·42
有情的 189·61
有商议 255·18
有首尾 352·35
有相 267·35
又以钱婢姊妹弟温 11·10
右官 103·9
右相 205·38
虞候 107·3
余物 63·21
鱼雁 248·41
与 62·5
与摩 73·12

与……做主 271·4
庾法畅造庾太尉 2·上1
玉骢 240·7
玉粳米牙儿 254·8
狱家院子 162·16
元 18·5
元来 309·21
缘 42·7
缘没 39·24
缘业 235·2
远公 48·1
远来冲热 34·48
院本 269·12,276·5
院君 344·2
约貌 99·14
云了 249·5
云南毡 305·64
云云 57·24
云住 249·3
韵 235·9
嗢哈 37·115

Z

《杂犯》142·81
在 72·26,163·39
在后 49·26,64·45
在屋里 71·4
在意 250·31,286·16
咱 230·21
桫 141·34
攒眉 231·49

攒沅 35·68
赞老子 164·82
臧否 34·38
藏府 76·7
遭际 193·192
遭遇 121·37
早是 191·116,224·118,235·3
早晚 50·46,58·62
造作 33·13
则 72·27
则道是 261·7
则个 122·48
则声 162·20,220·11
则索 240·14
责 11·15,12·32
责情 35·74
责数 38·152
怎的好 220·13
查 11·21,259·43
诈诇 37·136
扎去 363·24
札 364·38
札目 165·114
乍可 36·112
斋公 363·30
窄窄别别 250·29
债主 50·43
占视 49·14
占相 33·2
展 11·16

展脚 18·6
展脱 363·31
展污 255·21
斩眉 255·39
障 49·19
长完 363·22
招 224·127
招伏 198·9
招子 276·3
棹 24·上2
遮 36·110,107·8
遮莫 56·17
遮嘱 36·102
辄 11·23
褶子 140·21
摺艺 51·73
者 34·51,286·9,364·33
者里 74·12
者莽 36·98
这们 220·10
这般上头 286·15
这的 308·12
这的每 288·12
这等 318·14
这每 335·8
这懑 108·26,230·24
这下 76·5
这歇 323·1
争 21·23,57·27
争得气 128·24
争合 50·45

争那 57·33
挣揣 241·18
阛阓 142·77
正旦 249·6
正末 249·1
政 99·17
政缘 78·2
之处 50·51
支分 250·27
知根 251·51
知他 303·4
知寺 142·69
知闻 24·中 3
直 190·100,220·21
直得 74·9,79·10
直裰 225·142
直系 205·35
直下 58·52,141·38,267·31
直须 74·10
只 49·20,303·12
只除 303·16
只今 43·36
只近 69·17
只没 43·26
只如 35·72
只是 363·9
只是如此 79·13
只首 56·9
只消 128·13
祗承 37·124
祗应 187·11

执手临岐 235·7
纸笔当直 37·119
纸马 364·40
指挥 50·31,190·85
止杀 89·32
踬 37·129
志诚 251·56
质库 162·7
制置 103·7
中 162·29,272·19,336·32
中官 204·1
中间 81·15
众生 6·4
仲春 120·3
周全 192·141
骤 34·40
诸天 7·3
竹叶 122·49
逐 5·下 1
逐旋 99·13
主 12·44
麈尾 2·2
住 249·4
住持 49·25
住地 128·10
助 49·23,244·6
筑底巷 189·74
筑筑磕磕 193·180
苎 220·15
抓了丢去 363·2
拽坝扶钮 283·33

词语索引 399

拽扎 162·11
转动 108·20
转关 35·73
转换 108·25
撰 190·103
赚 258·16
篆 266·2
庄家 276·1
妆沉 259·36
妆孤 305·71
妆哈 277·8
妆幺 282·12
迍迍的 240·9
准 11·18
准折 99·4
捉 162·15
捉事 163·55
捉事人 128·15
卓 188·44
卓立 88·16,304·42
着 189·83,280·8,286·8,286·14,286·19
着落 142·72
着实 80·4
著 5·下2,33·14,64·39,108·25
著摸 76·3
著心 78·7
灼然 72·13
咨 312·2
咨嗟 51·60

孳畜 304·45
訾 224·121
子弟 279·10,352·26
子末 251·55
子争 249·8
姊妹 24·中1,250·28
梓童 363·14
紫陌 191·128
紫袍 267·20
自火里 297·13
自家 94·12,107·4
自家懑 97·10,108·22
自家身里 286·18
自可依止 63·33
自看得来 78·1
自拟 50·54
自性 63·27
自隐 35·67
踪迹 346·8
棕树 57·19
惚 69·5
总然 223·99
总是 240·6
走得楼阁没赛 165·101
走及奔马 189·59
卒客无卒主人 34·49
祖帐 266·16
罪过 142·69,163·64
尊拳 34·34
尊者 72·21
左符 186·2

摔番 271·3
摔住 192·163
左降 62·8
左右 223·112
左右是 363·21
坐禅 363·4
坐床撒帐 222·68
坐的 241·21
坐静 308·14
作急 335·12
作摩 69·12,71·10
作摩生 69·12
作务 63·24,74·6
作仗 188·41
作诅 36·95
做 107·13,163·63,345·9
做不的面皮 352·40

做不是 162·21
做场 352·31
做道场 223·115
做道路 162·36
做个道理 189·82
做个嘴儿 162·10
做公的 128·11
做事 318·30
做眼 165·128
做夜作 164·91
做一做 223·113
做怎致 99·15

附：

柭 18·11
㹻皮 305·66
骹 36·92

编 后 记

这本《近代汉语读本》选录五世纪至十六世纪内各个时期接近口语的早期白话作品，目的在于给学习和研究汉语史的学生和语文工作者、语文教师提供一份可读的参考资料。

古代白话从什么时候开始，这个问题很难用简单的话说清楚，因为在文言占统治地位的古代，很少有人用纯粹的白话来写文章。这里选录的作品，接近口语的程度也并不一样。大体上说，时代越往后，口语化的程度就越高一些。从这里可以看出近代汉语一步一步发展到现代汉语的一个大概轮廓。

近代汉语的研究，应该是汉语研究里的一个重要环节。如果不把近代汉语研究清楚，那就不能说对汉语史已经有了全面的认识。而要弄清楚现代汉语中的一些问题，也往往要上溯到近代汉语，因为两者之间本来就有很密切的历史联系。

近年来，语文刊物上发表的研究近代汉语的文章日益增多，也有这方面的专著出版，这都是可喜的现象。但是总的说来，我们对于近代汉语的了解还是非常不够的。就个人所知，目前大学中文系也还没有开设专门的近代汉语课程。我编注这本《近代汉语读本》，无非希望在这方面尽力做一点点普及工作。假如能够因此引起大家对于近代汉语的兴趣，有更多的人来从事近代汉语的研究并做出成绩，个人的目的也就算达到了。

我还希望这个读本对广大的中学语文教师也能有所帮助，尽管目前中学语文教学里一般不大接触早期的白话作品。中学语文课主要是讲授现代作品，同时也学一些文言文。早期白话作品正是这两者之间承上启下的中间环节。语文教师多读这类作品，扩大自己的视野，对教学工作无疑是有好处的。

读本里选录的作品散见于各种书籍，有的不易见到，绝大部分并不难得，我只是费了一些抄缀的工夫，把它们集在一起而已。我希望这样可以省去读者翻检群书之劳。限于篇幅，有许多好作品本来应该入选而没有选进去。有的作品篇幅太长，只能节选其中一部分。与众多作品相比，这里所选的可以说只是举例的性质。读者在"尝鼎一脔"之余，不妨循着本书所提供的线索去找更多的书看。

作品排列的次序大致依照时代先后，但也考虑到"以类相从"，不完全拘于时间的先后。比如沈括的《乙卯入国奏请》，时间比某些宋儒语录要早一些，但是我把它排在了宋儒语录后面，为的是与《三朝北盟会编》里几篇性质相同的文字相衔接；而且这样安排可以让宋儒语录紧接着唐五代禅宗语录，便于显现它们之间的承递关系。又比如书中依照先杂剧、后散曲的顺序选了几篇作品。如果按作者时代先后排列，那就要把杂剧和散曲这两类作品打乱，也许还不如现在这样排列为好。另外，有些作品（如变文、话本）的具体年代难定，也只好"以类相从"了。

这些作品大多需要校勘以纠正错别字或缺字衍文。校书不易，我尽个人的能力做了一些。有的字径自改正，有的缺字据别本补足。因为是普及性的读本，不作校勘记，必要时在注释里交代有哪些改动，并且在篇首说明所采用的底本是什么版本。

选录的标准主要看作品是否接近口语。凡是接触过这类作品的人都会有这样的经验：越是接近当时口语的作品，今天也就越不容易读懂。为了帮助读者阅读，加了一些题解性的说明和注释。由于选录的作品涉及面很广，注释诚非易事。并且哪些词语该注，哪些不必加注，取舍之间也很难免有个人主观的因素。个人读书无多，见闻有限，在工作中时时有"举鼎绝膑"之感。为了求得一个词的确切解释，往往需要翻查好几种书，但是还有些词语目前仍不能确切解释，只好暂时存疑。

这些题解、校勘和注释都参考了前人和时贤的研究成果。比如任昉《奏弹刘整》这一篇著名的文章，假如没有黄季刚先生和吴世昌先生的研究作先导，其中许多疑难是很不容易弄明白的。所有这些参考其他著作之处，限于本书体例，不能一一注明，只在这里总的交代一句。

既不敢掠美,更向这些作者表示由衷的谢意。限于个人水平,书中错误和不妥之处当不可免,读者的任何批评与指教我都将非常感谢。

在这里要特别感谢吕叔湘先生。没有吕先生的提议、鼓励与督促,我是不可能完成本书的编注工作的;如果不是吕先生拨冗赐阅,纠正缺失,我的错误还会更多。我还应该感谢他在百忙中为本书作序。

我还要谢谢江蓝生同志允许我利用她的硕士学位论文《敦煌写本〈燕子赋〉两种校注》的研究成果。本书所收《燕子赋》的校注即主要依据此篇论文。中国社会科学院语言研究所的同事们对本书初稿提出过不少宝贵意见,并致深切的谢意。

编　者

1983年9月

修订本后记

本书初版于1985年，1988年第二次印刷。第二次印刷纠正了初版中一些明显的错误，但因迁就原纸型，改动之处不多。七八年来，承蒙本书读者不弃，肯定了这本小书的一些优点，也指出了它的失误和不足。我自己在学习和研究近代汉语的过程中，也时时对书中的缺失加以修订。最近海内外同行常有信来，认为这本书在普及近代汉语知识方面能起些作用，对专门的研究者也还有参考价值，鼓励我修订再版。正是在这些同行的鼓励和支持下，我利用工作之余，把这本书整个改了一遍，成为现在这个样子。感谢原出版者上海教育出版社答应重新排印，让它能够跟读者见面。在目前学术性书籍出书难的情况下，出版社能这样做，是非常有力的支持！

修订本仍可能存在这样那样的问题，读者如有发现，仍请不吝赐教。

编　者

1993年1月

再 版 后 记

2003年底,一个在杭州开会的机会,见到上海教育出版社的张荣先生,他提起上教社希望再版刘坚先生的《近代汉语读本》,并希望我们根据刘坚先生留下的材料,对《读本》进行一些简单的整理。

刘坚先生治学谨慎严肃,《近代汉语读本》是他多年努力的结果,出版后,颇受学术界的好评,作为刘坚先生的学生,实在是不知道能如何"整理"。翻检刘坚先生的存书,我们看到先生自己用的《近代汉语读本》有五六本之多,其间很多先生自己校订改正的文字,中间还夹着一些别人谈及《近代汉语读本》内容的文章或来信。几位同事商量,决定大家分工合作,请吴福祥、杨永龙、赵长才、祖生利、李明、龙国富等先把《近代汉语读本》仔细校读一遍,改正一些编排上的错误,然后曹广顺和吴福祥又用刘坚先生改正过的本子,把先生自己改过的文字抄录到稿子上。

经过大家几个月的努力,有了现在这个稿子,但整理的工作,实际上还是刘坚先生自己做的,我们只不过是帮先生抄录了一遍而已。

《读本》从1985年出版到现在已经过去20年了。差不多20年前,吕叔湘先生有一次谈及《读本》时说:"《近代汉语读本》……是一种开创性的工作,在推动近代汉语的研究上将发挥巨大作用。"20年来,正如吕叔湘先生所预期的,这项开创性工作,已经为近代汉语研究作出了巨大的贡献。许多青年学生,就是从《近代汉语读本》开始,了解、熟悉什么是近代汉语,进而走进近代汉语研究的领域。许多人都说近代汉语研究是近20年来汉语语言学研究取得重要进展的学科之一,这其中刘坚先生和《近代汉语读本》作出了重要贡献。

　　刘坚先生离开我们已经快两年了,但再版的《近代汉语读本》,将继续帮助、指导有志于学习和研究近代汉语的青年,从事这方面的研究工作。先生九天有知,一定倍感欣慰。

曹广顺　吴福祥
2005年1月

图书在版编目(CIP)数据

近代汉语读本 / 刘坚编著. —2版(修订本). —
上海:上海教育出版社,2018.10(2025.7重印)
ISBN 978-7-5444-8422-0

Ⅰ.①近… Ⅱ.①刘… Ⅲ.①汉语－近代－高等学校
－教材 Ⅳ.①H109.3

中国版本图书馆CIP数据核字(2018)第226478号

责任编辑　周典富
特约编辑　梁玉玲
封面设计　陆　弦

近代汉语读本(修订本)
刘　坚　编著

出版发行　上海教育出版社有限公司
官　　网　www.seph.com.cn
地　　址　上海市闵行区号景路159弄C座
邮　　编　200031
印　　刷　上海展强印刷公司
开　　本　965×635　1/16　印张26.25　插页5
字　　数　400千字
版　　次　2019年1月第1版
印　　次　2025年7月第2次印刷
书　　号　ISBN 978-7-5444-8422-0/H·0279
定　　价　99.00元

如发现质量问题,读者可向本社调换　电话:021-64373213